Ingvar Daute

Haftung für Künstliche Intelligenz – Eine Diskursgeschichte

Juristische Schriftenreihe

Band 318

LIT

Ingvar Daute

Haftung für Künstliche Intelligenz – Eine Diskursgeschichte

LIT

∞

Gedruckt auf alterungsbeständigem Werkdruckpapier entsprechend
ANSI Z3948 DIN ISO 9706

Bibliografische Information der Deutschen Nationalbibliothek
Die Deutsche Nationalbibliothek verzeichnet diese Publikation in der Deutschen Nationalbibliografie; detaillierte bibliografische Daten sind im Internet über https://dnb.dnb.de abrufbar.

ISBN 978-3-643-15682-2 (br.)
ISBN 978-3-643-35682-6 (PDF)
Zugl.: Osnabrück, Univ., Diss., 2024

Verlagskontakt:
Fresnostr. 2 D-48159 Münster
Tel. +49 (0) 2 51-62 03 20
E-Mail: lit@lit-verlag.de https://www.lit-verlag.de

Auslieferung:
Deutschland: LIT Verlag, Fresnostr. 2, D-48159 Münster
Tel. +49 (0) 2 51-620 32 22, E-Mail: vertrieb@lit-verlag.de

Vorwort

Die vorliegende Arbeit entstand während meiner Tätigkeit als wissenschaftlicher Mitarbeiter am Lehrstuhl für Bürgerliches Recht, Europäisches Privat- und Wirtschaftsrecht, Rechtsvergleichung und Europäische Rechtsgeschichte des European Legal Studies Institute (ELSI) an der Universität Osnabrück. Sie wurde im Sommersemester 2024 vom Fachbereich Rechtswissenschaften der Universität Osnabrück als Dissertation angenommen. Rechtsprechung und Literatur befinden sich auf dem Stand von Juni 2024, als die Arbeit zur Begutachtung eingereicht wurde.

Meinem Doktorvater Herrn Prof. Dr. Hans Schulte-Nölke gilt mein ganz besonderer Dank für seine Bereitschaft, die Dissertation zu betreuen, für seinen unermüdlichen Einsatz und die einzigartige Fähigkeit, mich mit seinen vielen Denkanstößen immer wieder aufs Neue zu motivieren und in meiner Entwicklung zu fördern sowie für die unvergleichlich schöne Zeit an seinem Lehrstuhl. Frau Prof. Dr. Mary-Rose McGuire danke ich sehr für ihre wichtigen Hinweise während der Entstehungsphase der Arbeit und für die rasche Erstellung des Zweitgutachtens.

Ein großes Dankeschön gilt auch meiner Familie, meinen Freunden und Studienkollegen, die mich auf unterschiedliche Weise unterstützt haben.

Mein größter Dank gilt meiner Freundin Jenny. Durch ihren steten Rückhalt und Zuspruch sowie durch ihr umsichtiges Lektorat am Ende der Arbeit hat sie im wesentlichen Maße zum Gelingen der Arbeit beigetragen.

Zuletzt und allen voran danke ich meiner Mutter für ihre uneingeschränkte, vielseitige und liebevolle Unterstützung während meiner gesamten Ausbildung und der Verwirklichung meiner Ziele. Ihr ist dieses Buch in Liebe und Dankbarkeit gewidmet.

Osnabrück, im Mai 2025

Ingvar Daute

Abkürzungsverzeichnis

a.A.	andere(r) Ansicht
AktG	Aktiengesetz
AMG	Arzneimittelgesetz
Art.	Artikel
AtG	Atomgesetz
BbergG	Bundesberggesetz
BGB	Bürgerliches Gesetzbuch
BJagdG	Bundesjagdgesetz
bzw.	beziehungsweise
d.h.	das heißt
DAV	Deutscher Anwaltsverein
ders.	derselbe
DFKI	Deutsches Forschungszentrum für Künstliche Intelligenz GmbH
dies.	dieselbe
DMA	Digital Markets Act
DSA	Digital Services Act
DS-GVO	Datenschutz-Grundverordnung
DÜV	Dampfkessel-Überwachungs- und Revisionsverein
EG-LNT	Expert Group on Liability and New Technologies
Einl.	Einleitung
EPRS	Wissenschaftlicher Dienst des Europäischen Parlaments
Erwgg.	Erwägungsgrund
EU	Europäische Union
EuGH	Gerichtshof der Europäischen Union
EUV	Vertrag über die Europäische Union
f.	folgende (nur die nächste Seite/Vorschrift)
ff.	folgende (Vielzahl von folgenden Seiten/Vorschriften)
GBO	Grundbuchordnung
GbR	Gesellschaft bürgerlichen Rechts
GenTG	Gentechnikgesetz
GG	Grundgesetz

GmbHG	Gesetz betreffend die Gesellschaften mit beschränkter Haftung
HEG-KI	Hochrangige Expertengruppe für künstliche Intelligenz
HPflG	Haftpflichtgesetz
Hrsg.	Herausgeber
InsO	Insolvenzordnung
IoT	Internet of Things
KFG	Gesetz über den Verkehr mit Kraftfahrzeugen
KI	Künstliche Intelligenz
KI-H-RL-E	Richtlinienentwurf über die Haftung für Künstliche Intelligenz
KI-VO	Verordnung über Künstliche Intelligenz
KI-VO-E	Verordnungsentwurf über Künstliche Intelligenz
LG	Landgericht
LuftVG	Luftverkehrsgesetz
m.w.N.	mit weiteren Nachweisen
ML	Techniken maschinellen Lernens
MoPeG	Personengesellschaftsrechtsmodernisierungsgesetz
o.g.	oben genannt
OLG	Oberlandesgericht
ParlamentsVO	Entschließung des Europäischen Parlaments zur Regelung der zivilrechtlichen Haftung beim Einsatz von Künstlicher Intelligenz
PreußEisbG	Gesetz über die Eisenbahn-Unternehmungen, kurz: Preußisches Eisenbahngesetz
Prodhaft-RL-E	Richtlinienentwurf über die Haftung für fehlerhafte Produkte
Rn.	Randnummer/n
Rom II-VO	Verordnung über das auf außervertragliche Schuldverhältnisse anzuwendende Recht
S.	Seite/n; Satz
sog.	sogenannte/r
StVG	Straßenverkehrsgesetz
TÜV	Technischer Überwachungsverein
u.a.	unter anderem

UAbs.	Unterabsatz
UmweltHG	Umwelthaftungsgesetz
VerschG	Verschollenheitsgesetz
vgl	vergleiche
WaffG	Waffengesetz
WHG	Wasserhaushaltsgesetz
z.B.	zum Beispiel

INHALTSVERZEICHNIS

EINLEITUNG

I. Gegenstandsbereich

Keine technische Errungenschaft genießt derzeit so viel Aufmerksamkeit wie Künstliche Intelligenz (KI). KI ist ein schillernder und konturenloser Begriff. Im Bereich der Informationstechnologie handelt es sich momentan um den größten Treiber gesellschaftlicher Veränderungen.[1] Daneben liefert die digitale Revolution viele weitere unscharfe Begriffe. Dazu zählen etwa datengetriebene Geschäftsmodelle, smarte Produkte und Dienstleistungen, algorithmische Entscheidungssysteme, Blockchain, Internet of Things, Legal Tech und Metaverse. Es ist längst kein Zukunftsthema mehr.[2] KI hat in den verschiedensten Formen Einzug in das alltägliche Leben gefunden, oftmals begleitet von Schlagzeilen in den Medien. Die Technologie wird als diejenige mit dem größten Zukunftspotenzial gesehen.[3] Sie steht – um den technischen Neuerungen zu genügen – zunehmend im gesellschaftlichen Fokus. Unstreitig wird ein immer breiterer und von erheblichem Nutzen geprägter Anwendungsbereich der KI geschaffen. Ein Indikator dafür ist auch, dass nun auch fachfremde Studierende an Universitäten zukünftig mehr mit und über Algorithmen lernen sollen.[4] Darüber hinaus wird bereits in der Schule das Potenzial von KI beim Lernen genutzt.[5] In der Industrie

---

1 *Zech*, Einführung in das Technikrecht, 2021, S. 85.

2 *Jakl*, MMR 2019, 711 (711).

3 Tagesspiegel Background vom 22.05.2023, abzurufen unter: https://background.tagesspiegel.de/digitalisierung/zukunftstechnologien-ki-haengt-metaverse-ab (Letztes Abrufdatum: 15.11.2023); *Knauff*, ThürVBl 2024, 29 (29).

4 Kurs auf KI, Frankfurter Allgemeine Zeitung vom 19.06.2021, Beruf und Chance, Seite C3.

5 Wenn die KI Hausaufgaben macht, Frankfurter Allgemeine Zeitung vom 15.10.2022, Beruf und Chance, Seite 30.

der Zukunft werden zunehmend lernfähige und autonome Systeme verwendet[6], medizinische Diagnostik und Stellenvergabeverfahren arbeiten mit der Unterstützung von KI. Schlagworte, wie Industrie 4.0 oder das sogenannte autonome Fahren dienen als Aushängeschild der KI und wecken das Interesse von technischen Laien. Zudem gibt es gerade in den letzten Jahren vermehrt Beiträge in juristischer Fachliteratur zur Haftung und zur grundsätzlichen Regulierung von KI. In nahezu allen juristischen Teildisziplinen bietet die Technologie KI Diskussionsbedarf. Dabei werden längst nicht nur die positiven Aspekte und das enorme Potential hervorgebracht. Vielmehr wird von einer Herausforderung für das Recht und einem Schutzbedürfnis des Menschen durch das technische Risiko KI gesprochen.[7]

Dass gerade so viel über das Recht der KI diskutiert wird, liegt neben dem tatsächlichen technologischen Fortschritt[8] auch daran, dass es einerseits ein großes Wissensdefizit und andererseits eine stetige Weiterentwicklung der Technologie gibt. Die verschiedenartigen Akteure, also etwa KI-Entwickler, Nutzer, Betroffene, Richter, Rechtswissenschaftler und Gesetzgeber haben jeweils einen unterschiedlichen Wissensstand über die Informationstechnologie. Darüber hinaus hat diese in der letzten Zeit enorme Fortschritte erzielt. Dadurch verändern sich auch die Vorstellungen eines Haftungsrechts.[9] Das Haftungsrecht dient einer fairen Kompensation von Schäden, soll im Rahmen seiner Steuerungsfunktion ökonomische Vorteile bringen und kann Anreize für Innovationen schaffen. Es soll zu einer gerechten Zuweisung und Verteilung von Schadensrisiken zwischen den Unfallbeteiligten führen. Diese Schadensrisiken sind oft unvermeidbar, bzw. werden für eine Verbesserung des modernen Lebens in Kauf genommen.[10]

---

6 *Linke*, MMR 2021, 200 (201).

7 Statt vieler *Pfeil*, InTeR 2020, 82 (83).

8 Vgl. zu KI für Juristen im Jahr 2024 *Altenburg/Scherr*, LTZ 2024, 34.

9 *Zech*, in: Peifer/Kubis/Raue/Stieper (Hrsg.), Ius Vivum: Kunst – Internationales – Persönlichkeit, 2022, 378 (385); vgl. zum „schillernden“ Begriff des Haftungsrechts *Schulte-Nölke*, in: Lorenz (Hrsg.), Karlsruher Forum 2015: Europäisierung des Haftungs- und Versicherungsvertragsrechts, 2016, S. 3 (6).

10 *Jansen*, Die Struktur des Haftungsrechts, 1. Auflage, 2003, S. 372.

II. Gang der Darstellung

1. Aufbau und Fragestellungen

Die vorliegende Untersuchung gliedert sich in vier Teile. Der erste einleitende Teil nähert sich zunächst auf einer technischen Ebene dem Phänomen KI, informiert über die Entwicklung dieser Technologie und zeigt bestimmte Konjunkturen von ihr auf. Dabei wird insbesondere untersucht, ob die technische Entwicklung von KI linear erfolgte und wie ihr Durchbruch zu erklären ist. Zudem werden hier referierend die wesentlichen KI-Merkmale aufgeführt. Es folgt der zweite Teil, welcher das Verhältnis von Technologie und Haftungsrecht vertieft. Hier wird der Frage nach dem Zusammenspiel von Innovationsförderung und Risikoabsicherung nachgegangen. Weiterhin soll erörtert werden, welche Bedeutung dem Haftungsrecht in der Geschichte zukommt. Verdeutlicht wird dies an den beiden wichtigen Erfindungen Eisenbahn und Automobil.

Daran schließt der dritte Teil, die Wissenschaftsgeschichte des Rechts der KI, an. Dabei handelt es sich um den Schwerpunkt der Arbeit, der auf Grundlage einer Auswertung der Beiträge bis zum Jahresende 2023 zunächst Eigenschaften des Diskurses darstellt. Weiterhin werden die scheinbar beendete Diskussion rund um die ePerson, ein ausgewählter Diskurs von 2014 bis 2018 ohne Einfluss des Gesetzgebers und die Phase von 2018 bis 2023 unter Einfluss des (europäischen) Gesetzgebers erläutert. Hier soll die Frage, welche Charakteristika den Diskurs prägen, beantwortet werden. Hypothesen, ob für den Diskurs konkrete Start- und Zielpunkte festgelegt werden können, es einen oder mehrere maßgebliche Schauplätze, Pionierarbeiten, leitende Akteure oder sogar verschiedene Lager des Diskurses gibt, werden verifiziert oder falsifiziert und mögliche Erklärungsansätze präsentiert. Der Arbeit liegt auch die Fragestellung zugrunde, welche Bedeutung und welchen Einfluss der Diskurs auf die Rechtswissenschaft und die rechtliche und tatsächliche Entwicklung von KI hat. Geprüft wird weiterhin, ob es eine feststehende Definition für KI in der Rechtswissenschaft, in anderen

Disziplinen oder disziplinübergreifend gibt, oder ob es sich dabei um einen weit verbreiteten Mythos handelt. Erforscht wird in diesem Teil ebenfalls, welche Rolle die Europäische Union und ihre Organe im Diskurs spielen und welchen Einfluss sie auf die Frage nach der Haftung für KI haben. Anhand vereinzelter Entscheidungen von Gerichten wird geklärt, ob und wie die Rechtsprechung den Diskurs gesteuert hat. Die Konstruktion der ePerson wird im Gesamtgefüge des Diskurses betrachtet und untersucht. Dabei wird ihre lange Historie auch im Hinblick auf eine Diskussion, die in einer Schleife verharrt und eine zirkuläre Argumentation enthält, erforscht. Ob dabei auch die einst enorme Bedeutung von Rechtsfähigkeit abgenommen hat, wird analysiert.

Den Abschluss bildet der vierte Teil, bestehend aus einem Fazit sowie einem Ausblick in die Zukunft. Hier werden die herausgearbeiteten Ergebnisse erneut aufgegriffen und auch weitere Hypothesen für den weiteren Diskurs, aber auch für die tatsächliche Rechtsentwicklung aufgestellt. Gegenstand der Arbeit ist jedoch insgesamt nicht die Rechtsfrage nach der Haftung für KI, sondern der rechtswissenschaftliche Diskurs, vor allem in Deutschland, über die Haftung für KI. In der gesamten Arbeit werden punktuell rechtshistorische Vergleiche zu anderen Debatten oder Technologien gezogen.

2. Methode der juristischen Zeitgeschichte

Die Untersuchung steht vor der Problematik, dass innerhalb der letzten Jahrzehnte die Anzahl der für die Zwecke dieser Arbeit einzubeziehenden Quellen zur KI-Haftung deutlich gestiegen ist. Aus diesem Grund ist eine Einschränkung der zu berücksichtigenden Quellen notwendig. Mithin sollen der Großteil der Beiträge zur Haftung für KI gesichtet, etwaige gleiche Strömungen erkannt und der Diskurs abgebildet werden. Dies geht mit der Gefahr einher, dass die Untersuchung schnell ihre Konturen verlieren und ins Unbestimmte und Uferlose entgleiten kann. Daher soll das besondere Augenmerk dieser Arbeit auf allgemeinen vertragsrechtlichen und haftungsrechtlichen Fragen dieser autonomen Systeme liegen. Gerade Letztere werden mit einer explosionsartigen Entwicklung in der Fachliteratur[11] beantwortet. Rechtspolitische Initiativen sind auf dem Weg, nicht zuletzt sind europäische Vorschläge im Diskurs maßgebend.[12] Zutreffend werden die Fragen nach Haftungsschuldner, Haftungsvoraussetzungen und Höhe eines möglichen Schadensersatzes, beim Treffen einer nicht gewünschten Entscheidung durch die KI als eines der meist diskutierten Themen im Zusammenhang mit KI gesehen.[13]

Eine weitere Einschränkung ergibt sich im Hinblick auf die Nationalität der Rechtsordnung. Berücksichtigt werden – mit kleineren Ausnahmen, die für die Erläuterung bestimmter Teile unerlässlich sind – nur Beiträge zum deutschen bzw. europäischen Recht. Es soll keine linguistische Diskursanalyse sein, wie man sie aus der Soziologie[14] und neuerdings auch aus der Rechtswissenschaft[15] kennt. Vielmehr handelt es sich um eine Diskursgeschichte, welche in der Rechtswissenschaft nur selten vorkommt.[16] Dabei

---

11 So urteilt *Wagner*, VersR 2020, 717 (718).

12 Begonnen hat die europäische Mitwirkung spätestens im Februar 2017 mit der Entschließung des europäischen Parlaments, zivilrechtliche Regelungen im Bereich der Robotik zu erarbeiten. Seit April 2018 wird eine gemeinsame europäische KI-Strategie verfolgt und mit verschiedenen digitalen KI-Programmen („Digitales Europa", „Horizont Europa") unterstützt. Darauf aufbauend agiert seit Juni 2018 eine AI Expert Group, welche dann im November 2019 Ethik-Leitlinien für eine vertrauenswürdige KI veröffentlichte. Nur drei Monate später entstand ein Weißbuch der Kommission zur Künstlichen Intelligenz und ein Bericht über die Auswirkungen von KI, IoT und Robotik auf Sicherheit und Haftung wurde vorgelegt. Im April 2021 wurde sodann ein VO-Vorschlag für harmonisierte Vorschriften für KI vorgelegt. Die Vorschläge für eine KI-Haftungsrichtlinie und zur Reform der Produkthaftungsrichtlinie veröffentlichte die EU-Kommission am 28.09.2022; dazu ausführlich unter Dritter Teil, IV..

13 Vgl. nur *Ammann*, CR 2020, 295 (302); *Wagner*, ZEuP 2021, 545 (546); *Rieländer*, RabelsZ 87 (2023), 264 (265 f.); *Borges*, CR 2022, 553 (553); *Omlor*, InTeR 2020, 221 (222).

14 Dabei handelt es sich meist um eine forschungspraktische und methodisch angeleitete Untersuchung von Diskursen, vgl. *Landwehr*, Historische Diskursanalyse, 2. Auflage, 2018, S. 14 ff..

15 Dazu erstmals eine systematische Dokumentation einer Debatte als juristische Diskurslinguistik am Beispiel der NJW, *Hamann*, NJW 2022, 3124.

16 Siehe dazu die unüblichen Vorgehensweisen von *Kaiser*, Die Kommunikation der Verwaltung, Diskurse zu den Kommunikationsbeziehungen zwischen staatlicher Verwal-

nimmt diese Untersuchung eine Beobachterrolle und -perspektive ein. Damit ist gemeint, dass der Leser am Ende dieser Arbeit nicht die beste oder gar eine neue Lösung zur Haftung für KI präsentiert bekommt. Das Ziel ist stattdessen die Entwicklung der KI-Haftung anhand der vielen unterschiedlichen Beiträge nachzuzeichnen und den Diskurs zu analysieren. Es sollen abhängig vom Zeitraum bestimmte Konjunkturen sichtbar gemacht werden und durch Ermittlung von maßgebenden Akteuren und Kategorien Strömungen erkannt werden.

Dabei bietet insbesondere die rechtshistorische Vorgehensweise den Vorteil, dass die derzeitigen Dynamiken des digitalen Wandels am Beispiel von KI-Haftungsfragen wissenschaftlich begleitet und erklärt werden können. Es können Parallelen zu anderen technischen Innovationen gezogen und mithilfe der Wissenschaftsdisziplin „Juristische Zeitgeschichte" Erkenntnisse der Rechtsdigitalisierung gewonnen werden.[17] Die Frage nach der Haftung für KI wird insoweit als „brennende Zeitfrage des Rechts" erachtet und kann als spezifisch zeitgeschichtliches Thema in seinen Ursprüngen untersucht und im gesamten historischen Kontext interpretiert werden.[18]

III. Forschungskontext

Offenkundig ergeben sich durch die fundamentale Entwicklung von KI Herausforderungen für das Recht.[19] Dabei sind die Rechtsfragen vielfäl-

---

tung und Privaten in der Verwaltungsrechtswissenschaft der Bundesrepublik Deutschland, 2007; *Cancik,* Verwaltung und Öffentlichkeit in Preußen, 2007; im Zivilrecht: *Ogorek*, Untersuchungen zur Entwicklung der Gefährdungshaftung im 19. Jahrhundert, 1975; *Metzger/Schrör*, ZfRS 2022, 243; am Beispiel von Debatten im Gesellschaftsrecht *Fleischer,* JZ 2023, 365; *ders.* RabelsZ 87 (2023), 5.

17 *Schlosser*, Europäische Rechtsgeschichte, 4. Auflage, 16. Kapitel, Rn. 71; *Döpke/Jülicher*, InTeR 2019, 16 (17).

18 *Schlosser*, Europäische Rechtsgeschichte, 4. Auflage, 16. Kapitel, Rn. 74.

19 Neben Herausforderungen wird auch untersucht und vermutet, dass der Einsatz Künstlicher Intelligenz für die Rechtswissenschaft derzeit und zukünftig auch größere Vorteile bieten kann, vgl. dazu *Gumpp/Schneider*, ZfDR 2021, 155.

tig. Sie übergreifen mehrere Teildisziplinen und die Technologie beinhaltet Anreize, die sowohl Fragen des Immaterialgüterrechts,[20] des Datenschutzrechts,[21] des Prozessrechts[22] und solche zur Zurechnung von Willenserklärungen beim Einsatz eigenständiger Systeme[23] betreffen. Die haftungsbezogenen Fragen beim Einsatz von KI sind dabei ein maßgeblicher Baustein dieser Herausforderungen. Es gibt bereits einige Monographien zu dieser Thematik,[24] welche zu Pionierarbeiten geworden sind und den Diskurs gefördert haben. Außerdem wurden längere Aufsätze zu Teilfragen verfasst.[25] Es existieren zudem einige wenige Autoren im deutschsprachigen juristischen Schrifttum, die aufgrund von Zahl, Umfang, prominentem Publikationsort und Inhalt ihrer Veröffentlichungen als maßgebliche Akteure weit herausragen. Insbesondere *Herbert Zech*, *Gerhard Wagner*, *Gerald Spindler* und *Georg Borges* haben den Diskurs wesentlich getragen.

Es gibt jedoch keine Arbeit, die einen übergeordneten Ansatz verfolgt und den gesamten Diskurs über KI-Haftung untersucht. Dieser könnte für die zukünftige Bewältigung und den Umgang mit immer neu entstehenden Technologien in der Rechtswissenschaft fruchtbar gemacht werden. Hierin soll die wissenschaftliche Innovation der vorliegenden Arbeit zu finden sein. Gleichzeitig kann so diese Diskursgeschichte als Trittstein für weitere Untersuchungen dienen.

---

20 Vgl. dazu *Hetmank/Lauber-Rönsberg*, GRUR 2018, 574.

21 Vgl. dazu *Bosman,* ZD-Aktuell 2019, 04365.

22 *Horn*, RDi 2022, 469; für die KI-basierte Richterassistenz „FRAUKE“ siehe *Borufka/Lüft,* Hessenschau vom 9.5.2022, https://www.hessenschau.de/panorama/amtsgericht-frankfurt-kuenstliche-intelligenz-hilft-bei-massen-urteilen,amtsgericht-roboter-100.html (Abrufdatum: 28.11.2022); ausführlich zur generellen Verwendung von Algorithmen in der Justiz mit ausgewählten Anwendungsfällen *Rollberg* Algorithmen in der Justiz, S. 1 ff., 174 ff..

23 Vgl. *Teubner*, AcP 218 (2018), 155.

24 Vgl. *Thöne*, Autonome Systeme und deliktische Haftung, 2020; *Sommer*; Haftung für autonome Systeme, 2020.

25 So z.B. die Haftung für KI-Trainingsdaten, *Zech*, NJW 2022, 502 oder die Produkthaftung für autonome Systeme, *Wagner*, AcP 217 (2017), 707.

ERSTER TEIL: TECHNISCHES PHÄNOMEN KÜNSTLICHE INTELLIGENZ

I. Historie und Fortschritte auf dem Gebiet der Künstlichen Intelligenz

Es bestehen eine generelle Schwierigkeit sowie unterschiedliche Ansätze, KI zu definieren. Aus diesem Grund wird an dieser Stelle auf eine Definition verzichtet und die Thematik an späterer Stelle ausgeführt.[1]

Die Entwicklung der KI ist mittlerweile über 70 Jahre alt und dauert bis heute an. Dabei folgte die Epoche keinesfalls einer linearen Struktur. Vielmehr war sie geprägt von Höhen und Tiefen, plötzlichen Durchbrüchen, versteckten Innovationen, der Lösungssuche in verschiedenen Teilgebieten, zu hohen Erwartungen und Versprechen, dem Rückgriff auf vergangene Erkenntnisse und einer anfänglichen Fokussierung auf wenige Anwendungsbereiche.

1. Von der Geburtsstunde zu den Jahreszeiten der KI

Die Anfänge der KI gehen zurück in das Jahr 1943. Zu diesem Zeitpunkt entstand die Arbeit von *Warren McCulloch* und *Walter Pitts*, welche auf der Kenntnis des grundlegenden Aufbaus und der Funktion der Neuronen im Gehirn, einer formalen Analyse der Aussagenlogik sowie der Programmierbarkeit von *Alan Turing* basierte. Sie modellierten neuronale Netze und stellten die Verbindung zur Aussagenlogik her.[2] Die Vorarbeiten dafür, auf dem Gebiet der Logik und der theoretischen Informatik, leisteten in

[1] Dazu unter Dritter Teil, I., 3..

[2] *McCulloch/Pitts*, The Bulletin of Mathematical Biophysics, Vol. 5 (1943), S. 115.

den 1930er Jahren *Kurt Gödel*, *Alonso Church* und *Alan Turing*.[3] Sodann konstruierten die Studenten *Marvin Minsky* und *Dean Edmonds* 1950 den ersten neuronalen Netzcomputer, welcher mit 3000 Röhren 40 Neuronen simulieren konnte. Im selben Jahr veröffentlichte *Turing* seine Vision, die sich unter KI einordnen lässt. Sein Beitrag „Computing Machinery and Intelligence"[4] enthielt den bekannten Turing-Test,[5] Maschinenlernen,[6] genetische Algorithmen und das verstärkende Lernen[7]. Er ging der Frage nach, ob Maschinen denken können und nutzte dafür ein simples schriftliches Testverfahren. Der Turing-Test wird auch heute noch verwendet und überprüft, ob ein Computer ein Gespräch führen und Fragen so beantworten kann, dass sein menschliches Gegenüber den Eindruck gewinnt, er hätte es mit einem anderen Menschen zu tun.[8]

Vielfach als echte Geburtsstunde der KI wird die Dartmouth-Konferenz im Jahr 1956 angesehen.[9] Dabei handelt es sich um einen zweimonatigen Workshop, in dem eine zehnköpfige Gruppe von Experten das Phänomen KI mit der Prämisse untersuchte, dass alle Aspekte des Lernens oder andere Merkmale der Intelligenz im Prinzip so genau beschrieben werden können,

---

3 *Gödel*, Monatsheft für Mathematik und Physik 1931, Nr. 32, S. 147; *ders.*, Monatsheft für Mathematik und Physik 1931, Nr. 38, S. 173; *Turing*, Proceedings of the London Mathemat. Society 42 (1937), Nr. 2, S. 230; zu den Arbeiten von *Turing*: University of Washington, History of Computing Course, 2006, S. 5 ff., abzurufen unter: https: //courses.cs.washington.edu/courses/csep590/06au/projects/history-ai.pdf (Letztes Abrufdatum: 8.3.2024).

4 *Turing*, Mind Vol. LIX, Issue 236, 1950, S. 433.

5 *Turing*, Mind Vol. LIX, Issue 236, 1950, S. 433 (434 ff.).

6 *Turing*, Mind Vol. LIX, Issue 236, 1950, S. 433 (454 ff.).

7 *Turing*, Mind Vol. LIX, Issue 236, 1950, S. 433 (435 ff., passim).

8 Zum Vorstehenden *Russel/Norvig*, Künstliche Intelligenz, Ein Moderner Ansatz, 3. Auflage 2012, S. 39 f..

9 Vgl. *Görz/Schmid/Braun*, Handbuch der Künstlichen Intelligenz, 2020, S. 4 f.; Der Traum von intelligenten Maschinen reicht hingegen zurück ins 19. Jahrhundert, vgl. *Honey*, ZEIT vom 23.9.2016, Die Suche nach dem Babelfisch, abzurufen unter: https://www.zeit.de/digital/internet/2016--08/kuenstliche-intelligenz -geschichte-neuronale-netze-deep-learning/komplettansicht (Letztes Abrufdatum: 6.3.2024); vgl. auch *Eidenmüller/Wagner*, Law by Algorithm, 2021, Chapter 8, S. 161 f.; *Geber*, ZdiW 2021, 247 (247); *Krausen*, Künstliche Intelligenz als Erfindung und Erfinder, 1. Auflage 2023, S. 1; *Keßler*, MMR 2017, 589 (589).

dass sich eine Maschine bauen lässt, um sie zu simulieren.[10] In diesem Zusammenhang wird auch der Name „Artificial Intelligence“ eingeführt.

Die Dartmouth-Konferenz sorgte zwar nicht für bahnbrechende Ergebnisse, sie war jedoch Grundstein einer Vernetzung von Wissenschaftlern und für die Begeisterung für KI in den folgenden 20 Jahren. Darüber hinaus führte sie zu der Etablierung von KI als eigenes Forschungsgebiet, weil KI im Unterschied zu anderen Fächern erstmals menschliche Fähigkeiten, wie Kreativität, eigenständige Verbesserung und Sprachnutzung in Maschinen konstruieren wollte. Bis 1969 entstanden immer wieder erfolgreiche KI-Projekte, die angesichts des damaligen Standes von Computern und Programmierwerkzeugen innovativ waren. Beispielhaft waren die Einführung der Programmiersprache „Lisp“ im Jahre 1958, die für die nächsten 30 Jahre die vorherrschende wurde und die guten Ergebnisse von Programmen innerhalb geschlossener Domänen, sogenannter Mikrowelten.[11] Von Euphorie getrieben, verleitete es KI-Wissenschaftler zu optimistischen Prognosen für die nahe Zukunft der Technik. *Herbert Simon* aus Standford, ein maßgeblicher Vertreter der sogenannten symbolischen KI, also solche, die versucht, menschliche Intelligenz auf die Verarbeitung abstrakter Symbole zu reduzieren, sagte etwa 1965 forsch, dass Maschinen innerhalb von 20 Jahren alles können, was Menschen auch können.[12] Es zeigte sich jedoch, dass die frühen Systeme bei vielen praktischen Problemen scheiterten und insbesondere bei einer Veränderung der Mikrowelten durch Hinzufügen neuer Objekte in diese oder beim Treffen auf eine komplexere Umgebung keine brauchbaren Ergebnisse liefern konnten.[13] Vorzufinden waren demnach nur

---

10 A Proposal for the Dartmouth Summer Research Project on Artificial Intelligence, 31.8.1955, abzurufen unter: https://raysolomonoff.com/dartmouth/boxa/dart564props.pdf (Letztes Abrufdatum: 6.3.2024).

11 *Russel/Norvig*, Künstliche Intelligenz, Ein Moderner Ansatz, 3. Auflage 2012, S. 41 ff..

12 *Honey*, ZEIT vom 23.9.2016, Die Suche nach dem Babelfisch, abzurufen unter: https://www.zeit.de/digital/internet/2016--08/kuenstliche-intelligenz-geschichte-neuronale-netze-deep-learning/komplettansicht (Letztes Abrufdatum: 6.3.2024).

13 *Russel/Norvig*, Künstliche Intelligenz, Ein Moderner Ansatz, 3. Auflage 2012, S. 45.

sogenannte schwache Methoden, die nicht für größere oder schwierigere Problematiken verwendet werden können.

Die in den darauffolgenden Jahren bis 1979 erprobte Lösung waren die sogenannten Expertensysteme. Ihr Schlüssel bestand darin, dass sie mit deutlich mehr komplexerem Wissen ausgestattet waren. Sie verstanden eine Vielzahl von komplexen Regelungen und konnten zwischen diesen und der Schlussfolgerung trennen.

Das erste kommerziell verwendete Expertensystem R1 wurde ab 1980 verwendet.[14] Es war eine Hilfestellung bei neuen Aufträgen für Computersysteme und konnte 1986 dem einsetzenden Unternehmen 40 Millionen Dollar einsparen. Damit war das Fundament für KI als Industriezweig gelegt. Nahezu jedes größere Unternehmen in den Vereinigten Staaten von Amerika verwendete oder erforschte sogar mit eigenen KI-Gruppen Expertensysteme. Auch Japan und Großbritannien riefen KI-Projekte ins Leben, um neben den USA wettbewerbsfähig zu bleiben.[15] In Deutschland wurde 1988 das bis heute bestehende Deutsche Forschungszentrum für Künstliche Intelligenz (DFKI) gegründet, die größte Institution für KI weltweit.[16] Die KI-Industrie stieg rasant an, viele Firmen wurden gegründet und spezialisierten sich auf Expertensysteme und Soft- und Hardware in den verschiedensten Bereichen. Allerdings konnten einige dieser Firmen ihre optimistischen Versprechen nicht einhalten und mussten ihren Betrieb einstellen. Dieser Zeitraum des Rückgangs vom öffentlichen und wirtschaftlichen In-

---

14 Zur genauen Funktionsweise beim Unternehmen Digital Equipment Corporation *McDermott*, Artificial Intelligence Vol. 19, Issue 1, 1982, S. 39.

15 University of Washington, History of Computing Course, 2006, S. 22 ff., abzurufen unter: https://courses.cs.washington.edu/courses/csep590/06au/projects/history-ai.pdf (Letztes Abrufdatum: 8.3.2024).

16 https://www.dfki.de/web/ueber-uns/dfki-im-ueberblick/unternehmensprofil (Letztes Abrufdatum: 6.3.2024).

teresse wird auch als KI-Winter bezeichnet.[17] Somit fiel der Anfang der Lernrevolution in der KI auch in die Zeit der großen Enttäuschungen.[18]

Ab 1987 wurde KI wissenschaftlich eingebettet. Es war nicht mehr möglich Hypothesen auszusprechen, ohne sie einem strengen empirischen Verfahren zu unterziehen. Dies ist vor allem auf gemeinsame Bibliotheken und Testdaten zurückzuführen.[19] Durch immer besseres Lösen von Teilproblemen durch Expertensysteme, gelangte man sodann ab 1995 zum Wunsch der Konstruktion eines vollständigen Systems, den sogenannten intelligenten Agenten. Dabei war man sich jedoch innerhalb der KI-Wissenschaft uneinig über die Vorgehensweise. Während die einen davon ausgingen (und erfolgreich waren), dass allein sensorische Systeme nicht ausreichend sind, sondern es vielmehr einer Kompensation für Unsicherheiten bedarf, stellten sich andere auf den Standpunkt, dass, wie einst von *Simon* gefordert, KI darauf aus sein sollte, näher an die menschlichen Fähigkeiten angepasst zu werden, wofür aber sehr große Wissensdatenbanken notwendig sind. Diese Renaissance der neuronalen Netze konnte ebenfalls Erfolge für sich verbuchen, wie etwa das Programm „NETtalk" 1986 mit dem Vorlesen von Texten zeigte.[20]

Bisher lag bei der Entwicklung der KI das Hauptaugenmerk auf den zu verwendenden Algorithmen. Dies änderte sich jedoch ab dem 21. Jahrhundert. Der Fokus wurde sodann auf die erforderlichen Daten, also auf ihre Qualität und die verfügbare Menge gelegt. Insbesondere die Menge der verfügbaren Daten erhöhte sich. Es entstanden daraufhin Arbeiten, die zeigten, dass derselbe Algorithmus mit wenigen verfügbaren Daten schlechte Er-

---

17 *Buxmann/Schmidt*, in: Buxmann/Schmidt Künstliche Intelligenz 2. Auflage, S. 5; University of Washington, History of Computing Course, 2006, S. 17 ff., abzurufen unter: https://courses.cs.washington.edu/courses/csep590/06au/projects/history-ai.pdf (Letztes Abrufdatum: 8.3.2024).

18 Dazu auch *Honey*, ZEIT vom 23.9.2016, Die Suche nach dem Babelfisch, abzurufen unter: https://www.zeit.de/digital/internet/2016--08/kuenstliche-intelligenz-geschichte-neuronale-netze-deep-learning/komplettansicht (Letztes Abrufdatum: 6.3.2024).

19 *Russel/Norvig*, Künstliche Intelligenz, Ein Moderner Ansatz, 3. Auflage 2012, S. 49.

20 *Sejnowski/Rosenberg*, JHU/EECS-86/01 (1986), S. 663.

gebnisse, jedoch mit vielen verfügbaren Daten hervorragende Ergebnisse erzielte. Daraus leitete man ab, dass die Systeme nicht mit manuell kodiertem Wissen gefüttert werden sollten, sondern über entsprechende Lernmethoden verfügen, die auf eine ausreichend große Datenmenge Zugriff haben müssen. Die symbolische KI hat sich aus diesem Grund als Irrweg erwiesen.[21] Diese Erkenntnis führte erneut zu einem großen Anstieg von KI-Anwendungen und -Unternehmen, sodass in der Presse nach dem eingangs erwähnten KI-Winter, nun ein KI-Frühling zu beobachten war.[22] Neben neu entfachtem Interesse wurden auch neue Fördermittel für KI mobilisiert. Die Metapher nutzen heute vermehrt Ministerien, Hochschulen und Institutionen, um auf Seminare oder Veranstaltung zur KI-Forschung im Frühling hinzuweisen.[23] Ab 1990 hat sich auch der Begriff des Data Mining als Teildisziplin etabliert. Dabei handelt es sich nicht um ein neues Verfahren der KI, sondern um die Anforderung aus großen Datenbanken explizites Wissen zu gewinnen.[24]

---

21 *Honey*, ZEIT vom 23.9.2016, Die Suche nach dem Babelfisch, abzurufen unter: https://www.zeit.de/digital/internet/2016--08/kuenstliche-intelligenz-geschichte-neuronale-netze-deep-learning/komplettansicht (Letztes Abrufdatum: 6.3.2024).

22 *Havenstein*, Computerworld vom 14.2.2005, „Spring comes to AI winter", abzurufen unter https://www.computerworld.com/article/2569567/spring-comes-to-ai-winter.html (Letztes Abrufdatum: 7.3.2024).

23 Vgl. nur https://www.zentrum-ilmenau.digital/veranstaltung/ki-fruehling-2024-eroeffnung/, https://www.mittelstand-digital.de/MD/Redaktion/DE/TERMIN-IMPORT/Archiv_sortiert_nach_Jahr_und_Monat_der_Veranstaltung/2024/03/1707831878000--8473-Termin.html, https://www.ihk.de/erfurt/service/innovationen/aktuelles-und-veranstaltungen/webinare-ki-fruehling-ab-dem-1-maerz-2024--6070266 (Letztes Abrufdatum jeweils: 7.3.2024).

24 *Ertel*, Grundkurs KI, 5. Auflage, S. 11; OECDiLibrary, Technische Grundlagen, abzurufen unter: https://www.oecd-ilibrary.org/sites/64ae49f7-de/index.html?itemId=/content/component/64ae49f7-de (Letztes Abrufdatum 11.3.2024).

2. Der Durchbruch der KI: Tiefe neuronale Netzwerke kombiniert mit großen Datenmengen

Die neueren, d.h. ab etwa 2011 eingesetzten KI-Systeme machten sich den Vorteil von großen Datenmengen und der Technik der tiefen neuronalen Netzwerke (DNNs – Deep Neural Networks) zu eigen.[25] Der Durchbruch gelang 2012 bei dem *ImageNet Large Scale Visual Recognition Challenge*-Wettbewerb.[26] Aufgabe für die verschiedenen Teams war es mithilfe von KI Bilder richtig einzuordnen. Dabei hatten sie Zugriff auf eine Datenbank mit 1,2 Millionen Bildern, die in 1000 Kategorien unterteilt werden konnten. Das Studenten-Team von *Hinton*, dessen System bereits 1986 den Lernalgorithmus so erstellte, dass dieser die tiefen neuronalen Netze automatisch zum Erkennen von Mustern im Input trainierte, gewann dabei mit großem Abstand und löste eine Begeisterung in der KI-Industrie aus. Die künstlich neuronalen Netze sind seit dem aus der KI-Forschung nicht mehr wegzudenken. Das Start-up von *Hinton* wurde von Google übernommen und die Technologie in die eigene Bildersuche und sodann im Jahr 2015 auch in den Übersetzungsdienst eingebaut.[27] Grund für den sogenannten „Big Bang of Deep Learning" waren auch enorme Fortschritte in der verwendeten Hardware. Durch Nutzung von Grafikprozessoren (englisch: graphics processing unit, kurz: GPU) war es nunmehr möglich mit riesigen Datenmengen viel komplexere neuronale Netze zu trainieren als zuvor.[28]

3. Spiele und selbstfahrende Automobile als Meilensteine

In der etwa 70-jährigen Geschichte der KI gab es vor allem zwei praktische Bereiche, die immer wieder als Anwendungsbereich für KI verwendet wur-

---

25 *Hoeren*, MMR 2023, 32 (35).

26 Das vollständige Programm und alle Informationen sind abzurufen unter: https://image-net.org/challenges/LSVRC/2012/index.php (Letztes Abrufdatum: 7.3.2024).

27 *Honey*, ZEIT vom 23.9.2016, Die Suche nach dem Babelfisch, abzurufen unter: https://www.zeit.de/digital/internet/2016--08/kuenstliche-intelligenz-geschichte-neuronale-netze-deep-learning/komplettansicht (Letztes Abrufdatum: 6.3.2024).

28 *Görz/Schmid/Braun*, Handbuch der Künstlichen Intelligenz, 2020, S. 9.

den und medienwirksame Erfolge verzeichneten. Einerseits Spiele, andererseits selbstfahrende Objekte, insbesondere Autos. Spiele waren deshalb von Anfang an ein beliebtes Testfeld, weil es sich wie etwa bei Dame oder Schach um ein im Vorhinein fest abgestecktes Feld mit präzisen Regeln handelt und simple Erfolgsbewertungen und Optimierungsmöglichkeiten bestehen.[29] Schon 1950, also im Jahr des Turing-Tests, schlug *Claude Shannon* vor, eine Maschine zu entwickeln, der man das Schachspielen beibringen könne. Trainiert werden könne diese entweder durch die Berechnung aller möglichen Züge oder der Bewertung einiger weniger strategischer Züge des Gegners.[30] 1993 gab es die erste RoboCup-Initiative zum Bau fußballspielender Roboter, 1997 sodann den ersten internationalen RoboCup Wettkampf in Japan. Im selben Jahr besiegte der Schachcomputer Deep Blue von IBM den Schachweltmeister *Gary Kasparov*, mit 3,5 zu 2,5.[31] Das Duell sorgte für großes öffentliches Aufsehen und der knappe Sieg wurde medial als der Sieg des Computers über die Menschheit interpretiert.[32] Im Jahr 2009 fuhr etwa das erste Google Self Driving Car auf einem Freeway in Kalifornien. 2011 schlägt der von IBM programmierte „Watson" zwei menschliche Spieler in der Fernsehsendung „Jeopardy!", weil es für ihn möglich ist, menschliche Sprache zu verstehen und komplexe Fragen schnell zu beantworten. 2015 stellt Daimler den ersten autonomen LKW auf der Autobahn A8 vor, während die Self Driving Cars von Google bereits 1,6 Millionen Kilometer gefahren und mittlerweile auch in Städten unterwegs sind. Ein Jahr später schlägt das Programm AlphaGo von Google DeepMind durch Deep Learning zur Mustererkennung im Spiel „GO" den Europameister 5 zu 0 und *Lee Sedol*, einen der weltbesten GO-Spieler

---

29 *Görz/Schmid/Braun*, Handbuch der Künstlichen Intelligenz, 2020, S. 10.

30 *Shannon*, The London, Edinburgh and Dublin Philosophical Magazine and Journal of Science, Vol. 41 Series 7 (1950), S. 256.

31 *Schaeffer*, ICCA Journal Vol. 20 No. 2 (1997), S. 95; University of Washington, History of Computing Course, 2006, S. 10 ff., abzurufen unter: https://courses.cs.washington.edu/courses/csep590/06au/projects/history-ai.pdf (Letztes Abrufdatum: 8.3.2024).

32 *Buxmann/Schmidt*, in: Buxmann/Schmidt Künstliche Intelligenz 2. Auflage, S. 6.

4 zu 1.[33] 2017 hatte es Google dann geschafft, mit AlphaGoZero ein System zu konstruieren, das völlig autonom, also ohne historische Daten oder menschliches Eingreifen und nur durch Spiele gegen sich selbst mit der Deep Learning Technologie „GO“ mit deutlich verbesserter Leistung spielen konnte. So ist es Menschen nicht mehr möglich gegen das Programm zu gewinnen.[34] Dasselbe geschah im Schach und dem Programm AlphaZero, welches nach nur einem Tagestraining mit sich selbst auf einem für menschliche Spieler unerreichbaren Level spielte. Weniger Aufmerksamkeit erhalten dagegen Misserfolge bei Spielen oder dem autonomen Fahren. So hat etwa der Gigant Apple sein Projekt ein selbstfahrendes Auto zu bauen im Jahr 2024 wieder beerdigt.[35]

4. KI als Werkzeug der Allgemeinheit: Die Verfügbarkeit generativer KI

In den Jahren 2000 bis heute gab es eine enorme Verbesserung von Sprach- und Bilderkennung von KI-Systemen. Angefangen bei der Erkennung von Handschrift, über Sprache und Bilder, hin zum allgemeinen Leseverständnis und der Spracherkennung. Einen Hochpunkt auf allen dieser Teilleistungen kann ab dem Jahr 2018 festgemacht werden.[36] Der wohl größte und medienwirksamste Hype von KI war das Zugänglichmachen des Large Language Model „ChatGPT“ für die breite Öffentlichkeit im Oktober 2022.[37] Mit Veröffentlichung von ChatGPT-3 im November 2022 und ChatGPT-4

33 *Ertel*, Grundkurs KI, 5. Auflage, S. 137.

34 *Silver* et al., Nature Vol. 550/7676 (2017), S. 354 (354 ff.).

35 *Armbruster*, „Woran autonomes Fahren scheitertet“, FAZ vom 29.2.2024, abzurufen unter: https://www.faz.net/aktuell/wirtschaft/kuenstliche-intelligenz/koenigsdisziplin-der-ki-woran-autonomes-fahren-scheitert-19553974.html; *Lindner*, „Apple gibt Pläne für eigenes Auto auf“, FAZ vom 28.2.2024, abzurufen unter: https://www.faz.net/aktuell/wirtschaft/iphone-hersteller-apple-gibt-plaene-fuer-eigenes-auto-auf-19550618.html (Letztes Abrufdatum jeweils: 8.3.2024).

36 Dazu ausführlich *Kiela* et al., Proceedings of the 2021 Conference of the North American Chapter of the Association for Computational Linguistics: Human Language Technologies, 2021, S. 4110 (4110 ff.).

37 *Knauff*, ThürVBl 2024, 29 (29); *Staehelin*, GRUR 2022, 1569 (1569).

im März 2023 nutzen immer mehr Menschen die Technologie, um Denkaufgaben von einer KI erledigen zu lassen.[38] Neben OpenAI haben auch viele andere Unternehmen KI-Software auf den Markt gebracht, etwa Google Gemini (ehemals Bard). Noch in den Jahren ab 2005 und den damit verbundenen Durchbrüchen für das Training tiefer neuronaler Netzwerke war kaum abzusehen, dass die Technologie innerhalb kürzester Zeit einen so großen Einfluss auf das alltägliche Leben haben würde.[39] Der Erfolg generativer KI-Modelle hängt auch insbesondere damit zusammen, dass die Allgemeinheit mit ihnen echte Gesprächspartner bekommt, weil die Systeme fehlerfrei kommunizieren können.[40]

5. Ausblick: Prognosen für KI

Die Geschichte der KI war bereits geprägt von hohen Erwartungen und zu optimistischen Versprechen, jedoch wurden diese nicht immer erfüllt. Diese Versprechen gibt es auch weiterhin und es ist ungewiss, ob sich diese Prognosen als richtig erweisen. Die Vorhersage der Zukunft für KI ist daher keineswegs einfach.[41] Wenn es im Jahr 2024 nach Presseartikeln und Fachbüchern geht, wird die KI die Lebensweise und die Gesellschaft in den kommenden Jahren deutlich verändern. Dabei sind sowohl positive, als auch negative Implikationen zu erwarten. Unsicher ist zudem, welche Methoden innerhalb der KI die Zukunft bestimmen wird.[42] Insgesamt wird eine deutliche Vermischung der Grenzen zwischen Mensch und Maschine bei neuen Diensten und Anwendungen prognostiziert. In positiver Hinsicht wird eine Verbesserung des menschlichen Bewusstseins und eine Erweiterung der sozialen Interaktionen erwartet. Darüber hinaus könnte es durch eine Neustrukturierung gesellschaftlicher Systeme zu einer gerech-

---

38 *Conrads/Schweitzer*, NJW 2023, 2809 (2809).

39 *Hacker*, NJW 2020, 2142 (2142).

40 *Ernst*, VuR 2024, 121 (121).

41 So auch *Eidenmüller/Wagner*, Law by Algorithm, 2021, Chapter 8, S. 165.

42 *Görz/Schmid/Braun*, Handbuch der Künstlichen Intelligenz, 2020, S. 10.

teren Verteilung von Wohlstand und Macht kommen. Zudem erwartet man durch KI-getriebene Innovationen eine wirtschaftliche Renaissance. Auf der anderen Seite bestehen für die Zukunft auch Bedenken und Herausforderungen. Diese bestehen etwa im Verlust oder Schwächung von menschlichen Fähigkeiten oder durch den zunehmenden Missbrauch der KI durch Menschen.[43] Nach einer aktuellen Umfrage des Digitalverbands Bitkom[44] halten in Deutschland 65% KI für die wichtigste Zukunftstechnologie, wohingegen lediglich 29% das Thema als einen überschätzten Hype sehen. 77% der Befragten gehen sogar davon aus, dass KI für den Erfolg von deutschen Unternehmen maßgebend sein wird. Über die Hälfte (56%) denkt, dass durch KI die Welt eine grundlegende Veränderung durchläuft, ähnlich wie es bei Erfindungen wie dem Verbrennungsmotor und der Elektrifizierung war.[45]

II. Besondere Merkmale von KI

Nachdem die historischen Grundlagen von KI skizziert wurden, ist auch ein Blick auf die Merkmale von KI lohnenswert, da so die rechtlichen und ethischen Fragen besser beantwortet werden können. Es haben sich verschiedene, oftmals voneinander abhängige KI-Spezifika herausgebildet. Diese werden auch von EU-Organen bei Überlegungen zu neuen (Haftungs-)Regeln immer wieder herangezogen.[46]

---

43 *Winkelhage*, „Mensch und Maschine wachsen zusammen", FAZ vom 6.3.2024 mit Bezug auf eine Studie der Elon University, abzurufen unter https://www.faz.net/pro/d-economy/kuenstliche-intelligenz/mensch-und-maschine-wachsen-zusammen-19563670.html (Letztes Abrufdatum: 8.3.2024).

44 Abzurufen unter: https://www.bitkom.org/Presse/Presseinformation/KI-gilt-Deutschen-als-entscheidend-fuer-Zukunft (Letztes Abrufdatum: 29.4.2024).

45 *Kuntz*, MMR-Aktuell 2024, 01457.

46 So z.B. die Europäische Kommission, Bericht über die Auswirkungen künstlicher Intelligenz, des Internets der Dinge und der Robotik in Hinblick auf Sicherheit und Haftung, COM(2020) 64 final, S. 2, 20 f..

1. Komplexität

Das erste Merkmal ist Komplexität. KI-Systeme werden häufig in eine Umgebung mit weiteren vernetzten Systemen[47] eingebettet, um noch mehr Potenzial aus ihnen zu schöpfen. Durch die so folgende Interaktion und der faktischen Komplexität wird es erschwert zu antizipieren, ob und wann Risiken und Schäden für die Nutzer oder Dritte eintreten.[48] Komplexität wird auch durch die Vielfalt von Akteuren im konkreten Anwendungsbereich des Systems gesteigert.[49]

Teilweise wird es jedoch nicht als neues bzw. KI-eigenes Merkmal angesehen, weil sich bereits bei einer herkömmlichen Computersoftware, welche auf einem einfachen „Wenn-Dann-Prinzip" beruhe, das Problem der Komplexität stellen könne. Es sei demnach aus dem IT-Bereich bereits bekannt.[50]

Bei der Komplexität wird gerne das Moorsche Gesetz herangezogen und zitiert.[51] *Moore*, ehemals in führender Position beim Chiphersteller Intel, prognostizierte 1965, dass es alle zwei Jahre eine Verdopplung der Bauteile in einem Schaltkreis und damit verbunden eine Verdopplung der Leistung von Computerchips gibt. Somit wächst die Menge an Informationen, die in einem bestimmten Volumen gespeichert werden kann, exponentiell.[52]

2. Opazität

Mit Opazität ist das bildliche „Blackbox"-Verhalten gemeint, welches sich durch die Möglichkeit des Selbstlernens ergibt. Die Prozesse werden für

---

[47] Sogenanntes „Internet-of-Things (IoT)", vgl. *Steege*, SVR 2021, 1 (4).

[48] *Steege*, SVR 2021, 1 (4).

[49] *Zech*, Weizenbaum Series #2, Risiken digitaler Systeme: Robotik, Lernfähigkeit und Vernetzung als aktuelle Herausforderungen für das Recht, 2020, S. 52; *ders.*, in: Gless/Seelmann (Hrsg.) Intelligente Agenten und das Recht, 2016, 163 (169 f.).

[50] *Zech*, in: Lohsse/Schulze/Staudenmayer (Hrsg.), Liability for AI, 2023, 193 (193).

[51] Vgl. *Pfeil*, InTeR 2020, 82 (88); *Zech*, in: Gless/Seelmann (Hrsg.) Intelligente Agenten und das Recht, 2016, 163 (167).

[52] *Moore*, Electronics Vol. 38, No. 8, 1965, S. 2; *Brynjolfsson/McAfee*, The Second Machine Age, 2014, S. 33 ff..

den Menschen undurchsichtig. Es können zwar die Eingabedaten zum Lernen des KI-Systems bekannt sein, allerdings sind nach dem Starten des Programms das akkumulierte Wissen, der genaue Programmablauf und die vom System getroffenen Entscheidungen nicht mehr vorhersehbar.[53] Weiterhin können die Entscheidungen im Nachhinein auch nicht mehr erklärt werden, weil sie nicht auf einem einfachen „Wenn-Dann"-Schema beruhen. Dies kann eine Herausforderung für Geschädigte sein, weil so der ihnen obliegende Beweis der notwendigen Tatsachen erschwert bzw. unmöglich wird.[54] Entgegen häufiger Annahmen kann auch die sogenannte „Explainable AI" den Entscheidungsprozess nur simulieren, nicht aber nachvollziehen.[55]

3. Offenheit

KI-Systeme sind abhängig von regelmäßigen Updates und Aktualisierungen oder von Upgrades und Verbesserungen. Auch hierfür muss eine Interaktion mit anderen Systemen oder Datenquellen bestehen. Dies wird auch als Offenheit bezeichnet.[56]

4. Autonomie

Ein System ist dann autonom, wenn es sich selbst steuern und sich seine eigenen Regelsätze geben, anpassen und sogar verändern kann.[57] Autonomie wird auch als „Kern" von KI und als das entscheidende Merkmal, bei dem Unterschied zu herkömmlicher Software angesehen.[58] Wenn also ein

---

53 *Kainer/Förster*, ZfPW 2020, 275 (279).

54 *Steege*, SVR 2021, 1 (4 f.).

55 Vgl. *Zech*, Verhandlungen des 73. Deutschen Juristentages 2020, Band I Gutachten A, 33.

56 *Härtel*, NuR 2020, 439 (447) mit dem Verweis auf den Bericht der EU-Kommission vom 19.2.2020 über die Auswirkungen künstlicher Intelligenz, des Internets der Dinge und der Robotik in Hinblick auf Sicherheit und Haftung, COM(2020) 64 final, S. 20.

57 *Pieper,* DSRITB 2016, 971 (975).

58 *Dettling/Krüger*, MMR 2019, 211 (212).

System zumindest in Teilen sein eigenes Verhalten kontrolliert und dabei unabhängig von Menschen oder anderen Systemen handelt, ist es mithin als autonomes System zu bezeichnen.[59] Ein autonomes System wird nicht mehr programmiert, sondern vielmehr trainiert.[60]

Prägnant ausgedrückt bedeutet das Autonomierisiko, eng verbunden mit der Opazität, dass es zu unvorhergesehener technischer Entscheidungsmacht kommt.[61] Dies fußt darauf, dass dem System ein Entscheidungsspielraum zugebilligt wird. Somit kann im Voraus nicht verlässlich bestimmt werden, welche Zielsetzung das System im konkreten Einzelfall verfolgt. Ab einem gewissen Grad an Komplexität entstehen mithin auch Schwierigkeiten dahingehend, dass die Eigenschaften eines Algorithmus bzw. dessen Korrektheit formal nicht mehr bewiesen werden können.[62] Dies liegt auch daran, dass sich die Algorithmen mit der Zeit ändern und die menschliche Kontrolle zunehmend zurücktritt. In diesem Zusammenhang ist wichtig darauf hinzuweisen, dass eine autonom getroffene Entscheidung nicht auch zwingend intelligent sein muss.[63] In der Wissenschaft gibt es verschiedene Ansätze die Autonomie zu erklären. Eine Einteilung in mehrere Kriterien bzw. Unterteilung in verschiedene Grade der Autonomie ist anerkannt.[64]

5. Datenabhängigkeit

KI-Systeme sind angewiesen auf Informationen, die von außen eingespielt werden müssen und gerade nicht vorinstalliert sind. Dies kann etwa

59 *Sester/Nitschke*, CR 2004, 548 (549).

60 *Zech*, Weizenbaum Series #2, Risiken digitaler Systeme: Robotik, Lernfähigkeit und Vernetzung als aktuelle Herausforderungen für das Recht, 2020, S. 28.

61 *Schirmer*, JZ 2019, 711 (711).

62 *Reichwald/Pfisterer*, CR 2016, 208 (212).

63 *Reichwald/Pfisterer*, CR 2016, 208 (211).

64 *Ball/Callaghan*, Explorations of Autonomy: An Investigation of Adjustable Autonomy in Intelligent Environments, Proceedings of the Eighth International Conference on Intelligent Environments, S. 114 (115), IEEE, 2012; *Zech*, Weizenbaum Series #2, Risiken digitaler Systeme: Robotik, Lernfähigkeit und Vernetzung als aktuelle Herausforderungen für das Recht, 2020, S. 41.

durch Sensoren oder Kamerabilder geschehen, aus welchen letztlich codierte Informationen hergestellt werden. Diese werden im machine-learning-System benötigt. KI-Systeme können und müssen eine enorme Datenmenge verarbeiten.[65] Damit einher geht auch das Problem, dass KI-Systeme besonders viele Datenmengen benötigen, bzw. dass eine begrenzte Verfügbarkeit von Daten zu schlechteren KI-Ergebnissen führen kann.[66]

6. Verwundbarkeit

Die bisherigen Ausführungen, insbesondere zur Offenheit und der Komplexität lassen bereits vermuten, dass es sich bei KI-Systemen um fragile Strukturen handelt, in der Hinsicht, als dass sie besonders anfällig für Cybersicherheitsverletzungen sind. Durch die zunehmende Vernetzung im Rahmen der Komplexität kann auch das Risiko bestehen, dass KI-Systeme verwundbar werden. Denn wenn mehr Akteure beteiligt sind, kann es auch dazu kommen, dass fremde Daten unbeabsichtigt oder sogar beabsichtigt zu Schädigungen führen können.[67]

III. Beispiele für aktuelle Anwendungsbereiche von KI

„KI ist aus vielen Lebensbereichen nicht mehr wegzudenken.“. So oder so ähnlich beginnen viele juristische Aufsätze.[68] Tatsächlich haben KI-Systeme sehr vielseitige Einsatzmöglichkeiten. Vor allem in der Medizin[69]

---

65 *Broemel*, in: Schmidt/Trute (Hrsg.) Lehre der Digitalisierung in der Rechtswissenschaft, 2023, S. 37 (39).

66 *Steege*, SVR 2021, 1 (5).

67 *Zech*, Weizenbaum Series #2, Risiken digitaler Systeme: Robotik, Lernfähigkeit und Vernetzung als aktuelle Herausforderungen für das Recht, 2020, S. 50.

68 Vgl. nur *Schürmann*, ZD 2022, 316 (316); *Braun*, NZBau 2023, 563 (563); *Botta*, ZfDR 2022, 391 (391 f.); *Hacker*, NJW 2020, 2142 (2142); *Malorny*, RdA 2022, 170 (170).

69 *Brand*, MedR 2019, S. 943 (943 f.); siehe zudem die beiden Ausgaben im Handelsblatt zum Thema Künstliche Intelligenz in der Medizin, vom 14.05.2017 „Mit Algorithmen zur besseren Diagnose“ und vom 12.05.2017 „OP von Dr. Roboter“.

und in der Industrie[70] werden Vorgänge durch KI vereinfacht. Die Anwendungsgebiete Künstlicher Intelligenz sind mittlerweile unüberschaubar. Eine abschließende Aufzählung, insbesondere der technischen Perspektive des Einsatzes von KI, ist an dieser Stelle nicht zielführend. Stattdessen werden hier drei KI-Einsatzgebiete, die bereits Teil der juristischen Aufarbeitung geworden sind, vorgestellt und mit einem Hinweis auf die entsprechende Literatur versehen.

Ein aufsehenerregender Einsatz ist die Mobilität und im Besonderen das autonome Fahren. Es gilt als Königsdisziplin der KI.[71] Der Einsatz von KI und die Möglichkeit des selbstfahrenden Autos wurde bereits mehrfach im juristischen Schrifttum gewürdigt.[72] Dies kann auch damit begründet werden, dass es einer der wenigen Bereiche ist, die vom nationalen Gesetzgeber in Deutschland bereits erfasst wurden.

Darüber hinaus haben sich KI-Systeme insbesondere in der Medizin etabliert. Hier sollen sie zukünftig bei der Diagnosestellung und bei der Behandlung unterstützen.[73] Es stellen sich dabei insbesondere Fragen des Datenschutzrechts und der (Arzt-)Haftung.[74]

Aber auch in der juristischen Welt wird der Einsatz von KI immer weiter ausgebaut. Dies betrifft zunächst die Unterstützung innerhalb der Justiz.

---

70 Etwa hat die deutsche Bundesregierung im Jahr 2013 die „Plattform Industrie 4.0“ ins Leben gerufen und rückte 2018 das Thema mit der „Strategie Künstliche Intelligenz“ näher in den Fokus; der Begriff ist indes schon älter und wurde bereits Anfang der 2010er Jahre durch die neuen Techniken cyberphysischer Systeme und künstlicher Intelligenz geprägt, vgl. *Jürgens*, Automatisierung und Arbeit in der Automobilindustrie, 2023, S. 23 f..

71 *Armbruster*, „Woran autonomes Fahren scheitertet“, FAZ vom 29.2.2024, abzurufen unter: https://www.faz.net/aktuell/wirtschaft/kuenstliche-intelligenz/koenigsdisziplin-der-ki-woran-autonomes-fahren-scheitert-19553974.html (Letztes Abrufdatum: 8.3.2024).

72 *Steege*, SVR 2021, 1; *ders.*, Automatisierte Rechtsanwendung und ihre Grenzen am Beispiel des automatisierten und autonomen Fahrens unter besonderer Berücksichtigung von StVG/StVO, 2022; *Gless/Janal*, JR 2016, 561.

73 Vgl. dazu das Whitepaper Künstliche Intelligenz im Krankenhaus, vom Fraunhofer IAIS, 2020.

74 Vgl. *Thiermann/Böck*, RDi 2022, 333; *Eichelberger*, ZfPC 2023, 209; *Ströbel/Grau*, ZD 2022, 599; *Meyer*, ZRP 2018, 233 (236 f.).

KI kann dabei als Hilfsmittel verwendet und von Richtern bei Routineaufgaben und der Beschleunigung von Arbeitsabläufen eingesetzt werden. KI kann etwa durch eine automatisierte Daten- und Schriftsatzanalyse den tatsächlichen Lebenssachverhalt herausarbeiten und auch rechtlich relevante Details beachten. Der große Vorteil von KI im juristischen Bereich ist darüber hinaus auch die schnelle Erfassung von größeren Datenmengen. Beispielsweise können größere Mengen an Filmaufnahmen zu Beweiszwecken erfasst und analysiert werden.[75] Im Rahmen der Subsumtion kann KI zudem bei der Prüfung vieler, standardisierter Ansprüche, z.B. solcher der FluggastrechteVO, verwendet werden.[76] Deutlich wurde auch, dass zwar der Mensch der Technologie grundsätzlich noch überlegen ist, die Ergebnisse von Chatbots jedoch auffallend gute Ergebnisse auswerfen, wenn es um die Lösung von juristischen Fällen im Vertrags- Wirtschafts- oder Arbeitsrecht geht.[77] An ihre Grenzen kommt die KI, wenn Unklarheiten im Sachverhalt bestehen, unbestimmte Rechtsbegriffe ausgefüllt oder Wertungen vorgenommen werden müssen. Somit nimmt die KI keinesfalls dem Richter die Entscheidungsfindung ab, unterstützt diesen aber dabei. So können auch die oft kritisierte Dauer von Verfahren reduziert und die Justiz entlastet werden.[78]

Dass die KI den Richter ablösen wird, wird insbesondere aus verfassungsrechtlicher Sicht und trotz der zu erwartenden Perfektionierung von KI-Systemen, als unwahrscheinlich eingestuft.[79] Dennoch ist sich die Rechtswissenschaft darüber einig, dass KI auch für die interdisziplinäre Rechtswissenschaft einen Quantensprung bedeuten könnte.[80]

---

[75] *Knauff*, ThürVBl 2024, 29 (30).
[76] *Skupin*, RDi 2022, 63 (68).
[77] *Conrads/Schweitzer*, NJW 2023, 2809 (2809, 2811 ff.).
[78] *Bernzen*, RDi 2023, 132 (134).
[79] *Bernzen*, RDi 2023, 132 (132, 134 ff.); *Knauff*, ThürVBl 2024, 29 (34).
[80] Vgl. *Gumpp/Schneider*, ZfDR 2021, 155 (156).

Zweiter Teil: Das Verhältnis von (Haftungs-)Recht und Technologie

I. Innovationsförderung versus Risikoabsicherung

Recht kann (neue) Technologien und die Entwicklung dieser wesentlich beeinflussen. So sind sowohl Förderung, als auch Begrenzung möglich. Auf der einen Seite soll Recht Chancen der Digitalisierung nutzen und Innovationen fördern; andererseits müssen auch ein verlässlicher Rechtsrahmen geschaffen und Risiken von Technologien vermindert, bzw. vollständig ausgeschlossen werden. Das „Technikrecht“ hat stets eine Doppelfunktion inne. Damit ist gemeint, dass es Technik ermöglichen, aber auch begrenzen soll.[1] Eng damit verbunden ist auch die Wechselwirkung von Technik und Recht. Einerseits beeinflusst das Recht die Technik und andererseits hat die Technik Auswirkungen auf das Recht.[2] Bei der Regulierung von Technologien ist daher, neben Gerichten und der Verwaltung, insbesondere vom Gesetzgeber ein maßvolles Vorgehen geboten.[3] Die technologiespezifische KI-Regulierung steht vor der entscheidenden Herausforderung, den eigenen Anwendungsbereich entwicklungsoffen und gleichzeitig für den Rechtsanwender operationalisierbar festzulegen.[4] Das Recht kann somit die technische Entwicklung steuern. Ein striktes Haftungsrecht bremst zwar in der Regel nicht die Entstehung von Innovation selbst, sondern lediglich deren Verbreitung im Markt aus. Dennoch ist diese Gratwanderung bei der Frage nach der Erforderlichkeit neuer legislativer Aktivität kontinuierlich zu beachten. Denn die Robotik wird nur dann akzeptiert, wenn die aufgeworfe-

1 *Kloepfer*, Technik und Recht im wechselseitigen Werden, 2001, S. 86 ff..

2 *Specht*, GRUR 2019, 253 (254).

3 *Hoffmann-Riem*, JuS 2023, 617 (620 ff.); *Krüger/Wagner*, ZfPC 2023, 124 (124 ff.); *Meyer*, ZRP 2018, 233 (238).

4 *Hacker*, NJW 2020, 2142 (2142).

nen Haftungsfragen letztlich in Regelungen aufgenommen werden. Wenn es jedoch etwa um den Schutz von Interessen Dritter geht, ist das Recht in seiner Begrenzungsfunktion gefragt.[5] Teilweise wird vertreten, dass eine rechtliche Regulierung zwar Impulse für die technische Entwicklung und auch deren Ausrichtung setzen kann, jedoch typischerweise der technischen Innovation folgen muss, um die mit ihr verbundenen Vorteile nicht zu unterdrücken.[6]

Es gibt verschiedene Strategien der Rechtswissenschaft auf die zunehmende Digitalisierung zu reagieren. Darunter fällt einerseits, alte und etablierte Begriffe zu erweitern und neu zu besetzen. An den Stellen, wo diese Vorgehensweise nicht ausreichend ist, muss das Recht neue Begrifflichkeiten schaffen. Dabei ist die erstgenannte Strategie sehr effizient. Die Regelungen werden an die tatsächlichen digitalen Gegebenheiten und den elektronischen Rechtsverkehr angeglichen. So gibt es keine grundlegenden Änderungen in der etablierten Rechtsstruktur. Vielmehr wird der Anwendungsbereich des Rechts durch gesetzgeberisches Tätigwerden und durch richterliche Auslegung und Rechtsfortbildung erweitertet.[7]

Diese Vorgehensweise genügt jedoch nicht für alle künftigen Fallstricke im Zusammenhang mit der Digitalisierung. Dann kann die zweitgenannte Strategie verfolgt werden. Dabei werden neue Begriffe für die Bewältigung der Auswirkungen der Digitalisierung kreiert. Beispielhaft können hier die Einführung der elektronischen Form nach § 126 a BGB und der Textform nach § 126 b BGB genannt werden.[8] Damit verbunden ist auch das Schaf-

---

5 *Sternberg-Lieben*, in: Hilgendorf (Hrsg.) Robotik im Kontext von Recht und Moral, 1. Auflage 2013, S. 119 (119 f.).

6 Vgl. *Hornung/Spiecker gen. Döhmann*, in: Simitis/Hornung/Spiecker gen. Döhmann (Hrsg.), Datenschutzrecht, 2019, Einl. Rn. 249.

7 *Boehme-Neßler*, Unscharfes Recht, 2008, S. 378 ff., nennt als Beispiel für die Erweiterung des Anwendungsbereichs des existierenden Rechts das Verwaltungsverfahren und den Verwaltungsakt.

8 *Boehme-Neßler*, Unscharfes Recht, 2008, S. 385 ff..

fen von digitalen oder zumindest digitaltauglichen Gesetzen, wodurch ein schneller und kostengünstiger Gesetzesvollzug erfolgen soll.[9]

Recht hat verschiedene Funktionen. Im Kontext von neuen Technologien stehen dabei aus öffentlich-rechtlicher Sicht insbesondere die Schutz- und Gewährleistungsfunktion[10] und aus zivilrechtlicher Sicht die Ermöglichungs- und Regulierungsfunktion[11] im Vordergrund. Umgesetzt wird die Schutz- und Gewährleistungsfunktion vor allem mit subjektiven Abwehr- und Teilhaberechten von Bürgern insbesondere gegen den Staat. Die Ermöglichungs- und Regulierungsfunktion sorgen dafür, dass Technologien, wie etwa KI frei erforscht werden dürfen, aber gleichzeitig eine Regulierung erfolgen muss. Die Regulierung kann jedoch sowohl aktiv als auch passiv ausgestaltet und in seiner Wirkung unmittelbar oder nur mittelbar sein. Regulierungsfunktion und Ermöglichungsfunktion des Rechts stehen in einem Spannungsverhältnis zueinander. Bei einer verfrühten Regulierung einer Technologie könnten unumkehrbare Entscheidungen getroffen werden, die die spätere Nutzung und Entwicklung der Technologie einschränken und damit negativ beeinflussen. Bei einer verspäteten oder einer zu toleranten Regulierung werden die spätere Entwicklung und Nutzung ebenfalls negativ beeinträchtigt, weil die Technologie ohne verlässlichen Rechtsrahmen besteht und risikobehaftet ist. Der Staat kann sich in einem weiten Ermessensspielraum bewegen, ob er überhaupt eine innovative Technik regulieren möchte und wie die konkrete Ausgestaltung einer Regulierung aussehen könnte.[12] Dieser schmale Grat zwischen hohem Schutzniveau und der Förderung von Innovation findet sich im Übrigen nicht nur bei Überlegungen zu einer speziellen Roboterhaftung.[13] Dieselbe

[9] *Broemel*, in: Schmidt/Trute (Hrsg.) Lehre der Digitalisierung in der Rechtswissenschaft, 2023, S. 37 (48 f.).

[10] *Hoffmann-Riem*, JuS 2023, 617 (619 ff.).

[11] *Steege*, NZV 2022, 257 (258).

[12] *Steege*, NZV 2023, 12 (12 ff.).

[13] *Hanisch*, in: Hilgendorf (Hrsg.) Robotik im Kontext von Recht und Moral, 1. Auflage 2013, 27 (60 f.).

Problematik trat z.B. bei der Frage auf, ob große Online-Plattformen (auf Unionsebene) reguliert werden sollen.[14]

Herausgearbeitet wurde zudem, dass in der deutschen Rechtswissenschaft die Bedeutung von Technik und der interdisziplinären Forschung zugenommen hat. An vielen Fakultäten wird das „Technikrecht" gelehrt. Dies sei vor allem damit zu erklären, dass die Technik in der letzten Zeit große Fortschritte gemacht hat.[15]

II. Die Bedeutung des Haftungsrechts in der Historie der Technik

Die Bedeutung des Haftungsrechts für Technik und Innovation ist ebenfalls nicht zu unterschätzen. Fehlende Regelungen von „Verantwortung" und „Zurechnung" werden als Schwäche für das Voranschreiten der Digitalisierung in Deutschland betrachtet.[16] Mittlerweile anerkannt ist, dass Haftungsregeln z.B. eine wichtige Anreizfunktion haben.[17] Ähnlich wie das Immaterialgüterrecht ist es ein wichtiges Instrument der indirekten Regulierung. Durch die Internalisierung von Risiken kommt es zu einer Anreizsetzung und so zur Beeinflussung des Sorgfaltsniveaus. Mit Hilfe von Gefährdungshaftungsregelungen wird auch das Aktivitätsniveau geprägt.[18] Einer verschärften Haftung wird zunächst bescheinigt, dass sie die Innovation behindere. Wenn ein größeres Risiko besteht, einer Haftung ausgesetzt zu sein, wird ein unternehmerisches Vorhaben unwirtschaftlich. Dem kann jedoch entgegengehalten werden, dass diese Risiken in der Regel versicherbar sind, insbesondere dann, wenn eine Haftungshöchstgrenze

---

14 Dazu *Busch/Dannemann/Schulte-Nölke*, MMR 2016, 787 (787).

15 Zum Vorstehenden *Ensthaler*, ZRP 2022, 55 (55 ff.).

16 *BDI/Noerr,* Industrie 4.0 – Rechtliche Herausforderungen der Digitalisierung, S. 15, abzurufen unter: https://bdi.eu/media/presse/publikationen/information-und-telekommunikation/201511_Industrie-40_Rechtliche-Herausforderungen-der-Digitalisierung.pdf (Letztes Abrufdatum: 11.6.2024).

17 *Zech*, Einführung in das Technikrecht, 2021, S. 75; *Borges*, CR 2022, 553 (555).

18 *Zech*, NJW 2022, 502 (504).

besteht. Dann belasten selbst größere Schäden den Schädiger nicht mehr übermäßig. Es bedarf einer Abwägung zwischen den Gewinnpotenzialen und den zu erwartenden Schadensrisiken. Bei einem negativen Ergebnis ist aus ökonomischer Sicht ein Verzicht auf die Technologie sinnvoller als ihr Einsatz. Ein ausgereiftes Haftungssystem kann jedoch das Vertrauen in die Technologie stärken, wodurch die Nachfrage erhöht werden kann. Es können Anreize gesetzt werden, Sicherungsmaßnahmen mit effizientem Aufwand zu schaffen.[19]

Darüber hinaus kann vor allem aber auf Hersteller- und Anbieterseite die Innovation gefördert werden. Denn durch ein effizientes Haftungssystem wird ein höheres Maß an Rechtssicherheit für Unternehmen erreicht.

Als geeigneter Haftungsadressat soll derjenige ausgewählt werden, der den Schadenseintritt mit den niedrigsten Kosten verhindern kann (sogenannter „cheapest cost avoider").[20] Das Haftungsrecht ist zudem geeignet, durch seine Steuerungsfunktion ökonomische Vorteile zu erbringen. Gegenüber einer behördlichen Regulierung können insbesondere vier wesentliche Punkte festgestellt werden. Diese sind die individuelle Steuerung des Sorgfaltsstandards, die Regulierung des Aktivitätsniveaus, die Anreize zur Risikoforschung sowie die Erschließung privater Risikoinformationen. Diese Vorteile kommen jedoch in der Regel nur durch die Verbindung mit einer funktionierenden Haftpflichtversicherung zum Tragen.[21]

Wo heute KI-Anwendungen und datengetriebene Geschäftsmodelle im Zentrum der Diskussion im Haftungsrecht stehen, so waren es schon früher in der Geschichte motorisierte Fahrzeuge und die Eisenbahn.[22] Darüber ver-

---

19 *Spindler*, MMR 2008, 7 (7 f.).

20 Zum Vorstehenden *Burchardi*, EuZW 2022, 685 (689).

21 Zum Vorstehenden ausführlich *Wagner*, VersR 1999, 1441 (1441 ff.); *Zech*, Einführung in das Technikrecht, 2021, S. 76 ff..

22 Die grundsätzliche Entwicklung des Haftungsrechts und der Gefährdungshaftung ist bereits ausführlich untersucht worden, sodass hier lediglich der Hinweis auf die einschlägige Literatur gegeben sei, vgl. *Jansen*, Die Struktur des Haftungsrechts, 2003; *Rohe*, AcP 201 (2001), 117; *Deutsch*, NJW 1992, 73; *von Bar*, Gemeineuropäisches Deliktsrecht, Bd. I, 1996; *von Bar*, Gemeineuropäisches Deliktsrecht, Bd. II, 1999.

breiteten sich in der Bevölkerung damals Angstszenarien. Die Eisenbahn wurde „vermenschlicht“[23] und das Automobil musste „gezähmt“[24] werden. Der Gesetzgeber reagierte auf die technische Entwicklung jeweils mit dem Rechtsinstitut der Gefährdungshaftung und brachte somit ein erlaubtes Risiko in die Gesellschaft ein.[25]

1. Die Eisenbahn

Das zentrale Verkehrsmittel des Industriezeitalters ist die Eisenbahn. Sie versinnbildlicht mit der Dampfmaschinentechnik die sozioökonomischen Umwälzungen des 19. Jahrhunderts und den Aufbruch in ein neues, beschleunigtes Zeitalter.[26] Die Technologie der Eisenbahn zu verstehen sei zentral, um das moderne Alltagsleben zu verstehen.[27] Inspiriert von den raschen Erfolgen der Eisenbahn in England,[28] geht die Geschichte der Eisenbahn in Deutschland zurück auf den 7. Dezember 1835. Der Startschuss wurde um 9 Uhr von einer Kanone abgefeuert und die erste Reise des „Adlers“ auf einer Strecke vom Nürnberger Plärrer zum Ludwigsbahnhof in Fürth begann.[29] Der legislatorische Startschuss folgte sodann im Jahr 1838. Anlässlich der Eröffnung der Staatsbahn Berlin – Potsdam[30] wurde das preußische Eisenbahngesetz verabschiedet.[31] Dieses sah in § 25 eine Gefährdungshaftung vor.[32] Diese konnte jedoch zunächst nicht ihre volle Wirkung entfalten. Denn die Eisenbahngesellschaften umgingen ihre gesetz-

23 Dazu ausführlich *Schirmer*, JZ 2016, 660 (660 f.).
24 Dazu ausführlich *Döpke/Jülicher*, InTeR 2019, 16 (17).
25 *Wagner*, VersR 1999, 1441 (1441).
26 *Kellermann*, Im Zwischenraum der beschleunigten Moderne, 2021, S. 161.
27 Vgl. *Revill*, Railway, Reaktion Books, 2012, S. 14.
28 *Bracht*, Der Bau der ersten Eisenbahnen in Preußen, 1996, S. 11.
29 *Senckpiehl*, Die Haftung von Eisenbahn, Post und Speditören, 1923, S. 11.
30 *Bracht*, Der Bau der ersten Eisenbahnen in Preußen, 1996, S. 11 ff..
31 Abgedruckt z.B. bei *Bracht*, Der Bau der ersten Eisenbahnen in Preußen, 1996, Anhang, S. 234 ff..
32 Vgl. dazu auch *Wagner*, in: Faust/Schäfer Zivilrechtliche und rechtsökonomische Probleme des Internet und der künstlichen Intelligenz, 2019, 1 (3 f.); *Kötz/Wagner*, Deliktsrecht, 12. Auflage, Rn. 31, 524.

lich Haftpflicht durch vertragliche Begrenzungen oder vollständige Ausschlüsse. Dies gelang, weil § 25 PreußEisbG als dispositives Recht verstanden wurde. Erst 1869, also 30 Jahre später, wurden solche Ausschlüsse gesetzlich untersagt.[33] Nach Reichsgründung galt mit Erlass des Reichshaftpflichtgesetz vom 7.6.1871 auch die Gefährdungshaftung der Eisenbahn weiter.[34] Die Regelung zur Haftung der Eisenbahngesellschaft wird als Blaupause für den Umgang mit technischen Risiken in Deutschland gesehen. Ab diesem Zeitpunkt wurden viele neue technische Anlagen mit einer Gefährdungshaftung versehen.[35] Mit der Gefährdungshaftung für den Eisenbahnbetrieb hat man versucht, auf der einen Seite die Technikentwicklung nicht durch Verhaltensregeln aufzuhalten, aber auf der anderen Seite doch adäquate Regeln bereitzustellen, um die Betreiber zu einem sorgfältigem Umgang mit dieser neuen Technik zu bringen.[36]

Im Jahr 1866 wurde zudem der „Dampfkessel-Überwachungs- und Revisionsverein" (DÜV) gegründet, welcher die Sicherheit von Dampfkesseln verbessern sollte. Solche Dampfkessel waren auch in Eisenbahnen verbaut und der DÜV sorgte etwa dafür, dass durch Sicherheitsventile ein breiteres Vertrauen in die Technologie erreicht wurde. Er ist auch der „Urvater" des heutigen TÜV.[37]

---

33 Zum Vorstehenden *Ogorek*, Untersuchungen zur Entwicklung der Gefährdungshaftung im 19. Jahrhundert, S. 61 ff.; vgl. zu Urteilen zu § 25 PreußEisbG *Ogorek*, Untersuchungen zur Entwicklung der Gefährdungshaftung im 19. Jahrhundert, S. 63 ff. sowie *Jansen*, Die Struktur des Haftungsrechts, 2003, S. 1 f., 367 ff..

34 *Senckpiehl*, Die Haftung von Eisenbahn, Post und Speditören, 1923, S. 1; *Ogorek*, Untersuchungen zur Entwicklung der Gefährdungshaftung im 19. Jahrhundert, S. 98 ff., 106.

35 Vgl. zum Vorstehenden *Wagner*, in: Faust/Schäfer Zivilrechtliche und rechtsökonomische Probleme des Internet und der künstlichen Intelligenz, 2019, 1 (4).

36 *Kloepfer*, Technik und Recht im wechselseitigen Werden, 2001, S. 74 f..

37 *Slusallek*, Made in Germany: Von der Dampfmaschine über das Auto bis zur vertrauenswürdigen KI, abzurufen unter https://www.dfki.de/web/news/made-in-germany-von-der-dampfmaschine-ueber-das-auto-bis-zur-vertrauenswuerdigen-ki (Letztes Abrufdatum: 26.5.2024).

2. Das Automobil

Das erste fahrtüchtige Auto mit Verbrennungsmotor wurde 1885 in Deutschland von *Carl Benz* gebaut.[38] Es waren also rund 50 Jahre nach der Eisenbahn, als ihr das Automobil Konkurrenz machte. Offensichtlich durch die Lobby der Eisenbahngesellschaften konnte in England 1865 der Red Flag Act in Kraft treten. Dieser sah vor, dass vor jedem Automobil ein Mann laufen musste, welcher in ein Horn blies und eine rote Fahne schwenkte.[39]

In Deutschland wurde die Entwicklung der Autoindustrie nicht durch den Red Flag Act blockiert. Allerdings erließ der Reichsgesetzgeber 1909 das Kraftfahrzeuggesetz.[40] Es handelt sich dabei um den direkten Vorläufer des heute geltenden StVG und auch in § 7 befindet sich nach wie vor die unveränderte Gefährdungshaftung für Kraftfahrzeuge. Rund 30 Jahre später kam zudem die Pflicht zur Haftversicherung für Kfz-Halter, welche auch bei fehlender Liquidität der Unfallverursacher die Geschädigten schützte.[41]

3. Fazit

Die technologischen Neuerungen des 19. Jahrhunderts wie Eisenbahn und Automobil sind beeindruckend. Sie brachten jedoch auch erhebliche Gefahren mit sich. Der Gesetzgeber wollte die mit den Technologien einhergehenden gesellschaftlichen Vorteile durch ein generelles Verbot der Technik nicht wieder drosseln. Vielmehr führte er jeweils Gefährdungshaftungstatbestände und Pflichtversicherungen ein, die teilweise bis heute gelten.

---

38 *Jürgens*, Automatisierung und Arbeit in der Automobilindustrie, 2023, S. 41.

39 *Foot*, Consolidated abstracts of the Highway acts, 1862, 1864, the Locomotive acts, 1861, 1865, and the Highways and Locomotives (Amendment) Act, 1878 : with the acts in extenso, notes, and copious index, 1879; dazu *Kyprianou*, The Red Flag Act, abzurufen unter: https://law-school.open.ac.uk/blog/red-flag-act (Letztes Abrufdatum: 26.5.2024).

40 Gesetz über den Verkehr mit Kraftfahrzeugen (KFG) vom 3.5.1909, RGBl. I S. 437.

41 Zum Vorstehenden *Döpke/Jülicher*, InTeR 2019, 16 (17).

Diese Historie der Gefährdungshaftung kann auch für die aktuelle Debatte zur KI-Haftung nützlich sein. In der Literatur gab es bereits einige Stimmen, die sich bei einer möglichen Regulierung von KI dafür ausgesprochen haben, auf bereits erprobte Lösungen für andere Technologien zurückzugreifen und so „das Rad nicht neu zu erfinden".[42] Die (Rechts-)Geschichte kann hier also nicht nur als Inspiration für eine mögliche Einführung einer Gefährdungshaftung für KI-Systeme dienen. Vielmehr kann durch den jahrelangen Bestand der Technik und des funktionierenden (Gefährdungs-)Haftungssystems auch Vertrauen in die Innovationskraft und langfristige Tragfähigkeit rechtlicher Lösungen für Transformationsprozesse gewonnen werden.[43] Auch die EU-Kommission vergleicht KI mit der Dampfmaschine oder elektrischem Strom in der Vergangenheit und sieht sie mit grundlegenden Änderungen unserer Umgebung, Gesellschaft und Industrie verbunden.[44] Die von der Kommission eingesetzte HEG-KI (hochrangige Expertengruppe für künstliche Intelligenz) weißt ebenfalls auf Parallelen und ähnlich gelagerten Problemen bei anderen leistungsstarken Technologien hin.[45]

---

42 So z.B. *Dettling/Krüger*, MMR 2019, 211 (214); anders aber z.B. *Schirmer*, JZ 2016, 660 (660 ff., 666), der zwar gegenüber einer Gefährdungshaftung nicht abgeneigt ist, die Rechtsgeschichte als Argumentation für die Einführung einer Rechtspersönlichkeit für KI nutzt.

43 *Döpke/Jülicher*, InTeR 2019, 16 (17).

44 EU-Kommission, Künstliche Intelligenz für Europa, COM(2018) 237 final, S. 2; EU-Kommission, Koordinierter Plan für künstliche Intelligenz, COM(2018) 795 final, S. 1.

45 *HEG-KI*, Arbeitsunterlage für die Ethik-Leitlinien für eine vertrauenswürdige KI, 2018, passim, abzurufen unter: https://www.euractiv.com/wp-content/uploads/sites/2/2018/12/AIHLEGDraftAIEthicsGuidelinespdf.pdf (Letztes Abrufdatum: 20.3.2024).

Dritter Teil: Wissenschaftsgeschichte des Rechts der Künstlichen Intelligenz

I. Wissenschaftlicher Diskurs im Überblick: Datenbefunde und Auswertung

1. Ein Status quo-Bericht

Das Schrifttum zu Rechtsfragen der KI, Regulierung von KI und haftungsbezogene Fragen in Verbindung mit KI hat in den vergangenen Jahren enorm zugenommen und ist mittlerweile unüberschaubar geworden. Beispielhaft können zur Veranschaulichung die Fundstellen in juristischen Datenbanken herangezogen werden. So listet beck-online Literatur allein zu Gesetzgebung und KI geordnet nach Jahren auf. Dabei waren es im Jahr 2021 sechs Literaturbeiträge, im Jahr 2022 vierzehn und im Jahr 2023 sogar 26.[1] Der Suchbegriff „Künstliche Intelligenz" ergibt bei der Datenbank juris insgesamt 3989 Treffer in allen Rechtsgebieten.[2] Davon sind 66 Treffer zwischen dem 1.1.2000 und dem 31.12.2010 und 3743 Treffer ab dem 1.1.2011. Die juris-Recherche nach „Künstliche Intelligenz Haftung" führt zu insgesamt 1708 Treffern, davon sind allein 1134 nach dem 1.1.2020 entstanden. Zu sehen ist an diesen Beispielen also eine nahezu exponentielle Steigung der Anzahl juristischer Beiträge zu KI. Auch allgemeine Suchmaschinen wie Google zeigen insbesondere ab 2022 vermehrt Suchanfragen beim Stichwort „Künstliche Intelligenz".[3] Für die Methodik dieser Arbeit ist es Schwierigkeit und zugleich Erkenntnis, dass viele der Beiträge ohne

---

[1] Abzurufen unter https://rsw.beck.de/aktuell/gesetzgebung/gesetzgebungsvorhaben-literatur/kuenstliche-intelligenz---harmonisierte-eu-vorschriften (Letztes Abrufdatum: 4.3.2024).

[2] Stand ist jeweils der 4.3.2024.

[3] Vgl. dazu die Auswertung von google-trends vom 3.4.2024 zum zeitlichen Verlauf in den letzten fünf Jahren des Suchbegriffs „Künstliche Intelligenz" https://trends.google.com/trends/explore?date=all&q=K%C3%BCnstliche%20Intelligenz.

bzw. nur mit geringem Abstand zueinander entstanden sind und (dadurch) auch nur selten aufeinander Bezug nehmen.

2. Der Diskurs KI – von der Annäherung an ein Nischenthema hin zur juristischen Debatte

Es ist durch die Analyse verschiedener Gesichtspunkte sichtbar, dass aus einem einst kleinen Teilgebiet eine mittlerweile kaum zu überblickende Debatte in der Rechtswissenschaft geworden ist. Im Folgenden werden Start- und Endpunkte sowie die Orte zur Austragung des Diskurses festgelegt. Weiterhin werden die Integration der Thematik in Hochschullehre und Ausbildungszeitschriften sowie in Kommentaren skizziert.

a) Festlegung von Start- und Endpunkt

Verfasst man eine Abhandlung über einen Diskurs, liegt es nahe, zunächst den Beginn und sodann das Ende des Diskurses zu bestimmen. Damit rahmt man auch den Forschungsgegenstand zeitlich ein. Dies bietet sich nicht nur für die hiesige Untersuchung, also für den Diskurs der Haftung für KI an, sondern grundsätzlich bei einer Diskursgeschichte.

In der Rechtswissenschaft sind verschiedene Startpunkte für Diskurse in Betracht zu ziehen. Oftmals löst etwa eine Gerichtsentscheidung eine Debatte aus. Eine solche Diskurs-auslösende Entscheidung kann jedoch nicht jede Grundsatzentscheidung eines obersten Gerichts sein. Es kommt nämlich darauf an, dass es gerade durch das Urteil zu einem intensiven Nachdenken in der Rechtswissenschaft kommt und Kontroversen und Diskussionsströme geschaffen werden. So ist beispielsweise nicht das BGH-Urteil aus dem sogenannten „Diesel- oder Abgasskandal“ in welchem das Verhalten der VW-AG bzw. ihrer maßgeblichen Entscheidungsträger als objektiv sittenwidrig und vom Schädigungsvorsatz getragen bewertet wurde,[4] ein solcher Diskursauslöser.[5] Vielmehr bestand nämlich dazu im Vor-

[4] BGHZ 225, 316 Rn. 16 ff., 63 = NJW 2020, 1962.

[5] Ausführlich, insbesondere zur sittenwidrigen und vorsätzlichen Schädigung im Rahmen

feld eine – mittlerweile kaum zu überblickende – vorherrschende Linie in der Rechtsprechung, die lediglich vom BGH bestätigt wurde.[6] Darüber hinaus gab es bereits vorher eine große mediale Aufmerksamkeit und Diskussion im juristischen Schrifttum.[7] Der Dieselskandal selbst wurde schon im September 2015 öffentlich.

Als weitere Möglichkeit für den Start eines Diskurses in der Rechtswissenschaft kann das Vorlegen eines Gesetzesentwurfs verwendet werden. Insbesondere dann, wenn der Gesetzgeber einen noch nicht ausgereiften oder nicht an die wirtschaftliche Realität angepassten Normtext vorschlägt. Dann haben nämlich Rechtsprechung und Literatur die Aufgabe mit dem unzureichenden Gesetz zu arbeiten. Noch evidenter sind Fälle des sogenannten „Redaktionsversehens".[8] Als ein prominentes Beispiel gilt § 254 Abs. 2 Satz 2 BGB, der seit Inkrafttreten des BGB die Frage seines Bezugspunktes in den Raum stellt und Rechtsprechung und Literatur beschäftigte.[9]

Die zunehmende Europäisierung des Privatrechts wird als eine der bedeutendsten juristischen Entwicklungen der Gegenwart bezeichnet.[10] Auch sie kann letztlich u.a. auf ein Handeln des Gesetzgebers zurückgeführt werden.[11] Während das Europarecht zunächst vor allem öffentlich-rechtlich geprägt war, sorgte der ab 1985 fast jährliche Erlass von Rechtsakten auf

des „Dieselskandals" *Förster*, in: BeckOK BGB, 66. Edition, Stand: 01.05.2023, § 826, Rn. 58 ff..

6 LG Augsburg BeckRS 2018, 33801, Rn. 13; LG Paderborn BeckRS 2017, 108460; LG Wuppertal BeckRS 2018, 1446, Rn. 41 ff; OLG Koblenz NJW 2019, 2237, Rn. 36 ff.; OLG Oldenburg BeckRS 2019, 35188, Rn. 42; a.A. LG Braunschweig BeckRS 2018, 14999 Rn. 18 ff.; OLG Braunschweig BeckRS 2019, 2737 Rn. 169 ff..

7 Vgl. *Heese*, NJW 2019, 257; *Oechsler*, NJW 2017, 2865; *Führ*, NVwZ 2017, 265.

8 Dazu aus der Perspektive des Öffentlichen Rechts *Hamann*, AöR 2014, 446.

9 Vgl. dazu grundlegend *Looschelders*, in: BeckOGK BGB, Stand 01.06.2023, § 254, Rn. 34 ff..

10 *Mittwoch*, JuS 2010, 767 (769).

11 Dazu ausführlich *Schulte-Nölke*, EuR, Beiheft 2, 2018, 21 (23 ff.); *Schulze*, ZEuP 1993, 442 (444).

Kerngebieten des Privatrechts[12] zu einer breiten Europäisierung des Zivilrechts.

Eine dritte Möglichkeit für den Beginn eines Diskurses in der Rechtswissenschaft können Ereignisse in Gesellschaft und Wirtschaft sein. Ein Beispiel dafür sind die der Öffentlichkeit bekannt gewordenen prekären Arbeitsbedingungen außerhalb Europas, insbesondere in Schwellenländern. So führte der Einsturz der Textilfabrik *Rana Plaza* in Bangladesh zu einer breiten Diskussion zunächst in der Politik und sodann in der Rechtswissenschaft.[13] Insbesondere führten dieser und andere Vorfälle, in denen Menschenleben gefährdet wurden, zu Überlegungen, Unternehmen für Menschenrechtsverletzungen entlang der Lieferkette haften zu lassen.[14] Seit dem 1.1.2023 gilt nun in Deutschland das Lieferkettensorgfaltspflichtengesetz (LkSG), darüber hinaus liegt auch eine europäische Richtlinie vor. Die Menge an Kommentierungen und Aufsätzen zum Gesetz sei derart üppig, dass das Lieferkettenrecht als ein eigenes Rechtsgebiet angesehen wird.[15] Somit haben die medienwirksamen Ereignisse vor über zehn Jahren erst eine Diskussion angestoßen, welche sodann in einem eigenen Rechtsgebiet endete.

Für die Diskursgeschichte zum KI-Haftungsrecht ist eine eindeutige Zuordnung des Diskursbeginns deutlich schwieriger. Ausgeschlossen werden kann zunächst, dass die Festlegung des Startpunkts für die KI-Haftungsdiskussion dem Gesetzgeber zugeschrieben wird. Dafür gab es bereits vor den ersten Gesetzesentwürfen eine zu rege Beteiligung.[16] Den-

---

12 Als wichtige Rechtsakte nennt *Schulte-Nölke*, EuR, Beiheft 2, 2018, 21 (23) hier etwa die Produkthaftungsrichtlinie 85/374/EWG, die Klauselrichtlinie 93/13/EWG sowie die Verbrauchsgüterkaufrichtlinie 1999/44/EG.

13 Ausführlich zum Vorstehenden und zur Entwicklung *Foerste*, JZ 2023, 587 (587 ff.).

14 Vgl. zum breiten Schrifttum statt vieler *Hübner*, Unternehmenshaftung für Menschenrechtsverletzungen, 2022; *Lieberknecht*, in: Klever/Schiestl/Aigner/Ecker/Schickmair/Spendel/Weilguny/Wolkenstein/Ziegler (Hrsg.), Nachhaltigkeit im Privatrecht: Jahrbuch Junge Zivilrechtswissenschaft 2022, 193.

15 *Lieberknecht*, RabelsZ 87 (2023), 836 (836 f.).

16 Dazu unter: Dritter Teil, III..

noch haben die gesetzgeberischen Maßnahmen den Diskurs natürlich befeuert. Beispielsweise lag auf europäischer Ebene am 20.10.2020 eine Entschließung mit Empfehlungen an die Kommission für eine Regelung der zivilrechtlichen Haftung beim Einsatz künstlicher Intelligenz vor.[17] Darüber hinaus veröffentlichte der deutsche Gesetzgeber am 10.2.2021, zumindest für einen Teilbereich Künstlicher Intelligenz, einen Referentenentwurf für ein Gesetz zum autonomen Fahren.[18] Schon lange vorher gab es in der Literatur indes Überlegungen, zu den Herausforderungen von KI und autonomen Fahren und ob und wie diese reguliert werden und eine Haftung aussehen soll.[19]

So wie es verschiedene Startpunkte für Diskurse gibt, so gibt es auch Endpunkte. Diese haben dieselben Kategorien wie Startpunkte. So können entweder Gesetzgeber oder Rechtsprechung einen jahrelangen Streit beenden und für Klarheit sorgen. Alternativ können auch wirtschaftliche oder gesellschaftliche Ereignisse oder Entwicklungen zum Erliegen einer Debatte führen. Nach einem aktuellen Richtlinienentwurf könnte der Gesetzgeber bald, also bei Gesetzeserlass, eine jahrelange Diskussion um die Frage, ob Software ein Produkt ist,[20] beenden.[21] Wahrscheinlich würde der Diskurs auch abschwächen, wenn KI-Systeme wieder vom Markt verschwinden würden und sie kein gesellschaftliches Aufsehen mehr erregen würden. Da die große Diskussion um KI und Haftung, sowohl in Medien, als auch in der Wissenschaft keinesfalls beendet ist, kann freilich auch noch kein Endpunkt festgelegt werden.

---

17 Europäisches Parlament, Regelung der zivilrechtlichen Haftung beim Einsatz künstlicher Intelligenz vom 20.10.2020, P9_TA(2020)0276.

18 Ausführlich zum erfolgreichen Gesetzgebungsverfahren: https://bmdv.bund.de/SharedDocs/DE/Artikel/DG/gesetz-zum-autonomen-fahren.html (Letztes Abrufdatum: 22.06.2023).

19 Beispielhaft etwa *Riehm*, ITRB 2014, 113; *Lutz*, NJW 2015, 119; *Nürnberger/Bugiel*, DuD 2016, 503.

20 *Müller*, Software als „Gegenstand" der Produkthaftung, 2019; *Lehmann*, NJW 1992, 1721 (1723 ff.); *Boehme-Neßler*, Unscharfes Recht, 2008, S. 384 f..

21 Dazu unter Dritter Teil, IV., 2., r), aa), (1).

Festgehalten werden kann also letztlich, dass sich kein eindeutiger Startpunkt zum Diskurs festlegen lässt. Es war vielmehr ein schleichender Prozess von zunehmenden Beiträgen im Schrifttum. Zwar waren die genannten Möglichkeiten immer wieder als konkrete Auslöser für das Verfassen von Beiträgen geeignet,[22] jedoch nicht so, dass es ein großes Ereignis maßgeblich war. Einen Endpunkt gibt es auch (noch) nicht. Dies ist der Tatsache geschuldet, dass der Diskurs weiterhin andauert und vor allem das Schrifttum immer weiter wächst, weil offensichtlich die Fragen zur KI-Haftung nicht geklärt sind.

b) Orte zur Austragung des Diskurses

Der Diskurs über KI-Haftung hat verschiedene Schauplätze. Diese Diskussionsforen werden im Folgenden näher untersucht.

aa) Aufsätze in Zeitschriften

Beispiele für Publikationsorte sind Zeitschriften, Sammelbände und seltener auch Handbücher. Fachzeitschriften nehmen im juristischen Diskurs eine übergeordnete Rolle ein. Sie sind das zentrale Medium für Rechtswissenschaft und -praxis, weil sie ein etabliertes Forum für Urteilsbesprechungen und der Kundgabe von Rechtsauffassungen sind.[23]

Während zunächst vermehrt Aufsätze in (technik-)spezifischen Zeitschriften aufzufinden waren, ist es mittlerweile auch ein gängiges Thema bei allgemeinen und für Praktiker geeigneten Zeitschriften. Beispielhaft lassen sich hier etwa die älteren Fundstellen *Taeger*, Produkt- und Produzentenhaftung bei Schäden durch fehlerhafte Computerprogramme (CR 1996)[24] und *Cornelius*, Vertragsabschluss durch autonome elektronische Agenten (MMR 2002)[25] sowie die neueren Fundstellen *Zech*, Haftung für

---

22 Dazu unter Dritter Teil, I., 5..

23 *Metzger/Schrör*, ZfRS 2022, 243 (264).

24 *Taeger*, CR 1996, 257.

25 *Cornelius*, MMR 2002, 353.

Trainingsdaten Künstlicher Intelligenz (NJW 2022)[26] und *Staudenmayer*, Haftung für Künstliche Intelligenz (NJW 2023)[27] nennen. Bei der Dichte an Aufsätzen in den vergangenen Jahren war es nur eine Frage der Zeit, bis es eine eigene Zeitschrift für (Haftungs-)Recht und KI gibt. Am 15.08.2024 erschien die erste Ausgabe der KIR (Künstliche Intelligenz und Recht).[28] Diese Entwicklung steht im Einklang mit der Entstehung von jungen Zeitschriften im Digitalrecht. Exemplarisch sei hier auf die „Zeitschrift für das Recht der digitalen Wirtschaft" (ZdiW) sowie die „Recht Digital" (RDi) eingegangen.[29] Erstere existiert seit Beginn des Jahres 2021[30], letztere seit Ende des Jahres 2020.[31] Auch haben manche dieser Zeitschriften sogar einzelne ihrer Ausgaben vollständig der KI-Thematik gewidmet.[32]

bb) *Tagungen*

Ein wesentliches Indiz für das Bestehen und die mittlerweile erreichte Größe des Diskurses sind zudem Tagungen. Insbesondere in den letzten Jahren haben vermehrt Zusammenkünfte mit Beiträgen zur Haftung für KI stattgefunden. Festgehalten sind diese in Tagungsberichten[33] oder größeren Tagungsbänden.[34] Bei diesen Versammlungen stand immer wieder die

---

26 *Zech*, NJW 2022, 502.

27 *Staudenmayer*, NJW 2023, 894.

28 Vgl. dazu KIR 1/2024, Editorial.

29 Weitere Beispiele sind die ZfDR (Zeitschrift für Digitalisierung und Recht, seit 2021) und die LTZ (LegalTech: Zeitschrift für die digitale Rechtsanwendung, seit 2022).

30 Siehe dazu die Kurzmeldung der Schriftleitung unter https://www.jura.uni-osnabrueck.de/forschung/forschungsprojekte/zdiw.html (Letztes Abrufdatum: 19.09.2023) sowie die Erstausgabe der ZdiW mitsamt einem Interview von Beat Weibel zur Europäischen KI-Strategie auf S. 3.

31 Heft 1/2020 der RDi, mit bereits drei Beiträgen zur KI: *Apel/Kaulartz*, RDi 2020, 24; *Möslein*, RDi 2020, 34; *Riehm*, RDi 2020, 42.

32 Siehe dazu Heft 1/2023 der ZdiW.

33 Siehe dazu z.B. folgende Tagungsberichte: *Ollig*, ZfDR 2022, 413; *Vietor*, ZUM 2023, 594; *Lippold/Nölscher*, JZ 2023, 513; *Lamadé/von Poser*, MMR-Aktuell 2023, 457618; *Allar,* ZUM 2020, 325; *Schäferling*, MMR-Aktuell 2020, 428272; *Goebel/Wiepen*, GRUR 2022, 52; *Reck*, NZV 2018, 517.

34 *Dederer/Shin*, Künstliche Intelligenz und juristische Herausforderungen, 2020 als Tagungsband zur vierten Konferenz deutschsprachiger Juristen Ostasiens an der staatli-

Frage nach der Verantwortlichkeit von KI im Raum, befeuert von den europäischen Rechtsakten in diesem Bereich.[35] Die enorme Relevanz des Themas ist auch beim Münster Colloquia on EU Law and the Digital Economy zu erkennen. Hier haben im Jahr 2018 und im Jahr 2022 die KI-Haftungsfragen das gesamte Tagungsprogramm und jeweils einen englischsprachigen Tagungsband mit Beiträgen von wichtigen Digital- und Haftungsrechtsexperten gefüllt.[36] Bereits im Jahr 2010 wurde zudem die Forschungsstelle Robotrecht an der Universität Würzburg, mit einer anfänglichen Fokussierung auf strafrechtliche Fragestellungen, gegründet. Regelmäßig wurden dort Konferenzen veranstaltet.[37] Auch hier war die KI-Haftungsproblematik immer wieder Thema.[38]

Es haben sich sogar eigene Organisationen, losgelöst von Hochschulen gebildet, um am Rechtsrahmen von intelligenten Systemen zu arbeiten. Beispielhaft ist hier die Robotics & AI Law Society (RAILS) e.V. zu nennen, die sich seit ihrer Gründung im Jahr 2017 mit KI und Recht beschäftigen.[39] Dabei veranstalten sie auch regelmäßig Tagungen und andere Veranstaltungen auf denen die Diskursteilnehmer zusammentreffen. Hier ist insbesondere die „RAILS-Conference" hervorzuheben, welche seit 2018 jährlich stattfindet. An nahezu allen Konferenzen war Haftung für KI

---

chen Chungnam-Universität in Daejeon, Rep. Korea, unter den Rahmenthemen „Innenansichten des deutschen und ostasiatischen Rechts" und „Künstliche Intelligenz und juristische Herausforderungen"; Bitburger Gespräche Jahrbuch 2020, 2021, darin konkret zu Haftungsfragen z.B. *Zech*, in: Bitburger Gespräche Jahrbuch 2020, 2021, 59.

35 Siehe dazu den Tagungsbericht zum Symposium des Instituts für Urheber- und Medienrecht am 28.4.2023 in München, *Vietor*, ZUM 2023, 594 (595).

36 Lohsse/Schulze/Staudenmayer (Hrsg.) Liability for Artificial Intelligence and the Internet of Things, 2019 und Lohsse/Schulze/Staudenmayer (Hrsg.) Liability for AI, 2023.

37 Dazu unter https://www.jura.uni-wuerzburg.de/fakultaet/forschungsprojekte/forschungsstelle-robotrecht/konferenzen/workshop-digitalisierung-und-ki-in-der-justiz-chancen-und-grenzen/ (Letztes Abrufdatum: 21.5.2024).

38 Vgl. nur *Spindler*, in: Beck/Kusche/Valerius (Hrsg.), Digitalisierung, Automatisierung, KI und Recht, 2020, 255.

39 Die Internetpräsenz ist zu finden unter: https://ai-laws.org/ (Letztes Abrufdatum: 24.08.2023).

ein, wenn nicht sogar das Thema der Veranstaltung.[40] Dasselbe gilt für die jährliche Herbstakademie der Deutschen Stiftung für Recht und Informatik (DSRI), die bereits 2015 und sodann regelmäßig die Folgen der Digitalisierung mittels KI und Automatisierung in Bezug auf das Haftungsrecht mitaufgenommen hat.[41]

Bemerkenswert ist auch, dass das Diskussionsthema im Zivilrecht auf dem 73. Deutschen Juristen Tag 2022 in Bonn mit „Entscheidungen digitaler autonomer Systeme: Empfehlen sich Regelungen zu Verantwortung und Haftung?“ den Kern des Diskurses trifft.[42] Dazu liegt ein umfassendes, von *Zech* ausformuliertes Gutachten vor.[43] Dieser Platz, den die Haftungsfragen für KI auf einer der wichtigsten Fachtagungen eingenommen haben, ist ein weiterer Nachweis dafür, dass es sich bei den haftungsbezogenen Herausforderungen der rasanten Entwicklung künstlicher Intelligenz im Jahr 2023 um das wohl am meisten diskutierte Thema in der Privatrechtswissenschaft handelt.[44] Selbstverständlich hat auch die Praxis entsprechende Veranstaltungen organisiert. So haben (vorwiegend größere) Anwaltskanzleien, etwa anlässlich der Veröffentlichung eines neuen europäischen Rechtsakts,

---

40 1st RAILS Tech & Law Camp am 12.05.2018, 2nd RAILS-Conference am 05.04.2019: „Governance of AI and Robotics: A European Approach?“, 3. RAILS-Konferenz am 11.03.2021: „IT-Sicherheit: Künstliche Intelligenz und smarte Robotik“, 4th RAILS-Conference am 30.05.2022: „Standardization of Artificial Intelligence“, 5. RAILS-Konferenz: „Einsatz von KI & Robotik in der Medizin: Interdisziplinäre Fragen“ am 31.03.2023, alle mit jeweiligem Programm abzurufen unter https://ai-laws.org/rails-veranstaltungen/ (Letztes Abrufdatum: 24.08.2023); siehe auch den Tagungsband *Ebers/Steinrötter*, Künstliche Intelligenz und smarte Robotik im IT-Sicherheitsrecht, 2021; *Taeger*, ZfPC 2022, 93, *Blach*, GRUR 2021, 1038; *Schauer*, MMR-Aktuell 2023, 01017; *Remmers*, EuCML 2020, 37.

41 Die jeweiligen Programme sind abzurufen unter https://dsri.de/herbstakademie/ (Letztes Abrufdatum: 25.08.2023); *Klein*, MMR-Aktuell 2016, 376036.

42 Verhandlungen des 73. Deutschen Juristentages 2020, Band I.

43 *Zech*, Verhandlungen des 73. Deutschen Juristentages 2020, Band I Gutachten A, 11; dazu liegt zusätzlich ein Ergänzungsband zu den Gutachten vor, in dem die Gutachter eine Aktualisierung vorgenommen haben, Verhandlungen des 73. Deutschen Juristentages, Ergänzungsband 2022. I/A, 108.

44 So auch *Rieländer*, RabelsZ 87 (2023), 264 (265); ähnlich *Wagner*, ZEuP 2021, 545 (546); *Borges*, CR 2022, 553 (553); *Ammann*, CR 2020, 295 (302).

getagt,[45] Gerichte die Bedeutung und die Einsatzmöglichkeiten der Technologie für Justiz und Rechtspflege evaluiert[46] und die Verwaltung die Wirkungen und den Nutzen von Algorithmen und künstlicher Intelligenz in der öffentlichen Verwaltung identifiziert.[47] Im Schrifttum finden sich einige Veröffentlichungen für die Verwendung von KI im Anwaltsberuf,[48] in der Justiz[49] sowie in der Verwaltung.[50]

cc) Monographien

Einzelne Autoren haben darüber hinaus bereits größere wissenschaftliche Einzeldarstellungen veröffentlicht. Dabei handelt es sich um Pionierarbeiten, die den Diskurs besonders gefördert haben. Ein sehr frühes Exemplar dafür ist etwa das Werk „Verantwortlichkeit bei autonom agierenden Sys-

---

45 Beispielhaft etwa die Veranstaltungs- und Beitragsreihe zur KI-Verordnung seit dem 21.11.2021 von TaylorWessing, abzurufen unter https://www.taylorwessing.com/de/interface/2021/ai-act/the-ai-act--does-this-mark-a-turning-point-for-the-regulation-of-artificial-intelligence-an-overview (Letztes Abrufdatum: 28.08.2023).

46 So z.B. die 74. Jahrestagung der Präsidentinnen und Präsidenten der Oberlandesgerichte, des Kammergerichts, des Bayerischen Obersten Landesgerichts und des Bundesgerichtshofs vom 23. bis 25. Mai 2022 in Rostock, bei dem der Einsatz von KI und algorithmischen Systemen in der Justiz untersucht wurde; das dazugehörige Grundlagenpapier ist abzurufen unter: https://www.justiz.bayern.de/media/images/behoerden-und-gerichte/oberlandesgerichte/nuernberg/einsatz_von_ki_und_algorithmischen_systemen_in_der_justiz.pdf (Letztes Abrufdatum: 11.12.2023), bereits drei Jahre zuvor war KI schon Teil des Abschlussberichts der Länderarbeitsgruppe „Legal Tech: Herausforderungen für die Justiz", abzurufen unter: https://www.schleswig-holstein.de/DE/landesregierung/ministerien-behoerden/II/Minister/Justizministerkonferenz/Downloads/190605_beschluesse/TOPI_11,_Abschlussbericht.pdf?__blob=publicationFile&v=1 (Letztes Abrufdatum: 11.12.2023).

47 Dazu z.B. die gemeinsame Tagung des Forums Zukunft der Verwaltungsgerichtbarkeit, des Hans-Bredow-Instituts, des Fachbereichs Informatik der Universität Hamburg, von Rechtsstandort Hamburg eV und der Senatskanzlei Hamburg mit dem Titel „Algorithmen und künstliche Intelligenz in der Verwaltung", dazu ein Kurzbericht von *Heldt*, NVwZ 2019, 862.

48 *Haase/Heiss*, InTeR 2023, 162.

49 *Vasel*, LTZ 2023, 179; *Bernzen*, RDi 2023, 132; *Winkelmann*, LTZ 2022, 163; *Schwintowski*, NJOZ 2018, 1601; *Enders*, JA 2018, 721; *Knauff*, ThürVBl 2024, 29.

50 *Guggenberger*, NVwZ 2019, 844.

temen“ von *Schulz*, welches bereits 2015 erschien und eine größere Bearbeitung der Haftungsfragen in Bezug auf autonom agierenden Systemen bietet.[51] Aus dem Jahr 2020 kann etwa für die Haftung für deliktisches Handeln auf *Thöne*, „Autonome Systeme und deliktische Haftung“[52] und für das Vertrags- und Deliktsrecht auf *Sommer*, „Haftung für autonome Systeme“[53] hingewiesen werden. Im Jahr 2021 erschien von *Haagen* „Verantwortung für Künstliche Intelligenz“[54] als Teil der Schriftenreihe „Robotik, Künstliche Intelligenz und Recht“, die bereits seit 2012 für den Diskurs wichtige Werke liefert. In den folgenden Jahren nahm die Veröffentlichung weiterer Schriften zu.[55] Sogar für einzelne Haftungskonzepte, wie etwa zur Figur der ePerson, erschienen eigene Monographien.[56] Weiterhin entstanden vergleichsweise viele Monographien zur Haftung für autonome oder automatisierte Fahrzeuge.[57] Dies ist nicht verwunderlich, denn echte selbstfahrende Fahrzeuge gelten als Königsdisziplin der KI.[58] Diese Monographien verfügen häufig über vertiefte Auseinandersetzungen mit neuen Haftungskonzepten für das Phänomen der KI. Beispielhaft können hier das Konzept der

---

51 *Schulz*, Verantwortlichkeit bei autonomen Systemen, 2015, S. 136 ff..

52 *Thöne*, Autonome Systeme und deliktische Haftung, 2020.

53 *Sommer*, Haftung für autonome Systeme, 2020.

54 *Haagen*, Verantwortung für Künstliche Intelligenz, 2021.

55 Beispielhaft *Weingart*, Vertragliche und außervertragliche Haftung für den Einsatz von Softwareagenten, 2022; *Mayrhofer*, Außervertragliche Haftung für fremde Autonomie, 2023.

56 *Kleiner*, Die elektronische Person, 2021.

57 *Rosenberger,* Die außervertragliche Haftung für automatisierte Fahrzeuge, 2022; *Ringlage*, Haftungskonzepte für autonomes Fahren – „ePerson“ und „RmbH“, 2021; *Hinze*, Haftungsrisiken des automatisierten und autonomen Fahrens“, 2021; *Wagner*, Das neue Mobilitätsrecht, 2021; *Steege*, Automatisierte Rechtsanwendung und ihre Grenzen, 2022; *Weise*, Hochautomatisiertes Fahren in Deutschland und Kalifornien, 2022.

58 *Armbruster*, „Woran autonomes Fahren scheitertet“, FAZ vom 29.2.2024, abzurufen unter: https://www.faz.net/aktuell/wirtschaft/kuenstliche-intelligenz/koenigsdisziplin-der-ki-woran-autonomes-fahren-scheitert-19553974.html (Letztes Abrufdatum: 8.3.2024).

ePerson,[59] die Anpassung der Verschuldenshaftung[60] oder die Einführung einer Gefährdungshaftung[61] genannt werden.

c) Hochschullehre und Ausbildungszeitschriften als Mittel zur Verbreitung rechtlicher Standpunkte

Einzug gefunden hat der KI-Haftungsdiskurs auch in der Hochschullehre. Bereits in seiner Antrittsvorlesung am 23.1.1989 an der Universität Bayreuth im Rahmen der interdisziplinären Ringvorlesung sprach *Sieber* von neuer, „ohne weitere menschliche Vermittlung mögliche und damit unmittelbare „Handlungsfähigkeit" von Computerdaten".[62] Diese zeige sich „insbesondere im Bereich der Computerprogramme, die beispielsweise für die Fertigungssteuerung in Fabriken, die Gestaltung neuer Entwicklungen oder die Überwachung gefährlicher Vorgänge (z. B. Kraftwerke, Luftverkehr) verantwortlich sein können; als besonders anschauliche Beispiele, die auch zu entsprechenden Rechtsproblemen im Urheber- und Haftungsrecht führen, seien computererstellte Musik und Graphik sowie „Expertensysteme" und Versuche zur sog. „künstlichen Intelligenz" genannt".[63] Im Zusammenhang mit der Frage, ob auch bloße Daten und Informationen unter die für „Sach"-Gegenstände entwickelten (Haftungs-)Rechtsnormen fallen,[64] stellte *Sieber* eine besondere wirtschaftliche Relevanz für Expertensysteme und andere Anwendungen sogenannter „künstlicher Intelligenz" fest.[65]

Es ist bemerkenswert, dass an vielen deutschen juristischen Fakultäten Vorlesungen und/oder Seminare stattfinden, die u.a. die Frage nach

59 *Haagen*, Verantwortung für Künstliche Intelligenz, 2021, S. 357 f.; *Schulz*, Verantwortlichkeit bei autonomen Systemen, 2015, S. 91 ff..

60 *Sommer*, Haftung für autonome Systeme, 2020, S. 448 ff.

61 *Sommer*, Haftung für autonome Systeme, 2020, S. 448 ff.; *Haagen*, Verantwortung für Künstliche Intelligenz, 2021, S. 358 ff.

62 *Sieber*, NJW 1989, 2569 (2573).

63 *Sieber*, NJW 1989, 2569 (2573).

64 Mittlerweile mehrfach untersucht und wohl abschließend geklärt, vgl. nur *Müller*, Software als „Gegenstand" der Produkthaftung, 2019; *Lehmann*, NJW 1992, 1721 (1723 ff.).

65 *Sieber*, NJW 1989, 2569 (2576).

der Verantwortlichkeit für KI behandeln. Eine Auflistung von Vorlesungen oder Seminare kann allenfalls beispielhaft erfolgen.[66] Es gelingt dennoch die Feststellung, dass an den juristischen Fakultäten deutscher Universitäten zunehmend die Forschung rund um KI auch auf die Lehre übertragen wird und so die Akteure des Diskurses eine weitere Möglichkeit haben, ihre Ansichten zur KI-Haftung auch an Studierende weiterzutragen. Dies deckt sich mit der grundsätzlichen Entwicklung an den Fakultäten. Schließlich bieten darüber hinaus bereits 15 der 41 rechtswissenschaftlichen Fakultäten zumindest einen Digitalrechtsschwerpunkt an.[67] Damit verbunden sei noch darauf hingewiesen, dass die Bundesregierung grundsätzlich, das heißt nicht auf die Rechtswissenschaft beschränkt, 150 neue Professuren mit KI-Bezug schaffen möchte.[68] Zwar wird KI im Besonderen an technischen Instituten erforscht. Freilich befassen sich auch die Sozial- und

---

66 Vorlesung „Recht der Künstlichen Intelligenz" im Wintersemester 2023/2024 (Universität Bielefeld), Seminar „Regulierung Künstlicher Intelligenz und digitaler Plattformen in der EU" im Wintersemester 2021/2022 (Universität Freiburg), „Blockseminar zu Rechtsfragen der künstlichen Intelligenz" im Wintersemester 2020/2021 (Universität Heidelberg), Seminar „Digitalisierung und künstliche Intelligenz im Privat-, Wirtschafts- und Verfahrensrecht" im Wintersemester 2020/2021 (Universität Münster), entnommen von den jeweiligen Webauftritten der genannten Hochschulen (Letztes Abrufdatum: 31.8.2023).

67 „Märkte der digitalen Welt" (Universität Bayreuth), „Recht der Digitalisierung" (EBS Universität), „Digital Law – Recht in der digitalen Gesellschaft" (Universität Osnabrück), „Recht und digitale Transformation" (Humboldt-Universität zu Berlin), „Innovation, Digitalisierung, Wettbewerb" (Universität Bielefeld), „Wirtschaftsrecht, Wettbewerbs- und Datenrecht" (Rheinische Fridrich-Wilhelms-Universität Bonn), „IT-Recht und Geistiges Eigentum" (Gottfried Wilhelm Leibniz Universität Hannover), „Europäisches Wirtschaftsrecht und digitaler Binnenmarkt" (Ruprecht-Karls-Universität Heidelberg), „Recht der Digitalisierung" (Philipps-Universität Marburg), „Digitalisierung, KI und Recht" (Westfälische Wilhelms-Universität Münster), „Legal Tech" (Universität Passau), „Geistiges Eigentum – Digitalisierung – Wettbewerb" (Universität Potsdam), „Recht der Informationsgesellschaft" (Universität Regensburg), „IT-Recht und Rechtsinformatik" (Universität des Saarlandes), „Recht der Informationsgesellschaft und des Geistigen Eigentums" (Universität Trier), entnommen von den jeweiligen Webauftritten der genannten Hochschulen (Letztes Abrufdatum: 29.08.2023).

68 Siehe dazu den KI-Aktionsplan der Bundesregierung, Stand 23.8.2023, abzurufen unter: https://www.bundesregierung.de/breg-de/themen/forschung/ki-aktionsplan-2215658 (Letztes Abrufdatum: 28.8.2023); MMR-Aktuell 2023, 01223.

Rechtswissenschaften mit KI und der digitalen Transformation.[69] Eine weitere Möglichkeit für Juristen ist es, einen Masterstudiengang zu belegen. Auch hier bieten seit den letzten Jahren auch viele deutsche Jurafakultäten einen LL.M. im Bereich Recht und Digitalisierung an, die auch regelmäßig den Bereich KI enthalten.[70] Eine mit den Entwicklungen Schritt haltende rechtswissenschaftliche Aufarbeitung wird angesichts des rasanten technischen Fortschritts höchste Bedeutung zugemessen, um ein Auseinanderfallen von Recht und Wirklichkeit zu verhindern.[71]

Spannend ist auch, dass das Thema mittlerweile sogar in Ausbildungszeitschriften eingebracht wird. So findet sich eine „*Einführung in die Rechtsfragen der künstlichen Intelligenz*“, die sich zwischen Übungsblättern zu prüfungsrelevanten Rechtsgebieten einreiht und sich damit offensichtlich auch an Studierende und Referendare richtet.[72] Vorher gab es bereits Aufsätze in Ausbildungszeitschriften, die sich mit konkreteren Einsätzen von KI befassen. So wird für Studenten und Referendare aufbereitet, wie der rechtliche Rahmen des Einsatzes von KI grundsätzlich bei juristischer Entscheidungsfindung,[73] speziell in arbeitsrechtlichen Auswahlentscheidungen, wie dem Bewerbungsprozess ist[74] und wie die Besonderheiten der automatisierten Willenserklärung rechtlich einzuordnen sind.[75] Es findet sich in der JURA 2023 sogar ein Beitrag innerhalb einer Ausbildungszeitschrift, der sich explizit mit KI in der zivilrechtlichen Fallbearbeitung befasst.[76] Dieser Fund zeigt, dass die mit autonomen Systemen verbun-

---

69 Bitkom Impulspapier „KI-Forschung in Deutschland – Der schwere Weg zu 100 neuen KI-Professuren“, 2020, S. 4.

70 LL.M. Informationstechnologie (Universität des Saarlandes), LL.M. Recht der Digitalisierung (Universität zu Köln), LL.M. Digitalization and Law (Julius-Maximilians-Universität), entnommen von den jeweiligen Webauftritten der genannten Hochschulen (Letztes Abrufdatum: 31.8.2023).

71 *Omlor/Meister*, ZRP 2021, 59 (60).

72 *Busche*, JA 2023, 441.

73 *Enders*, JA 2018, 721.

74 *Malorny*, JuS 2022, 289.

75 *Paulus*, JuS 2019, 960.

76 *Linardatos*, JURA 2023, 1121.

denen Haftungs- und Verantwortungsfragen als derart wichtig empfunden werden, dass sie auch im Studium eine Rolle einnehmen und das Bedürfnis besteht, ausgewählte Fragenkreise für die zivilrechtliche Klausurlösung didaktisch aufzubereiten.

Auch die Studierenden und Rechtsreferendare selbst sehen einen Nachholbedarf in der juristischen Ausbildung hinsichtlich der mit der Digitalisierung zusammenhängenden Rechtsfragen.[77] Freilich sollten dabei neben allgemeinen Rechtsfragen rund um das unscharfe Schlagwort „Legal Tech“[78] auch konkrete Rechtsfragen der Blockchain, der Rechtsstellung von Online-Plattformen auch die Frage nach der Haftung für KI vertieft werden.[79]

d) Integration in Gesetzeskommentierungen

Neben der angestiegenen Menge der Zeitschriftenaufsätze über KI-Haftung, haben sich auch die Standardnachschlagwerke der Juristen in diese Richtung gewandelt. An mehreren Beispielen ist fest zu machen, dass übergeordnet die allgemeine Thematik Digitalisierung und vor allem die Thematik Haftung für KI mittlerweile in Kommentaren zu finden ist.[80] Im Zusammenhang mit der ePerson (dazu ausführlich unter II.) entstanden etwa im Münchener Kommentar zum BGB im Wechsel von der 8. Auflage 2018 zur 9. Auflage 2021 zwei neue Randnummern zu § 1, die den Titel *„Künstliche Intelligenz“: Maschinen und Roboter* tragen.[81] Im selben

---

77 So die Studienergebnisse der „Digital Study 2020“ und der „Digital Study 2021“, abzurufen unter: www.digital-study.de (Letztes Abrufdatum: 23.11.2023).

78 Unter Legal Tech oder Legal Technology wird im weitesten Sinne Informationstechnik verstanden, die in irgendeiner Weise das juristische Arbeiten unterstützt, vgl. *Groh*, in: Weber, Rechtswörterbuch, 31. Edition 2023.

79 *Omlor/Meister*, ZRP 2021, 59 (60); in dieselbe Richtung *Broemel*, in: Schmidt/Trute (Hrsg.) Lehre der Digitalisierung in der Rechtswissenschaft, 2023, S. 37 (77).

80 Neben den Neuerungen zu Kommentierungen des BGB, finden sich auch solche auch etwa zu Kommentierungen des ProdHaftG, vgl. *Taeger*, in: NK-ProdR, 2022, § 2, Rn. 29 ff..

81 *Spickhoff*, in: MüKo BGB, 9. Auflage 2021, § 1, Rn. 14 f.

Kommentar kam zu § 278 mit dem Wechsel von 6. Auflage von 2012[82] zur 7. Auflage 2016 die Randnummer 46 hinzu, welche die Frage nach der analogen Anwendung des § 278 auf Maschinen enthält.[83] In der nachfolgenden 8. Auflage von 2019 ist unter dieser Randnummer sodann die Kommentierung verlängert und mit mehr Verweisen in das – ebenfalls breiter gewordene – Schrifttum versehen. Darüber hinaus wurde ab diesem Zeitpunkt nicht mehr nur nach einer Analogie für Maschinen, sondern auch für Automaten gefragt.[84] Ähnliches ist beim Wechsel in die 9. Auflage zu erkennen.[85] Auch im beck.online.Großkommentar wurde im Bereich der Arzthaftung die Thematik *Telemedizin; Roboter und Künstliche Intelligenz* erstmals zum Stand 1.10.2019[86] hinzugefügt.[87]

So wurde der Diskurs auch von Auflage zu Auflage zunehmend in größere und kleinere Gesetzeskommentierungen verlagert und das Schrifttum weiter angereichert.

e) Zwischenergebnis

Der Diskurs um die Haftung für KI ist ein passendes Beispiel für die allgemeine Entwicklung der Informationstechnologie in der Rechtswissenschaft. Was zunächst ein sehr kleines Nischenthema für technisch versierte Juristen gewesen ist, wurde zu einer der wichtigsten Rechtsfragen der Zeit. Wie KI-Systeme reguliert werden sollen und wie eine Haftung für sie aussehen kann wurde überdurchschnittlich viel diskutiert. Sowohl in der anwaltlichen, gerichtlichen und verwaltungsrechtlichen Praxis wurden praktische Fragen der Technologie aufgeworfen. Unzählige Fachtagungen und Kongresse beschleunigen die große öffentliche Aufmerksamkeit der Thematik

82 *Grundmann*, in: MüKo BGB, 6. Auflage 2012, § 278, Rn. 46.
83 *Grundmann*, in: MüKo BGB, 7. Auflage 2016, § 278, Rn. 46.
84 *Grundmann*, in: MüKo BGB, 8. Auflage 2019, § 278, Rn. 46.
85 *Grundmann*, in: MüKo BGB, 9. Auflage 2022, § 278, Rn. 46.
86 *Spindler*, in: BeckOGK, Stand: 1.10.2019, § 823, Rn. 1002–1005.
87 Vgl. zum Stand 1.11.2022 *Spindler*, in: BeckOGK, Stand: 1.11.2022, § 823, Rn. 1065–1070.

und sind gleichzeitig Ergebnis dieser. KI wurde zu einem der meist diskutierten Buzz Words.[88] Von anfangs kürzeren Aufsätzen in vornehmlich technisch geprägten Zeitschriften zeichnete sich eine Entwicklung hin zu ausführlicheren Beiträgen in allgemeineren, auch für die juristische Praxis geeigneten sowie in Archiv-Zeitschriften ab. Darüber hinaus gab es erste Rechtshandbücher und längere Monographien. Das anfängliche Schattendasein des IT-Rechts hat sich in eine Kerndisziplin des Rechts umgekehrt. Verdeutlicht wird dies mit der zunehmenden technischen Ausrichtung deutscher Fakultäten und der damit verbundenen Lehre und Forschung.

3. Der Mythos KI – ein moving target

Ein größeres Augenmerk beim KI-Haftungsdiskurs ist auf den Gegenstand der möglichen Regulierung und Haftung zu richten; nämlich auf KI selbst und genauer auf die Definition des Begriffs.[89] Der Begriff KI ist schillernd. Er sei vor allem deshalb nur schwer zu umreißen, weil es schon herausfordernd sei zu erläutern, was „Intelligenz" bei Lebewesen überhaupt ausmache.[90] Im Übrigen wird darauf hingewiesen, dass „Künstliche Intelligenz" keine gelungene Übersetzung für „artificial intelligence" sei, weil „Intelligenz" auf Deutsch nicht dasselbe bedeute, wie „intelligence" auf Englisch.[91] Auch die Benennung als Teilgebiet der Informatik sei unglücklich.[92]

Es kann direkt vorweggenommen werden, dass es keine allgemeine und keine allgemein anerkannte Definition, weder innerhalb der Rechtswissenschaft, noch innerhalb anderen Wissenschaften und erst recht nicht disziplinübergreifend gibt.[93] Selbst während der Geburtsstunde der KI und dem

---

88 *Winkelmann*, LTZ 2022, 163 (163).

89 *Borges*, CR 2022, 553 (555).

90 Vgl. *Staehelin*, GRUR 2022, 1569 (1569 f.).

91 Vgl. *Herberger*, NJW 2018, 2825 (2826); *Steege*, MMR 2022, 926 (926 f.); *ders.*, SVR 2021, 1 (2); *Krausen*, Künstliche Intelligenz als Erfindung und Erfinder, 1. Auflage 2023, S. 9 f..

92 *Stiemerling*, CR 2015, 762 (762).

93 Zu diesem Ergebnis kommen einige Autoren innerhalb der Rechtswissenschaft, vgl.

von *McCarthy* vorgeschlagenen Begriff „Artificial Intelligence“ waren sich die Experten uneinig über dessen Bedeutung.[94] Trotz der mehrjährigen Forschungsgeschichte der KI mangelt es immer noch an einer einheitlichen Begriffsbestimmung. Allein auf den einführenden Seiten des gängigen Lehrbuchs für KI werden acht Definitionen künstlicher Intelligenz dargestellt.[95] Nach *Hoeren/Pinelli* handelt es sich bei einer abschließenden Definition von KI um einen Mythos.[96] Dies ist u.a. der Tatsache geschuldet, dass zwischen verschiedenen Verfahren und Ansätzen zu unterscheiden ist. Weiterhin ist es die logische Konsequenz, wenn schon nicht der Begriff „Intelligenz“ scharf abgegrenzt werden kann.[97]

Eine frühe Definition stammt vom Mathematiker *Minsky*, wonach KI dann vorliegt, wenn Maschinen Dinge tun, für deren Ausführung man beim Menschen Intelligenz unterstellt.[98] Einigkeit herrscht im Allgemeinen darüber, dass die KI – als Teilgebiet der Informatik/Mathematik – die Fähigkeit zu lernen besitzt, selbstständige Schlüsse ziehen und Entscheidungen treffen und auch mit Unsicherheiten umgehen kann. Da diese Ansätze jedoch sehr ungenau sind und sich noch nicht für den Einzelfall eignen, gibt es weitere Annäherungsversuche. Diese finden sich in vielen Beiträgen im juristischen Schrifttum und auch von europäischer Seite gibt es Definitionsansätze.[99] Gleichzeitig gibt es von Branchenverbänden und größeren Forschungseinrichtungen Definitionen für KI.[100]

Krausen, Künstliche Intelligenz als Erfindung und Erfinder, 1. Auflage 2023, S. 10; *Lorse*, NVwZ 2021, 1657 (1658); *Klaas*, MMR 2019, 84 (85); *Geber*, ZdiW 2021, 247 (247); *Orssich*, EuZW 2022, 254 (256); *Hennemann*, Interaktion und Partizipation, 2020, S. 27; *Omlor*, InTeR 2020, 221 (221); *Botta*, ZfDR 2022, 391 (392 ff.).

94 *Buxmann/Schmidt*, in: Buxmann/Schmidt Künstliche Intelligenz 2. Auflage, S. 4.

95 *Russel/Norvig*, Künstliche Intelligenz, Ein Moderner Ansatz, 3. Auflage 2012, S. 22 f..

96 *Hoeren/Pinelli*, in: *Hoeren/Pinelli* Künstliche Intelligenz – Ethik und Recht, S. 2.

97 *Bauberger/Beck/Burchardt/Remmers*, in: *Görz/Schmid/Braun* Handbuch der Künstlichen Intelligenz, 6. Auflage, S. 907.

98 *Minsky*, Semantic Information Processing, preface (V).

99 Siehe dazu etwa die Ergebnisse der *HEG-KI* unter Dritter Teil, IV., f).

100 So z.B. die beiden Definitionen für KI von Bitkom e.V. und der DFKI GmbH im KI-Gipfelpapier von 2017, S. 28 f, abzurufen unter: https://www.bitkom.org/sites/main/files/file/import/171012-KI-Gipfelpapier-online.pdf (Letztes Abrufdatum: 17.11.2023).

Manche Autoren behandelten in ihren Aufsätzen fast ausschließlich die Begriffsbestimmung für KI[101] oder den Begriff des KI-Systems nach dem Entwurf für eine KI-Verordnung (KI-VO-E).[102] In einschlägigen Monographien findet sich zumeist am Anfang ebenfalls eine Begriffsbestimmung zu KI.[103] Dass es schwer fällt, eine allgemein anerkannte Definition von KI zu finden, haben viele Autoren bereits erkannt.[104] Ein Indiz dafür ist beispielsweise auch, dass in Inhaltsübersichten nicht mehr von Begriffsbestimmungen, sondern von Begriffsannäherungen gesprochen wird.[105]

a) Umgang mit der fehlenden Definition

Es gibt zunächst zwei verschiedene Ansätze, wie Diskursteilnehmer der KI-Haftung mit der (fehlenden) Definition umgingen. Zum einen wurden eigene Definitionen aufgestellt. Dabei wurden der KI häufig Adjektive vorangestellt, um sie voneinander abzugrenzen. Zum anderen wurde sich fremden Definitionen angeschlossen. Weiterhin stellten Autoren lediglich auf die Merkmale von KI oder auf mit KI eng in Verbindung stehende Begriffe ab. Eine einheitliche Linie in der Rechtswissenschaft ist dabei keinesfalls zu erkennen. Exemplarisch schlug *Hacker* vor, statt von KI von Techniken maschinellen Lernens (ML) zu sprechen, die deutlich klarer abgrenzbar seien und schloss sich der Definition von *Mitchell*[106] an.[107] Folglich plädierte er auch für eine ML-Regulierung und nicht für eine KI-Regulierung.[108] *Hoeren* berichtete von der Tatsache, dass anstatt von definierter KI von definiertem ML gesprochen wird. Er wählte überraschenderweise jedoch ei-

---

[101] Vgl. *Herberger*, NJW 2018, 2825; *Steege*, SVR 2021, 1.

[102] Vgl. *Borges*, CR 2023, 706; *Steege*, MMR 2022, 926.

[103] *Haagen*, Verantwortung für Künstliche Intelligenz, 2021, S. 57 ff., 72; Etwas ähnliches gilt für den Begriff des „Autonomen Systems“, vgl. nur *Sommer*, Haftung für autonome Systeme, 2020, S. 34 ff..

[104] *Eichelberger*, ZfPC 2023, 209 (209); *Rieländer*, RabelsZ 87 (2023), 264 (266).

[105] So z.B. bei *Botta*, ZfDR 2022, 391; *Siems*, Alternativer rechtlicher Schutz für KI-Systeme, 2023, S. 11.

[106] *Mitchell*, Machine Learning, 1997, 1.1, S. 2.

[107] *Hacker*, NJW 2020, 2142 (2142).

[108] *Hacker*, NJW 2020, 2142 (2143).

ne ganz andere Definition von ML und auch eine andere Quelle, nämlich die von *LeCun.*[109] Autoren waren auch der Auffassung, dass KI ein Hype-getriebener Begriff sei und übersteigerte Erwartungen schüre. Besser geeignet seien daher auch die Begriffe „Cognitive Computing", „komplexe Informationsverarbeitung", „computergestützte Statistik" oder „automatisiertes Entscheidungssystem".[110]

Eine gängige Vorgehensweise war die – aus der Philosophie stammende[111] Unterscheidung zwischen „Starker KI" und „Schwacher KI".[112] Andere wollten hier jedoch von mindestens drei, voneinander zu unterscheidenden Arten der KI ausgehen.[113] Diese sollen hier beispielhaft dargestellt werden, ohne auf den o.g. Mythos einzugehen. Eine trennscharfe Abgrenzung erfolgt dadurch aber nicht, vielmehr verbirgt sich dort meistens eine phänomenologische Auflistung von möglichen Anwendungsbereichen von KI.

Bei der schwachen KI handelt es sich um eine Arbeitsweise, die durch die jeweilige Programmierung ihren begrenzten Rahmen bekommt.[114] Man fand sie bereits in verschiedenen Bereichen und sie zeichnet sich insbesondere dadurch aus, dass sie lernfähig, vorausschauend und aufgabenorientiert ist. Exakt vergleichbar mit dem menschlichen Gehirn soll die allgemeine KI sein. Sie ist derzeit noch nicht etabliert und daher ein Technologie der (nahen) Zukunft. Hingegen verhält es sich bei der starken KI so, dass das

---

109 *LeCun*, Qu'est-ce que l'intelligence artificielle?, 2017, S. 1; abrufbar unter: https://www.college-de-france.fr/media/yann-lecun/UPL4485925235409209505_Intelligence_Artificielle_Y._LeCun.pdf (Letztes Abrufdatum: 14.5.2024); dazu *Hoeren*, MMR 2023, 32 (34).

110 *Staehelin*, GRUR 2022, 1569 (1570).

111 Vgl. *Steege*, SVR 2021, 1 (2).

112 So z.B. bei *Riehm/Meier*, in: Fischer/Hoppen/Wimmers, DGRI Jahrbuch 2018, S. 1, Rn. 2; *Hennemann*, Interaktion und Partizipation, 2020, S. 27; *Krausen*, Künstliche Intelligenz als Erfindung und Erfinder, 1. Auflage 2023, S. 24 ff.; *Gaede*, Künstliche Intelligenz – Rechte und Strafen für Roboter?, 1. Auflage 2019, S. 31, passim; *Keßler*, MMR 2017, 589 (592).

113 *Dorn*, in: *Hoeren/Pinelli* Künstliche Intelligenz – Ethik und Recht, S. 17 f..

114 *Härtel*, NuR 2020, 439 (441).

System, durch die entsprechende Voreinstellung nach einer Anfangsphase, in der Lage ist, sich stetig weiterzuentwickeln und daher „menschenähnlich" ist.[115]

Manche lehnten die Bezeichnung und die Unterscheidung zwischen schwacher und starker KI ab und bevorzugten es, zwischen spezieller und allgemeiner KI zu differenzieren. Dies sei deswegen zutreffend und verständlicher, weil so erkennbar sei, ob sich die Technologie auf einen einzelnen, also speziellen Themenbereich bezieht oder versucht, eine allgemeingültige Intelligenz nachzuahmen.[116]

Andere lehnten sowohl die Abgrenzung zwischen schwacher und starker KI, als auch die zwischen spezieller und allgemeiner KI ab. Sie wollten stattdessen unterscheiden zwischen der statischen, der dynamischen und der (statischen) Blackbox KI.[117] Dabei ist eine statische KI eine KI, die gelernt hat und in einem gelernten Zustand arbeitet. Eine dynamische KI hingegen ist eine KI, die auch im Feld weiter lernt. Die (statische) Blackbox KI ist eine KI, die nicht erklärt, wie sie zu ihrem Ergebnis gekommen ist.[118]

Eine weitere genutzte Möglichkeit war zudem anstatt den Begriff selbst, lediglich die Merkmale von KI zu definieren, bzw. zu erläutern.[119] Damit verbunden gab es schließlich noch die Vorgehensweise, ebenfalls auf eine Definition zu verzichten, nicht die konkrete technische Konzeption zu erläutern, sondern nur festzustellen, dass grundsätzlich oder im konkreten Fall Autonomie vorliegt. Es sei somit für die richtige juristische Beurteilung im Haftungsrecht oftmals nur entscheidend, dass sich das System ei-

---

115 *Hennemann*, Interaktion und Partizipation, 2020, S. 27.

116 *Mehlan*, MMR Aktuell 2022, 450916.

117 *Thiermann/Böck*, RDi 2022, 333 (334).

118 So *Thiermann/Böck*, RDi 2022, 333 (334) mit dem Verweis auf den IG-NB Fragenkatalog „Künstliche Intelligenz bei Medizinprodukten" Version 3, S. 3, abzurufen unter: https://www.ig-nb.de/?tx_epxelo_file[id]=861877&cHash=5c3e1b0889ef5e017c2ff309f4ea82a8 (Letztes Abrufdatum: 14.5.2024).

119 *Eichelberger*, ZfPC 2023, 209 (210); *Möller-Klapperich/Rasquin*, NJ 2023, 383 (384 ff.).

ner vollumfänglichen Steuerung und Kontrolle durch seinen Hersteller und seinen Nutzer bzw. Betreiber entziehen kann. Dann sei es nämlich zweitrangig, ob das System nun als „lernfähig", „intelligent" oder „künstlich intelligent" anzusehen ist.[120] Das Ausweichen auf den Begriff der Autonomie oder des autonomen Systems um das moving target KI zu vermeiden, eignete sich jedoch nur bedingt. Denn auch für autonome Systeme besteht keine einheitliche Definition.[121]

Eng verbunden mit dem Begriff KI oder KI-System sind im juristischen Diskurs die Begriffe „intelligenter (Software-)Agent" oder „Autonomes System". Auch diese Begriffsbestimmungen lassen eine treffgenaue Definition vermissen und können daher nur umrissen werden. Sie verfügen über verschiedene Spielarten.[122] Weiterhin wird der Begriff „Roboter" in juristischen Beiträgen verwendet.[123] Er hat seinen Ursprung im slawischen Wort „robota", was so viel wie Fronarbeit bzw. Zwangsarbeit bedeutet.[124] Eine allgemeingültige Definition wurde bislang nicht aufgestellt. Als Annäherungsversuch kann man ihn aber als „eine automatisch kontrollierte, wiederprogrammierbare, zu mehreren Zwecken einsetzbare manipulierende Maschine"[125] bestimmen, wobei es sich um ein verkörpertes,[126] technisches Hilfsmittel handelt. Mit der physischen Manifestation könne man ihn von bloßen Softwarebots abgrenzen. Überdies würde die Qualifizierung als bloßes technisches Hilfsmittel dem Roboter nicht gerecht werden. Durch Techniken der KI und insbesondere der Fähigkeit, das eigene Umfeld wahrzunehmen, kognitive Leistungen zu erbringen und nicht lediglich im Vor-

---

[120] *Wagner*, JZ 2023, 1 (2).

[121] *Sommer*, Haftung für autonome Systeme, 2020, S. 34 f..

[122] *Wooldridge/Jennings*, The Knowlegde Engineering Review, Vol. 10:2, 1995, S. 115 (116 ff.); *Brenner/Zarnekow/Wittig*, Intelligent Software Agents, 1998, S. 21 ff..

[123] Vgl. *Eidenmüller/Wagner*, Law by Algorithm, 2021, Chapter 2, S. 8 ff..

[124] *Beck*, JR 2009, 225 (226).

[125] Etwa die Definition in ISO/TR 8372.

[126] *Sommer*, Haftung für autonome Systeme, 2020, S. 37.

feld festgelegte Vorgänge zu wiederholen, würde der relevante Fortschritt zu einem Automaten gezeigt.[127]

Bei der Beantwortung der Frage, ob bewährte Haftungsregime ausreichen um neue technische Phänomene zu bewältigen oder neue Rechtssubjekte bzw. Zuordnungsregeln geschaffen werden müssen, muss zunächst festgehalten werden, dass es sich zwar um das Verhältnis zwischen menschlicher und automatisierter Steuerung handelt, jedoch Roboter nichts anderes sind, als durch eine (komplexe) Software gesteuerte Maschinen, wodurch sich die eigentlichen Haftungsfragen lediglich auf die Funktionsweisen und das Versagen von Software beziehen.[128]

Für Leser könnte auch der Eindruck entstanden sein, dass man sich in der Debatte um die beste Definition von KI verloren hat.

b) Die Notwendigkeit einer Definition

Gleichzeitig wurde aber (weiterhin) eine präzise Definition insbesondere bei einem neuen Feld des Regulierungsrechts wie der KI-Regulierung als unbedingt erforderlich angesehen.[129] Es gehört zur Methodik von Juristen, zunächst eine Definition festzulegen. Definitionen sind kein Selbstzweck, sondern unerlässlich, um trennscharf abzugrenzen und zu subsumieren. Es geht dabei weniger um eine Präzisierung des Begriffs insgesamt. Vielmehr dient es seiner Zerlegung in einzelne Begriffselemente, welche nacheinander geprüft werden können sowie der Darstellung der Beziehungen, in denen diese Begriffselemente zueinander stehen müssen, um den Begriff zu erfüllen.[130] Diese Ansicht teilten die EU-Organe mit dem Schrifttum. Etwa betonte das Europäische Parlament in seiner Entschließung vom 22.5.2022 die Notwendigkeit robuster, praktischer und eindeutiger Anwendbarkeits-

127 *Ganseforth*, DSRITB 2021, 545 (546); *Groß/Gressel*, NZA 2016, 990 (991).
128 *Spindler*, CR 2015, 766 (766).
129 *Ströbel/Grau*, ZD 2022, 599 (600 f.).
130 *Puppe*, Kleine Schule des juristischen Denkens, 5. Auflage 2023, S. 83.

kriterien, Definitionen und Verpflichtungen in allen Rechtstexten.[131] Insbesondere, weil abzusehen gewesen sei, dass KI zu einer etablierten und regulierten KI werden wird, sei eine präzise Definition notwendig.[132] Es sei die Frage aufgekommen, wie eine neue Technologie und deren Auswirkungen rechtlich bewertet werden soll, wenn ihre Merkmale nicht hinreichend konkret und präzise feststehen. Ausführungen zu einer rechtlichen Bewertung von KI seien bedeutungslos, wenn der Begriff unbedacht verwendet wird und so alles was „smart" erscheine als KI bezeichnet wird.[133]

Mit dem damaligen Entwurf für ein europäisches KI-Gesetz[134] konnte die Diskussion um eine treffende KI-Definition zwar nicht generell beendet, jedoch mindestens entschärft werden. Zum Ende des Jahres 2023 wurde in der Literatur dazu festgehalten, dass zwar keine Definition von KI, sondern nur von einem KI-System vorliegt. Nach dieser auffällig weit gefassten Ansicht handelt es sich bei einem KI-System „um ein Computerprogramm, das in der Lage ist, Ergebnisse für seine Umgebung bereitzustellen, die aus Sicht des Empfängers relevante Informationen enthalten, deren Ableitung aus den (selbstständig wahrgenommenen oder eingegeben) Ausgangsdaten nicht vollständig nachvollziehbar oder vorhersehbar ist".[135]

4. Die Akteure des Diskurses

Für die Analyse der Diskussion ist nicht unerheblich, von welchen Beteiligten sie maßgeblich bestimmt und geleitet wurde. Um dies zu ermitteln, müssen mehrere Faktoren berücksichtigt werden. Zunächst ist die Anzahl der Beiträge insgesamt, ihre wissenschaftliche Tiefe, bzw. die Länge der Beiträge, gegebenenfalls auch der Abstand zwischen diesen von Bedeu-

---

131 Europäisches Parlament, Entschließung vom 3. Mai 2022 zur künstlichen Intelligenz im digitalen Zeitalter (2020/2266(INI)), Nr. 121; Dazu ausführlich unter Dritter Teil, IV, 2, p).

132 *Dettling/Krüger*, MMR 2019, 211 (217).

133 Vgl. *Steege*, MMR 2022, 926 (926 f.).

134 Dazu ausführlich unter Dritter Teil, IV, 2, o).

135 Abschließende Beurteilung von *Borges*, CR 2023, 706 (716).

tung. Weiterhin müssen die Orte der Veröffentlichung beachtet werden – ein Beitrag innerhalb einer großen Zeitschrift ist anders zu gewichten, als einer innerhalb einer Nischenzeitschrift. Darüber hinaus kann auch die Person bzw. Stellung der Autoren von Bedeutung sein. So könnten z.B. die Schriften von Lehrstuhlinhabern vermehrt gelesen werden, weil die Autoren bereits in der Wissenschaft fest etabliert sind. Dahingehen könnten die Veröffentlichungen von Vertretern der Anwaltschaft wichtige Erkenntnisse aus der Wirtschaft und Rechtspraxis enthalten.

a) Leitende Stimmen der Literatur

Wendet man diesen Strauß an Faktoren auf das deutsche Schrifttum an, lassen sich insbesondere vier Lehrstuhlinhaber ausfindig machen, die als maßgebliche Akteure des KI-Haftungsdiskurs benannt werden konnten. Diese sind *Wagner*, *Borges* und *Zech*. Weiterhin wird der im Jahr 2023 verstorbene *Spindler* dazugezählt. Ihre Veröffentlichungen auf dem Gebiet der KI-Haftung sind zumeist auffallend lang, in kleinen Abständen über einen längeren Zeitraum, auch in englischer Sprache, in verschiedenen Zeitschriften und Tagungsbänden publiziert und von anderen zitiert. In Summe kommt man allein im Zeitraum von 2013 bis 2023 mindestens bei *Wagner* auf neun,[136] bei *Borges* auf 16,[137]

---

137 *Wagner*, AcP 217 (2017), 707; *ders.* in: Faust/Schäfer Zivilrechtliche und rechtsökonomische Probleme des Internet und der künstlichen Intelligenz, 2019, 1; *ders.*, VersR 2020, 717; *ders.*, ZEuP 2021, 545; *ders.*, JZ 2023, 1; *ders.*, JZ 2023, 123; *ders.*, 88 Fordham Law Review (2019), 591; *ders.*, in: Lohsse/Schulze/Staudenmayer (Hrsg.) Liability for Artificial Intelligence and the Internet of Things, 2019, 27; *ders.*, NJW 2023, 1313.

137 *Borges*, CR 2016, 272; *ders.*, in: Lohsse/Schulze/Staudenmayer (Hrsg.) Liability for Artificial Intelligence and the Internet of Things, 2019, 145; *ders.*, in: Schweighofer/Kummer/Hötzendorfer/Borges (Hrsg.), Tagungsband des 19. Internationalen Rechtsinformatik Symposion IRIS 2016, 611; *ders.*, in: Lohsse/Schulze/Staudenmayer (Hrsg.) Liability for AI, 2023, 165; *ders.*, CR 2023, 706; *ders.*, in: Hötzendorfer/Tschohl/Kummer (Hrsg.), FS Schweighofer, 2020, 321; *ders.*, NJW 2018, 977; *ders.*, DB 2022, 2650; *Borges/Sesing*, in: Matusche-Beckmann/Sato (Hrsg.), Rechtsprobleme der Informationsgesellschaft, 2018, 179; *Borges*, Proceedings of the Eighteenth International Conference on Artificial Intelligence and Law, ICAIL 2021, 32; *Borges*, in: Borges/Sorge, Law and Technology in a Global Digital Society, 2022, 3; *Borges*, in:

bei *Zech* auf 14[138] und bei *Spindler* auf elf[139] Zeitschriftenaufsätze und Beiträge in Sammelbänden zum Thema KI und Haftung. Dazu kommen noch Monographien, Kommentierungen und auch Gastbeiträge in Zeitungen.[140] Darüber hinaus wurden auch schon vor 2013 von den Autoren Beiträge verfasst, die zwar nicht den Begriff KI ausdrücklich, jedoch ähnlich gelagerte Probleme der Informationstechnologie enthalten.[141] Die Beiträge erscheinen dabei sowohl in großen, übergreifenden und auch für Praktiker geeigneten Zeitschriften wie der NJW und der JZ, als auch in eher auf das Recht der Informationstechnologie spezialisierten Zeitschriften wie der CR oder

---

Borges/Sorge, Law and Technology in a Global Digital Society, 2022, 51; *Borges*, in: Borges/Sorge, Law and Technology in a Global Digital Society, 2022, 199; *ders.*, CR 2022, 553; *ders.*, CRi 2023, 1; *ders.*, CRi 2023, 33.

138 *Zech*, ZfPW 2019, 198; *ders.*, in: Lohsse/Schulze/Staudenmayer (Hrsg.) Liability for Artificial Intelligence and the Internet of Things, 2019, 187; *ders.*, in: Bitburger Gespräche Jahrbuch 2020, 2021, 59; *ders.*, in: Lohsse/Schulze/Staudenmayer (Hrsg.) Liability for AI, 2023, 193; *ders.*, in: Gless/Seelmann (Hrsg.), Intelligente Agenten und das Recht, 2016, 163; *ders.*, NJW 2022, 502; *ders.*, NJW Beilage 2/2022, 33; *ders./Hünefeld*, MedR 2023, 1; *ders.*, in: Peifer/Kubis/Raue/Stieper (Hrsg.), Ius Vivum: Kunst – Internationales – Persönlichkeit, 2022, 378; *ders.*, ERA Forum 22 (2021), 147; *Hacker/Naumann/Friedrich/Grundmann/Lehmann/Zech*, Journal of Data and Information Quality, Vol. 14 Issue 3, 1; *Borghetti/dos Santos Silva/Fairgrieve/García/Keirse/Machnikowski/Rajneri/Schmon/Ulbeck/Vallone/Zech*, European Review of Private Law 29 (2021), 91; *Zech*, Verhandlungen des 73. Deutschen Juristentages 2020, Band I Gutachten A, 11; *ders.*, Verhandlungen des 73. Deutschen Juristentages, Ergänzungsband 2022. I/A, 108.

139 *Spindler*, CR 2022, 689; *ders.*, CR 2021, 361; *ders.*, CR 2015, 766; *ders./Büning*, JZ 2023, 689; *ders.*, JZ 2022, 793; *ders.*, in: Hilgendorf (Hrsg.), Robotik im Kontext von Recht und Moral, 1. Auflage 2013, 63, *ders.*; ITRB 2017, 87; *ders.*, JZ 2016, 805; *ders.*, in: Lohsse/Schulze/Staudenmayer (Hrsg.), Liability for Artificial Intelligence and the Internet of Things, 2019, 125; *ders.*, in: Lohsse/Schulze/Staudenmayer (Hrsg.), Liability for AI, 2023, 41; *ders.*, in: Beck/Kusche/Valerius (Hrsg.), Digitalisierung, Automatisierung, KI und Recht, 2020, 255.

140 Für Wagner etwa *Eidenmüller/Wagner*, Law by Algorithm 2021; *Wagner*, MüKo BGB 9. Auflage 2024, § 823; *ders.*, „Künstliche Intelligenz – die EU als globaler Regulierer?", FAZ vom 3.3.2024, abzurufen unter: https://www.faz.net/einspruch/kuenstliche-intelligenz-die-eu-als-globaler-regulierer-19560904.html{#}void (Letztes Abrufdatum: 5.3.2024).

141 So z.B. *Spindler*, Verantwortlichkeit von IT-Herstellern, Nutzern und Intermediären, Studie im Auftrag des BSI, 2007; *ders.*, in: Lorenz (Hrsg.) Karlsruher Forum 2010: Haftung und Versicherung im IT-Bereich, 10.

der MMR. Sie sind zudem in Archivzeitschriften wie der AcP oder ZfPW vorzufinden.

Diese Autoren waren sich auch darüber bewusst, dass es einen Diskurs über die Haftung für KI gibt und dass sie auch Teil dieses Diskurses sind. Sie benannten ihn auch namentlich.[142]

Die vier Akteure hatten eine unterschiedliche Vorstellung für die Lösung der KI-Haftungsproblematik. *Spindler* etwa vertrat eine eher zurückhaltende bzw. traditionelle Sichtweise. Er sprach sich für eine Übertragung der tradierten Kategorien aus und regt (kleinere) Modifikationen im Bereich der Kausalität oder der Verkehrspflichten an.[143] *Zech* und *Borges* betonten besonders die Herausforderungen für das Recht durch KI und autonome Systeme.[144] Demgegenüber schätzten *Wagner* und *Spindler* die Herausforderungen für das Recht im Vergleich geringer ein.[145] Sie favorisierten auch das Prinzip des „cheapest cost avoider".[146] Damit ist gemeint, dass letztlich diejenigen, die am besten in der Lage sind, Risiken zu kontrollieren, auch für Schäden haftbar gemacht werden sollten, die durch Dritte entstanden sind.[147]

Teilweise befürworteten sie unter Einschränkungen auch die Einführung einer fehlerunabhängigen Gefährdungshaftung für Hersteller.[148] *Borges* hielt etwa die Einführung einer gesetzlichen Gefährdungshaftung des Kfz-Herstellers für Schäden, die durch den Betrieb von Kfz bei autonomer Fahrzeugsteuerung verursacht werden, für angemessen.[149] *Wagner* hinge-

---

142 *Borges*, NJW 2018, 977 (977 f.); *Wagner*, ZEuP 2021, 545 (546); *Spindler*, CR 2021, 361 (362); *Zech*, NJW 2022, 502 (502).

143 *Spindler*, ITRB 2017, 87 (87 f.).

144 *Zech*, Weizenbaum Series #2, 2020, Risiken digitaler Systeme: Robotik, Lernfähigkeit und Vernetzung als aktuelle Herausforderungen für das Recht, passim; *Borges*, CR 2022, 553 (553, passim).

145 *Spindler*, CR 2015, 766 (772, 774); *ders.*, JZ 2022, 793 (796).

146 *Spindler*, JZ 2022, 793 (798); *Wagner*, in: Faust/Schäfer Zivilrechtliche und rechtsökonomische Probleme des Internet und der künstlichen Intelligenz, 2019, 1 (6 ff., 21).

147 Grundlegend *Calabresi*, The Costs of Accidents, 1970, S. 135 ff..

148 *Spindler*, CR 2015, 766, (775 ff.); *Wagner*, VersR 2020, 717 (734 ff.).

149 *Borges*, CR 2016, 272 (279 f.).

gen favorisierte im Bereich des Straßenverkehrs, solange die Technik nicht so weit sei, dass der Verkehr ausschließlich mit autonomen Fahrzeugen bestritten wird, an dem etablierten System einer Halter-Gefährdungshaftung mit Pflichtversicherung festzuhalten.[150] Auch *Zech* befürwortete eine Gefährdungshaftung de lege ferenda grundsätzlich und insbesondere z.B. im medizinischen Kontext[151] oder bei Hochrisikodaten.[152] Eine Gefährdungshaftung für andere Akteure, die nicht im weiten Sinne als Hersteller, also auch KI-Programmierer und KI-Trainer, gelten, wies *Zech* zurück.[153] Weiterhin lehnten alle vier eine Aufwertung von Robotern oder KI-Systemen zu (rechtsfähigen) Haftungssubjekten ab.[154]

b) Anbieter von KI als Regulierer?

Wohl einzigartig ist die Tatsache, dass KI eine Technologie ist, die als so zukunftsweisend und wichtig angesehen wird, dass KI-Anbieter und führende KI-Unternehmen selbst eine Selbstverpflichtung abgaben, einen Entwicklungsstopp forderten, bzw. sich selbst als Haftungssubjekt vorschlugen. Am 21.7.2023 etwa gab die US-Regierung bekannt, dass ihr gegenüber sieben führende KI-Unternehmen, darunter vier der fünf größten Tech-Unternehmen, namentlich Google, Microsoft, Facebook und Amazon, eine freiwillige Selbstverpflichtung abgegeben haben.[155] Diese sollte der sicheren und transparenten Entwicklung von KI-Technologien dienen. Laut der Biden-Administration seien vor allem die drei wesentlichen Grundprinzipien Sicherheit, Schutz und Vertrauen von großer Bedeutung. Dem zugrundeliegend verpflichteten sich die KI-Anbieter ihre KI-Systeme et-

---

150 *Wagner*, NJW 2023, 1313 (1319).

151 *Zech*, ZfPW 2019, 198 (214 ff.); *ders.* in: Gless/Seelmann (Hrsg.), Intelligente Agenten und das Recht, 2016, 163 (201); *ders.*, in: Peifer/Kubis/Raue/Stieper (Hrsg.), Ius Vivum: Kunst – Internationales – Persönlichkeit, 2022, 378 (390 f.).

152 *Zech*, NJW 2022, 502 (507).

153 *Zech*, NJW 2022, 502 (507).

154 *Wagner*, in: Faust/Schäfer Zivilrechtliche und rechtsökonomische Probleme des Internet und der künstlichen Intelligenz, 2019, 1 (passim, 36 f.)

155 Dazu die Meldung in ZD-Aktuell 2023, 01294.

wa erst freizugeben, nachdem sie sie internen und externen Sicherheitstests durch unabhängige Experten unterzogen haben. Darüber hinaus sollen Systeme verwendet werden, bei denen Sicherheit an erster Stelle steht und die für die Lösung großer gesellschaftlicher Probleme, wie dem Klimawandel entwickelt wurden. Weiterhin wollen die Anbieter in der Öffentlichkeit über die Möglichkeiten und Grenzen ihrer KI-Systeme berichten und (un-)angemessene Einsatzmöglichkeiten aufzeigen, beispielsweise die Auswirkungen auf Fairness und Vorurteile. Zudem sollen bereits bei der Erforschung der KI-Systeme die Auswirkungen auf gesellschaftliche Risiken vorrangig berücksichtigt werden, um Vorurteile, Diskriminierungen und Verletzungen der Privatsphäre zu vermeiden.[156]

Auch im Bereich des autonomen Fahrens forderten die Hersteller von Kfz teilweise selbst eine Änderung der Haftungsfragen. Beispielsweise sagte Geely, Volvos größter Aktionär, dass er die Haftung für Unfälle unter der Beteiligung selbstfahrender Autos übernehme.[157] Neben Volvo, äußerten sich auch Mercedes und BMW dahingehend, ab einem bestimmten Level der Automatisierung die Haftung zu übernehmen.[158] Sogar Google sagte, dass laut Tests ihre autonomen Fahrzeuge deutlich besser seien als menschliche Fahrer. Google als Hersteller würde sodann auch die Haftung übernehmen, wenn das Fahrzeug einen Unfall verursache.[159] So

---

156 Die gesamte Selbstverpflichtung der Anbieter ist dem Fact Sheet der US-Regierung zu entnehmen, abzurufen unter https://www.whitehouse.gov/briefing-room/statements-releases/2023/07/21/fact-sheet-biden-harris-administration-secures-voluntary-commitments-from-leading-artificial-intelligence-companies-to-manage-the-risks-posed-by-ai/ (Letztes Abrufdatum: 19.08.2023).

157 FAZ vom 9.10.2015, abzurufen unter https://www.faz.net/aktuell/wirtschaft/macht-im-internet/volvo-uebernimmt-haftung-fuer-selbstfahrende-autos-13847238.html (Letztes Abrufdatum: 7.5.2024).

158 Handelsblatt vom 28.9.2023, abzurufen unter https://www.handelsblatt.com/unternehmen/industrie/autonomes-fahren-bmw-wagt-einen-besonderen-schritt/29405572.html (Letztes Abrufdatum: 8.5.2024).

159 *Simonite*, MIT Technology Review, 25.10.2013, abzurufen unter: https://www.technologyreview.com/2013/10/25/175615/data-shows-googles-robot-cars-are-smoother-safer-drivers-than-you-or-i/ (Letztes Abrufdatum: 7.5.2024).

spannend diese Vorschläge der Unternehmen auch waren, als eine echte Lösung für die Haftung für KI konnte man sie wohl nicht ansehen. Vielmehr hat es sich dabei um Marketing- und PR-Strategien handeln können. Dies wurde insbesondere im Hinblick auf den bedeutenden Kfz-Haftpflichtversicherungsmarkt[160] deutlich, auf den die Hersteller mit diesem Schuldanerkenntnis erheblichen Einfluss erlangen hätten. Im Vordergrund der Unternehmen standen anstatt der Lösung dogmatischer Schwierigkeiten im Haftungsrecht, vor allem monetäre Interessen durch die Sicherung des milliardenschweren Versicherungsmarkts.

c) Verzerrung durch Angstszenarien

Nicht selten skizzierten die Autoren juristischer Beiträge die Geschichten rund um Dr. Frankenstein, der ein Monster kreiert hat.[161] Darüber hinaus bezog sich auch das europäische Parlament auf diese fiktiven Erzählungen.[162]

Rechtswissenschaftler berichteten auch von Erfahrungen in eigenen Vorlesungen die die Thematik KI beinhalten dahingehend, dass sich immer zwei verschiedene Gruppen bilden. Während die eine Gruppe optimistisch eingestellt war und durch KI u.a. enorme ökonomische Vorteile erwartete, sah die andere Gruppe vor allem Gefahren in der KI, etwa im Kontext von autonomen Waffensystemen oder der möglichen Versklavung der Menschheit durch KI.[163]

Vornehmlich im öffentlichen Diskurs wurden verschiedene Ängste und Gefahren mit (dem Begriff) KI verbunden. Dies variierte jedoch je nach Anwendungsfeld von KI. Vor allem bei Anwendungen der KI, die das

---

160 Dazu bereits *Schulte-Nölke*, in: Lorenz (Hrsg.), Karlsruher Forum 2015: Europäisierung des Haftungs- und Versicherungsvertragsrechts, 2016, S. 3 (31).

161 *Wein*, Harvard Journal of Law and Technology, Vol. 6 (1992), S. 103 (103); *Brand*, MedR 2019, 943 (943); *Gaede*, Künstliche Intelligenz – Rechte und Strafen für Roboter?, 1. Auflage 2019, S. 72, 80.

162 Entschließung des Europäischen Parlaments vom 16.2.2017 mit Empfehlungen an die Kommission zu zivilrechtlichen Regelungen im Bereich Robotik (2015/2103(INL), Einleitung A.

163 *Gaede*, Künstliche Intelligenz – Rechte und Strafen für Roboter?, 1. Auflage 2019, S. 15 ff..

gesellschaftliche Zusammenleben verändern, die politische Meinungsbildung beeinflussen oder das Thema Sicherheit betreffen, satnd die Gesellschaft der Nutzung von KI tendenziell kritisch gegenüber.[164] Dahingegen stand man Anwendungsmöglichkeiten der KI im Gesundheits- oder Mobilitätssektor überwiegend zustimmend gegenüber.[165] Dies erstaunte, denn (Haftungs-)Risiken stellen sich natürlich auch dort.[166] Bei wirtschaftlichen Anwendungen war keine klare Zustimmung oder Ablehnung zu erkennen.[167]

Im Rahmen der medialen Auseinandersetzung wurden vor allem die Ängste und Gefahren, die mit KI verbunden sind, thematisiert. Weiterhin wurden Ängste dadurch begünstigt, dass wenig Kenntnisse innerhalb der Gesellschaft von der Technologie und seinen aktuellen Möglichkeiten bestanden. Medien lenkten durch die Verwendung von reißerischen Meldungen Aufmerksamkeit auf sich.[168] Jedoch erregten auch Wirtschaft und Wissenschaft Aufsehen. Etwa forderten prominente Persönlichkeiten aus diesem Bereich, durch einen gemeinsamen offenen Brief einen Entwicklungsstopp für KI-Systeme.[169] Bei vielen Menschen, insbesondere in den Verei-

---

[164] *Arnold/Frieß/Roose/Werkmann*, Künstliche Intelligenz in Einstellungen und Nutzung bei unterschiedlichen Milieus in Deutschland 2020, S. 22 ff..

[165] *Arnold/Frieß/Roose/Werkmann*, Künstliche Intelligenz in Einstellungen und Nutzung bei unterschiedlichen Milieus in Deutschland 2020, S. 20 f..

[166] *Thiermann/Böck*, RDi 2022, 333 (336 f.); *Steege*, SVR 2021, (5 f.); *Daute/Sütthoff*, EuZW 2023, 500 (501 ff.).

[167] So auch *Möller-Klapperich/Rasquin*, NJ 2023, 383 (383); *Arnold/Frieß/Roose/Werkmann*, Künstliche Intelligenz in Einstellungen und Nutzung bei unterschiedlichen Milieus in Deutschland 2020, S. 33 ff..

[168] „Experten warnen vor Risiken – KI so gefährlich wie Pandemien oder Atomkrieg", https://www.tagesschau.de/wirtschaft/technologie/ki-chatgpt-100.html; „KI-Experten sprechen von Gefahren, die zum Ende der Menschheit führen könnten", https://www.deutschlandfunk.de/ki-experten-sprechen-von-gefahren-die-zum-ende-der-menschheit-fuehren-koennten-100.html (Letztes Abrufdatum jeweils: 30.08.2023).

[169] Abzurufen unter: https://futureoflife.org/open-letter/pause-giant-ai-experiments/ (Letztes Abrufdatum: 05.10.2023).

nigten Staaten von Amerika, bestanden Ängste hinsichtlich eines Kontrollverlusts an die Maschinen.[170]

Auch Nachrichtenmeldungen von juristischen Zeitschriften verwendeten solche reißerischen Techniken. Beispielhaft ist der einleitende Satz im Artikel der MMR Aktuell 2022, 450916 „Schachroboter wirft Frage nach der Sicherheit von KI-Systemen auf“, der darüber informiert, dass es während eines Schachturniers zu einem Zwischenfall gekommen ist, bei dem ein Schachroboter seinem siebenjährigen Gegner den Finger brach.[171] Der Fall wurde zudem gutachterlich aufbereitet.[172] Weiterhin wurde auch in längeren Beiträgen Szenarien beschrieben, in denen Roboter größere Schäden verursachten. So sprach *Beck* von einem einfachen Haushaltsroboter, der aufgrund einer Fehleinschätzung der aktuellen Situation durch ihn selbst die Wohnung, in der er eingesetzt wurde, niederbrannte.[173] Manche Autoren wollten die aus ihrer Sicht nicht existierenden Ängste, etwa, dass Roboter die Weltherrschaft an sich reißen, abgrenzen von den wahren Risiken, die z.B. beim Einsatz von KI in sicherheitskritischen Bereichen, wie der Gesundheitsversorgung, Biometrie und der Mobilität, entstehen können.[174]

Ein Grund für die übersteigerten Ängste (und im Übrigen auch Hoffnungen) kann die fehlende Präzision der Begriffe „KI“[175] oder „Algorithmus“[176] gewesen sein.

Freilich spiegelte sich so das allgemeine gesellschaftliche Meinungsbild zu KI zumindest teilweise bei Autoren juristischer Texte wider. Die Konsequenz und Kehrseite von so einer dystopischen Prägung der Au-

---

170 Dazu *Hoeren*, MMR 2023, 33 (35).

171 *Mehlan*, MMR Aktuell 2022, 450916; dazu auch Tagesspiegel vom 25.7.2022, abzurufen unter: https://www.tagesspiegel.de/gesellschaft/panorama/schach-roboter-bricht-jungen-einen-finger-8150689.html (Letztes Abrufdatum: 23.11.2023).

172 *Linardatos*, JURA 2023, 1121 (1128 ff.).

173 *Beck*, JR 2009, 225 (227).

174 *Möller-Klapperich/Rasquin*, NJ 2023, 383 (384).

175 *Herberger*, NJW 2018, 2825 (2825); dazu bereits unter Zweiter Teil, I., 3..

176 *Hoeren*, MMR 2023, 33 (35).

toren[177] kann jedoch eine innovationshemmende Überregulierung sein.[178] Es wurde bereits herausgearbeitet, dass spätestens seit der Industrialisierung im 19. Jahrhundert technologische Transformationen stets von diffusen Versprechungen und Ängsten begleitet werden.[179] Dabei konnte zu diesem Zeitpunkt nicht eindeutig festgelegt werden, ob die Ängste übersteigert waren, oder ob wirklich ernsthafte Gefahren von KI ausgingen.[180]

5. Anlässe zum Verfassen von Beiträgen

Auffällig bei den vielen Texten zur KI-Haftung waren die sich ähnelnden Muster der konkreten Anlässe zum Schreiben eines Beitrags. Es mag beim Lesen von wenigen Aufsätzen in diesem Bereich möglicherweise nicht zu erkennen gewesen sein, vielmehr sogar außergewöhnlich gut den Zahn der Zeit getroffen haben oder stets mit Beachtung von anderen Disziplinen sowie der wirtschaftlichen Realität geschrieben worden sein. Jedoch ließen sich die Anlässe, die meistens in den einleitenden Passagen des Beitrags entdeckt werden können, in drei größere Kategorien sortieren. Diese sind a) eine aktuelle Entwicklung, also sowohl ein Fortschritt in der Technologie KI oder ein Unfall bzw. Fehlverhalten durch sie, b) ein Verwenden der Technologie KI in anderen Wissenschaften oder der Wirtschaft sowie c) eine legislatorische Handlung im Bereich von KI. Eine vierte, kleinere Kategorie stellen die (wenigen) Entscheidungen von (deutschen) Gerichten zu KI dar. Manche bedienen gleich mehrere Kategorien auf ihren einleitenden Seiten.[181]

---

177 So z.B. auch bei *Schwintowski*, NJOZ 2018, 1601 (passim).

178 *Denga*, CR 2018, 69 (70).

179 *Döpke/Jülicher*, InTeR 2019, 16 (16).

180 *Ammann*, CR 2020, 295 (303) mit dem Verweis auf https://www.computerwoche.de/a/so-wird-kuenstliche-intelligenz-zur-gefahr,3330443 (Letztes Abrufdatum: 2.12.2022).

181 *Borges*, NJW 2018, 977 (977).

Eingeleitet wurden die Beiträge zudem häufig mit der Feststellung, dass die KI-Technologie zu Herausforderungen für das (Privat-)Recht führe.[182] *Köhler* hat bereits 1982 festgelegt: „So gesehen stellt die Automatisierung in einem doppelten Sinne eine Herausforderung für das Privatrecht dar".[183] Es sei illusorisch zu denken, robotische oder KI-Systeme funktionieren stets fehlerlos. Es stelle sich daher die Frage, wer für Schäden aufgrund einer Fehlfunktion des Systems haftet und ob es Besonderheiten gibt, wenn und weil es sich um „intelligente" Systeme handelt.[184] Darüber hinaus waren gern gewählte Einstiege Bezüge auf den Turing Test,[185] die Roboter-Gesetze von Asimov[186] oder auf fiktive Serien oder Filme, wie Star Trek.[187]

a) Aktuelle Entwicklungen

Die wohl größte Kategorie waren aktuelle Entwicklungen der KI. Es konnten sowohl negative als auch positive Entwicklungen[188] sein, welche zu neuen Beiträgen veranlassen. Die von den Autoren für ihre Texte ausgewählten Entwicklungen variierten dabei stark und deckten viele große Anwendungsbereiche von KI ab. Es wurde nach der Verantwortlichkeit für einen kochenden oder einkaufenden Serviceroboter gefragt[189] oder es wurden die Erfolge von Spielecomputern gegenüber Menschen in Spielen wie

---

[182] Vgl. nur *Günther*, DB 2017, 651 (653); *Staudenmayer*, NJW 2023, 894 (894); *Vasel*, NVwZ 2023, 1298 (1298 f.).

[183] *Köhler*, AcP 182 (1982), 126 (129).

[184] *Eichelberger*, ZfPC 2023, 209 (212).

[185] *Gaede*, Künstliche Intelligenz – Rechte und Strafen für Roboter?, 1. Auflage 2019, S. 49.

[186] *Gaede*, Künstliche Intelligenz – Rechte und Strafen für Roboter?, 1. Auflage 2019, S. 37 f., 51, 80.

[187] *Zimmermann*, SSRN Electronic Journal 2015, abzurufen unter: https://papers.ssrn.com/sol3/papers.cfm?abstract_id=2563965 (Letztes Abrufdatum: 31.01.2024).

[188] „Positiv" ist in diesem Zusammenhang zu verstehen als eine höhere Leistungsfähigkeit der Technologie und/oder einen höheren wirtschaftlichen oder gesellschaftlichen Nutzen, z.B. durch präzisere Ergebnisse oder der Verarbeitung größerer Datenmengen, nicht jedoch als eine positive Wertung aus Sicht der Autoren juristischer Texte. Man kann – je nach Perspektive – anstelle von „positiv" und „negativ" somit auch von erwünschten und unerwünschten Folgen sprechen, vgl. *Borges* NJW 2018, 977.

[189] *Schirmer*, JZ 2016, 660 (660).

„Schach", „Go" oder „Jeopardy!" zum Anlass genommen.[190] Darüber hinaus fanden immer wieder tödliche Unfälle von hochautomatisierten und mit Autopiloten ausgestatteten Fahrzeugen eine breite Beachtung in den Medien und auch im juristischen Schrifttum. *Kluge/Müller*, *Wagner* und *Borges* verwiesen etwa auf einen Tesla Model S, welcher im Mai 2016 mit eingeschaltetem Fahrassistenzsystem Autopilot in einen Lastwagenanhänger fuhr, weil er für diese Situation nicht konzipiert gewesen sei. Das Tesla-Fahrzeug ist mit dem weißfarbigen Anhänger kollidiert, weil die Sensoren das Fahrzeug in der gleißenden Sonne nicht erkannt haben. Dabei hätte der Fahrer das Hindernis mühelos erkennen und somit reagieren können. Er schaute jedoch zu diesem Zeitpunkt einen Film und verließ sich auf den eingeschalteten Autopiloten.[191]

Ein größeres medienwirksames Ereignis waren zudem die enormen Fortschritte bei generativer KI.[192] Dabei handelt es sich um Algorithmen, die selbst neue Inhalte, wie Bilder, Videos, Texte und sogar Musik erzeugen können. Ein prominentes Beispiel für eine Text-generierende KI ist die Chatbot-Anwendung ChatGPT.[193] Die großen Fortschritte in diesem Bereich führten zu einigen Beiträgen in der Fachliteratur.[194] Die Anwendung war offensichtlich so gut, dass Anwälte von ChatGPT erfundenen Urteilen

190 *Pieper*, DSRITB 2016, 971 (973).

191 *Kluge/Müller*, DSRITB 2016, 989 (989) und *Wagner*, AcP 217 (2017), 707 (715); *Borges*, CR 2022, 553 (553) mit dem Verweis auf die große mediale Aufmerksamkeit eines automatisierten Fahrzeugs, das einen Fußgänger nicht erkannte, vgl. dazu Die Zeit, „Frau von selbstfahrendem Uber-Fahrzeug getötet", Abzurufen unter: https://www.zeit.de/mobilitaet/2018--03/uber-selbstfahrendes-auto-autonom-tempe-unfall (Letztes Abrufdatum: 23.11.2023).

192 Sogenannte große generative KI-Modelle (large generative AI models: LGAIMs).

193 Frankfurter Allgemeine Zeitung, 24.04.2023, Nr. 97, S. 18.

194 Vgl. *Maier-Siegert*, BC 2023, 149; *Wehde*, MMR-Aktuell 2023, 455171; *Hacker*, GRUR 2023, 289; *Mehlan*, MMR-Aktuell 2022, 454722; *Johannisbauer*, MMR-Aktuell 2023, 455537; *Hoeren*, MMR 2023, 81; *Schwartmann*, MMR-Aktuell 2023, 455536; *Krone*, RDi 2023, 117; *von Welser*, GRUR-Prax 2023, 57; *Hartung* RDi 2023, 209; *Pukas*, GRUR 2023, 614; *Keber/Schwartmann*, MMR-Aktuell 2023, 457196; *Mohn*, NZA 2023, 538; *Nickl*, MMR 2023, 328; *Meder*, JZ 2023, 1041; *Conrads/Schweitzer*, NJW 2023, 2815.

getäuscht wurden.[195] Darüber hinaus gab es Auswirkungen auf legislativer Stufe. Etwa diskutierte der Digitalausschuss des Deutschen Bundestages über den Stand der Verhandlungen zur gesetzlichen Regulierung von generativer KI auf EU-Ebene.[196] Einzelne Juristen waren davon überzeugt, dass ChatGPT die Welt verändern wird.[197]

Zum Teil wurden die aktuellen Entwicklungen dann gutachterlich aufgearbeitet und juristisch bewertet.[198] Exemplarisch ist hier ein Fall aus den USA, in welchem ein Kind über den Amazon-Sprachdienst „Alexa" versehentlich ein Puppenhaus und kiloweise dänische Butterkekse bestellte. Durch den Bericht eines Nachrichtensenders über dieses Ereignis gingen dann weitere automatische Bestellungen von vielen Haushalten bei Amazon ein.[199]

b) KI in Wissenschaft und Wirtschaft

Eng verbunden mit aktuellen Entwicklungen der ersten Kategorie ist die, der Verwendung von KI in Wissenschaft und Wirtschaft. Wenn die Automobilindustrie und deren Zulieferer hohe Erwartungen in Fahrassistenzsysteme setzten und große Anstrengungen unternahmen, um deren Entwicklung und Implementierung zu fördern oder aber über die Automatisierung und Vernetzung der Kraftfahrzeuge zunahm, dauerte es nicht lange, bis ein entsprechender juristischer Beitrag veröffentlicht wurde.[200] Darüber hinaus wurden (unscharfe) Schlüsselbegriffe aus der Wirtschaft rezipiert und der Versuch unternommen, sie juristisch einzuordnen. Dafür beispielhaft ist das Schlagwort „Industrie 4.0".[201] Etwas nüchterner war die Vorgehensweise,

---

195 Redaktion beck-aktuell, becklink 2027226.

196 Abzurufen unter: https://www.bundestag.de/dokumente/textarchiv/2023/kw13-pa-digitales-ki-938580 (letztes Abrufdatum: 27.4.2023).

197 *Woerlein*, ZD-Aktuell 2023, 01205.

198 So z.B. bei *Linardatos*, JURA 2023, 1121 (1128 ff.).

199 Dazu *Specht/Herold*, MMR 2018, 40 (41 ff.), die die vertragsrechtlichen Fragen dieser Fallkonstellation beleuchten.

200 *Albrecht*, SVR 2005, 373; *Steege*, SVR 2021, 1.

201 *Kluge/Müller*, DSRITB 2016, 989 (989); *Wittbrodt*, InTeR 2020, 74 (74 ff.).

Statistiken und Studien, etwa darüber, wie oft der Einsatz von KI von Unternehmen evaluiert wird und wie viele Unternehmen bereits KI-Lösungen verwenden, an den Anfang eines juristischen Beitrags zu stellen.[202]

c) Gesetzgeberisches Tätigwerden

Juristische Beiträge fielen immer dann in die letzte größere Kategorie, wenn ihr Anlass eine legislatorische Handlung war. Das konnten sowohl Gesetzesentwürfe auf nationaler Ebene, als auch Richtlinien- oder Verordnungsvorschläge auf unionaler Stufe sein. Darüber hinaus führten auch weniger bedeutende Äußerungen von Gesetzgebern zur Produktion von Texten für die KI-Diskussion.

Hervorzuheben auf europäischer Ebene sind hier der Entwurf einer europäischen KI-Verordnung vom 22.04.2021[203] sowie die Entschließung des Europäischen Parlaments mit Empfehlungen an die EU-Kommission zu zivilrechtlichen Regelungen im Bereich Robotik vom 16.02.2017.[204] An späterer Stelle werden die verschiedenen europäischen Rechtsakte mitsamt der dazugehörigen Reaktionen im Schrifttum beleuchtet.[205]

d) Gerichtsentscheidungen

Weiterhin führen auch Urteile zu einer Reaktion im Schrifttum. Bisher gibt es allerdings nur sehr wenige Gerichtsurteile zur KI-Technologie. Zu nennen sind hier vor allem der „Flugreise“- sowie der „Laptopfall.“ Diese werden an späterer Stelle mit dem Verweis auf die dazugehörige Literatur näher skizziert.[206]

---

202 *Ammann*, CR 2020, 295 (296).

203 COM(2021)2016; dazu *Valta/Vasel*, ZRP 2021, 142; *Linardatos*, GPR 2022, 58.

204 Europäisches Parlament 2014–2019, P8_TA(2017)0051, Zivilrechtliche Regelungen im Bereich Robotik – Entschließung des Europäischen Parlaments vom 16. Februar 2017 mit Empfehlungen an die Kommission zu zivilrechtlichen Regelungen im Bereich Robotik (2015/2103(INL)); dazu *Günther*, DB 2017, 651; *Lohmann*, ZRP 2017, 168.

205 Dazu unter Dritter Teil, IV., 2..

206 Dazu unter Dritter Teil, III., 4., b).

In die Nachrichten der beck-aktuell Redaktion hat es auch ein weiterer Fall im Zusammenhang mit einer Flugreise geschafft. Vom kanadischen Civil Resolution Tribunal of British Columbia musste über einen Sachverhalt entschieden werden, in dem ein KI-basierter Chatbot von Air Canada Fehlinformationen über einen Ticket-Rabatt abgegeben hat. Dabei ließ das Gericht die Argumentation der Fluggesellschaft nicht gelten, die darauf baute, dass die Aussagen des Chatbots mit einem menschlichen Mitarbeiter des Unternehmens zu vergleichen und daher nicht bindend seien. Vielmehr urteilte der Spruchkörper, dass Air Canada für die Aussagen des Chatbots haftbar sei, weil es keinen Unterschied mache, ob sie in dieser Form oder wie bisher über die Angaben auf der Webseite der Fluggesellschaft zum Kunden gelange.[207]

Auch im Verwaltungsrecht war KI schon Gegenstand eines Prozesses. Das Verwaltungsgericht München musste im Wege des einstweiligen Rechtsschutzes darüber entscheiden, ob die Ablehnung eines Bewerbers zum Masterstudiengang seitens der TU München rechtmäßig war.[208] Es handelte sich wohl um die erste gerichtliche Überprüfung des Einsatzes von KI bei Prüfungen und der Beweisanforderungen an eine etwaige Täuschungshandlung. Grund für die Ablehnung war die Vermutung, dass ein im Rahmen des Eignungsverfahrens vom Bewerber anzufertigendes Essay zu 45 Prozent durch ein KI-Tool, z.B. ChatGPT angefertigt worden war. Hintergrund war, dass sich der Bachelorabsolvent bereits ein Jahr zuvor mit einem viel schlechteren Essay beworben hatte und der neu vorgelegte Text in geschliffenem Englisch sowie frei von Fehlern in Rechtschreibung und Zeichensetzung war. Ausschlaggebend war jedoch die Tatsache, dass die TU München im Folgenden die Aufgabenstellung selbst bei ChatGPT eingab und der Textgenerator einen Text vorlegte, der in Struktur und Glie-

207 Zum Vorstehenden Redaktion beck-aktuell, becklink 2030051.

208 VG München, Beschluss v. 28.11.2023 – M 3 E 23.4371; vgl. dazu auch aus der Presse: https://www.faz.net/aktuell/karriere-hochschule/student-nutzt-chatgpt-fuer-bewerbung-erstes-urteil-zu-ki-an-hochschulen-19564795.html (Letztes Abrufdatum: 12.6.2024).

derung verblüffende Ähnlichkeit mit dem des Bewerbers aufwies. Die TU München sah hier einen Verstoß gegen die Regeln guter wissenschaftlicher Praxis, weil die Nutzung solcher KI-Tools über das tolerierte Maß bei solchen eigenständigen Leistungserbringung hinaus gehe. Das Verwaltungsgericht folgte der Argumentation der Prüfer, weil sie mit einer Vielzahl von gerade durch Bachelorabsolventen verfassten Texten vertraut und auch gerade aufgrund ihrer Tätigkeit als Prüfer gerade dazu berufen seien, die Texte nach Struktur, Inhalt und Form zu analysieren und zu bewerten.[209]

II. Verantwortlichkeit und Haftung von KI: Die ePerson – ein erledigter Diskurs?

1. Einleitung

Bisher existieren im deutschen Recht nur zwei Arten von Personen; natürliche und juristische. Es bestanden jedoch verschiedene, sich in Details voneinander unterscheidende, Vorschläge zur Schaffung einer elektronischen Person (kurz: E-Person/e-Person/ePerson) und damit der Einführung der Rechtsfähigkeit für autonome und/oder elektronische (Software-)Agenten und KI-Systeme.[210] Dabei handelte es sich um eine sehr weitereichende, progressive Idee. Nur noch gravierender, jedoch damit eng in Verbindung stehend, waren die Anregungen, Robotern einen Grund- bzw. Menschenrechtsstatus zu verleihen[211] oder sie mit dem Strafrecht und insbesondere

---

[209] Kritisch dazu *Rachut*, NJW 2024, 1052; *Birnbaum*, NVwZ 2024, 603; *Braegelmann*, RDi 2024, 188.

[210] Auch als „Verhaltensmodell“ bezeichnet, vgl. *Kluge/Müller*, DSRITB 2016, 989 (1004).

[211] Vgl. *Ingold*, Der Staat 2014, Vol. 53 No. 2, 193; *Kersten*, JZ 2015, 1 (7 ff.); *Gaede*, Künstliche Intelligenz – Rechte und Strafen für Roboter?, 1. Auflage 2019, S. 31 ff.; *Fitzi/Matsuzaki*, in: *Joerden/Hilgendorf/Thiele*, Menschenwürde und Medizin, 2013, S. 919 ff.; für die amerikanische Verfassung *Solum*, North Carolina Law Review Vol. 70, No. 4, 1992, S. 1231 (1245 f.).

dessen Durchsetzung zu begegnen.[212] Es handelte sich bei der ePerson um einen radikalen Eingriff in die Grundstrukturen des Privatrechts.

Kernidee der ePerson war, dass autonome Systeme als Rechtssubjekte anerkannt werden sollen. Die Vielzahl der von diesem Vorschlag überzeugten Autoren[213] hielten diese neuartige Roboterhaftung für die geeignete Antwort auf die zunehmende Digitalisierung und Technologisierung des Alltags. Grund für die Forderung einer Rechtspersönlichkeit für autonome Systeme war die womöglich drohende Verantwortungslücke im Falle ihres Einsatzes aufgrund ihrer besonderen Eigenschaften.[214] Die Einschätzung, ob diese Befürchtung tatsächlich eintritt, ist nicht unerheblich maßgebend in der Entscheidung für oder gegen die ePerson. Man benötigt freilich für die Haftung für Verletzung von vertraglichen Pflichten nach den §§ 280 ff. BGB sowie für die Haftung für deliktisches Handeln nach den §§ 823 ff. BGB ein rechtsfähiges Haftungssubjekt. Überdies setzen auch unstreitig die arbeitsteiligen Normen §§ 164 ff., 278, 831 BGB jeweils eine rechtsfä-

---

212 *Gaede*, Künstliche Intelligenz – Rechte und Strafen für Roboter?, 1. Auflage 2019, S. 57 ff.; *Beck*, JR 2009, 225 (229); *dies.* 13 Jahre später weniger forsch, aber für die Zukunft immer noch wünschenswert, in: BeckOK OWiG, § 130, Rn. 132; *Hilgendorf*, in: *Beck*, Jenseits von Mensch und Maschine 2012, 119 (125); immerhin für die Vertragsstrafe nach den §§ 336 ff. BGB *Sorge*, Softwareagenten, 2006, S. 65; ablehnend: *Ziemann*, in: *Hilgendorf/Günther* (Hrsg.), Robotik und Gesetzgebung 2013, S. 183 (191); *Joerden*, in: *Hilgendorf/Günther* (Hrsg.), Robotik und Gesetzgebung 2013, S. 195 (203); *Gleß/Weigend*, ZStW 126 (2014), 561 (561 ff.).

213 *Schirmer*, JZ 2016, 660 (663); *Matthias*, Automaten als Träger von Rechten, 2008, S. 251 ff.; *Gitter*, Softwareagenten im elektronischen Rechtsverkehr, 2007, (passim); *Boehme-Neßler*, Unscharfes Recht, 2008, S. 387, 389; *Allan/Widdison*, Harvard Journal of Law and Technology, Vol. 9 No. 1, 1996, S. 26 (38 f.); *Wein*, Harvard Journal of Law and Technology, Vol. 6 (1992), S. 103 (113 ff.); *Schweighofer*, in: *Schweighofer/Menzel/Kreuzbauer*, Auf dem Weg zur ePerson, 2001, S. 45 (49 ff.); *Gaede*, Künstliche Intelligenz – Rechte und Strafen für Roboter?, 1. Auflage 2019, S. 31 ff.; *Zimmermann*, SSRN Electronic Journal 2015, abzurufen unter: https://papers.ssrn.com/sol3/papers.cfm?abstract_id=2563965 (Letztes Abrufdatum: 31.1.2024); *Beck*, AJP 2017, 183 (187 ff.); *Wettig*, Vertragsschluss mittels elektronischer Agenten, 2010; *Linardatos*, Autonome und vernetzte Aktanten im Zivilrecht, 2021; *Kleiner*, Die elektronische Person, 2021; *Erhardt/Mona*, in: Gless/Seelmann (Hrsg.), Intelligente Agenten und das Recht, 2016, 61 (passim, 91 ff.); *Hensiek*, ARP 2022, 236 (239); *Kersten*, in: Bumke/Röthel (Hrsg.), Autonomie im Recht, 2017, 315 (349 f.).

214 *Riehm*, RDi 2020, 42 (43); ausführlich: *Teubner*, AcP 218 (2018), 155 (157–159).

hige Hilfsperson voraus. Um diese Vorschriften nicht analog anwenden zu müssen, sollen autonome Roboter und Systeme rechtsfähig werden.

2. Parallelen in Diskurs und Ablehnung

Die Diskrepanz der Traditionalisten konnte in diesem Fall nicht größer sein. Ausdrücklich wurde vor diesem Schritt gewarnt[215] und formulierte Vorschläge ernteten schärfste Kritik. Exemplarisch ist etwa ein im April 2018 veröffentlichter Brief an die Europäische Kommission in welchem über hundert europäische Sachverständige aus Forschung, Wissenschaft, Wirtschaft und Politik mit Nachdruck davor warnen, autonomen Maschinen einen Persönlichkeitsstatus zu verleihen.[216] Eine solche Vorgehensweise war nicht neu. Schon der Vorschlag für ein gemeinsames europäisches Kaufrecht,[217] welcher seine Ursprünge bereits ab 1989 in mehreren Entschließungen des Europäischen Parlaments hat,[218] wurde nach einem offenen Brief an die Kommission von dieser am 16.12.2014 zurückgezogen, trotz seines enormen Potenzials.[219] Das Schreiben wurde am 28.11.2014 von den Mitgliedstaaten Frankreich, Deutschland, dem Vereinigten Königreich, Österreich, der Niederlande und Finnland an die neue Justizkom-

---

[215] *Wagner*, in: MüKo BGB, 8. Auflage 2020, Vor. § 823, Rn. 111; *ders.* noch 2023, JZ 2023, 1 (2); *Paulus/Matzke*, ZfPW 2018, 431 (441); ausführlich zum Konzept der ePerson und letztlich ablehnend am Beispiel des autonomen Fahrens *Ringlage*, Haftungskonzepte für autonomes Fahren – „ePerson“ und „RmbH“?, 2021, S. 152 ff., 207 ff.; *Eidenmüller*, Oxford Legal Studies, Research Paper No. 27/2017, 12 f..

[216] Abzurufen unter: www.robotics-openletter.eu (Letztes Abrufdatum 2.5.2022); ablehnend auch *Riehm*, RDi 2020, 42 (46); *Denga*, CR 2018, 69 (77); *Heuer-James/Chibanguza/Stücker*, BB 2018, 2818 (2821); *Busche*, JA 2023, 441 (445); *Ringlage*, Haftungskonzepte für autonomes Fahren – „ePerson“ und „RmbH“?, 2020, 235 f.; *Specht/Herold*, MMR 2018, 40 (43 f.) lehnen die grundsätzlich ePerson ab, sprechen sich aber inkonsequent für die Teilrechtsfähigkeit aus.

[217] Vorschlag für eine Verordnung des Europäischen Parlaments und des Rates für ein Gemeinsames Europäisches Kaufrecht vom 11. Oktober 2011, KOM(2011) 635 endgültig.

[218] Entschließung des Europäischen Parlaments zu den Bemühungen um eine Angleichung des Privatrechts der Mitgliedstaaten vom 26.5. 1989, ABl. 1989 C 158; Entschließung des Europäischen Parlaments zur Angleichung bestimmter Bereiche des Privatrechts der Mitgliedstaaten vom 6.5. 1994, ABl. 1994 C 205.

[219] Überblickend dazu *Mayer/Lindemann*, ZEuP 2014, 1 (7).

missarin übersandt und führte zum endgültigen Scheitern des Vorhabens. Im Vorfeld wurde bereits von Belgien, Österreich, Deutschland und Großbritannien die Subsidiaritätsrüge erhoben.[220] Teilweise wurde auch die Vermutung geäußert, der gemeinsame Brief sei bereits eine „schlecht getarnte Absage“ an die Idee von einem einheitlichen EU-Privatrecht.[221]

Auch im Bereich der Regulierung von Online-Plattformen drängten im Frühjahr 2016 die zuständigen Minister von elf EU-Mitgliedstaaten den Kommissionsvizepräsidenten in einem Brief vehement dazu, von europäischen Initiativen zur abzusehen.[222]

Wie bereits dargestellt, herrschte jedoch auch bei den ablehnenden Vertretern der ePerson nur Konsens darüber, dass es notwendig sei, die Erklärungen und Handlungen von Maschinen einer natürlichen oder juristischen Person zuzurechnen. Die genaue Vorgehensweise zur Umsetzung in der Praxis war jedoch nicht einheitlich geklärt. Es bestanden Überlegungen, anstelle der ePerson eine Parallele zur Botenerklärung zu ziehen, die Regeln des Stellvertretungsrechts anzuwenden oder eine Behandlung nach den Grundsätzen des minderjährigen Vertreters vorzuziehen.[223]

Die Diskussion war nicht exklusiv im Zivilrecht zu finden. Vielmehr stellte sich in der Strafrechtswissenschaft die Frage, ob humanoide Roboter unter den strafrechtlichen Schuldbegriff fallen und im Öffentlichen Recht kreiste die Diskussion um die Vorstellung, dass ePersons in Analogie zu Art. 19 Abs. 3 GG eigene Grundrechte geltend machen können. Dazu zählten insbesondere das Recht auf Entfaltung ihrer „Persönlichkeit“, auf Nicht-Diskriminierung, auf wirtschaftliche Entfaltungsfreiheit und auf Meinungsfreiheit.[224]

---

220 Amtsblatt der Europäischen Union C 285/638 vom 29.8.2017, P7_TA(2014)0159, S. 1, 4. Spiegelstrich.

221 *Basedow*, ZEuP 2015, 432 (433).

222 Abzurufen unter: https://www.politico.eu/wp-content/uploads/2016/04/platforms-letter.pdf; vgl. zur allgemeinen Debatte *Busch/Schulte-Nölke/Wiewiórowska-Domagalska/Zoll*, EuCML 2016, 3.

223 Vgl. *Specht/Herold*, MMR 2018, 40 (44); dazu später unter Dritter Teil, 4..

224 *Mayinger*, Die künstliche Person, 2016, S. 233 ff.; *Ingold*, Der Staat 2014, Vol. 53 No. 2, 193, 205 ff.; *Bull*, Sinn und Unsinn des Datenschutzes, 2015, S. 120 ff.; *Kersten*, JZ

3. Historische Entwicklung

Die Idee, dass es eine „digitale Persönlichkeit" gibt, geht zeitlich schon mit den Anfängen der KI einher, zumindest in der Science-Fiction-Literatur. So sehen die vielzitierten[225] Robotergesetze des Autors Isaac Asimov aus dem Jahr 1950 die Roboter selbst als Rechtssubjekte an, weil sich seine Normen nicht an den Menschen sondern, an die Roboter selbst richten:

„Die Grundregeln der Robotik

Das nullte Gesetz

Ein Roboter darf der Menschheit keinen Schaden zufügen oder durch Untätigkeit zulassen, dass der Menschheit Schaden zugefügt wird.

Das erste Gesetz

Ein Roboter darf einem menschlichen Wesen keinen Schaden zufügen oder durch Untätigkeit zulassen, dass einem menschlichen Wesen Schaden zugefügt wird, es sei denn, dies würde das nullte Gesetz der Robotik verletzen.

Das zweite Gesetz

Ein Roboter muss dem ihm von einem menschlichen Wesen gegebenen Befehl gehorchen, es sei denn, dies würde das nullte oder das erste Gesetz der Robotik verletzen.

Das dritte Gesetz

Ein Roboter muss seine Existenz beschützen, es sei denn, dies würde das nullte, das erste oder das zweite Gesetz der Robotik verletzen."[226]

2015, 1 (2, 8).

[225] Vgl. nur *Pfeil*, InTeR 2020, 17 (18); *Riehm*, in: Kaulartz/Braegelmann, Rechtshandbuch Artificial Intelligence und Machine Learning, 2020, Kapitel 6.1.

[226] *Asimov*, Ich der Roboter, Erzählungen, 1950, S. 8.

In der Rechtswissenschaft gab es bereits Ansätze, neben Menschen auch anderen Wesen, u.a. Bäumen und Tieren, Rechte zuzuschreiben. Diese waren nicht auf das deutsche Recht[227] beschränkt, sondern finden sich beispielsweise auch im amerikanischen Recht,[228] mit teilweise außergewöhnlichen Vorschlägen: „I am quite seriously proposing that we give legal rights to forests, oceans, rivers and other so-called „natural objects" in the environment-indeed, to the natural environment as a whole.".[229] Kodifiziert galten 1869 sogar Schiffe nach Art. 452 ADHGB als quasi-rechtsfähig, weil der Reeder nicht persönlich, sondern mit „Schiff und Fracht" haftete und das Schiff mit einem Sondervermögen ausgestattet war.

Noch früher in der Geschichte wurden römische Tempel oder mittelalterliche Kirchen als rechtsfähig angesehen.[230] Auch in der heutigen Zeit wurden immer wieder Stimmen laut, die auch die nicht-humanen Lebewesen der Natur, also etwa Öko-Systemen und Tieren, Rechtspersönlichkeit zuschreiben wollten.[231] In manchen Rechtsordnungen ist dies bereits kodifiziert worden oder die Rechtsprechung hat der Natur entsprechende Rechte zugesprochen. So ist seit 2008 im Staat Ecuador die Natur eine Rechtsperson.[232] In den USA sowie in Kolumbien stellten Gerichte fest, dass Tiere Persönlichkeits- und Klagerechte haben.[233] Auch Flüsse haben durch richterliche Entscheidungen in vielen Ländern Rechtspersönlichkeitsstatus erlangt, etwa in Indien, Neuseeland oder Kolumbien.[234]

227 *Kohler*, Lehrbuch des Bürgerlichen Rechts 1906, S. 320 ff..

228 Für das amerikanische Recht: *Stone*, Southern California Law Review 45 (1972), S. 450–501; ablehnend *Gray*, The nature and sources of the law, 1921, S. 46 (48 ff.).

229 *Stone*, Southern California Law Review 45 (1972), S. 450 (456).

230 *Gray*, The nature and sources of the law, 1921, S. 46; *Solum*, North Carolina Law Review Vol. 70, No. 4, 1992, S. 1231 (1239).

231 *Fischer-Lescano*, ZUR 2018, 205 (216 ff.); *Gruber*, Rechtsschutz für nichtmenschliches Leben, 2006, S. 146 ff.; überblicksartig auch *von Bar*, Gemeineuropäisches Privatrecht der natürlichen Person, 2023, § 3 Rn. 181 ff..

232 Art. 10, 71 ff., dazu *Gutmann*, https://intr2dok.vifa-recht.de/servlets/MCRFileNodeServlet/mir_derivate_00010679/Gutmann,%20Pachamama.pdf (Letztes Abrufdatum: 24.01.2024).

233 *Peters*, AJIL Unbound 111 (2017), S. 252 (253 ff.).

234 *Fischer-Lescano*, ZUR 2018, 205 (206) m.w.N..

Die Debatte rund um die ePerson soll erst durch das Europäische Parlament in seiner Entschließung zu zivilrechtlichen Entwicklungen im Bereich Robotik vom 16.02.2017[235] angestoßen worden sein.[236] Das Parlament forderte die Kommission auf, „langfristig einen speziellen rechtlichen Status für Roboter zu schaffen, damit zumindest für die ausgeklügeltsten autonomen Roboter ein Status als elektronische Person festgelegt werden könnte, die für den Ausgleich sämtlicher von ihr verursachten Schäden verantwortlich wäre, sowie möglicherweise die Anwendung einer elektronischen Persönlichkeit auf Fälle, in denen Roboter eigenständige Entscheidungen treffen oder anderweitig auf unabhängige Weise mit Dritten interagieren":[237] Richtig ist, dass es sich dabei um die erste legislative Initiative handelte und die Diskussion dadurch neu entfacht wurde,[238] auch wenn dieser Vorschlag letztlich nicht von der Kommission aufgegriffen wurde.[239] Die Idee ist indes schon deutlich älter. Nach *Haagen* stammt der Vorschlag erstmals aus dem Jahr 2011.[240] Jedoch konnte auch dies nicht bestätigt werden. Insbesondere im internationalen Kontext, aber auch im deutschsprachigen Raum finden sich die ersten Ansätze früher.

Bereits ab 1992 beschäftigten sich die Autoren mit der Frage, ob die Implementierung von Rechtspersönlichkeit für KI wünschenswert ist.[241] Erstaunlich bei diesen Startzeichen[242] ist, dass sie bereits Lösungsvorschläge

---

[235] Europäisches Parlament, Zivilrechtliche Regelungen im Bereich Robotik, Entschließung vom 16.02.2017, P8_TA-PROV(2017)0051.

[236] So *Wagner*, in: MüKo BGB, Vorb. § 823, Rn. 111.

[237] Europäisches Parlament, Zivilrechtliche Regelungen im Bereich Robotik, Entschließung vom 16.02.2017, P8_TA-PROV(2017)0051, Rn. 59, unter f; kritisch dazu *Lohmann*, ZRP 2017, 168 (168 ff.).

[238] *Pagallo*, Phil. Trans. R. Soc. A 376, 2018, S. 1 (1).

[239] EU-Kommission, Schaffung von Vertrauen in eine auf den Menschen ausgerichtete künstliche Intelligenz, COM(2019) 168 final.

[240] *Haagen*, Verantwortung für Künstliche Intelligenz, 2021, S. 357 (mit dem Verweis auf *Leroux/Labruto*, Suggestion for a green paper on legal issues in robotics, S. 60 ff.).

[241] *Solum*, North Carolina Law Review Vol. 70, No. 4, 1992, S. 1231–1287.

[242] *Allan/Widdison*, Harvard Journal of Law and Technology, Vol. 9 No. 1, 1996, S. 26 (35ff.); *Solum*, North California Law Review Vol. 70, No. 4, 1992, S. 1231 (1231, 1248); *Kerr*; Providing for Autonomous Electronic Devices in the Uniform Electro-

für theoretische Probleme der Zukunft präsentieren. Freilich gab es zu diesem Zeitpunkt keinen mit KI ausgestatteten Roboter oder Softwareagenten, sodass es sich um bloße Gedankenexperimente handelt. In der deutschsprachigen Literatur wies erstmals *Cornelius* auf die heftige Diskussion im englischsprachigen Schrifttum hin. Er lehnte eine ePerson ab, verwies aber auf den bisherigen Kenntnisstand von KI in der Informatik und merkte an, dass es durchaus eines Tages in Betracht kommen kann, dass intelligente Agenten als Rechtspersönlichkeit angesehen werden.[243] Für die ePerson sprachen sich zum ersten Mal *Matthias*[244] und *Gitter*[245] aus.

Weiterhin ist die Diskussion über die ePerson nur scheinbar beendet.[246] Im Jahr 2020 sei es „vollkommen ungeklärt" gewesen, ob es neben den natürlichen und juristischen Personen bald E-Persönlichkeiten geben wird und welche Folgen dies für das Recht hat.[247] Im Gegensatz zu anderen mit der Digitalisierung des Zivilrechts zusammenhängenden Debatten, die bereits für erledigt erklärt wurden,[248] erschienen 2021 immer noch Beiträge, die forderten, dass sich neben der Wissenschaft auch der Gesetzgeber schneller mit der ePerson befassen sollte.[249] Weiterhin kann man die Forde-

---

nic Commerce Act, S. 18 ff., abzurufen unter https://www.ulcc-chlc.ca/ULCC/media/EN-Annual-Meeting-1999/Providing-for-Autonomous-Electronic-Devices.pdf (Letztes Abrufdatum: 16.08.2022); *Karnow*, Berkeley Technology Law Journal, 1996, S. 147 (161 f., 189 ff.); *Weitzenboeck*, International Journal of Law and Information Technology 2001, Vol. 9 No. 3, S. 204 (214 ff.).

243 *Cornelius*, MMR 2002, 353 (354).

244 *Matthias*, Automaten als Träger von Rechten, 2008, S. 251 ff..

245 *Gitter*, Softwareagenten im elektronischen Rechtsverkehr, 2007, S. 393 ff., 171 ff., passim.

246 Kürzlich z.B. *Linke*, MMR 2021, 200; *Haase*, DSRITB 2021, 535; *Riehm*, RDi 2020, 42.

247 *Pfeil*, InTeR 2020, 17 (25).

248 So z.B. die etwa 2014 entfachte Diskussion über die Eigentumsfähigkeit von Daten, dazu *Hoeren*, MMR 2019, 5 (5 f.) in Bezug auf das Ergebnis der Arbeitsgruppe „Digitaler Neustart" der Justizministerinnen und Justizminister der Länder vom 15.05.2017, abrufbar unter https://jm.rlp.de/fileadmin/mjv/Jumiko/Fruehjahrskonferenz_neu/Bericht_der_AG_Digitaler_Neustart_vom_15._Mai_2017.pdf (Letztes Abrufdatum: 11.6.2024); vgl. auch *Schlosser*, Europäische Rechtsgeschichte, 4. Auflage, 16. Kapitel, Rn. 68; *Ensthaler*, ZRP 2022, 55 (56 f.).

249 *Ganseforth*, DSRITB 2021, 545 (555); *Linke*, MMR 2021, 200 (200).

rungen nach einer ePerson in verschiedene Kategorien unterteilen. Teilweise wird sie für die Zukunft gefordert, andere sehen bereits in der jetzigen rechtlichen Situation Roboter als rechtsfähig an, wieder andere fordern für die Zukunft zumindest eine Teilrechtsfähigkeit für Roboter.[250]

4. Rechtsfähigkeit und ihre Entwicklung

Die Theorien rund um die Entstehung und den Inhalt von Rechtssubjekten sind mittlerweile kaum zu überblicken und können an dieser Stelle auch nicht ansatzweise dargestellt werden.[251]

Heute meint Rechtsfähigkeit die Fähigkeit der Rechtssubjekte, Träger von Rechten und Pflichten zu sein.[252] Im BGB wird der Begriff nicht definiert, sondern in § 1 vorausgesetzt. Allerdings hat der Gesetzgeber erstmals im Jahr 2000 den Begriff der Rechtsfähigkeit durch den neu eingefügten § 14 Abs. 2 BGB näher umrissen. Festgelegt wird hier die rechtsfähige Personengesellschaft, als solche, die mit der Fähigkeit ausgestattet ist, Rechte zu erwerben und Verbindlichkeiten einzugehen. Mithin definiert der Gesetzgeber über einen Umweg und etwas versteckt, hier erstmals die Rechtsfähigkeit.

Eine ausdrückliche Definition, wann Rechtsfähigkeit endet, sucht man indes im Gesetz vergebens. Lediglich aus der Gesamtrechtsnachfolge nach § 1922 BGB ergibt sich indirekt, dass die Rechtsfähigkeit des Menschen mit dem Tod endet. Dabei wird nach neueren medizinischen Erkenntnissen auf den sogenannten Gesamthirntod abgestellt, andere Beendigungsgründe existieren nicht.[253] Wann ein solcher Gesamthirntod bei einer ePerson eintreten kann, bzw. wie eine ePerson die Rechtsfähigkeit wieder verlie-

---

[250] Dazu genauer unter 5. cc).

[251] So schon *Linardatos*, Autonome und vernetzte Aktanten im Zivilrecht, 2021, S. 481.

[252] *Poseck*, in: BeckOK BGB, Stand: 01.05.2022, § 1 Rn. 10; *Mansel*, in: Jauernig BGB, 18. Aufl. 2021, § 1 BGB Rn. 1; abweichend, nämlich die Grenzen zur Handlungsfähigkeit verwischend, *Fabricius*, Relativität der Rechtsfähigkeit, 1963, S. 44; *Husserl*, AcP 127 (1927), 129 (191).

[253] OLG Köln FamRZ 1992, 860; OLG Frankfurt NJW 1997, 3099; BayObLG NJW-RR 1999, 1309.

ren kann, lässt das bisherige Schrifttum offen. Eine Todeserklärung nach den §§ 2, 3 VerschG würde nach § 9 Abs. 1 VerschG nur die widerlegliche Vermutung für den Tod äußern und somit die Rechtsfähigkeit für den verschollenen Menschen nicht beenden.[254] Ebenso führt weder die Anordnung einer Betreuung,[255] noch die Eröffnung eines Insolvenzverfahrens[256] zum Verlust der Rechtsfähigkeit beim Menschen.[257] Für die ePerson ist das Problem damit nicht gelöst.

Im Laufe der Diskussion entstand eine gewisse Vermischung[258] – und eine daraus resultierende Verwirrung[259] der Begriffe „Rechtssubjektsqualität“, „Rechtspersönlichkeit“, „Rechtsperson“ und „Rechtsfähigkeit“,[260] wenngleich sie eng miteinander verbunden sind.[261] Dies ist insbesondere deshalb bemerkenswert, weil es sich gerade bei der Rechtsfähigkeit um einen grundlegenden Terminus des bürgerlichen Rechts handelt. Darüber hinaus ist dieser Grundbegriff in vielen Rechtsordnungen zu finden und nicht nur auf das deutsche Recht beschränkt.[262] In diesem Zusammenhang wurde bei der Debatte rund um die ePerson auch versucht, die Begriffe zu definieren und damit Klarheit zu schaffen.[263] Zunächst ist zwischen Rechtsfähigkeit und Rechtspersönlichkeit zu unterscheiden. Rechtsfähigkeit kann dabei in die Strafmündigkeit, die verfassungsrechtliche Grundrechtsfähigkeit und schließlich in die zivilrechtliche Rechtsfähigkeit – die Fähigkeit, Träger von Rechten und Pflichten zu sein und ein Vermögen zu haben –

254 *Boiczenko*, in: BeckOGK, § 9 VerschG, Rn. 27.

255 Lediglich im Falle der Anordnung eines Einwilligungsvorbehalts entsteht eine Einschränkung der Geschäftsfähigkeit, vgl. § 1903 Abs. 1 BGB.

256 § 80 InsO wirkt sich nur auf die Verfügungsbefugnis aus.

257 *Bork*, BGB AT, Rn. 160.

258 So z.B. bei *Cornelius*, MMR 2002, 353 (354).

259 Beuthien, NJW 2005, 855 (856) spricht von einem „Begriffswirrwarr; *ders.*, JZ 2003, 715; in diese Richtung auch *Kainer/Förster*, ZfPW 2020, 275 (295 f.).

260 So auch *von Bar*, Gemeineuropäisches Privatrecht der natürlichen Person, 2023, § 3 Rn. 169 m.w.N..

261 *Dahm*, Deutsches Recht, 2. Auflage 1963, S. 411; *Linardatos*, Autonome und vernetzte Aktanten im Zivilrecht, 2021, S. 518.

262 *von Bar*, Gemeineuropäisches Privatrecht der natürlichen Person, 2023, § 3 Rn. 150 ff..

263 So z.B. *Schirmer*, JZ 2019, 711 (712 ff.).

gegliedert werden. Rechtsfähigkeit ist ein formaler Zurechnungspunkt für Rechte und Pflichten, sagt jedoch noch nichts über die konkrete Reichweite der Rechte oder die genaue Rechtsstellung des Einzelnen in der Gemeinschaft aus.[264] Rechtspersönlichkeit hingegen ist umfassender und meint die Eigenschaft als juristische oder natürliche Person.[265]

Die Entwicklung der Rechtsfähigkeit in deutschsprachigen Raum hat erst mit der Aufklärung Fahrt aufgenommen, im mittelalterlichen Rechtsdenken war der Begriff hingegen nicht verbreitet. Mit der Etablierung eines allgemeinen Staatsbürgertums verbreitete sich auch der Grundsatz der Gleichheit aller vor dem Gesetz und eine allgemeine Rechtsfähigkeit wurde begründet.[266] Nach *Kant* wird die Rechtsstellung des Menschen mit dem natürlichen Recht der Freiheit durch Geburt und der Gleichheit des Menschen begründet. Dabei differenzierte er nicht zwischen Rechts- und Handlungsfähigkeit, sondern verknüpfte sie eng miteinander. Inspiriert von dieser Lehre brachte erstmals *Thibaut* mit dem System des Pandekten-Rechts[267] den Begriff der Rechtsfähigkeit in die deutsche Rechtslehre ein.[268]

Niedergeschrieben in einer deutschsprachigen Kodifikation fand sich erstmals im österreichischen ABGB vom 1. Juni 1811 der Begriff der allgemeinen Rechtsfähigkeit des Menschen.[269] Geprägt vom *Kant*'schen Gedankengut beeinflusste maßgeblich *Franz A. Edler von Zeiller* das Gesetzbuch.[270]

---

264 *Dahm*, Deutsches Recht, 2. Auflage 1963, S. 412.

265 *Riehm*, in: Kaulartz/Braegelmann, Rechtshandbuch Artificial Intelligence und Machine Learning, 2020, Kapitel 6.1, Rn. 4.

266 *Eisenhardt*, Deutsche Rechtsgeschichte, Rn. 326.

267 *Thibaut*, System des Pandektenrechts, 1803, „Dritter Abschnitt Ueber das Subject der Rechte und Verbindlichkeiten.“, §§ 188 ff..

268 Die geschichtliche Entwicklung und weitere Literatur- und Quellenverweise sind ausführlich zu finden bei *Fabricius*, Relativität der Rechtsfähigkeit, 1963, S. 37 ff..

269 § 18 ABGB: „Jedermann ist unter den von den Gesetzen vorgeschriebenen Bedingungen fähig, Rechte zu erwerben.“.

270 *Brauneder*, Eheschließung ohne Trauung: Das Naturrechtskonzept des ABGB und was daraus wurde, in: FS Klippel, S. 409 (409 ff.).

Welche enorme Wirkung Rechtsfähigkeit hat, lässt sich erkennen an den Versuchen, das Bürgerliche Gesetzbuch in ein Volksgesetzbuch umzuwandeln.[271] Von 1938 bis August 1944 befasste sich die, im Juli 1934 in Bayern gegründete,[272] Akademie für deutsches Recht mit der Reform des Bürgerlichen Gesetzbuchs von 1900. Das Projekt sah die Gliederung in acht Bücher, namentlich Volksgenosse, Familie, Erbe, Vertrag und Haftung, Eigentum, Arbeit, Unternehmen und Vereinigung vor, blieb aber letztlich im Entwurf stecken.[273] Der Entwurf enthielt im Einklang mit der rassistischen Ideologie der Nationalsozialisten eine rassenpolitische Vorschrift, nach der die Zugehörigkeit zu fremden Rassen zu einer Beschränkung der Rechtsfähigkeit führen kann.[274] Insgesamt sollte das Personenrecht ganz neu organisiert werden. Die Begriffe wie Rechtsfähigkeit und Minderjährigkeit sollten dabei vollständig in den Hintergrund rücken und das Gesetz nach dem Begriff des „Volksgenossen" aufgebaut werden.[275] Das völkische Gemeinschaftsprinzip sollte zum höchsten Rechtsideal werden.[276] Dies ist auch an der Gliederung der acht Bücher zu erkennen. Nur wer Volksgenosse ist, konnte überhaupt Träger von Rechten und Pflichten sein.[277] An die Stelle von der Gleichheit des Menschen, sollte die Gleichheit der „Rasse" treten. Von *Larenz* stammt die Idee, § 1 des BGB, bzw. letztlich innerhalb der neuen Kodifikation,[278] dem Volksgesetzbuch, wie folgt neu zu fassen: Rechtsgenosse ist nur wer Volksgenosse ist; Volksgenosse ist, wer deut-

---

271 Vgl. dazu *Hattenhauer*, Das NS-Volksgesetzbuch, in: FS Gmür 1983, 255 (255 ff., 266 ff.).

272 Gesetz vom 11.07.1934, RGBl I 1934, S. 605.

273 *Kroeschell*, Deutsche Rechtsgeschichte Bd. 3, 5. Auflage, S. 267; *Köbler*, Lexikon der europäischen Rechtsgeschichte, 1. Auflage 1997, Volksgesetzbuch.

274 *Schubert/Schmid/Regge*, Akademie für deutsches Recht, Bd. III, 1 Volksgesetzbuch, S. 340.

275 *Schubert/Schmid/Regge*, Akademie für deutsches Recht, Bd. III, 1 Volksgesetzbuch, S. 481, 650.

276 *Ebel/Thielmann*, Rechtsgeschichte, Rn. 737.

277 Vgl. § 1, 24, 41 Entwurf-Volksgesetzbuch

278 Geplant war nicht nur eine Überarbeitung des BGB; vielmehr sollte das BGB grundsätzlich als Gesamtgesetz verschwinden.

schen Blutes ist".[279] Damit wird nicht durch das Menschsein als solches die Rechtsfähigkeit begründet, sondern durch die Feststellung der Zugehörigkeit zum deutschen Volk. Für diese Zugehörigkeit war jedoch nicht die Staatsangehörigkeit maßgeblich. Vielmehr lebten im Staat auch Personen, die nicht zum Volk im Sinne der nationalsozialistischen Ideologie gehörten. So waren Juden zwar Staatsangehörige, nicht jedoch Volksangehörige und Reichsbürger. Durch den 1939 begonnenen Krieg konnte die Weiterarbeit am Volksgesetzbuch nur langsam fortgeführt werden und wurde 1943 letztendlich eingestellt.[280] Was durch den Entwurf bleibt, ist ein weiterer Beweis für das entartete Privatrechtsdenken und die nationalsozialistische Rechtstheorie.[281] Das Ausnutzen von Rechtsfähigkeit ist ein Teil der Perversion des Rechts durch die Nationalsozialisten und zeigt auf, wie weitreichend Änderungen dieses Rechtsbegriffs sind, sodass die Bildung von Sondergruppen, bis hin zu einer neuen Form des Ständestaats weiterentwickelt werden konnte.

Die Funktion von Rechtsfähigkeit, sei es bei natürlichen Personen, bei juristischen Personen oder aber rechtsfähigen Personengesellschaften ist dieselbe. Es geht im Wesentlichen um pragmatische Gründe, weil durch die Rechtsfähigkeit Vermögen, Rechte und Pflichten zugewiesen und (dadurch) eindeutig voneinander abgegrenzt werden können.[282]

a) Rechtsfähigkeit durch Rechtsfortbildung

Im Zusammenhang mit der ePerson muss auch über die Einführung neuer Rechtssubjekte durch Rechtsfortbildung gesprochen werden. Denn wie mehrere Beispiele zeigen, war es oftmals die Rechtsprechung des BGH, welche einem Zusammenschluss von Personen zur Rechtsfähigkeit verhol-

---

279 *Larenz*, in: Dahm/Huber/Larenz/Michaelis/Schaffstein/Siebert, Grundfragen der neuen Rechtswissenschaft, 1935, S. 225 (241).

280 *Ebel/Thielmann*, Rechtsgeschichte, Rn. 738; *Hattenhauer*, Das NS-Volksgesetzbuch, in: FS Gmür 1983, 255 (275 ff.).

281 *Hattenhauer*, Das NS-Volksgesetzbuch, in: FS Gmür 1983, 255 (255 ff.).

282 *Riehm/Meier*, in: Fischer/Hoppen/Wimmers, DGRI Jahrbuch 2018, S. 1, Rn. 36.

fen hat. Insbesondere bei der Rechtsfähigkeit der Außen-GbR hat sich, nach jahrelangem Streit[283] und Klarstellung durch den BGH,[284] nun auch der Gesetzgeber dazu entschlossen, den Status quo in positives Recht umzuwandeln.[285] Teilweise wird daher der Reform eine bloße Lehrbuchfunktion zugeschrieben.[286] Dennoch wird die Normierung überwiegend als gelungen beurteilt und begrüßt.[287] Unmissverständlich, nämlich legaldefiniert, heißt es nun in § 705 Abs. 2 BGB n.F.: „Die Gesellschaft kann Rechte erwerben und Verbindlichkeiten eingehen".

Es handelt sich um eine Rekodifizierung des Personengesellschaftsrechts, bei der die BGH-Rechtsprechung entsprechend eingearbeitet wurde.[288] Neu ist auch die Einführung eines GbR-Registers, die jedoch nicht erforderlich für die Erlangung der Rechtsfähigkeit der GbR ist. Nach § 707 BGB n.F. können die Gesellschafter die Gesellschaft in das Gesellschaftsregister bei Gericht anmelden. Für die ePerson wurde ein solches mit dem Handelsregister zu vergleichendes Register schon viel eher vorgeschlagen.[289]

Zukünftig entscheidet das Gesetz mit einem subjektiven Ansatz, ob die GbR rechtsfähig sein soll. So wird gemäß § 705 Abs. 2 BGB n.F. auf den gemeinsamen Willen am Rechtsverkehr teilzunehmen, abgestellt. Da der Wille der Gesellschafter aber für den Rechtsverkehr nicht immer einsehbar ist, sieht § 705 Abs. 3 BGB n.F. zum Schutz von Dritten eine unwiderlegliche[290] Vermutung der Rechtsfähigkeit vor, sodass bei dem Betrieb eines Unternehmens durch die Gesellschaft mit gemeinschaftlichem Namen,

---

283 *Schirmer*, JZ 2019, 711 (717) nennt die Geschichte der GbR eine (fast) unendliche Geschichte.

284 BGHZ 146, 342 = BGH NJW 2001, 1056.

285 Das Personengesellschaftsrechtsmodernisierungsgesetz (MoPeG) wurde am 17.08.2021 im Bundesgesetzblatt verkündet, BGBl. 2021 I 3436; *Fleischer*, DStR 2021, 430 (438).

286 *Weller/Schwemmer*, BB 2021, I-I.

287 *Hermanns*, DNotZ 2022, 3 (9); *Bachmann*, NJW 2021, 3073 (3078).

288 *Noack*, NZG 2020, 581 (581).

289 *Allen/Widdison*, Harvard Journal of Law & Technology 1996, Vol. 9, p. 25 (42 f.).

290 Vgl. BT-Drs. 19/31105, 6.

gleichzeitig der Wille zur Teilnahme am Rechtsverkehr vorliegt. Dies steht auch in Einklang mit der Möglichkeit zur Eintragung in das Gesellschaftsregister. So muss sich die Gesellschaft nicht zwingend in das Register eintragen lassen, sondern nur dann, wenn die GbR selbst in ein öffentliches Register eingetragen werden möchte. Diese sogenannte Voreintragungsobliegenheit[291] findet sich nun in einer Reihe neu gefasster Vorschriften.[292] Ist die GbR jedoch eingetragen, so muss sie auch die Eigenschaft der Rechtsfähigkeit für sich gelten lassen.[293]

Bemerkenswert ist weiterhin, dass das MoPeG auch Änderungen im Vereinsrecht vorsieht, welche zu einer weiteren, nämlich vierten Kategorie an Rechtsträgern führt. Der „nicht rechtsfähige" Idealverein wird vom Gesetzgeber als rechtsfähig anerkannt, indem § 54 Abs. 1 BGB n.F. auf die Vorschriften zur Organisation des Vereins (§§ 24–53 BGB) verweist. Damit verbunden wird auch § 50 Abs. 2 ZPO gestrichen.

Nach der BGH-Entscheidung zur Außen-GbR erging in zeitlich geringem Abstand dazu ein weiteres Urteil des Gerichts zur Wohnungseigentümergesellschaft, die, soweit sie bei der Verwaltung des gemeinschaftlichen Eigentums am Rechtsverkehr teilnimmt, generell (uneingeschränkt) rechtsfähig ist.[294] Die Bezeichnung als „teilrechtsfähige Wohnungseigentümergesellschaft" wird jedoch als terminologische Unschärfe angesehen.[295] Mittlerweile stellt § 10 Abs. 6 S. 1 WEG die Grundlage für die Rechtsfähigkeit der Wohnungseigentümergemeinschaft dar.

---

291 *Hermanns*, DNotZ 2022, 3 (6).

292 Siehe dazu § 707a Abs. 1 S. 2 BGB n.F. für das Handels- oder Gesellschaftsregister, § 47 Abs. 2 GBO n.F. für das Grundbuch, § 40 Abs. 1 S. 3 GmbHG n.F. für die Gesellschafterliste, § 67 Abs. 1 S. 3 AktG n.F. für das Aktienregister.

293 Zum Vorstehenden umfassend *Bachmann*, NJW 2021, 3073 (3074); *Fleischer*, DStR 2021, 430 (432).

294 BGHZ 163, 154 = BGH NJW 2005, 2061.

295 *Behme*, in: BeckOGK, § 1 BGB, Rn. 8; *Hügel*, in: BeckOK BGB, § 10 WEG, Rn. 2.

b) Fazit

Rechtsfähigkeit zu verleihen hat weitreichende Folgen. An den Beispielen der GbR und der Wohnungseigentümergesellschaft ist veranschaulicht worden, wie sich die Entwicklung und die Verleihung von Rechtsfähigkeit erst durch BGH-Judikatur und anschließend durch Gesetzesformulierung ergeben hat. Hier wurde nicht mehr von einem moralischen Ideal auf eine rechtliche Kategorie geschlossen, sondern aufgrund einer tatsächlichen oder dogmatischen Problemlage ein maßgeschneiderter Rechtsstatus geschaffen.[296] Diese Entwicklung zeigt, dass der Begriff der Rechtsfähigkeit kaum mehr mit Aufklärungspathos und Gleichheitsideologie aufgeladen ist, sondern ein rechtstechnischer, pragmatisch einsetzbarer Begriff geworden ist. Der Gesetzgeber könnte also, wenn er dies beabsichtige, ohne weiteres rechtsfähige ePersonen schaffen. Auch im Schrifttum wurde bereits darauf hingewiesen, dass man nun den ersten Schritt, ein Grundsatzurteil des BGH überspringen sollte und der Gesetzgeber für die ePerson bereits tätig werden sollte.[297] Rechtsfähigkeit ist aus bestimmten Gründen und zu bestimmten Zwecken eingeführt worden. Für die Etablierung des Konstrukts der ePerson bedeutet dies, dass es rechtstheoretisch und rechtspolitisch grundsätzlich nicht ausgeschlossen sei. Denn die historische Entwicklung der Rechtsfähigkeit zeige, dass das Recht die praktischen Umstände akzeptiert und mit einer angepassten Lösung nach einiger Zeit reagiert.[298]

---

[296] *Gruber*, in: Beck (Hrsg.), Jenseits von Mensch und Maschine, 2012, 133 (133 ff.); *Schirmer*, JZ 2019, 711 (711).

[297] *Schirmer*, JZ 2019, 711 (717).

[298] *Allen/Widdison*, Harvard Law Journal of Law and Technology Vol. 9 (1996), S. 26 (38 f.); *Boehme-Neßler*, Unscharfes Recht, 2008, S. 389.

5. Neumodischer Ansatz: Die Notwendigkeit einer ePerson

a) Kategorien der Forderungen nach einer ePerson und ihre Ausgestaltung

Innerhalb der von der ePerson überzeugten Autorenschaft herrschte keine Einheitlichkeit. Vielmehr unterschieden sich die einzelnen Standpunkte voneinander. Dies betraf sowohl die Reichweite der Rechtsfähigkeit, als auch die konkrete rechtliche und tatsächliche Konzeption der Rechtsfigur. Sowohl im Vertrags-[299] als auch im Haftungsrecht[300] wurde die ePerson verlangt.

aa) Forderung nach einer ePerson de lege ferenda

Für die zukünftige Rechtsentwicklung sahen die meisten der ePerson positiv gegenübergestimmten Autoren einen Bedarf zur Einführung der Rechtsfigur der ePerson. Ein Hauptargument für diese Einstellung ist die enorme Entwicklung der Technologie der KI, welche zu schwierigen Haftungsfragen führe.[301] Es würden auch schon geeignete Rechtsinstitute, wie die Regelungen über die beschränkte Geschäftsfähigkeit (§§ 106 ff. BGB) und die über die Stellvertretung (§§ 164 ff. BGB) zur Verfügung stehen, mit denen die ePerson erprobt werden könne.[302]

bb) Forderung nach einer ePerson de lege lata

Teilweise wurde sogar vertreten, KI-Systeme bereits nach geltendem Recht im Wege der Rechtsfortbildung als rechtsfähig zu behandeln.[303]

---

[299] So z.B. *Matthias*, Automaten als Träger von Rechten, 2007, passim.

[300] So z.B. *Mayinger*, Die künstliche Person, 2017, S. 80 ff., 227 ff..

[301] *Boehme-Neßler*, Unscharfes Recht, 2008, S. 387, 389 f..

[302] *Kersten*, JZ 2015, 1 (7).

[303] *Wettig*, Vertragsschluss mittels elektronischer Agenten, 2010; ablehnend z.B. *Riehm/Meier*, in: Fischer/Hoppen/Wimmers, DGRI Jahrbuch 2018, S. 1, Rn. 35.

cc) Forderung nach einer Teilrechtsfähigkeit einer ePerson de lege ferenda

Vorgeschlagen wurde zudem Softwareagenten zumindest Teilrechtsfähigkeit zuzusprechen.[304] Diese sogenannte „kleine Lösung“[305] oder „Minimallösung“[306] wird im Schrifttum unterschiedlich verstanden. Dies geht sogar so weit, dass manche Autoren die ePerson in ihrer grundsätzlichen Idee ablehnten, sich aber inkonsequent in bestimmten Fällen für eine Teilrechtsfähigkeit aussprechen wollten.[307]

Auffällig war in diesem Zusammenhang auch der Vorschlag von *Schirmer*, in Anlehnung an die Sondervorschrift für Tiere im allgemeinen Teil des BGB, § 90a BGB, einen § 90b für Roboter in das BGB zu implementieren. Dieser soll lauten: „1. Autonome Systeme sind keine Personen. 2. Auf sie sind die für Hilfspersonen geltenden Vorschriften entsprechend anzuwenden, soweit nicht etwas anderes bestimmt ist.“.[308]

In Folge *Schirmer* erschien 2024 ein weiterer Beitrag[309] mit einem neuen Vorschlag zu § 90b BGB, der die Subjekt-Objekt-Dichotomie nicht gefährden würde und klarstellender sei. Nach dieser Ansicht soll § 90b BGB, bestehend aus vier Sätzen, wie folgt lauten: „1. Digitale Aktanten sind keine Sachen. 2. Auf sie sind die für die Sachen geltenden Vorschriften entsprechend anzuwenden, soweit Satz 3 nicht etwas anderes bestimmt. 3. Auf digitale Aktanten sind die Vorschriften der §§ 164 bis 178 und §§ 180, 181 BGB entsprechend anzuwenden, soweit sie nicht selbst Gegenstand des Rechtsgeschäfts sind. 4. § 179 BGB ist im Falle des Satz 3 mit der Maßgabe anzuwenden, dass der Vertretene dem anderen Teil nach dessen Wahl zur Erfüllung oder zum Schadensersatz verpflichtet ist, wenn der an-

---

304 *Teubner*, AcP 218 (2018), 155 (155 ff.); *Schirmer*, JZ 2016, 660 (660 ff.); *ders.* JZ 2019, 711; *Hacker*, NJW 2020, 2142 (2146); *Kainer/Förster*, ZfPW 2020, 275 (300 ff.); ablehnend z.B. *Klingbeil*, JZ 2019, 718 (718 ff.).

305 Begrifflichkeit von *Linke*, MMR 2021, 200 (203).

306 *Teubner*, AcP 218 (2018), 155 (204).

307 *Specht/Herold*, MMR 2018, 40 (43 f.).

308 *Schirmer*, JZ 2019, 711 (717).

309 Vgl. *Maatz*, CR 2024, 323.

dere Teil den Mangel der Vertretungsmacht nicht kannte oder nicht kennen musste.“.[310] Diese Formulierung würde die Bedenken der Traditionalisten in diesem Bereich[311] sowie die von der KI-VO[312] offen gelassenen Fragen berücksichtigen.[313]

Teilweise wurde die Figur der Teilrechtsfähigkeit auch nur für die entfernte Zukunft und damit verbundener stärkerer Autonomie der Systeme gefordert.[314]

dd) Forderung nach einer analogen Anwendung von Hilfsnormen

Zwar explizit ausschließend, jedoch implizit anerkennend, zogen es Teile der Literatur vor, die Blanketterklärung aus dem Stellvertretungsrecht für Softwareagenten anzuwenden.[315] Dabei handelte es sich um eine ähnliche Lösung zur ePerson, bei der ebenfalls die rechtliche Handlungsfähigkeit anerkannt wird. Etwas ähnliches gilt für den Vorschlag, für KI-Systeme die §§ 831 und 278 BGB analog anzuwenden, ohne jedoch dem Konzept der ePerson zuzustimmen.[316]

ee) Roboterregister

Nach einigen Befürwortern der ePerson soll diese in einem mit dem Handelsregister vergleichbaren Agentenregister eingetragen sein.[317] Dieses soll online abrufbar sein. Durch diese Vorgehensweise sollen Befürchtungen einer Intransparenz entkräftet werden und die künstlichen Systeme identifizierbar sein.

---

310 *Maatz*, CR 2024, 323 (330).

311 Dazu unter Dritter Teil, II., 6..

312 Dazu unter Dritter Teil, IV., 2., o).

313 *Maatz*, CR 2024, 323 (330).

314 Vgl. *Busche*, JA 2023, 441 (445).

315 Vgl. *Günther*, Roboter und rechtliche Verantwortung, 2016, S. 251 ff.; *Gitter/Roßnagel*, K&R 2003, 64 (66); *Schulz*, Verantwortlichkeit bei autonomen Systemen, 2015, S. 109 ff..

316 Vorgeschlagen von *Zech*, ZfPW 2019, 198 (211).

317 Bereits *Allen/Widdison*, Harvard Law Journal of Law and Technology Vol. 9 (1996), S. 26 für das amerikanische Recht; für das deutsche Recht *Beck*, AJP 2017, 183 (190); *Kleiner*, Die elektronische Person, 2021, S. 156.

ff) Haftungsfonds

Weiterhin werden die elektronischen Personen mit einer Haftungsmasse ausgestattet. Auch diese soll zum Schutz des Rechtsverkehrs eingesehen werden können. Es bestanden Überlegungen, diese Haftungsmasse entweder durch eine Pflichtversicherung oder mittels der Bereitstellung eines Eigenkapitals zu erreichen.[318] Die Gedanken, dass ein Roboter sein eigenes Vermögen aufbaut, er für seine Arbeit entlohnt wird und somit auch Steuern zahlen kann, erscheine angesichts der rasanten Entwicklung von KI und Robotik nicht mehr abwegig.[319]

gg) Erteilung der Rechtsfähigkeit durch zuständige Behörde

Für die Erteilung der Rechtsfähigkeit soll letztlich eine Behörde zuständig sein, um dem System die Rechtsfähigkeit verleihen zu können.[320]

hh) Eigenleben der ePersonen

Vorgeschlagen wurde weiterhin von Teilen der Literatur, dass die Befugnisse von ePersonen so weitreichend sein sollen, dass sie nicht nur Willenserklärungen im fremden und eigenen Namen abgeben können, sondern sie auch Eigentümer sein, Geld besitzen und über Bankkonten verfügen können. Durch etwaige Transaktionen können sie selbst Geld verdienen und dieses auch wieder zur Entschädigung, z.B. bei Begehung von Ordnungswidrigkeiten einsetzen.[321]

---

[318] So schon *Beck*, in: Japanisch-Deutsches Zentrum (Hrsg.), Tagungsband, Mensch-Roboter-Interaktionen aus interkultureller Perspektive, 2011, 124 (129); *Kersten*, JZ 2015, 1 (7); zur Abgrenzung zwischen Entschädigungsfonds und Haftpflichtversicherungen *Knetsch*, Haftungsrecht und Entschädigungsfonds, 2012, S. 128 f..

[319] *Häuser*, Roboter als Rechtsperson? 24.2.2017, https://www.it-business.de/roboter-als-rechtsperson-a-584846/ (Letztes Abrufdatum: 31.5.2022).

[320] *Linardatos*, Autonome und vernetzte Aktanten im Zivilrecht, 2021, S. 566.

[321] *Mayinger*, Die Künstliche Person, 2017, S. 227 ff., 244 f.; *Wettig/Zehendner*, Proceedings of the Workshop on the Law of Electronic Agents (LEA 2002), 2003, S. 97 ff..

b) Kategorien der Gründe für eine Forderung nach einer ePerson

In der Literatur bestanden unterschiedliche Standpunkte für die Begründung der ePerson. Diese können drei größeren Betrachtungsweisen zugeordnet werden. Danach kann aus Sicht der Überzeugten die ePerson philosophisch, soziologisch und/oder funktional gerechtfertigt werden.

aa) Philosophische Betrachtungsweise

Die ePerson soll derart eng mit dem Menschen in moralisch-ethischer Sicht verglichen werden können, dass es eine Einführung einer ePerson rechtfertigt. Untermauert wird diese Ansicht u.a. damit, dass die intelligenten Systeme ihr Verhalten und ihren Willen, etwa durch intentionales Handeln oder Wünsche zweiter Ordnung, so kontrollieren können, dass sie mittlerweile dem Menschen gleichen.[322] Intelligente Agenten würden einen eigenen Verstand haben, der mit dem menschlichen zu vergleichen sei.[323] Das Gegenargument, dass Roboter im Gegensatz zum Menschen nicht auf natürliche Art und Weise entstehen – und deshalb nicht rechtsfähig sein sollen – wird damit entkräftet, dass auch bei Menschen, die durch moderne Techniken der Fortpflanzungsmedizin zur Welt kommen, niemand darüber nachdenken würde, ihnen den (Menschen-)Rechtsstatus abzusprechen.[324]

bb) Soziologische Betrachtungsweise

Aus soziologischer Sicht wurde vorgebracht, dass es bereits jetzt in der Gesellschaft so viele Bereiche gibt, in welchen autonom agierende Systeme als gleichwertiges Mitglied mit Menschen verglichen werden und dementsprechend teilnehmen, dass sie auch rechtlich auf einer Stufe stehen sollen. Die Grenzen zwischen intelligenten Systemen und dem Rechtssubjekt Mensch würden immer weiter verschwimmen, wodurch sich letztlich die Frage stel-

[322] *Matthias*, Automaten als Träger von Rechten, 2008, S. 46 ff., 55 ff.; *Schweighofer*, in: *Schweighofer/Menzel/Kreuzbauer*, Auf dem Weg zur ePerson, 2001, S. 45 (49 ff.).

[323] *Solum*, North Carolina Law Review Vol. 70, No. 4, 1992, S. 1231 (1255).

[324] *Gaede*, Künstliche Intelligenz – Rechte und Strafen für Roboter?, 1. Auflage 2019, S. 31 ff., 39.

le, worin sie sich überhaupt noch unterscheiden.[325] Darüber hinaus könne durch Zahlung von Versicherungsbeiträgen und Steuern mit dem selbst erarbeiteten Lohn des Roboters zukünftig ein Aufrechterhalten der Sozialsysteme ermöglicht werden.[326] Aus rechtshistorischer Sicht wurde hervorgebracht, dass es sich bei rechtlich anerkannten Gesellschaftsformen letztlich auch nur um die Typisierung sozial realer Gebilde, welcher aus der Interaktion ihrer Mitglieder entstehe, handele. Mithin würde man bei der Schaffung einer elektronischen Person auch nur die tatsächlichen sozialen Gegebenheiten anerkennen.[327]

cc) Rechtstechnische Betrachtungsweise

Mit Berufung auf bereits erfolgreiche Vorgehensweisen, wie der Implementierung von Rechtsfähigkeit der Außen-GbR wurde argumentiert, dass es zweckmäßig sei, für die ePerson ein auf Rechtsfähigkeit gestütztes Gesamtkonstrukt zu errichten. Dafür spreche die Rechtssicherheit und die Vermeidung von übermäßig vielen Analogien in der praktischen Rechtsanwendung.[328] Darüber hinaus würde die enorme Breite an Anwendungsbereichen in der Zukunft, z.B. in der Mobilität, Pflege oder im Haushalt die Rechtsfähigkeit für intelligente Systeme rechtfertigen.[329] Letztlich erhoffte man sich mit der Annahme einer zivilrechtlichen Rechtsfähigkeit die Rechts- und Haftungsverhältnisse zu vereinfachen.[330] Herangezogen wurde für diese Vereinfachung des Rechtsverkehrs und die Erstellung eines klar erkenn-

---

325 *Simmler/Markwalder*, ZStW 2017, 20 (29); *Boehme-Neßler*, Unscharfes Recht, 2008, S. 389; *Weitzenboeck*, International Journal of Law and Information Technology 2001, Vol. 9 No. 3, S. 204 (212); *Wein*, Harvard Journal of Law and Technology, Vol. 6 (1992), S. 103 (117).

326 *Häuser*, Roboter als Rechtsperson? 24.02.2017, https://www.it-business.de/roboter-als-rechtsperson-a-584846/ (Letztes Abrufdatum: 31.5.2022).

327 *Linardatos*, Autonome und vernetzte Aktanten im Zivilrecht, 2021, S. 488.

328 *Allen/Widdison*, Harvard Law Journal of Law and Technology Vol. 9 (1996), S. 26 (38 f.); für einen funktionalen Ansatz, jedoch nur für die Teilrechtsfähigkeit *Kainer/Förster*, ZfPW 2020, 275 (297 ff.).

329 *Gaede*, Künstliche Intelligenz – Rechte und Strafen für Roboter?, 1. Auflage 2019, S. 41.

330 *Mayinger*, Die künstliche Person, 2017, S. 216 f..

baren Zurechnungspunkts daher auch die Konzentrationswirkung von juristischen Personen. Insbesondere sei mit einem Blick in die Vergangenheit erkennbar, dass bei neu entstehenden Phänomenen des Wirtschaftslebens, die Rechtsfähigkeit zur Vereinfachung von Haftungsbeschränkungen und vor allem des Haftungseintritts geführt hat.[331]

dd) Zwischenergebnis

Wie dargestellt, gab es verschiedene Betrachtungsweisen, die aus Sicht der jeweiligen Autoren die Einführung der ePerson befürworten. Zur Argumentation und Legitimation dafür verwendeten die Autoren nicht immer exklusiv eine, sondern stützten ihre Ansichten auf verschiedene der drei dargestellten Betrachtungsweisen. So untermauerte beispielhaft *Gaede* seine Sichtweise sowohl mit der philosophischen, als auch mit der funktionalen.[332] Eine Gemeinsamkeit bei den unterschiedlichen Beweggründen ist indes, dass vor allem die rasanten Fortschritte in der Forschung in der Informatik und besonders im Bereich der KI für die Etablierung der ePerson sprechen. Mit anderen Worten bestand Einigkeit darüber, dass je eigenständiger die Maschinen handeln, desto angebrachter sei eine ePerson.[333] Diese Vorgehensweise überrascht nicht. Denn es ist einfacher ungenau zu bleiben und nur eine Tendenz anzugeben, wenn es sich um die Befürwortung einer solch weitreichenden Frage für die Grundstrukturen des Privatrechts handelt.

Etwas ähnliches ergibt sich im Hinblick auf die Ausgestaltung der ePerson. Die Autoren lieferten zwar einzelne Bausteine des Konstrukts der elektronischen Persönlichkeit, etwa das Roboterregister, der Haftungsfonds oder die für Erteilung der Rechtsfähigkeit zuständige Behörde. Es mangel-

---

331 *Linardatos*, Autonome und vernetzte Aktanten im Zivilrecht, 2021, S. 485 ff..

332 *Gaede*, Künstliche Intelligenz – Rechte und Strafen für Roboter?, 1. Auflage 2019, S. 31 ff., 39 und S. 41 ff..

333 *Boehme-Neßler*, Unscharfes Recht, 2008, S. 389; *Weitzenboeck*, International Journal of Law and Information Technology 2001, Vol. 9 No. 3, S. 204 (213 f.).
Allen/Widdison, Harvard Law Journal of Law and Technology Vol. 9 (1996), S. 26 (38 f.); *Solum*, North Carolina Law Review Vol. 70, No. 4, 1992, S. 1231 (1241 ff.).

te jedoch beim gesamten Schrifttum an einer vollständig durchdachten und umsetzbaren Darstellung der Idee. Dies überrascht hinsichtlich der Tiefe eines solchen Eingriffs in die gefestigten und historisch gewachsenen Strukturen der Rechtsfähigkeit im Privatrecht nicht.

6. Tradierter Ansatz: Lösung durch bewährte Zurechnungsinstrumente und entsprechende Kategorien

Trotz der verschiedenen Begründungsansätze sprach sich die Mehrheit im Schrifttum, wie eingangs erwähnt, gegen die Anerkennung einer Rechtsfähigkeit, bzw. für die Rechtsunfähigkeit von intelligenten Systemen aus.[334] Für Schäden haftbar gemacht sollten danach nur traditionelle Haftungssubjekte. Diese Haftungssubjekte wurden eingeteilt in zwei Gruppen: Hersteller und Nutzer.[335]

Gestützt wurde die traditionelle Ansicht auf verschiedene Gründe. Diese konnte wiederum kategorisiert werden. Vorgebracht wurden praktische, ökonomische und dogmatische Bedenken.

a) Praktische Betrachtungsweise

Zunächst sei es problematisch, dass das KI-System nicht lokalisiert werden könne, weil es – anders als natürliche oder juristische Personen – keinen festen (Wohn-)Sitz habe. Zudem sei seine physische Struktur nicht beständig, es sei insgesamt leicht zu reproduzieren und könne durch Löschung oder Zusammenlegung mit anderen Modulen schnell wieder verschwinden. Auch das (Online-)Register für die Maschinen würde sich als unpraktikabel erweisen. Denn autonome Systeme sollen ja gerade weiterlernen und

---

334 *Wagner*, ZEuP 2021, 545 (548); *von Bar*, Gemeineuropäisches Privatrecht der natürlichen Person, 2023, § 3 Rn. 179; *Eidenmüller/Wagner*, Law by Algorithm, Chapter 6, S. 103 ff.; *Wagner*, in: Faust/Schäfer (Hrsg.), Zivilrechtliche und rechtsökonomische Probleme des Internet und der künstlichen Intelligenz, 2019, 1 (30 f.); zumindest für die nahe Zukunft *Omlor*, InTeR 2020, 221 (223); *Eidenmüller*, Oxford Legal Studies, Research Paper No. 27/2017, 12 f..

335 Vgl. dazu den Ansatz von *Eidenmüller/Wagner*, Law by Algorithm, Chapter 6, S. 114.

sich verändern. Die Registrierung eines KI-Systems würde demnach bereits nach kurzer Zeit wieder veraltet sein.

Die genaue Ausgestaltung der ePerson sei noch nicht schlüssig durchdacht. Im Übrigen sei es auch „schlichtweg absurd ein künstlich neuronales Netz zu verklagen oder gar von ihm verklagt zu werden". Darüber hinaus sei die Trennung zwischen einem weiterlernenden (und damit rechtsfähigen) System und einem herkömmlich algorithmisch strukturierten, aber lernunfähigen System, welches jedoch derart komplex ist, sodass auch sein Verhalten nicht mehr nachvollziehbar ist, nicht zu rechtfertigen.[336] In diesem Zusammenhang würden auch Abgrenzungsprobleme für Dritte, z.B. Vertragspartner entstehen, da die KI-Systeme nicht von anderen nicht rechtsfähigen Programmen oder Geräten unterschieden werden können. Schließlich müsse jedes Rechtssubjekt nach außen erkennbar sein.[337] Letztlich seien derzeit die autonomen Systeme auch technisch nicht so weit, als dass es einer eigenen (Teil-)Rechtsfähigkeit bedürfe.[338]

b) Ökonomische Betrachtungsweise

Zudem würde zunächst eine große Haftungsmasse gebunden werden, obwohl (noch) kein konkreter Schaden bestehe.[339]

c) Philosophische Betrachtungsweise

Eine weitere Befürchtung die mit der ePerson einhergehe, sei die Gefahr des Kontrollverlusts des Menschen und der Verlust seiner verfassungsrechtlich gewährleisteten Vormachtstellung bei Implementierung der ePerson. Schließlich habe das Recht bei der Anerkennung von Rechtsfähigkeit kein

---

336 *von Bar*, Gemeineuropäisches Privatrecht der natürlichen Person, 2023, § 3 Rn. 185, 189; *Riehm/Meier*, in: Fischer/Hoppen/Wimmers, DGRI Jahrbuch 2018, S. 1, Rn. 7.

337 *Riehm*, RDi 2020, 42 (45).

338 *Busche*, JA 2023, 441 (445).

339 *Riehm*, RDi 2020, 42 (46); *Gless/Janal*, JR 2016, 561 (571).; *Ebers*, in: Ebers/Heinze/Krügel/Steinrötter, Rechtshandbuch Künstliche Intelligenz und Robotik, 1. Aufl., 2020, § 3, Rn. 76 ff..

Erkenntnisinteresse an dem technischen Gebiet der KI. Denn ein solches Interesse sei nur für Beteiligte, die eine Zukunft erwarten, sich der Vergangenheit bewusst und in der Lage sind, empathisch zu handeln.[340] Angesprochen wurde auch der fehlende „Überlebenswille" des Systems. Denn die Zuschreibung von Rechtsfähigkeit an eine Entität setze voraus, dass diese den „Willen" habe, zu überleben. Dem KI-System sei sein eigenes Vermögen gleichgültig, sodass es auch für rechtliche Steuerungsmechanismen der falsche Ansprechpartner sei.[341]

d) Dogmatische Betrachtungsweise

Dazu komme, dass die Haftungsmasse stets limitiert sei und demnach intelligente Systeme zur Haftungseinschränkung genutzt werden könnten. Im Schadensfall drohe zudem das Szenario, dass die Geschädigten einer erhöhten Insolvenzgefahr des KI-Systems ausgesetzt seien und bei einer aufgebrauchten Vermögensmasse nicht entschädigt würden. Darüber hinaus sei unklar, mit welchen Fertigkeiten Roboter ausgestattet sind, um Naturalrestitution zu leisten.[342] Der wohl größte Kritikpunkt war letztlich, dass die ePerson das eigentliche Haftungsproblem nur verschiebe. Denn es ist immer noch unklar, wer in den Haftungsfonds einzahlen soll. In Betracht kommen etwa Hersteller oder Betreiber des KI-Systems. Wenn diese schließlich die Schäden, die durch den Einsatz der intelligenten Maschine entstanden sind, ersetzen müssen, könne man sie auch mittels herkömmlicher Haftungs- und Zurechnungsregime als Anspruchsgegner festlegen, ohne vorab die Rechtsfähigkeit für Maschinen zu begründen.[343]

Auch die „kleine Lösung", also die Etablierung der Teilrechtsfähigkeit bringe dogmatische Bedenken mit sich. So sei Rechtsfähigkeit grundsätz-

---

340 *von Bar*, Gemeineuropäisches Privatrecht der natürlichen Person, 2023, § 3 Rn. 179 f., 184 f..

341 *Riehm*, RDi 2020, 42 (45 f.).

342 *Denga*, CR 2018, 69 (77).

343 *Burchardi*, EuZW 2022, 685 (686); *Denga*, CR 2018, 69 (77); *Wagner*; 88 Fordham Law Review (2019), 591 (597 ff.); *derselbe*, in: Faust/Schäfer Zivilrechtliche und rechtsökonomische Probleme des Internet und der künstlichen Intelligenz, 2019, 1 (30 f.)

lich unteilbar. Entweder eine Entität sei Träger von Rechten und Pflichten oder eben nicht.[344]

7. Fazit

Die ePerson ist eine interessante, aber komplexe Thematik, weil sie tief in die Grundstrukturen des Rechts eingreift, bzw. eingreifen würde. Sie ist ein Beispiel für die enorme Reichweite und Größe des Diskurses um die Haftung für KI. Man fand sie nicht nur in juristischen Beiträgen, sondern vielmehr auch in Handbüchern der Informatik zur KI[345] und in Literatur außerhalb der Wissenschaft.[346] Die Diskussion durchdrang das Zivilrecht, das Öffentliche Recht[347] und das Strafrecht.[348] Sie füllte neben zahlreichen Aufsätzen[349] und Abschnitten in Handbüchern[350] auch ganze Monographien.[351] Dabei ist auch die Zeitspanne enorm: Zwischen dem ersten Beitrag aus dem Common Law 1992 und Aufsätzen vom heutigen Zeitpunkt, die das Thema befeuern, liegen mehr als 32 Jahre.[352] Im Gegensatz zur intensiven Diskussion rund um die juristische Person, welche durch das Einschreiten des BGB-Gesetzgebers zum Erliegen kam,[353] war die Debatte rund um die ePerson auch noch nicht am Ende angelangt. Die ePerson war auch anschaulich für eine zu erkennende Bildung von Lagern. Es gab zum einen

344 *Klingbeil*, JZ 2019, 718 (722); *Riehm/Meier*, in: Fischer/Hoppen/Wimmers, DGRI Jahrbuch 2018, S. 1, Rn. 7 ff.; *von Bar*, Gemeineuropäisches Privatrecht der natürlichen Person, 2023, § 3 Rn. 185 ff..

345 Vgl. *Görz/Schmid/Braun*, Handbuch der Künstlichen Intelligenz, 2020, S. 922 ff..

346 Vgl. *Russel*, Human Compatible, 2020, S. 136 f..

347 Vgl. *Ingold*, Der Staat 2014, Vol. 53 No. 2, 193, *Kersten*, JZ 2015, 1.

348 Vgl. *Gaede*, Künstliche Intelligenz – Rechte und Strafen für Roboter?, 1. Auflage 2019, S. 57 ff.; *Beck*, JR 2009, 225 (229); *dies.* in: BeckOK OWiG, § 130, Rn. 132; *Hilgendorf*, in: *Beck* , Jenseits von Mensch und Maschine 2012, 119 (125);

349 Vgl. *Riehm*, RDi 2020, 42.

350 Vgl. *Riehm/Meier*, in: Fischer/Hoppen/Wimmers, DGRI Jahrbuch 2018, S. 1.

351 Vgl. *Linardatos*, Autonome und vernetzte Aktanten im Zivilrecht, 2021; *Mayinger*, Die künstliche Person, 2017.

352 Vgl. *Solum*, North Carolina Law Review Vol. 70, No. 4, 1992, S. 1231; *Maatz*, CR 2024, 323.

353 Vgl. dazu *Fleischer*, JZ 2023, 365 (passim).

die Positionen in der Rechtswissenschaft, die auf neue Technologien mit neuen Ideen, am besten mit neuen Gesetzen reagieren möchten und zum anderen die, die neu aufkommende Herausforderungen am liebsten konservativ, also durch bestehendes Recht lösen wollten und dieses als flexibel genug ansahen.

III. Der Diskurs ohne Gesetzgeber 2014–2018

Im Folgenden wird der zeitliche Abschnitt von etwa 2014 bis 2018 analysiert und gezeigt, wie der Diskurs ohne wesentliches gesetzgeberisches Zutun erfolgte.

1. Aktuelle Entwicklung

„Die Robotik erzielt derzeit enorme technische Fortschritte", so heißt es im Vorwort der 2014 erschienenen Publikation „Robotik im Kontext von Recht und Moral".[354] Es handelt sich dabei um ein Werk, welches verschiedene Beiträge aus einem Projekt mit interdisziplinärer Perspektive sammelt. So oder so ähnlich beginnen einige der juristischen Beiträge in dieser Zeit.[355]

Tatsächlich fielen in diesen Zeitraum viele praktische Fortschritte, die mit dem Buzzword KI in Verbindung gebracht werden. Darunter waren z.B. die Entwicklungen in der „Industrie 4.0" oder die Siege der Maschinen gegen die Menschen bei Spielen wie z.B. „Go".[356] Durch diese Fortschritte wurde eine breite Reaktion im juristischen Schrifttum erzeugt.[357] Freilich

[354] *Hilgendorf*, in: Hilgendorf (Hrsg.) Robotik im Kontext von Recht und Moral, 1. Auflage 2013, 5.

[355] Vgl. nur *Zech*, in: Gless/Seelmann (Hrsg.), Intelligente Agenten und das Recht, 2016, 163 (163).

[356] Vgl. zum Sieg vom Programm AlphaGo gegen die weltbesten Spieler im Januar und März 2016, *Ertel*, Grundkurs KI, 5. Auflage, S. 137.

[357] Vgl. nur *Wulf/Burgenmeister*, CR 2015, 404; *Kumpan*, EuZW 2018, 745; *Keßler*, MMR 2017, 589; *Groß/Gressel*, NZA 2016, 990; *Heuer-James/Chibanguza/Stücker*, BB 2018, 2818; sowie die folgenden Fußnoten.

gab es vor diesem Zeitraum auch vereinzelt Literatur zu diesen Themen.[358] Die große und bis heute andauernde Diskussion wurde jedoch erst ab dann geführt.

2. Grundsätzlicher Anlass zur Diskussion: Die technologische Lernfähigkeit als drohende Verantwortungslücke?

Dabei stellte sich immer wieder die Frage nach der Haftung für autonome Systeme und Robotik. Es herrschte größere Uneinigkeit darüber, ob die vorhandenen Denkfiguren zur Haftung und Zurechnung geeignet sind, um sie auf autonome Systeme anzuwenden. Vorangestellt werden musste jedoch die Frage, ob KI-Technologien überhaupt zu neuen Risiken und Herausforderungen für das Haftungsrecht führen. Davon war der Großteil der Autoren grundsätzlich überzeugt, jedoch oft verbunden mit der Bedingung, dass die Technologie weiterhin so rasant weiterentwickelt wird. Mehrfach liest man jedenfalls, dass die Eigenschaften autonomer Systeme eine Herausforderung für das Recht darstellen.[359] Allerdings tragen auch viele Aufsätze den, oftmals mit einem Fragezeichen versehenen, Titel „Ein europäisches Robotikrecht – überfällig oder überflüssig?“[360], „Rechtsfähige Roboter?“[361], „Digitale Wirtschaft – analoges Recht: Braucht das BGB ein Update?“[362], „Autonome Systeme – Überlegungen zur Forderung nach einer

---

[358] Vgl. *Cornelius*, MMR 2002, 353; *Sester/Nitschke*, CR 2004, 548; *Sorge*, Softwareagenten, 2006.

[359] *Borges*, CR 2016, 272 (276); *Weisser/Färber*, MMR 2015, 506 (511); *Bräutigam/Klindt*, NJW 2015, 1137 (1137); *Fleck/Thomas*, NJOZ 2015, 1393 (1394); *Denga*, CR 2018, 69 (69); *Riehm*, ITRB 2014, 113 (113) spricht sogar von Herausforderungen für die Grundfesten des Rechtssystems und das 2016 von *Kirn/Müller-Hengstenberg* erschienene Gesamtwerk heißt „Rechtliche Risiken autonomer und vernetzter Systeme *Eine Herausforderung*“.

[360] *Lohmann*, ZRP 2017, 168.

[361] *Schirmer*, JZ 2013, 660.

[362] *Spindler*, JZ 2016, 805.

„Roboterhaftung",„[363] oder „Europäische Regelungen im Bereich Robotik – alles noch Science Fiction?"[364].

Ungenau wird die Auseinandersetzung auch dadurch, dass der Bezugspunkt nicht bei allen Beiträgen im Schrifttum gleich war. So wurde z.B. sowohl von autonomen Systemen, als auch von Softwareagenten gesprochen, ohne dass geklärt war, was diese jeweils können und wie sie voneinander abzugrenzen sind. Neue Phänomene der KI bringen auch neue Eigenheiten mit sich. So sind beispielsweise Agentenverbünde eine neue Art von Softwaresystem mit einer spezifischen eigenen Funktionalität. Wenn diese Agentenverbünde wieder auseinanderfallen, sich also einzelne Agenten, die zunächst in einer gemeinsamen Umgebung aufeinandergetroffen sind, wieder voneinander entfernen, ist neben ihrer Funktionalität insbesondere die juristisch relevante Nachvollziehbarkeit des Verhaltens in Form von Log-Dateien derart gefährdet, sodass sie sich nicht mehr ermitteln lässt. Es würden sich so erhebliche Zurechnungsprobleme ergeben, begünstigt durch die generelle Offenheit des Internets, welche es zulässt, dass von vornherein nicht feststehen kann, welche Interaktion unter den Agenten zukünftig geschieht.[365]

Dem Bemängeln einer fehlenden trennscharfen Abgrenzung wird zwar entgegnet, dass diese auch nicht notwendig sei, da mit den Begrifflichkeiten lediglich die fortgeschrittene Funktionalität (Vernetzung, Autonomie, Intelligenz) zum Ausdruck gebracht werden soll.[366] Begrifflichkeiten dienen aber als Basis für den Diskurs und sollten nicht mit größeren Ungenauigkeiten behaftet und (daher) problematisch sein.[367] Autoren kamen zu der Erkenntnis, dass derzeit durch die Phänomene ein neues Rechtsgebiet, nämlich das Roboterrecht, entsteht. Indes würden Roboter nichts anderes seien, als durch komplexe Software gesteuerte Maschinen. Dies führe da-

---

363 *Kluge/Müller*, DSRITB 2016, 989.

364 *Günther*, DB 2017, 651.

365 Zum Vorstehenden ausführlich *Kirn/Müller-Hengstenberg*, MMR 2014, 225 (226).

366 *Pieper*, DSRITB 2016, 971 (973).

367 *Herberger*, NJW 2018, 2825 (2825 ff.); *Spindler*, CR 2015, 766 (767).

zu, dass sich die aufkommenden rechtlichen Fragen[368] letztlich bloß auf die Funktionsweise von Software beziehen.[369] Zudem wurde argumentiert, dass Software und Roboter häufig mit Logfiles bzw. Dokumenten arbeiten und daher das Verhalten der Systeme durchaus erfasst werden kann. Es liege schon im Interesse der Hersteller, dass die Problematik, ob nun ein Unfall auf einem Fehler des Systems oder auf einem Eingreifen des Verwenders beruht, aufgeklärt wird. Für die Praxis würde dies mithin kaum ein Risiko für die Beweisbarkeit bedeuten.[370]

Ein einheitliches Urteil über den Umgang mit neuen Technologien war im Schrifttum jedoch nicht zu erkennen.

3. Erforderlichkeit neuer Regelungen?

Demnach kann auch bei der Frage, ob nun neue Regelungen erforderlichen seien, keine Einheitlichkeit herrschen. Es haben sich sogar Lager gebildet und es ist eine Unterscheidung zwischen progressiv und konservativ zu erkennen. So äußerten viele Autoren, dass ein neues Haftungskonzept offensichtlich notwendig sei[371] und man nicht auf die Rechtsprechung warten könne.[372] Sie präsentierten eine ganze Reihe von möglichen Ansätzen.[373]

Andere hielten dagegen und waren davon überzeugt, dass auch das über 100 Jahre alte BGB im Zeitalter der Digitalisierung ohne Weiteres die richtigen Lösungen biete.[374] Nach klassischer Ansicht können die erwähnten Herausforderungen für das Zivilrecht, nach einer genaueren Analyse der

[368] Vor allem die der Abgabe von Willenserklärungen und die der Verantwortlichkeit und Haftung für fehlerhafte Roboter.

[369] *Spindler*, in: Hilgendorf (Hrsg.) Robotik im Kontext von Recht und Moral, 1. Auflage 2013, 63 (63 f.); a.A. *Kirn/Müller-Hengstenberg*, MMR 2014, 225 (226 f.).

[370] Zum Vorstehenden *Spindler*, CR 2015, 766 (772).

[371] Vgl. *Hanisch*, in: Hilgendorf (Hrsg.) Robotik im Kontext von Recht und Moral, 1. Auflage 2013, 27 (30); *Keßler*, MMR 2017, 589 (592 ff.); *Specht/Herold*, MMR 2018, 40 (44).

[372] So z.B. *Schirmer*, JZ 2019, 711 (717).

[373] Vgl. *Hanisch*, in: Hilgendorf (Hrsg.) Robotik im Kontext von Recht und Moral, 1. Auflage 2013, 27 (33 ff.), der hier allein 14 Ansätze für eine primäre Haftung des Automatenbetreibers darstellt.

[374] *Stadler*, NJW 2017, 3092 (3092), ähnlich *Spindler*, in: Hilgendorf (Hrsg.) Robotik im

traditionellen Haftungsinstrumente, immer noch adäquat mit den Risiken der KI umgehen. Ohnehin seien vorauseilende punktuelle Einzelfallregelungen nicht empfehlenswert, da so unüberschaubare Ausstrahlungseffekte bei der systematischen Auslegung der gesetzlichen Regeln geschehen würden und es zu einer einschränkenden Wirkung auf die Rechtsprechung bei der systemkonformen Konkretisierung des bestehenden Regelgefüges kommen könnte. Maßvolle Neuregelungen sollen nur dort notwendig sein, wo das bestehende Recht wirklich über keine adäquaten Lösungen verfügt. Aufgrund der langjährigen Entwicklung des Rechts und dem damit zusammenhängenden hohen Abstraktionsgrad sei nämlich in der Regel gewährleistet, dass die entwickelte Dogmatik für neue Technologien stets Lösungen bereit hält.[375] Teilweise wurde auch ernsthaft vertreten, dass es durch die zunehmende Robotik grundsätzlich kaum noch Recht brauche und insbesondere kein Bedarf für das Zivil- oder Sozialrecht bestehe, weil es zukünftig durch die enormen Fortschritte der Technologie keine Knappheit auf der Welt gebe.[376]

Im Zeitraum von 2014 bis 2018 gab es wohl noch keine eindeutige Antwort auf die Frage, ob neue Regelungen erforderlich sind. Das sei auch abhängig von der Erwartungshaltung an eine Zivilrechtskodifikation. Man könnte einerseits verlangen, dass die Regelungen die wirtschaftliche Realität möglichst genau widerspiegeln müssen oder andererseits dafür plädieren, dass die Judikatur auf Grundlage der Wirtschaft das Recht vorsichtig fortbildet. Die Frage, ob ein Zivilgesetzbuch versuchen soll, vorauszu-

---

Kontext von Recht und Moral, 1. Auflage 2013, 63 (80); *Grützmacher*, CR 2016, 695 (698); *von Bodungen/Hoffmann*, NZV 2016, 503 (508 f.).

375 Zum Vorstehenden ausführlich *Spindler*, CR 2015, 766 (774), mit dem Verweis auf die mit US-amerikanischen Recht gelöste Entscheidungssammlung zu Roboterfällen bei *Wu*, Summary of selected robotics liability cases, 2010, abrufbar unter http://www.scribd.com/fullscreen/81892296 (Letztes Abrufdatum: 31.5.2024); *ders.*, JZ 2016, 805 (816).

376 *Schwintowski*, NJOZ 2018, 1601 (1607).

denken oder lieber beim Bewährten verharren soll, bis sich unumgängliche Schwierigkeiten ergeben, blieb weiterhin unbeantwortet.[377]

Zudem sei die Technik in der Vergangenheit zwar rasant weiterentwickelt worden, aber z.B. für den Zeitpunkt 2016 sei es immer noch so gewesen, dass auch die beste KI auf einem Stand sei, bei dem sie abhängig vom menschlichen Verstand sei und in den durch Programmierung gesetzten Grenzen verharre. Diese seien zwar weiter hinausgeschoben als vor ein paar Jahren, dennoch seien in der Praxis die meisten real verwendeten Algorithmen sogenannte deterministische Algorithmen, d.h. solche, bei denen zu jedem Zeitpunkt der Ausführung der nächste Schritt jeweils eindeutig formuliert ist.[378]

Trotzdem wurde der Ruf nach dem Gesetzgeber der den technischen Fortschritt aktiv fördert lauter. Eine verlässliche Basis müsse geschaffen werden.[379] Dabei kam dem Haftungsrecht auch eine „Gatekeeper"-Funktion für die Entwicklung neuerer Technik zu.[380] Sofern nicht eine funktionierende Haftungsverteilung zwischen den verschiedenen Beteiligten geschaffen würde, drohe eine Situation, in der die Einführung von technischer Innovation in der gesellschaftlichen Praxis verhindert würde.[381] Es stellte sich die Grundsatzfrage:[382] Kann es der Rechtsprechung zugemutet werden, Analogien für die verschiedensten schnelllebigen Technologien zu bilden, sodass die Digitalisierung des BGB durch Richterrecht vollzogen wird?

Darüber hinaus existierte der warnende Hinweis für die Rechtsanwender, dass nicht nur das Recht innerhalb des zweiten Maschinenzeitalters, sondern auch die Expertensysteme der KI, welche Rechtsfragen beantwor-

377 *Wendehorst*, NJW 2016, 2609 (2613).

378 *Reichwald/Pfisterer*; CR 2016 208 (209 f.); *Spindler*, CR 2015, 766 (767).

379 Jeweils für das Beispiel des autonomen Fahrens: *Lutz*, NJW 2015, 119 (119); *Fleck/Thomas*, NJOZ 2015, 1393 (1397); *Jänich/Schrader/Reck*, NZV 2015, 313 (314).

380 Das Haftungsrecht ist daher begrifflich vergleichbar mit großen Digitalunternehmen, die als „Gatekeeper" fungieren, weil sie den Zugang zu digitalen Märkten kontrollieren; vgl. *Busch*, ZdiW 2021, 1 (1).

381 *Jänich/Schrader/Reck*, NZV 2015, 313 (318).

382 Vgl. dazu *Geber*, ZdiW 2021, 247 (247).

ten sollen, derart komplex sind, dass sie nur von guten Juristen, besser noch von Juristen mit Kenntnissen der Informatik bedient werden können.[383]

4. Rechtsgeschäftliche Haftung

a) Einführung

Notwendiger Bestandteil eines jeden Rechtsgeschäfts, sei es digital oder analog, ist die Willenserklärung. Sie ist die Äußerung eines Willens, der unmittelbar auf die Herbeiführung einer Rechtsfolge gerichtet ist; sie bringt Rechtsfolgewillen zum Ausdruck, das heißt einen Willen, der auf die Begründung, inhaltliche Änderung oder Beendigung eines privaten Rechtsverhältnisses abzielt.[384] Daraus ergibt sich, dass sie sowohl aus einer inneren (subjektiven), als auch aus einer äußeren (objektiven) Komponente besteht. Der Wille verkörpert sich in der Erklärung, Wille und Erklärung bilden als Willensäußerung eine Einheit.[385]

Um den Anforderungen des objektiven Tatbestandes der Willenserklärung zu genügen, wird eine Erklärungshandlung in Form eines dem Erklärenden zurechenbaren äußeren Verhaltens vorausgesetzt, der seinen Willen zum Ausdruck bringt, eine bestimme – konkrete – Rechtsfolge herbeizuführen.[386]

Etwas anderes ergibt sich bei der subjektiven Komponente. Dieser Tatbestand gliedert sich in den Handlungswillen, das Erklärungsbewusstsein und den Geschäftswillen. Nur der Handlungswille erfordert ein vom Willen des Handelnden beherrschtes eigenes Tun oder Unterlassen.[387]

Diese Grundsätze waren zum Beobachtungszeitpunkt nicht durch die technischen Phänomene wie autonome Systeme, Softwareagenten oder KI

383 *Frese*, NJW 2015, 2090 (2092).

384 BGH, NJW 2001, 289 (290).

385 *Brox/Walker*, Allgemeiner Teil des BGB, 46. Auflage 2022, § 4 Rn. 15.

386 *Wendtland*, in: *Hau/Poseck* (Hrsg.) BeckOK BGB, § 133, Rn. 8; die geforderte objektiv nachvollziehbar gesteuerte Handlung mit einer erkennbar nach außen gerichteten Erklärung des Willens kann für autonome Systeme mühelos angenommen werden.

387 *Rehberg*, in: BeckOGK BGB, Stand: 1.3.2024, § 116 Rn. 35 ff..

verändert. Bisher sind elektronische Agenten nicht rechtsfähig. Weiterhin sieht die deutsche Rechtsordnung vor, dass Computerentscheidungen oder Willenserklärungen, von algorithmischen Verfahren gesteuert wurden, grundsätzlich unwirksam sind. Weiterhin können nur natürliche oder juristische Personen als Empfänger oder Sender einer automatisierten Erklärung gelten.[388]

Dennoch fand sich im Schrifttum eine Auseinandersetzung mit den vertragsrechtlichen Fragen für automatisierte und autonome Systeme, bzw. für intelligente Roboter oder Agenten.[389] Dabei waren erneut die Vorstellungen der Autoren von dem Stand der Technologie unterschiedlich. Dies führte dazu, dass auch die rechtliche Beurteilung anders ausfiel. Nach *Spindler* mache es für die Zurechnung von Willenserklärungen keinen Unterschied, wie komplex die Software sei, da es sich lediglich um eine Ansammlung verschiedener Willenserklärungen handele. Selbstlernende Software sei zum damaligen Stand der Technik nicht in der Lage, über die bereits programmierten Grenzen hinaus zu gehen und die eigenen Funktionalitäten selbst zu erweitern. Erst wenn es eine echte KI gebe, müsse man neu über die Fragen des Erklärungsbewusstseins und die der Haftung und Verantwortung der Betreiber oder der Hersteller nachdenken.[390] Dahingegen sahen z.B. *Specht/Herold* sowohl für automatisiert, als auch für autonom agierende Agenten Handlungsbedarf beim Gesetzgeber.[391]

b) Ein Präzedenzfall für die rechtsgeschäftliche Haftung?

Zum Zeitpunkt von 2014 hieß es, dass der Umgang mit autonomen Systemen in der Rechtsgeschäftslehre weitegehend geklärt ist.[392] Im Vorfeld

388 *Schlosser*, Europäische Rechtsgeschichte, 4. Auflage, 16. Kapitel, Rn. 62 mit dem Verweis auf die Rechtsprechung des BGH in BGHZ 195, 126, Rn. 17.

389 Vgl. *Pieper*, DSRITB 2016, 971 (977 ff.); *Kersten*, JZ 2015, 1 (7); *Bräutigam/Klindt*, NJW 2015, 1137 (1137 f.); *Keßler*, MMR 2017, 589 (592 ff.).

390 *Spindler*, in: Hilgendorf (Hrsg.) Robotik im Kontext von Recht und Moral, 1. Auflage 2013, 63 (65 f.).

391 *Specht/Herold*, MMR 2018, 40 (44).

392 *Riehm*, ITRB 2014, 113 (113).

wurde im Schrifttum bereits erläutert, dass ein Vertragsabschluss zwischen zwei elektronischen Agenten auf einem virtuellen Marktplatz ohne Rückfrage beim jeweiligen Nutzer nach deutschem Recht möglich ist. Weiterhin ist trotz der geringeren Konkretisierung eines elektronischen Agenten gegenüber der Computererklärung, sowie der dem elektronischen Agenten anhaftenden Intelligenz, also die Befähigung zum Treffen von autonomen Entscheidungen, keine andere rechtliche Einordnung geboten. Die Behandlung von Irrtümern wurde hingegen noch nicht ausreichend beleuchtet.[393] Die generelle Problematik von automatisierten Rechtsvorgängen, insbesondere von Willenserklärungen ist freilich nicht neu.[394]

In einem Urteil von 2005[395] stellte der BGH klar, dass Willenserklärungen, die mithilfe eines Algorithmus formuliert und abgegeben werden, wie solche, die von Erklärungsboten stammen, behandelt werden.[396]
In diesem Fall veräußerte die Klägerin Computer nebst Zubehör über das Internet. Dafür legte der zuständige Mitarbeiter zunächst Verkaufspreise für die Computer fest und gab diese in das EDV-gesteuerte Warenwirtschaftssystem der Klägerin ein. Anschließend übertrug die von der Klägerin verwendete Software die Informationen automatisch in die Produktdatenbank ihrer Internetseite. Für ein bestimmtes Notebook wurden als Ergebnis des Vorgangs jedoch nicht die eingegebenen 2650 Euro, sondern ein Verkaufspreis von 245 Euro in der Datenbank angegeben. Es wurden weitere ähnliche Fälle bekannt, in welchen es jeweils zu einem Fehler im Datentransfer durch die im Übrigen beanstandungsfrei laufende Software gekommen war. Die zugrundeliegende Ursache konnte jedoch nicht festgestellt werden. Nachdem nun der Beklagte das zu niedrig ausgezeichnete Notebook auf der Internetseite der Klägerin bestellte, erhielt er am selbigen Tag zwei E-Mails, welche die Bestellung zu diesem Preis bestätigten. Sodann wurde

---

393 *Cornelius*, MMR 2002, 353 (358, 355).

394 Vgl. dazu ausführlich *Köhler*, AcP 182 (1982), 126.

395 BGH, NJW 2005, 976 = BGH, MDR 2005, 674.

396 Ausführlich zur gesamten Rechtsprechungslinie des BGH in diesem Bereich *Grützmacher/Heckmann*, CR 2019, 553 (556 ff.).

das Notebook mit Rechnung und Lieferschein zu einem Kaufpreis von 245 Euro zuzüglich Versandkosten von 12,80 Euro an den Beklagten ausgeliefert.

Die Klägerin erklärte sodann die Anfechtung des Kaufvertrags und begründete dies damit, dass das Notebook irrtümlich mit dem Preis von 245 Euro versehen wurde. Dem stimmte das Gericht zu.
Zwar war dem Mitarbeiter der Klägerin der Irrtum in der Erklärungshandlung nicht selbst unterlaufen, da er den von ihm festgelegten Verkaufspreis zutreffend in das Warenwirtschaftssystem eingegeben hat. Die Änderung des eingegebenen Verkaufspreises beruhte vielmehr auf einem Fehler im Datentransfer durch die im Übrigen beanstandungsfrei laufende Software. Der BGH entschied, dass eine Verfälschung des ursprünglich richtig Erklärten auf dem Weg zum Empfänger durch eine unerkannt fehlerhafte Software als Irrtum in der Erklärungshandlung anzusehen ist. Er führte dazu aus: „Denn es besteht kein Unterschied, ob sich der Erklärende selbst verschreibt bzw. vertippt oder ob die Abweichung vom gewollten Erklärungstatbestand auf dem weiteren Weg zum Empfänger eintritt. Dies ergibt sich auch aus § 120 BGB, wonach eine Willenserklärung, welche durch die zur Übermittlung verwendete Person oder Einrichtung unrichtig übermittelt worden ist, unter der gleichen Voraussetzung angefochten werden kann wie nach § 119 BGB eine irrtümlich abgegebene Willenserklärung."[397] Da der zuständige Mitarbeiter der Beklagten bei der Einstellung der Preisangaben in das Internet eine Erklärung des Inhalts, das Notebook solle 245 Euro kosten, nicht habe abgeben wollen, ist die Klägerin wegen eines Irrtums in der Erklärungshandlung gemäß § 119 Abs. 1 Alt. 2 BGB zur Anfechtung berechtigt gewesen.

Erklärungen welche von einem automatisierten System stammen werden dem Betreiber als eigene zugerechnet. Dabei wird § 120 BGB analog angewendet. Demnach kann die Erklärung angefochten werden, wenn das

[397] BGH, NJW 2005, 976 (977).

automatisierte System vom eigentlichen Willen des Betreibers abweicht. Eine Haftung auf das negative Interesse, sofern dieses schutzwürdig ist, bleibt nach § 122 BGB möglich.[398]

aa) Reaktionen auf die BGH-Entscheidung

Die Fallentscheidung stelle in Anbetracht des vorherigen Auseinanderdriftens der Meinungen[399] eine sachgerechte Lösung dar. Darüber hinaus hätte ein gegenläufiges Urteil den Online-Handel gedämpft. Durch die Automatisierung von Prozessen würden Kosten entstehen, die letztlich vom Verbraucher zu tragen sind. Zwar kann man auf die vollständige Richtigkeit eines Softwareprogramms nicht vollends vertrauen, indes könnte eine zu restriktive Handhabung zu einer ausufernden Haftung der Onlineanbieter und der dahinterstehenden Softwarehersteller führen, welche in keinem ausgeglichenen Verhältnis zu den eigentlichen Kosten der Software steht.[400]

Die Entscheidung könne daher insbesondere für die Zukunft und Weiterentwicklung automatisierter Ein- und Verkaufssysteme bedeutsam sein. Dies sei darauf zurückzuführen, dass der Fall symptomatisch sei für viele vollkommen softwaregesteuerte Bestell- und Liefervorgänge, bei denen bis nach der Lieferung und Verbuchung keine menschliche Kontrolle stattfindet.[401]

bb) Rechtsgeschäftliche Haftung ausreichend geklärt?

Es fragt sich nun, ob die Behandlung autonomer Systeme in der Rechtsgeschäftslehre tatsächlich weitreichend geklärt war, so wie es 2014 von *Riehm* behauptet wurde.

Eine neuere Entscheidung des BGH[402] und ihre Aufnahme in der Literatur[403] bestätigte diese These.

[398] *Riehm*, ITRB 2014, 113 (114).
[399] Gegen die Anfechtbarkeit hat sich etwa das LG Köln CR 2003, 613 ausgesprochen; dafür das OLG Frankfurt, CR 2003, 450.
[400] *Ernst*, CR 2005, 355 (357).
[401] *Spindler*, JZ 2005, 791 (793).
[402] BGH, MMR 2013, 296 = BGH, VersR 2013, 779.
[403] *Wulf/Burgenmeister*, CR 2015, 404 (406).

In diesem Fall verlangte der Kläger von dem beklagten Luftfahrtunternehmen Rückzahlung des Preises für eine nicht angetretene Flugreise, eine Ausgleichszahlung wegen Nichtbeförderung nach Art. 7 Abs. 1 lit. b, Art. 4 Abs. 3 der FluggastrechteVO sowie Ersatz außergerichtlicher Kosten. Zuvor buchte der Kläger über das Internetportal der Beklagten Hin- und Rückflüge für zwei Personen. In der dafür vorgesehenen Buchungsmaske gab der Kläger unter der Rubrik „Person 1" seinen Vor- und Zunamen ein. Unter der Rubrik „Person 2" trug er in die für Vor- und Zunamen vorgesehenen Felder jeweils „noch unbekannt" ein. Die Buchungsmaske enthielt den folgenden Hinweis: „Bitte beachten Sie, dass eine Namensänderung nach erfolgter Buchung nicht mehr möglich ist und der Name mit dem Namen in Ihrem Ausweis übereinstimmen muss". Am selben Tag wurden von der Beklagten an den Kläger eine Buchungsbestätigung (insbesondere für Mr. „noch unbekannt") übermittelt und der Preis für zwei Hin- und Rückflüge i.H.v. insgesamt 365,42 Euro per Lastschrift vom Konto des Klägers eingezogen. Sodann wollte der Kläger telefonisch den Namen der zweiten mit ihm reisenden Person angeben. Die Beklagte teilte ihm jedoch daraufhin mit, dass die Nachbenennung eine zu diesem Zeitpunkt nicht mehr mögliche Namensänderung darstelle; der Kläger könne lediglich die Buchung stornieren und für die zweite Person neu buchen. Von dieser Möglichkeit machte der Kläger jedoch keinen Gebrauch. Vielmehr trat er die Reise allein an und verlangt wegen der zweiten Buchung die Rückzahlung des Flugpreises sowie eine Ausgleichszahlung für Nichtbeförderung.

Der BGH urteilte, dass zwischen den Parteien kein Beförderungsvertrag entstanden ist und der Kläger daher zumindest keinen vertraglichen Rückzahlungsanspruch gegen die Beklagte hat. Insbesondere konnte die Buchungsbestätigung seitens der Beklagten bezüglich eines zweiten, für einen „noch unbekannt (en)" Fluggast gebuchten Flugs nicht als Annahme gemäß § 147 BGB ausgelegt werden.

Zwar würden die von dem Kläger und der Beklagten unter Einsatz deren Computersystems abgegebene Erklärungen nach dem äußeren Erscheinungsbild übereinstimmen, da die Angaben „noch unbekannt“ zweimal eingetragen und zweimal übernommen wurden. Bei der Auslegung dieser Erklärungen dürfe jedoch nicht auf die automatisierte Reaktion des Computersystems abgestellt werde. Dies sei damit zu begründen, dass nicht das Computersystem die Erklärung abgibt oder Empfänger einer Erklärung ist, sondern die Person oder das Unternehmen, die es als Kommunikationsmittel nutzt. Konsequenterweise müsse dann auch die Auslegung dieser Erklärungen so erfolgen, dass nicht die Deutung des automatischen Systems, sondern die des Menschen maßgeblich ist. Nur dann würde es in Einklang mit den §§ 133, 157 BGB gebracht werden können.[404]

Obwohl sie dem Fluggast weniger Flexibilität zubilligt, wurde die Entscheidung in der Literatur als sachgerecht beurteilt.[405] Insbesondere kann der Kunde, der wie hier bewusst gegen eindeutige Vorgaben der Bestellmaske verstößt, nicht darauf vertrauen, dass das autonome System die Falscheingaben zwingend erkennt und entsprechend zurückweist.[406]

Dennoch wurde auch Kritik an diesem Ansatz laut. Die Begründung des BGH im „Flug für Mr. Unbekannt“-Fall wirke konstruiert. Insbesondere sei schwer zu erklären, weshalb Erklärungen, die von Computersystemen stammen und nur für diese geeignet sind, danach ausgelegt werden sollen, wie der jeweils dahinter stehende Mensch sie versteht, obwohl sie niemals für ihn gedacht waren.[407]

Weiterhin soll das Konzept, autonome Agentenerklärungen, genau wie Computererklärungen, dem Nutzer des Systems als Herr der Erklärung zuzurechnen,[408] aufgrund der zunehmenden Lernfähigkeit und der damit verbundenen Unberechenbarkeit der Systeme, bald an seine Grenzen gebracht werden. Eine Neubewertung könne daher gerechtfertigt sein,[409] insbeson-

---

404 BGH, CR 2013, 186 (187).

405 *Schinkels*, LMK 2013, 343553; *Hopperdietzel*, NJW 2013, 598 (601).

406 *Stadler*, NJW 2017, 3092 (3092).

407 *Schirmer*, JZ 2016, 660 (663 f. Fn. 38).

408 BGH, NJW 2013, 598.

409 *Bräutigam/Klindt*, NJW 2015, 1137 (1138).

dere dann, wenn sich der Empfängerhorizont mit dem digitalen Fortschritt wandeln wird.[410] Aus progressiver Sicht wurde es als großer Irrglaube angesehen,[411] dass das Zivilrecht trotz der Existenz von autonomen Willensagenten wie gehabt mit den etablierten Zurechnungskriterien auskomme.[412]

In unmittelbarer zeitlicher Nähe wurde der genannte digitale Fortschritt als derart groß beschrieben, sodass wie Science-Fiction klingende Ansätze geäußert werden. So wurde die ernsthafte Frage gestellt, ob nun nicht mehr die Menschen die Maschinen beherrschen, sondern die Maschinen die Menschen. Bereits jetzt leben Menschen mit Maschinen in einer derart engen Symbiose, dass auch persönliche Inklusionsansprüche begründet werden können.[413]

c) Analoge Anwendung des Stellvertretungsrechts

Stark diskutiert wurde, ob und inwieweit die Regelungen des Stellvertretungsrechts nach den §§ 164 ff. BGB auf ein autonomes System übertragen werden können.

Es wurde von Teilen der Literatur der Ansatz verfolgt, das Stellvertretungsrecht hier entsprechend anzuwenden.[414] Damit sollte das Problem der gesteigerten Autonomie von Agenten ohne Gesetzesänderung gelöst werden. Dies wurde von anderer Seite mit den folgenden Argumenten entschieden abgelehnt.[415] Zunächst sei eine Analogie schon gar nicht möglich, weil § 165 BGB mindestens beschränkte Geschäftsfähigkeit des Stellvertreters voraussetze. Sodann sei eine weitere Schwäche der Analogie, dass der Schutz aus § 179 BGB fehle. Dies sei darin begründet, dass eine künstli-

410 *Stadler*, NJW 2017, 3092 (3093).
411 *Kersten*, JZ 2015, 1 (6).
412 *Spindler*, in: Hilgendorf (Hrsg.) Robotik im Kontext von Recht und Moral, 1. Auflage 2013, S. 63 (80).
413 *Kersten*, JZ 2015, 1 (1).
414 *Sorge*, Softwareagenten 2006, S. 118 f; *Schirmer*, JZ 2016, 660 (664); *Kersten*, JZ 2015, 1 (7); *Specht/Herold*, MMR 2018, 40 (passim); für das österreichische Recht *Schwarz*, in: *Schweighofer/Menzel/Kreuzbauer*, Auf dem Weg zur ePerson, 2001, S. 67 f.
415 *Paulus/Matzke*, ZfPW 2018, 431 (443).

che Software nicht über eine eigene Haftungsmasse verfüge und der Schutz der gesetzlichen Vertrauenshaftung ins Leere laufen würde.[416]

Es sei zwar zutreffend, dass die semi-autonome Erklärung des Roboters mit der eines Stellvertreters zu vergleichen ist. Indes fehle es immer noch an einem Erklärungsbewusstsein. Darüber hinaus konstruiere der Ansatz selbst die Lösung, z.B. beim Auseinanderfallen von Außenvollmacht und Innenvollmacht.[417]

Daher wird dafür plädiert, diese Schwäche durch die Verwendung von sogenannten Attributzertifikaten zu kompensieren. Man könne dann schon technisch die Vertretungsmacht nicht überschreiten. Damit aber kontrolliert werden kann, ob vom Agenten überhaupt ein Zertifikat genutzt wird, sei ein zusätzlicher Eintrag im ID-Zertifikat des Agenten notwendig.[418] Erst dann würde der gewünschte Effekt von § 179 BGB, nämlich den Rechtsverkehr zu schützen,[419] erreicht.

d) Analogie von § 278 und Neufassung von § 279 BGB

Diskutiert wurde auch die Anwendung von § 278 BGB auf autonome Systeme.[420] Dafür müssten letztere Erfüllungsgehilfe im Sinne der Vorschrift sein. Dies wurde aufgrund der fehlenden Rechtsfähigkeit der Systeme grundsätzlich abgelehnt und auch eine analoge Anwendung würde nicht überzeugen.[421]

Von *Klingbeil* stammte der Vorschlag, mit der sogenannten *Fiktionslösung* den § 279 BGB neu zu fassen. Der zum 1.1.2002 weggefallene § 279

[416] *Heuer-James/Chibanguza/Stücker*, BB 2018, 2818 (2821 f.).

[417] *Schirmer*, JZ 2016, 660 (665).

[418] *Sorge*, Softwareagenten 2006, S. 119.

[419] *Schubert*, in: MüKo BGB, § 179, Rn. 2.

[420] Vgl. *Wulf/Burgenmeister*, CR 2015, 404 (407); *Keßler*, MMR 2017, 589 (592); vergleichbare Diskussionen gab es schon deutlich früher im deutschen Schrifttum, vgl. im Zusammenhang mit automatisierten Bankvorgängen *Möschel*, AcP 186 (1986), 187, (200 f.); vgl. im Zusammenhang mit Automaten *Wolf*, JuS 1989, 899 (902); vgl. im Zusammenhang mit EDV-Anlagen *Lieser*, JZ 1971, 759 (761).

[421] Vgl. *Horner/Kaulartz*, CR 2016, 7 (7); ablehnend auch *Grützmacher*, CR 2016, 695 (697); *Heuer-James/Chibanguza/Stücker*, BB 2018, 2818 (2829 f.).

BGB könnte demnach lauten: „Bedient sich der Schuldner bei der Erfüllung seiner Verbindlichkeit statt einer Person einer selbstständig arbeitenden Maschine, so gilt eine Maschinenoperation als Verhalten des Schuldners, wenn ihm ein entsprechendes Gehilfenverhalten zuzurechnen wäre".[422]

e) Zwischenergebnis

Progressiv ausgerichtete Rechtswissenschaftler haben innerhalb der Rechtsgeschäftslehre oftmals und – teils ohne die rechtliche Konsequenzen zu benennen – die Auffassung vertreten, dass es bei dem Einsatz von sogenannten Softwareagenten nicht mehr zu einer Zurechnung als Willenserklärung zwischen dem Nutzer des Softwareagenten und diesem kommt, wenn sich der Autonomiegrad des Softwaresystems zukünftig steigert.[423] Währenddessen sahen es konservativ agierende Vertreter so, dass im Zeitraum bis 2018 kein Anlass bestand, die allgemeinen Vorschriften des BGB um jene Normen zu ergänzen, welche explizit automatische Willenserklärungen regulieren sollen. Die Einführung neuerer Roboter und mit einem Selbstlerneffekt ausgestattete Systeme sind zwar technisch gesehen herausragende Innovationen, haben aber für die Rechtspraxis keine ernsthaften Probleme dargestellt. Insbesondere habe der BGH mit seiner Rechtsprechung zur Auslegung elektronischer Willenserklärungen keine Mühen gehabt, offene Rechtsfragen verlässlich zu beantworten.[424]

5. Sklavenhalterhaftung im römischen Recht

a) Einleitung

Ein Teil des Schrifttums suchte in der Historie der Rechtswissenschaft nach möglichen Vorbildern, um die durch KI hervorgerufenen neuen Herausforderungen bei der Haftung mit einer tradierten und bereits erprobten Lösung

---

[422] *Klingbeil*, JZ 2019, 718 (723).

[423] Vgl. *Bräutigam/Klindt*, NJW 2015, 1137 (1138); früher schon *Sorge*, Softwareagenten 2006, S. 42.

[424] Vgl. *Riehm*, ITRB 2014, 113 (115); *Wulf/Burgenmeister*; CR 2015, 404 (406).

im Recht zu begegnen. Weil KI-Systeme (derzeit) keinen Subjektstatus haben, wird ein Vergleich mit Sklaven im römischen Recht gezogen. Die entsprechende Noxalhaftung für Sklaven wurde als taugliches Mittel für die Lösung der Haftung für KI angesehen.[425] Darüber hinaus sollte ein „Sklavenaufstand“ verhindert werden, welcher von Softwareagenten als moderne, digitale Sklaven mit übermenschlichen Fähigkeiten ausgehe.[426]

b) Grundlagen der Noxalhaftung

Die entwickelte römische Republik teilte ihre Gesellschaft in verschiedene Stände ein. Den obersten Stand bildeten die nobiles (ordo senatorius). Der zweite Stand war der sogenannte Ritterstand (ordo equester). Im dritten Stand waren die Mehrzahl der freien römischen Bürger (plebs) vertreten. Die Peregrine waren zwar ebenfalls frei, aber ohne das römische Bürgerrecht. Rechtlich gesehen bildeten die unfreien Sklaven die unterste römische Bevölkerungsschicht. Dabei konnte jedoch ihr tatsächlicher sozialer Status erheblich divergieren. Sklaven waren einerseits in Fesseln gehaltene Feldarbeiter, Hauspersonal, Handwerker aber auch qualifizierte Ärzte, Künstler und Gelehrte.[427] Es war auch keineswegs so, dass Sklaven keine Rechte zustanden und sie nicht rechtlich handeln konnten. Allerdings waren die Wirkungen dieses Handelns vom Eigentümer des Sklaven abhängig.

Es war im Falle des deliktischen Handelns des Sklaven so, dass der Herr des Sklaven mit der actio noxalis akzessorisch haftete. Es stand ihm danach frei, den Schaden dadurch zu kompensieren, dass er die Buße selbst zahlte, oder aber den Sklaven an den Geschädigten ausliefert (sogenannte noxae deditio).[428]

---

425 Vgl. *Čerka/Grigiene/Sirbikyte*, Computer Law & Security Review 31 (2015) 376 (385 ff.); ausführlich auch *Harke*, in: Gless/Seelmann (Hrsg.), Intelligente Agenten und das Recht, 97 (97 ff.); in diese Richtung auch *Schirmer*, JZ 2019, 711 (716).

426 *Teubner*, AcP 218 (2018), 155 (162).

427 Zum Vorstehenden *Ebel/Thielmann*, Rechtsgeschichte, Rn. 45.

428 *Kaser/Knütel/Lohsse*, Römisches Privatrecht, § 25, Rn. 4 ff., § 61, Rn. 12; *Harke*, in: Gless/Seelmann (Hrsg.), Intelligente Agenten und das Recht, 2016, 97 (97 ff.).

c) Übertragbarkeit auf Roboter und autonome Systeme?

Die Noxalhaftung wurde im Schrifttum in engem Zusammenhang mit dem Modell der ePerson[429] genannt.[430] Herausgearbeitet wurde, dass die Parallele zwischen einem Sklaven und einem autonomen System nur auf den ersten Blick sinnvoll erscheint.[431] Der Sklave war aufgrund seiner Untergebenheit Sachen gleichgestellt. Ihm wurden seine menschlichen, also kognitive und rationale Fähigkeiten abgesprochen. Ihm gelang es zwar, eigenständig zu denken, er durfte jedoch nicht danach handeln, sondern war vielmehr an den Willen seines Herren gebunden. Demgegenüber sei es beim autonomen System so, dass dieses zwar eigenständig handelt, jedoch (noch) keinen eigenen Verstand habe.

Zudem wurde etwa am Beispiel eines Kraftfahrzeugs mit autonomer oder automatisierter Fahrfunktion darauf hingewiesen, dass der alternative Schadensausgleich, also das Pendant zur Auslieferung des Sklaven an den Geschädigten, oftmals ins Leere laufen würde. Denn dem Geschädigten, bzw. den Hinterbliebenen des Opfers, im Falle eines Personenschadens, ist nach einem Verkehrsunfall wohl kaum mit der Übereignung des beschädigten autonomen Kraftfahrzeugs geholfen.[432]

Die Übertragung der Sklavenhalterhaftung auf aktuelle Fragen könne allenfalls mit dem Prinzip der Vergesellschaftung verwirklicht werden. Wenn der Einsatz eines bestimmten Agenten sozial üblich und erwünscht sei, könne der einzelne Betreiber oder Nutzer nicht unbegrenzt für dessen autonomes Versagen verantwortlich gemacht werden. In diesem Zusammenhang wird dann auch für eine Pflichtversicherung, die anstelle der individuellen Haftung des Betreibers oder Nutzers eintrete, plädiert.[433] Durch-

429 Dazu bereits unter: Dritter Teil, II..

430 Vgl. *Kluge/Müller*, DSRITB 2016, 989 (1000 ff.).

431 Vgl. *Kluge/Müller*, DSRITB 2016, 989 (1004).

432 *Kluge/Müller*, DSRITB 2016, 989 (1004).

433 *Harke*, in: Gless/Seelmann (Hrsg.), Intelligente Agenten und das Recht, 2016, 97 (116 f.).

gesetzt im Schrifttum oder in Gesetzesinitiativen hat sich das Prinzip freilich nicht.

6. Haftung für deliktisches Handeln

Auch die deliktische Haftung im Zusammenhang mit KI-Systemen war häufig Teil der wissenschaftlichen Auseinandersetzung.[434] Das Schrifttum nahm hier sowohl die Verschuldens- als auch die Gefährdungshaftung in die Diskussion.

a) Gefährdungshaftung

Ein bewährter und der wohl einfachste Weg einer Zurechnung und damit zu einer Haftung ist die Gefährdungshaftung. Ihr liegt der Gedanke zugrunde, dass derjenige, der zu seinem Nutzen rechtmäßig einen gefährlichen Betrieb, also hier den der autonomen Systeme, eröffnet und unterhält, auch die Schäden tragen soll, die in der Verwirklichung dieses Risikos typischerweise bei anderen eintreten und nicht verhindert werden können.[435] Im deutschen Recht besteht eine Vielzahl von Gefährdungshafttatbeständen. Eine Spezialgesetzgebung, welche sich jeweils an konkreten Gefahrenquellen im Einzelfallkontext orientiert, ist notwendig. Eine etwaige Generalklausel ist indes nicht zu finden. Vielmehr ist zu beobachten, dass parallel zur immer fortschreitenden Digitalisierung und damit verbundenen Technologisierung des alltäglichen Lebens eine tiefergehende Ausdifferenzierung der Haftungstatbestände erfolgt.[436] Eine Analogie zu den bestehenden Vorschriften ist daher grundsätzlich nicht möglich.[437]

---

[434] *Denga*, CR 2018, 69; *Zech*, in: Gless/Seelmann (Hrsg.), Intelligente Agenten und das Recht, 2016, 163; *Spindler*, CR 2015, 766; *Grützmacher*, CR 2016, 695; *Horner/Kaulartz*, CR 2016, 7; *Kluge/Müller*, DSRITB 2016, 989; *Bräutigam/Klindt*, NJW 2015, 1137; *Martini*, JZ 2017, 1017; *Schirmer*, JZ 2016, 660; *Müller-Hengstenberg/Kirn*, MMR 2014, 307; *Pieper*, DSRITB 2016, 971; *Riehm*, ITRB 2014, 113; *Borges*, CR 2016, 272.

[435] *Sprau*, in: Palandt BGB, 80. Auflage 2021, Einf. v. § 823, Rn. 11.

[436] *Förster*, in: *Hau/Poseck* BeckOK BGB 61. Edition, Stand: 01.02.2022, § 823, Rn. 78.

[437] BGH NJW 1971, 607 (608).

Der überwiegende Teil der Gefährdungshaftungsnormen findet sich in Spezialgesetzen. Der Gesetzgeber sah in vielen risikobehafteten Betrieben die Notwendigkeit eines gesetzlichen Rahmens.[438] KI ist also keinesfalls die erste gefahrgeneigte Technologie, die von der Gesellschaft verwendet wird. Über die Frage, ob in allen Bereichen die Reaktion des Gesetzgebers mit der Einführung einer ausdifferenzierten Gefährdungshaftung die richtige ist, lässt sich streiten.

Für Robotik und KI waren immer wieder die Gefährdungshaftungstatbestände des StVG und des ProdHaftG, sowie Ideen zu einer neuen (eigenen) Gefährdungshaftung für KI in der Diskussion.

aa) § 833 BGB

Ein Halter eines Haustiers, welches nicht dem Beruf, der Erwerbstätigkeit oder dem Unterhalt des Tierhalters zu dienen bestimmt ist, haftet gemäß § 833 BGB unabhängig von seinem Verschulden. Die einzige im BGB zu findende Gefährdungshaftung, die Tierhalterhaftung aus § 833 S. 1 BGB, besteht deshalb, weil es bei der Haltung von Tieren nicht gelingt, die vielfach auftretenden Gefahrenquellen durch eine sachgemäße Steuerung, etwa durch Einhaltung der erforderlichen Sorgfalt, zu beeinflussen.[439] In der Literatur wurde bereits der Vergleich zwischen der Verwendung von autonomen Systemen und der Haltung von Tieren gezogen.[440] Denn bei autonomen

---

[438] § 7 StVG: Halter eines Kraftfahrzeugs, §§ 1, 2 HPflG: Unternehmer eines Bahnbetriebs und Inhabers einer Energieanlage, §§ 33 ff. LuftVG: Halter eines Luftfahrzeugs, §§ 1, 2 UmweltHG: Betreiber einer Anlage, § 1 ProdHaftG: Hersteller eines Produkts, § 84 AMG: pharmazeutischer Unternehmer, §§ 25 ff. AtG: Inhaber der Kernanlage, § 32 GenTG: Betreiber einer gentechnischen Anlage, § 89 WHG: Einwirkung auf und Betreiben von Gewässer(-anlagen), § 29 BJagdG: Jagdgenossenschaft und Jagdpächter, § 114 BbergG: Bergbaubetreiber.

[439] *Spickhoff*, in: BeckOGK BGB, § 833, Rn. 34; vgl. ausführlich zum Tatbestand *Lorenz*, Die Gefährdungshaftung des Tierhalters nach § 833 Satz 1 BGB, 1992.

[440] Vgl. *Bräutigam/Klindt*, NJW 2015, 1137 (1139); *Weingart*, Vertragliche und außervertragliche Haftung für den Einsatz von Softwareagenten S. 326 ff.; *Brunotte*, CR 2017, 583 (585 f.); *Sosnitza*, CR 2016, 764 (772); jüngst ausführlich *Mayrhofer*, Außervertragliche Haftung für fremde Autonomie, 2023 sowie *Burchardi*, EuZW 2022, 685; ablehnend: *Grützmacher*, CR 2016, 695 (689).

Systemen verhalte es sich ähnlich wie bei der Haltung von Tieren, in Bezug auf die entsprechende Tierhalterhaftung aus § 833 BGB. Sowohl Tiere, als auch autonome Systeme würden sich durch die Unvorhersehbarkeit ihres Verhaltens auszeichnen.[441]

Bei Annahme der Analogie stelle sich jedoch die nachgelagerte Frage, wer bei einem KI-System als Halter im Sinne des § 833 Satz 1 BGB anzusehen ist.[442]

Die Ausweitung der Luxustierhaftung wird letztlich überwiegend abgelehnt, weil es an der planwidrigen Regelungslücke fehle und der Gesetzgeber bestimmen müsse, ob eine Gefährdungshaftung auf neue Risiken ausgedehnt werden kann.[443] Zudem schließe der Ausnahmecharakter des § 833 Satz 1 BGB die Ausdehnung auf andere Tatbestände aus. Weiterhin sei das Risiko von autonomen Robotern als typisches Technikrisiko einzustufen, welches nicht zur Systematik der Tierhalterhaftung passe.[444] Schließlich haben die Systeme im Gegensatz zu Tieren immer noch einen Hersteller, an welchen man sich im Schadensfall halten könne.[445]

bb) § 1 ProdHaftG

Die verschuldensunabhängige Produkthaftung könnte insbesondere zur Inanspruchnahme der Hersteller von KI-Systemen führen. Dafür muss ein Produktfehler, also eine nicht der erforderlichen Sorgfalt entsprechende Konstruktion, Fabrikation oder Instruktion, vorliegen. Dieser führt sodann zur Vermutung eines objektiv pflichtwidrigen Verhaltens.[446] Allerdings hat sie auch Schwächen gegenüber der verschuldensabhängigen Haftung aus

---

441 *Zech*, in: Gless/Seelmann (Hrsg.), Intelligente Agenten und das Recht, 2016, 163 (194 ff.); a.A. *Grützmacher*, CR 2016, 695 (698), nach der nicht sicher sei, ob von KI-Systemen eine vergleichbare Gefahr ausgehe, wie von Tieren.

442 Dazu *Weingart*, Vertragliche und außervertragliche Haftung für den Einsatz von Softwareagenten S. 328.

443 *Burchardi*, EuZW 2022, 685 (687).

444 *Zech*, in: Gless/Seelmann (Hrsg.), Intelligente Agenten und das Recht, 2016, 163 (194 ff.).

445 *Grützmacher*, CR 2016, 695 (698).

446 *Zech*, in: Gless/Seelmann (Hrsg.) Intelligente Agenten und das Recht, 2016, 163 (184).

§§ 823 ff. BGB. Beispielsweise werden nach § 1 Abs. 1 S. 2 ProdHaftG nur die dort aufgeführten Rechtsgüter geschützt. Dies bedeutet, dass bloße Vermögensschäden, die nicht an eine Rechtsgutsverletzung anknüpfen, nicht ersetzt werden. Weiterhin ist der sachliche Schutzbereich des ProdHaftG dadurch eingeschränkt, dass eine andere Sache als das fehlerhafte Produkt beschädigt sein, darüber hinaus für den privaten Ge- und Verbrauch bestimmt sein und auch vom Geschädigten dafür hauptsächlich verwendet werden muss. Zudem sei unklar, ob Software-Agenten überhaupt die Produkteigenschaft erfüllen.[447]

Für diese spezialgesetzliche Produkthaftung kann daher festgehalten werden, dass der große Bereich der Schäden im Geschäftsverkehr aus dem Anwendungsbereich des ProdHaftG herausfällt. Hinsichtlich des autonomen Fahrens könne sich jedoch etwas anderes ergeben, da dort Schäden im privaten Bereich zu erwarten seien.[448]

Es wurde daher im Zeitraum bis 2018 vor allem auf eine Reform der Produkthaftung gewartet.[449]

cc) § 7 StVG

§ 7 StVG enthält einen Gefährdungshaftungstatbestand für den Fahrzeughalter. Mit der Änderung des StVG vom 16.6.2017 wurden auch Vorschriften zum automatisierten Fahren hinzugefügt. Es folgte eine größere Diskussion dazu im Schrifttum.[450] Aus haftungsrechtlicher Sicht kann festgehalten werden, dass durch die Novellierung des Rechts keine Verselbstständigung des Haftungsobjekts besteht. Es ist auch weiterhin der Verwender der Verantwortliche im Schadensfall.[451] Für die Gefährdungshaftung des Fahrzeughalters nach § 7 StVG ergeben sich jedoch durch hoch- oder vollautomati-

---

447 *Denga*, CR 2018, 69 (71).

448 *Spindler*, CR 2015, 766 (773).

449 Vgl. *Denga*, CR 2018, 69 (71).

450 Vgl. nur *König*, NVZ 2017, 123; *ders.*, NVZ 2017, 249; *Balke*, SVR 2018, 5; *Wagner*, Das neue Mobilitätsrecht, 2021; *dies.*, SVR 2021, 287; *Buck-Heeb/Dieckmann*, NZV 2019, 113.

451 *Hennemann*, Interaktion und Partizipation, 2020, S. 309.

sierte Fahrfunktion keine Unterschiede.[452] Der Fahrer haftet nicht nach § 7 StVG, jedoch könnte er nach § 18 Abs. 1 StVG oder nach § 823 Abs. 1 BGB haften, wenn er z.B. nicht mehr wahrnehmungsbereit bei der Fahrt nach den §§ 1a ff. StVG handelt.[453] Auch für den Fahrzeughersteller ergeben sich aus diesen Normen neue Verpflichtungen. So muss er etwa gemäß § 1a Abs. 2 Satz 1 Nr. 6 StVG die Automatikfunktion so konfigurieren, dass sie einen Fahrer auf eine der Systembeschreibung zuwiderlaufende Verwendung hinweist.

dd) Eigener Gefährdungshaftungstatbestand für autonome Systeme?

Weil es als eine einfache Lösung gelte, sprachen sich viele Autoren dafür aus, für autonome Systeme auch einen eigenen Gefährdungshafttatbestand zu schaffen. Sofern eine taugliche Definition des autonomen Systems vorliege, könne die Gefährdungshaftung insbesondere aufgrund der wirtschaftlichen Anreize eine gelungene Lösung sein.[454] Besonders bei sensiblen Einsatzbereichen, wie in der Medizin und bei drohenden Schäden für gewichtige Rechtsgüter wird für eine eigene Gefährdungshaftung argumentiert.[455]

Wenn man eine eigene Gefährdungshaftung für autonome Systeme erschaffen möchte, gelte es insbesondere eine interessengerechte Verteilung der Haftungsrisiken zwischen den verschiedenen Beteiligten entlang einer Lieferkette und dem Nutzer und dem Halter dieser Systeme zu erreichen.[456] Vor allem bei Risiken, die sich nicht vollständig überschauen las-

452 *Greger*, NZV 2018, 1 (1).

453 Vgl. ausführlich zur Fahrerhaftung nach § 18 Abs. 1 StVG *Buck-Heeb/Dieckmann*, NZV 2019, 113.

454 Vgl. *Horner/Kaulartz*, CR 2016, 7 (13 ff.); Bräutigam/Klindt, NJW 2015, 1137 (1138 f.); *Spindler*, CR 2015, 766 (768, passim); *Martini*, JZ 2017, 1017 (1024); *Schirmer*, JZ 2016, 660 (666); *Zech*, in: Gless/Seelmann (Hrsg.), Intelligente Agenten und das Recht, 2016, 163 (200 ff.); ablehnend *Riehm*, ITRB 2014, 113 (114 f.); *Denga*, CR 2018, 69 (74); ablehnend für Kraftfahrzeuge *Weisser/Färber*, MMR 2015, 506 (512); zustimmend für Kraftfahrzeuge *Borges*, CR 2016, 272 (280).

455 *Martini*, JZ 2017, 1017 (1024).

456 *Horner/Kaulartz*, CR 2016, 7 (passim.).

sen, wird weiterhin dafür plädiert, dass sich die Zuordnung grundsätzlich nach der wirtschaftlichen Verfügungsmacht richtet.[457] Hingewiesen wurde dabei auch darauf, dass bei einer Gefährdungshaftung, die die Hersteller als Schuldner vorsieht, die Produktion und den Vertrieb von solchen nicht-deterministischen Systeme zurückgeht, weil die Gefahr bestehe, dass Fehler im Nachhinein nicht mehr zu rekonstruieren sind.[458] Andere Autoren lehnten die Gefährdungshaftung für Roboter jedoch ab, weil die Schaffung einer Gefahrenlage bei einem Betreiber des Roboters dann aber letztendlich das bloße Aufstellen, also die Inbetriebnahme des Automaten wäre. Ein solch strenger Umgang mit Innovation könnte diese jedoch hemmen. Auch die bezweckte Steuerung des Verhaltens der Akteure wäre bei einer so engen Vorgehensweise nicht mehr gegeben.[459]

b) Verschuldenshaftung

aa) Anpassung von § 823 BGB

Im Rahmen der Verschuldenshaftung wurde insbesondere eine Anpassung – vor allem eine Erweiterung – der Verkehrssicherungspflichten der Nutzer von autonomen Systemen gefordert. Die Anforderungen an ein Eingreifen der Nutzer zur Schadensabwendung sei geboten.[460] Diese Ansicht beruhte auf der Problematik, dass eine Haftung für das Verhalten eines Roboters schon am Vorliegen eines kausalen, haftungsbegründenden Handelns des Roboters scheitere, sofern dieser autonom agiert hat. Der in Anspruch zu nehmende (menschliche) Schuldner hat in der Regel nicht gehandelt. Möglich wäre es indes, sein etwaiges vorheriges Handeln in den Fokus zu nehmen. Dies würde das Vorgehen der Rechtsprechung bei ähnlichen

---

457 Vgl. *Pieper*, DSRITB 2016, 971 (982), *Spindler*, CR 2015, 766 (767) verweist auf die Grundlagen einer effizienten Risikoallokation.

458 Vgl. *Pieper*, DSRITB 2016, 971 (982).

459 *Hanisch*, in: Hilgendorf (Hrsg.) Robotik im Kontext von Recht und Moral, 1. Auflage 2013, 27 (34).

460 Vgl. *Horner/Kaulartz*, CR 2016, 7 (9); *Hanisch*, in: Hilgendorf (Hrsg.) Robotik im Kontext von Recht und Moral, 1. Auflage 2013, 27 (34 ff.); *Denga*, CR 2018, 69 (73).

Konstellationen beschreiben. Durch die Auferlegung von Verkehrssicherungspflichten wird u.a. im Rahmen der Fahrlässigkeit ein Sorgfaltsmaßstab festgelegt.[461] Derjenige, der in seinem Verantwortungsbereich eine Gefahrenlage gleich welcher Art für Dritte schafft oder andauern lässt, z.B. durch Eröffnung eines Verkehrs, Errichtung einer Anlage oder Übernahme einer Tätigkeit, die mit Gefahren für Rechtsgüter Dritter verbunden ist, hat Rücksicht auf diese Gefährdung zu nehmen und deshalb die allgemeine Rechtspflicht, diejenigen Vorkehrungen zu treffen, die erforderlich und ihm zumutbar sind, um die Schädigung Dritter möglichst zu verhindern.[462] Die Schaffung einer Gefahrenlage dürfe bei einem Betreiber des Roboters dann aber letztendlich nicht das bloße Aufstellen, also die Inbetriebnahme des Automaten sein, da ansonsten keine Grenze zur Gefährdungshaftung gegeben sei.[463]

Darüber hinaus gab es noch weitere zurückhaltende Vorschläge, wonach mit dem flexiblen Deliktsrecht des BGB und der dazugehörigen richterlichen Rechtsfortbildung auch neue Technologien adressiert werden können. Dies ändere sich nur, wenn schädliche Handlungen nicht mehr auf die handelnde Person zurückgeführt werden können und man den Fehler eines Produkts nicht mehr auf einen durch menschliches Verhalten kontrollierten Bereich in der Produktions- und Lieferkette ableiten kann. Diese Vorgehensweise, neue Entwicklungen und Technologien des Wirtschaftslebens dem bisherigen Recht zu überlassen, sei solange geboten, bis zukünftig Sachverhalte vorliegen, die von völlig autonomen Systemen geprägt sind und in denen die Entscheidungshoheit und Eingriffsmöglichkeit des Menschen nicht mehr existiere.[464]

---

461 *Sprau*, in: Palandt BGB, § 823 Rn. 45.

462 BGH NJW 2007, 762.

463 Zum Vorstehenden *Hanisch*, in: Hilgendorf (Hrsg.) Robotik im Kontext von Recht und Moral, 1. Auflage 2013, 27 (34 ff.).

464 *Pieper*, DSRITB 2016, 971 (972).

bb) Zurechnung über § 830 BGB

Auch die Vorschrift über Mittäter und Beteiligte könne beim Einsatz von autonomen Systemen bedeutsam werden. Insbesondere dann, wenn nicht sicher sei, welches Verhalten, also z.B. das vom Nutzer oder das vom Hersteller, zum konkreten Schaden geführt habe, kann die Norm bei diesem sogenannten „Unaufklärbarkeitsrisiko“ weiterhelfen, wobei jedoch der Umfang des Schadens unklar bleibe.[465]

cc) Anpassung von § 831 BGB

§ 831 BGB ist eine eigene Anspruchsgrundlage für den Geschädigten gegen den Geschäftsherrn. Dafür muss der Verrichtungsgehilfe bei der Ausführung der ihm übertragenen Tätigkeit den Geschädigten in objektiv deliktischer Weise geschädigt haben.[466] Dabei wird sodann das Verschulden des Geschäftsherrn bereits vermutet. Der Geschäftsherr muss sich aktiv entlasten, um der Haftung zu entgehen.[467]

Im Zusammenhang mit KI werden vor allem Ideen zur vorsichtigen Anpassung der Haftung nach § 831 BGB geäußert.[468] Weiterhin könne die Norm grundsätzlich analog angewandt werden, um den Roboter so dem Verrichtungsgehilfen gleich zu stellen.[469] Dies wird von der konservativen Seite wiederum abgelehnt, weil von den Systemen schon gar keine willentliche Handlung ausgehe.[470]

7. Fazit

Die Zeit bis etwa 2018 war geprägt von ganz verschiedenen, teils sehr kreativen Ideen zur Lösung der durch KI-Systeme hervorgerufenen Herausforderungen. Paradigmatisch sind hier die Überlegungen zur Übertragung

465 *Horner/Kaulartz*, CR 2016, 7 (9 f.).
466 BGH NJW 2013, 1002.
467 *Förster*, in: BeckOK BGB, 70. Edition, Stand: 1.5.2024, Vorb. § 831.
468 *Denga*, CR 2018, 69 (73, 77).
469 *Keßler*, MMR 2017, 589 (593).
470 *Grützmacher*, CR 2016, 695 (697 f.).

der Sklavenhalterhaftung[471] oder Tierhalterhaftung[472] zu nennen. Ebenfalls in diesen Zeitraum, jedoch nicht ausschließlich, fallen die Gedanken zur ePerson.[473] Uneinheitlich wurde die Frage beantwortet, ob die neuen technischen Phänomene rund um KI überhaupt neue Herausforderungen für die Haftungs- und Zurechnungsfragen sind.[474] Denn wenn dies bereits verneint wird, erübrigt sich eine Anschlussdiskussion. Die scheinbare Klärung des KI-Vertragsrechts durch BGH-Urteile würden insbesondere für die Zukunft nicht mehr tauglich sein. In diesem Zusammenhang ist zudem auffällig, dass – vorausgesetzt man nehme größere Risiken durch den Einsatz von KI an – die Forderungen vage gehalten sind und meistens nur in Abhängigkeit von den zukünftigen Entwicklungen der KI geäußert werden.[475] Geforscht wurde sowohl im vertraglichen Haftungsrecht, als auch im Recht der Haftung für deliktisches Handeln. Dabei war zunächst ein Schwerpunkt auf der außervertraglichen Haftung und sodann eine Auseinandersetzung mit dem Vertragsrecht zu erkennen.[476]

Präsentiert wurden neue, exotische Lösungen, aber auch eher konservative Ideen, wie die behutsame richterliche Rechtsfortbildung bei neuen digitalen Phänomenen[477] oder minimal-invasive gezielte Anpassungen des Haftungssystems.[478] Weiterhin war eine starke Fokussierung auf das automatisierte und autonome Fahren zu erkennen.[479] Vor dem Hintergrund der tatsächlichen und gesetzgeberischen Entwicklung des autonomen Fahrens

---

471 Vgl. *Teubner*, AcP 218 (2018), 155 (162).

472 Vgl. *Spindler*, CR 2015, 766 (775); *Bräutigam/Klindt*, NJW 2015, 1137 (1139).

473 Dazu bereits unter: Dritter Teil, II..

474 Ablehnend z.B. *Riehm*, ITRB 2014, 113 (114 f.); zustimmend z.B. *Spindler*, CR 2015, 766 (passim).

475 Vgl. *Pieper*, DSRITB 2016, 971 (985); in diese Richtung auch *Zech*, in: Gless/Seelmann (Hrsg.), Intelligente Agenten und das Recht, 2016, 163 (166).

476 So bereits die Erkenntnis von *Specht/Herold*, MMR 2018, 40 (40).

477 Vgl. *Stadler*, NJW 2017, 3092 (3092), ähnlich *Spindler*, in: Hilgendorf (Hrsg.) Robotik im Kontext von Recht und Moral, 1. Auflage 2013, 63 (80).

478 Vgl. *Lohmann*, ZRP 2017, 168 (171); *Grützmacher*, CR 2016, 695 (695 ff.).

479 Vgl. *Fleck/Thomas*, NJOZ 2015, 1393; *Weisser/Färber*, MMR 2015, 506; *Greger*, NZV 2018, 1.

war der rechtswissenschaftliche Diskurs sogar vorausdenkend und lief nicht dem faktischen Verlauf hinterher. Allerdings wälzte die Rechtswissenschaft hier häufig ein Scheinproblem. Denn die Halterhaftung des § 7 StVG greift sowohl bei herkömmlicher als auch bei (voll-)automatisierter oder autonomer Fahrfunktion. Insgesamt uneinheitlich waren auch die Bezugspunkte der Beiträge. Einige beziehen sich ausschließlich auf cyberphysische Systeme, bzw. Roboter,[480] andere hingegen auf das Internet der Dinge,[481] digitale, intelligente oder autonome (Software-)Agenten oder autonome (und vernetzte)[482] Systeme.[483] Teilweise nutzten die Autoren auch mehrere Begriffe synonym oder ohne sie voneinander abzugrenzen.[484] Dies erschwerte den Diskurs, weil so die Bezugnahme der Autoren durch ihre Beiträge unmöglich wird.

IV. Der Diskurs unter dem Einfluss des EU-Gesetzgebers 2018–2023

1. EU nimmt die Vorreiterrolle ein

Die Europäische Kommission hat in den Jahren 2015 und 2020 zwei wesentliche Strategiepakete für einen digitalen Binnenmarkt auf den Weg gebracht, die auch heute weiter fortentwickelt und insbesondere mit einer Reihe von Legislativakten und sonstigen Projekten und Initiativen auf europäischer Ebene gefördert werden.[485] Neben der Bekämpfung von Klimawandel und Corona-Pandemie, war die Digitalisierung und im Besonderen KI, der große Tätigkeitsbereich der Kommission.[486] „Rechtsvorschriften mit einem

480 Vgl. *Spindler*, ITRB 2017, 87.
481 Vgl. *Sosnitza*, CR 2016, 764.
482 Vgl. *Kirn/Müller-Hengstenberg*, Rechtliche Risiken autonomer und vernetzter Systeme, 2016.
483 Vgl. *Pieper*, DSRITB 2016, 971; *Riehm*, ITRB 2014, 113; *Horner/Kaulartz*, CR 2016, 7; *Brunotte*, CR 2017, 583.
484 Vgl. *Bräutigam/Klindt*, NJW 2015, 1137.
485 *Vormizeele*, EuR 2023, 325 (228 ff.).
486 *Hacker*, NJW 2020, 2142 (2142).

koordinierten europäischen Konzept für die menschlichen und ethischen Aspekte der künstlichen Intelligenz“ verkündete die Kommissionspräsidentin *Ursula von Leyen* als Vorschlag in ihren Leitlinien für die Kommission von 2019–2024 – „Eine Union die mehr erreichen will“.[487] KI nahm eine übergeordnete Stellung innerhalb der Digitalstrategie ein.[488] Auch das Europäische Parlament möchte in seiner „digitalen Agenda 2020–2030“ sichere digitale Räume errichten, einen fairen Wettbewerb auf digitalen Märkten gewährleisten und die digitale Souveränität Europas stärken.[489] Zuvor gab es unter dem EU-Kommissionspräsidenten *Jean Claude Juncker* 2015 bereits die „Strategie für einen digitalen Binnenmarkt“.[490] In Bezug auf das europäische Privatrecht sei eine Anpassung an die Digitalisierung in drei Wellen zu erkennen. Während die erste Welle bereits in den 90er Jahren die Anpassung des Vertragsrechts an den elektronischen Geschäftsverkehr mit sich brachte, würden wir uns derzeit in der zweiten Welle befinden, die Datenwirtschaft reguliert. Die dritte Welle, in der sich das Privatrecht mit autonom agierender KI befassen muss, würde sich durch entsprechende Gesetzesvorschläge[491] schon abzeichnen.[492]

Das Ziel von Kommission und Parlament deckte sich mit der folgenden Entwicklung von KI in der Wirtschaft. Nach einer Presseinformation des Bitkom e.V. stieg der Anteil von Unternehmen, die KI einsetzen, von 9% im Jahr 2022 auf 15% im Jahr 2023. Obwohl etwa zwei Drittel (68%) KI grundsätzlich als wichtigste Zukunftstechnologie ansahen, vernachlässigte die große Mehrheit der Unternehmen aber noch ChatGPT und generative

---

487 https://ec.europa.eu/info/sites/default/files/political-guidelines-next-commission_de.pdf, S. 16 (Letztes Abrufdatum: 25.11.2022).

488 So auch *Jüngling*, MMR 2020, 440 (441).

489 https://www.europarl.europa.eu/factsheets/de/sheet/64/eine-digitale-agenda-fur-europa (Letztes Abrufdatum: 11.3.2024).

490 COM(2015) 192 final vom 6.5.2015, siehe auch die „Halbzeitüberprüfung“ vom 10.5.2017 (COM(2017) 228 final).

491 Siehe dazu die Richtlinie über KI-Haftung, COM(2022) 496 final, dazu unter Dritter Teil, IV., 2., q).

492 Bewertung von *Staudenmayer*, NJW 2024, 1377 (1377); *ders.*, NJW 2023, 894 (894 f.).

KI. Weiterhin war der Anteil von Unternehmen, für die der Einsatz von KI im eigenen Unternehmen kein Thema darstellt, zurückgegangen.[493]

Während die Technologie immer ausgereifter wurde, aber wohl lange noch nicht ihren Hochpunkt erreicht hatte, wurde die juristische Diskussion bereits intensiv vorangetrieben. Vor allem neue Ideen und Vorschläge zu einer Neuausrichtung des Haftungsrechts bei künstlich intelligenten Systemen wurden der Leserschaft unterbreitet. Die EU nahm vor allem die Bereiche grenzüberschreitender Handel, Plattformregulierung und Datenwirtschaft in den Blick.[494] Sie stand aber bei der beabsichtigten Digitalregulierung immer wieder vor der Frage nach dem (richtigen) Adressaten von Verhaltensgeboten und -verboten, wenn künstlich intelligente Systeme (in den drei genannten Bereichen) eingesetzt werden.[495]

a) Vorstoß auf EU-Ebene – Zurückhaltung auf nationaler Ebene

Dabei konnte insbesondere der Europäischen Union nicht vorgeworfen werden, langsam oder rückwärts gewandt zu sein. Vielmehr ließe sich ihr Vorgehen als Aktionismus bezeichnen;[496] andere sprachen von einem „Digitalisierungsfeuerwerk“, welches die Europäische Union gerade veranstaltet[497] oder von „Act“ionismus, in Anbetracht der Vielzahl geplanter und verabschiedeter Regelungen.[498] Es wird unübersichtlich, wenn man versucht, die beschlossenen, anstehenden und erst im Entwurf vorliegenden Gesetze und Regelungsvorschriften des Unionsgesetzgebers aufzulisten.[499]

---

493 Presseinformation Bitkom abzurufen unter: https://www.bitkom.org/Presse/Presseinformation/Deutsche-Wirtschaft-drueckt-bei-Kuenstlicher-Intelligenz-aufs-Tempo (Letztes Abrufdatum: 25.09.2023); dazu *Kuntz*, MMR-Aktuell 2023, 01107.

494 *Paal/Kumkar*, ZfDR 2021, 97 (101 ff.).

495 *Paal/Kumkar*, ZfDR 2021, 97 (128).

496 So z.B. *Wagner*, ZEuP 2021, 545 (546).

497 *Voigt/Falk*, MMR 2023, 88 (89); in diese Richtung auch *Wagner*, „Künstliche Intelligenz – die EU als globaler Regulierer?“, FAZ vom 3.3.2024, abzurufen unter: https://www.faz.net/einspruch/kuenstliche-intelligenz-die-eu-als-globaler-regulierer-19560904.html{#}void (Letztes Abrufdatum: 5.3.2024).

498 *Schmitz*, ZD 2022, 189 (189).

499 *Schmitz*, ZD 2022, 189 (189).

Während auf europäischer Ebene schon früh nach Lösungen gesucht wurde, war der nationale Gesetzgeber eher zurückhaltend. Er hat im Beobachtungszeitraum keine Maßnahmen auf diesem Gebiet ergriffen.[500] Dies ist auch deswegen erstaunlich, weil die Bundesregierung im zweiten Halbjahr 2020 den Vorsitz im Rat der EU inne hatte[501] und nur kurz vorher die EU-Kommission beispielsweise ihre digitale Agenda präsentierte.[502] Lediglich eine allgemeine Strategie zur Künstlichen Intelligenz der Bundesregierung lag seit November 2018 vor.[503] Diese ist jedoch wenig konkret in Bezug auf Rechtsänderungen oder den Erlass neuer Gesetze. Hingegen war der Straßenverkehr als einziger Bereich im nationalen Recht bereits an KI, bzw. autonomes Fahren angepasst worden. Im StVG finden sich seit dem 16.6.2017 Regelungen zum Betrieb von Kraftfahrzeugen mittels hoch- oder vollautomatisierter Fahrfunktion.[504]

Dabei kann nicht behauptet werden, dass nicht (neben einer europäischen Regulierung) auch nationale Regeln gefordert wurden. So sprach sich etwa *Hacker* dafür aus, dass maschinell-lernende Agenten, die stark autonom agieren, hinsichtlich Zurechnung und Vertragsschluss ins BGB aufgenommen werden sollten. Zudem solle das nationale Recht vorgeben, etwa nach dem datenschutzrechtlichen Vorbild in Art. 58 Abs. 1 b DS-GVO, wie machine learning auditiert wird.[505]

Mittlerweile sind die europäischen Initiativen führend. *Spindler* beschrieb diese Entwicklung so, dass die rechtspolitische Diskussion auf

500 Vgl. dazu die Versuche der FDP-Fraktion eine neue Strategie zur Künstlichen Intelligenz einzuführen, MMR-Aktuell 2020, 432266.

501 Das Programm des deutschen Vorsitzes ist (lediglich in englischer Sprache) abrufbar unter: https://www.consilium.europa.eu/media/56253/2020-jul-dec-de-programme.pdf (Letztes Abrufdatum: 18.3.2024).

502 Dazu unter: Zweiter Teil, V., 2., k).

503 Bundesregierung, Strategie Künstliche Intelligenz der Bundesregierung (November 2018), abzurufen unter: https://www.bundesregierung.de/resource/blob/997532/1550276/3f7d3c41c6e05695741273e78b8039f2/2018--11--15-ki-strategie-data.pdf (Letztes Abrufdatum: 21.5.2024).

504 Vgl. §§ 1a ff. StVG; dazu auch bereits unter: Dritter Teil, III., 6., a), cc).

505 *Hacker*, NJW 2020, 2142 (2146).

nationaler Ebene nunmehr auf der europäischen Ebene eingeholt worden ist.[506] Auffällig ist, dass es sich bei der Regulierung von Zukunftstechnologien, wie etwa KI – trotz Einsatz einer größeren Expertengruppe und längerer Vorbereitungszeit – immer noch um eine Regulierung ins Ungewisse handelte. Denn bei einer so schnelllebigen Technologie wie KI konnten anfangs noch gar nicht alle Leitplanken und relevanten Umstände feststehen. Einen Vorteil den sich die Union zu eigen machte, ist ihr „first-mover-advantage", da sie auf dem Gebiet der KI die erste Regulierung weltweit vorlegte. Darüber hinaus ist KI immer noch ein moving target, wodurch ein gewisses Regulierungsrisiko entstand und Rechtsunsicherheit zur Folge haben konnte.[507]

b) Die globalen Unterschiede der Digitalregulierung

Weltweit gibt es im Beobachtungszeitraum insgesamt drei Zentren der Regulierung der Digitalwirtschaft. Diese waren die Volksrepublik China, die Vereinigten Staaten von Amerika und die Europäische Union. Jedes dieser Zentren verfolgte dabei unterschiedliche Regelungsstile hinsichtlich digitaler Technologien. Während sich Amerika vor allem durch ein sehr liberales Wirtschaftsmodell auszeichnete, was auch die Digitalwirtschaft und ebenfalls den Bereich KI betraf, verfolgte China einen strikteren Ansatz und stellte die Technologieunternehmen stets unter staatliche Aufsicht, wodurch der digitale Überwachungsstaat weiter ausgebaut wurde. China hatte seit August 2023 eine vorläufige KI-Regulierung unter dem Namen „Interim Measures", welche als innovationsfreundlich galt. Die USA hatte keinen KI-Rechtsakt, lediglich die „Executive Order" zu einer „trustworthy AI" wurde im Oktober 2023 vom Präsidenten erlassen. Die Europäische

[506] *Spindler*, CR 2022, 689 (689 f.) mit dem Verweis auf den Verordnungsentwurf des Europäischen Parlaments vom 20. Oktober 2020, P9_TA(2020)0276 sowie den Verordnungsentwurf der Europäischen Kommission vom 21.04.2021, COM(2021) 206 final.

[507] *Hennemann/Heldt*, „Die Goldenen Zwanziger Jahre der Technikregulierung", Tagesspiegel Background vom 15.7.2021, abzurufen unter: https://background.tagesspiegel.de/digitalisierung/die-goldenen-zwanziger-jahre-der-technikregulierung (Letztes Abrufdatum: 11.3.2024); dazu bereits unter Dritter Teil, I., 3..

Union hingegen hatte keine Technologiegiganten oder so große Innovationsunternehmen wie die USA oder China, jedoch die wohl umfassendste Regulierung dieser.[508] Die EU-gesetzgeberischen Maßnahmen, die die KI-Technologie betreffen, waren schwer zu überblicken.[509] Die EU wurde daher auch als globaler Trendsetter für den digitalen Raum angesehen, obwohl man dies auf den ersten Blick nicht mit ihr in Verbindung bringen würde. Man sprach auch von den „Goldenen Zwanziger Jahren der Technikregulierung".[510] Gleichzeitig wurde bezweifelt, dass es der EU gelingt, ein umfassendes und funktionierendes Datenwirtschaftsrecht (das auch die vielschichtigen Rechtsfragen der KI behandelt) zu erlassen.[511] Der Ertrag einer solchen KI-Regulierung sei jedoch groß.[512]

c) Vorbild DS-GVO?

Mit der DS-GVO liegt bereits seit dem 25.5.2018 eine horizontale EU-Verordnung vor, die einerseits für Europa einen hohen Stellenwert eingenommen hat und andererseits als bisher einziger Rechtsakt den sogenannten „Brussels Effect"[513] ausgelöst hat. Die DS-GVO hat das nationale Datenschutzrecht faktisch abgelöst und steht in einem Gegensatz zu der Entwicklung in Nordamerika und China auf diesem Gebiet.[514] Dem Datenschutz wurde vorher, trotz des Volkszählungsurteils vom Bundesverfassungsge-

---

508 Zum Vorstehenden ausführlich *Wagner*, „Künstliche Intelligenz – die EU als globaler Regulierer?", FAZ vom 3.3.2024, abzurufen unter: https://www.faz.net/einspruch/kuenstliche-intelligenz-die-eu-als-globaler-regulierer-19560904.html{#}void (Letztes Abrufdatum: 5.3.2024).

509 Dazu ausführlich unter Dritter Teil, IV, 2..

510 *Hennemann/Heldt*, „Die Goldenen Zwanziger Jahre der Technikregulierung", Tagesspiegel Background vom 15.7.2021, abzurufen unter: https://background.tagesspiegel.de/digitalisierung/die-goldenen-zwanziger-jahre-der-technikregulierung (Letztes Abrufdatum: 11.3.2024).

511 *Hoeren*, MMR 2023, 33 (35 f.).

512 *Hacker*, NJW 2020, 2142 (2146).

513 Grundlegend *Bradford*, The Brussels Effect, 2020.

514 *Wagner*, „Künstliche Intelligenz – die EU als globaler Regulierer?", FAZ vom 3.3.2024, abzurufen unter: https://www.faz.net/einspruch/kuenstliche-intelligenz-die-eu-als-globaler-regulierer-19560904.html{#}void (Letztes Abrufdatum: 5.3.2024).

richt 1983[515] sowie der europarechtlichen Determinierung des Datenschutzrechts,[516] wenig Aufmerksamkeit geschenkt.[517] Die DS-GVO hat es jedoch geschafft, dass Technik und Innovationen, insbesondere bei immer mehr datengetriebenen Geschäftsmodellen, so gestaltet werden, dass sie dem Datenschutz genügen (sogenannte „privacy by design"). Datenschutz nach der DS-GVO bestimmt also maßgeblich die Technik. Gleichzeitig sei er jedoch innovationsoffen.[518] Er könnte durchaus ein geeignetes Vorbild für die KI-Regulierung sein. Insbesondere die (Risiko-)Regulierung bei selbstlernenden und intransparenten Systemen gelinge besonders gut bei der DS-GVO.[519] In der Diskussion um die Ausrichtung der EU hinsichtlich KI wurde (daher) auch oft dieser Rechtsakt als mögliches Leitbild ins Spiel gebracht.[520] Der EU könnte es gelingen, auch bei der KI-Regulierung eine globale Vorreiterrolle einzunehmen und ein Vorbild für andere Rechtsordnungen zu sein.

2. Gesetzgeberische Maßnahmen

Bereits seit 2017 haben Organe der Union immer wieder Maßnahmen verschiedener Intensität auf dem Gebiet der KI ergriffen.[521] Einige von ihnen hatten dabei große Bedeutung für das zivile Haftungsrecht, andere weniger. Auch die ausgelösten Reaktionen innerhalb der Rechtswissenschaft di-

515 BVerfG NJW 1983, 1307.

516 Vgl. die Richtlinie 95/46/EG des Europäischen Parlaments und des Rates vom 24. Oktober 1995 zum Schutz natürlicher Personen bei der Verarbeitung personenbezogener Daten und zum freien Datenverkehr, ABl. EU 1995, L 281, S. 31 ff..

517 *Vogel*, in: Beck/Kusche/Valerius (Hrsg.), Digitalisierung, Automatisierung, KI und Recht, 2020, 645 (645).

518 *Vogel*, in: Beck/Kusche/Valerius (Hrsg.), Digitalisierung, Automatisierung, KI und Recht, 2020, 645 (646, 649).

519 *Vogel*, in: Beck/Kusche/Valerius (Hrsg.), Digitalisierung, Automatisierung, KI und Recht, 2020, 645 (652 ff.).

520 Ein guter Überblick findet sich etwa bei *Haag/Risthaus*, in: *Hoeren/Pinelli* Künstliche Intelligenz Ethik und Recht, S. 289 ff..

521 Nach *Orssich*, (EuZW 2024, 254 (255)) jedoch ohne Nachweis, forsche die Kommission bereits seit 2004 aktiv im Bereich KI; nach *Hoffmann*, K&R 2021, 369 (369) erst ab 2018.

vergierten von Initiative zu Initiative. Im Laufe der Zeit wurden verschiedenste Ideen zur Lösung der KI-Haftungsproblematik im Binnenmarkt vorgeschlagen, von denen sich längst nicht alle haben durchsetzen können. Dass europäische Regelungen (zur KI-Haftung) grundsätzlich notwendig waren, wurde neben den EU-Organen auch von Stimmen der Literatur vorgebracht.[522] Im Folgenden wird auf die wichtigsten rechtspolitischen Maßnahmen und Vorarbeiten zur KI-Haftung eingegangen.[523]

a) Mitteilung der Kommission: Aufbau einer europäischen Datenwirtschaft

Am 10. Januar 2017 legte die EU-Kommission eine Mitteilung zum Aufbau einer europäischen Datenwirtschaft vor.[524] Mitteilungen nutzt die Kommission, um über Stand und Entwicklung einzelner Politikbereiche der Union zu informieren und/oder ihre politischen Vorstellungen zu deren Fortentwicklung zu erläutern. Weiterhin dienen sie dem Dialog zwischen den am europäischen Rechtssetzungsprozess beteiligten Institutionen und sind entsprechend formal an sie gerichtet.[525] Mitteilungen gehen daher häufig (erfolgreichen) Gesetzesvorhaben voraus, weshalb sie nicht unterschätzt werden sollten.

Der Begriff „Künstliche Intelligenz" fand sich an keiner Stelle im Dokument. Vielmehr wurde von neu entstehender Technik gesprochen, wie dem Internet der Dinge, Fabriken der Zukunft, autonomen vernetzten Sys-

---

522 So z.B. von *Burchardi*, EuZW 2022, 685 (690), *dieselbe* am Beispiel von FinTechs EuZW 2021, 1013 (1014).

523 Es können dabei längst nicht alle Rechtsakte, die irgendwie mit KI und/oder Haftung im Zusammenhang stehen, betrachtet werden, da die Untersuchung ansonsten uferlos wäre. Dennoch stellen sich auch ähnliche Fragen bei anderen europäischen Gesetzgebungsvorhaben, vgl. etwa den Verordnungsvorschlag zur Cyberresilience von IT-Produkten, vgl. dazu *Voigt/Falk*, MMR 2023, 88; *Rennert*, ZfDR 2023, 206; *Dittrich/Heinelt*, RDi 2023, 309; *Zirnstein*, CR 2022, 707.

524 EU-Kommission, Aufbau einer europäischen Datenwirtschaft, COM(2017) 9 final.

525 *Brohm*, Die „Mitteilung" der Kommission im Europäischen Verwaltungs- und Wirtschaftsraum, 2011, S. 27 f..

temen, Robotern und autonomen Maschinen.[526] Es fand sich dort auch ein kleinerer Abschnitt zur Haftung.[527] Nach Ansicht der Kommission waren die vielen datengetriebenen Innovationen zwar geeignet, die Sicherheit und Lebensqualität zu erhöhen, es konnten jedoch bei keinem Gerät Konzeptionsfehler, Fehlfunktionen oder Manipulationen ausgeschlossen werden. Die Gründe dafür konnten verschieden sein. Die Kommission zeigte etwa auf, dass die Übermittlung fehlerhafter Daten durch einen Sensor beispielsweise aufgrund eines Softwarefehlers, Anbindungsproblemen oder auf einen nicht ordnungsgemäßen Betrieb des Geräts zurückgeführt werden konnte. Die genaue Ursache für ein Problem zu finden, welches Schäden hervorruft kann sich bei neueren Systemen schwierig gestalten. Es sei daher für das Entstehen einer Datenwirtschaft von zentraler Bedeutung, dass sowohl den Nutzern als auch den Herstellern solcher Geräte in Bezug auf ihre potenzielle Haftung Sicherheit gegeben werden kann.[528] Unsicherheiten sollen vor allem durch eine umfassende Untersuchung der Produkthaftungsrichtlinie[529] im Hinblick auf die Anwendbarkeit auf neue Techniken minimiert werden.[530] Zudem wurden als Ansätze für die Zukunft zwei Ideen vorgeschlagen. Einerseits risikoabhängige Konzepte, nach denen Beteiligte haftbar gemacht werden können, die große Risiken für andere verursachen oder am besten in der Lage das Eintreten dieser Risiken zu verhindern. Andererseits sollen freiwillige oder verbindliche Versicherungssysteme mit den bestehenden Haftungssystemen gekoppelt werden.[531] Weiterhin kündigte die Kommission Initiativen an und dass die Fragen der Haftung auch

---

526 COM(2017) 9 final, 1, passim.
527 COM(2017) 9 final, 4.
528 COM(2017) 9 final, 4.
529 Richtlinie 85/374/EWG des Rates zur Angleichung der Rechts- und Verwaltungsvorschriften der Mitgliedstaaten über die Haftung für fehlerhafte Produkte (ABl. L 210 vom 7.8.1985, S. 29).
530 COM(2017) 9 final, 4.1.
531 COM(2017) 9 final, 4.2.

in einem realen Umfeld der kooperativen, vernetzten und automatisierten Mobilität geprüft werden.[532]

b) Entschließung des Europäischen Parlaments mit Empfehlungen an die Kommission zu zivilrechtlichen Regelungen im Bereich Robotik

aa) Einleitung

Begonnen hat die Dynamik auf europäischer Ebene mit einer Entschließung des Europäischen Parlaments mit Empfehlungen zu zivilrechtlichen Regelungen im Bereich Robotik.[533] Es handelte sich um eine Aufforderung an die Kommission, Regeln für zivilrechtliche Haftungsfragen bei Robotern auszuarbeiten. Eingeleitet wurde der Text mit dramatischen Worten und der Vorstellung, dass aus Sicht des Parlaments die Menschheit mittlerweile an der Schwelle einer Ära stehe, in welcher immer ausgeklügeltere Roboter, Bots, Androiden und sonstige Manifestationen Künstlicher Intelligenz („KI") anscheinend nur darauf warten, eine neue industrielle Revolution zu entfesseln, die wahrscheinlich keine Gesellschaftsschicht unberührt lassen wird. Es sei daher für Gesetzgeber von entscheidender Bedeutung, sich mit den rechtlichen und ethischen Implikationen und Folgen dieser Entwicklung zu befassen, ohne Innovation abzuwürgen.[534]

bb) Roboter und andere Manifestationen Künstlicher Intelligenz

Zunächst wies das Parlament darauf hin, dass es notwendig sei, eine allgemein anerkannte Begriffsbestimmung für die Begriffe des Roboters und der KI zu finden, die flexibel sind und Innovationen nicht behindern.[535] Eine eigene Definition von Roboter und KI legte das Parlament nicht vor, nennt

---

532 COM(2017) 9 final, 7.

533 Europäisches Parlament 2014–2019, P8_TA-PROV(2017)0051, Zivilrechtliche Regelungen im Bereich Robotik, Entschließung des Europäischen Parlaments vom 16.2.2017 mit Empfehlungen an die Kommission zu zivilrechtlichen Regelungen im Bereich Robotik (2015/2103[INL]).

534 P8_TA-PROV(2017)0051, Einleitung, B.

535 P8_TA-PROV(2017)0051, Einleitung, C.

jedoch Merkmale der (verkörperten) Technologie. So seien mittlerweile Roboter in der Lage, Tätigkeiten auszuüben, die früher einmal typische menschliche Tätigkeiten und den Menschen vorbehalten waren. Darüber hinaus seien sie etwa aufgrund der Fähigkeit, aus Erfahrung zu lernen und quasi-unabhängige Entscheidungen zu treffen, den Akteuren, die mit ihrer Umwelt interagieren und diese ganz erheblich verändern können, immer ähnlicher geworden.[536] Weiterhin wurde Autonomie des Roboters vom Parlament als die Fähigkeit definiert, Entscheidungen zu treffen und diese in der äußeren Welt unabhängig von externer Steuerung oder Einflussnahme umzusetzen. Dabei hänge der Grad der Autonomie davon ab, wie ausgeklügelt die Interaktion des Roboters mit seiner jeweiligen Umwelt konzipiert worden ist.[537]

cc) (Neue) Haftungskonzepte für Roboter

Das Parlament warf an verschiedenen Stellen die – an die Kommission gerichtete – Frage auf, ob aufgrund der Existenz von Robotern die bisherigen Haftungsregeln noch ausreichend oder hierfür neue Grundsätze und Regeln erforderlich sind.[538] Dies sei insbesondere bei der Haftung verschiedener Akteure im Zusammenhang mit einer Verantwortlichkeit für das Verhalten von Robotern, die nicht auf einen bestimmten menschlichen Akteur zurückgeführt werden können und bezüglich der Frage, ob die schadensursächlichen Handlungen oder Unterlassungen von Robotern hätten verhindert werden können, zu beachten.[539]

In der Entschließung wurde auch erste Lösungsansätze und neue Haftungskonzepte vorgestellt. Darunter fällt etwa eine verschuldensunabhängige Haftung oder eine solche, die an die Bewertung des Risikos des Roboters anknüpft. Diese Lösungen könnten zudem kombiniert werden mit der

---

536 P8_TA-PROV(2017)0051, Haftung, Z.

537 P8_TA-PROV(2017)0051, Haftung, AA.

538 P8_TA-PROV(2017)0051, Haftung, AB; P8_TA-PROV(2017)0051, 49 ff.; P8_TA-PROV(2017)0051, Anhang S. 1.

539 P8_TA-PROV(2017)0051, Haftung, AB.

Einführung einer Pflichtversicherung. Für Schäden, welche nicht versichert sind, könnte die Etablierung eines Fonds geeignet sein.[540] Darüber hinaus sollte langfristig die Einführung eines rechtlichen Status für Roboter mit elektronischer Persönlichkeit geschaffen werden.[541]

dd) Reaktion in der Literatur

Die Entschließung fand in der Literatur insgesamt wenig Beachtung.[542] Beobachtet werden konnte nach der erstmaligen Beteiligung des Parlaments eine Fokussierung auf Roboter innerhalb des Schrifttums. Vertieft wurden die bereits teilweise bestehenden Gedanken von einem „Roboterrecht"[543] oder einer „Roboterhaftung".[544] Darüber hinaus wurde die Debatte um die ePerson neu entfacht, weil sich erstmals ein EU-Organ dazu positiv geäußert hatte.[545]

Die Entschließung wurde zum Teil dahingehend stark kritisiert, als dass die Begrifflichkeiten unpräzise und inkonsequent verwendet werden.[546] Darüber hinaus seien die Vorschläge für eine Haftung für Roboter nicht notwendig und der Entwurf insgesamt nicht durchdacht gewesen.[547] Hingewiesen wurde auch darauf, dass bereits die Vorarbeiten des Rechtsausschusses nicht unumstritten waren, insbesondere was die elektronische Person und ethische Prinzipien angeht.[548] Die grundsätzliche Stoßrichtung sei aber zu

---

540 P8_TA-PROV(2017)0051, 59, c).

541 P8_TA-PROV(2017)0051, 59, f); zur ePerson bereits ausführlich unter Dritter Teil, II..

542 *Scheffler*, DStR 2017, 2565; *Lohmann*, ZRP 2017, 168; *Hennemann*, Interaktion und Partizipation, 2020, S. 311 ff.; *Günther*, DB 2017, 651.

543 *Eidenmüller*, ZEuP 2017, 765; *Lohmann*, ZRP 2017, 168; *Gaede*, Künstliche Intelligenz – Rechte und Strafen für Roboter?, 1. Auflage 2019.

544 *Kluge/Müller*, DSRITB 2016, 989.

545 *Häuser*, Roboter als Rechtsperson?, it-business vom 24.02.2017, abzurufen unter: https://www.it-business.de/roboter-als-rechtsperson-a-584846/ (Letztes Abrufdatum: 23.11.2023).

546 *Lohmann*, ZRP 2017, 168 (169).

547 *Lohmann*, ZRP 2017, 168 (169 ff.).

548 *Günther*, DB 2017, 651 (654).

begrüßen und auch die angestellten Erwägungen des Parlaments würden bereits die Notwendigkeit von KI-Regeln verdeutlichen.[549]

c) Mitteilung der Kommission: Künstliche Intelligenz für Europa

Am 25.4.2018 äußerte sich erneut die Kommission, jedoch erstmals auch zu Fragen Künstlicher Intelligenz.[550] Nur wenige Tage vorher, am 10.4.2018 fand der „Digital Day 2018" statt. An diesem unterzeichneten die EU-Mitgliedstaaten eine Kooperationserklärung in Bezug auf KI. Vereinbart wurde etwa, dass die Mitgliedstaaten die Entwicklung von KI in der EU vorantreiben, besseren Zugang zu Daten des öffentlichen Sektors gewähren, um mit KI in Zusammenhang stehende sozio-ökonomische Herausforderungen zu meistern und einen rechtlichen und ethischen Rahmen für KI schaffen.[551] Dabei ging es vordergründig um finanzielle Förderung von KI-spezifischer Entwicklung in der EU. Die Mitgliedstaaten betonten jedoch bereits hier, dass stets der Mensch die Kontrolle über KI ausüben muss.[552]

Die Kommission stufte KI in ihrem Dokument „Künstliche Intelligenz für Europa" nicht geringer als „eine der strategisch bedeutendsten Technologien des 21. Jahrhunderts" ein.[553] Sie stellte in der Einleitung auch eine eigene Definition von KI vor. Danach bezeichnet KI „Systeme mit einem „intelligenten" Verhalten, die ihre Umgebung analysieren und mit einem gewissen Grad an Autonomie handeln, um bestimmte Ziele zu erreichen.".[554]

Zudem wurde die Stellung der Union in Bezug auf KI im internationalen Wettbewerb, insbesondere im Vergleich zu den USA, Kanada und

549 *Hennemann*, Interaktion und Partizipation, 2020, S. 314; *Günther*, DB 2017, 651 (654).
550 EU-Kommission, Künstliche Intelligenz für Europa, COM(2018) 237 final.
551 Abzurufen unter https://wayback.archive-it.org/12090/20180620090945/https://ec.europa.eu/digital-single-market/en/news/eu-member-states-sign-cooperate-artificial-intelligence (Letztes Abrufdatum: 5.4.2024).
552 Dazu auch *von Oelffen*, in: Graf Ballestrem/Bär/Gausling/Hack/von Oelffen, Künstliche Intelligenz, Rechtsgrundlagen und Strategien in der Praxis, 2020, Kapitel 10.1.1.1.
553 EU-Kommission, Künstliche Intelligenz für Europa, COM(2018) 237 final, S. 2.
554 EU-Kommission, Künstliche Intelligenz für Europa, COM(2018) 237 final, S. 1.

Japan, beschrieben und die Herausforderungen der Wettbewerbsfähigkeit wurden skizziert. Darüber hinaus wurde bereits in der Vergangenheit liegende und durch die EU-finanzierte Projekte aufgelistet. Dazu zählten etwa ein unbemanntes landwirtschaftliches Fahrzeug, das Unkraut mechanisch entfernt und so den Pestizideinsatz verringern kann, ein Autobahnpilotprojekt, das KI und das Internet der Dinge nutzt, um Empfehlungen zu einer sichereren Fahrweise abzugeben und die Zahl der Straßenverkehrstoten zu verringern, eine robotergestützte Prothese zur Wiederherstellung der Beweglichkeit bei Amputationen sowie Roboter, die repetitive Aufgaben für Beschäftigte in der Autoindustrie übernehmen und die Effizienz der Produktionsprozesse erhöhen.[555]

Als zukünftige Maßnahmen nannte die Kommission die Förderung der technologischen und industriellen Leistungsfähigkeit der EU, der weiteren Verbreitung von KI in der gesamten Wirtschaft und die Vorbereitung auf sozioökonomische Veränderungen sowie der Gewährleistung eines geeigneten ethischen und rechtlichen Rahmens.[556] Dort widmete die Kommission dem Thema „Sicherheit und Haftung" einen eigenen (knappen) Unterpunkt.[557] Hier erkannte sie zunächst an, dass es notwendig sei, sich mit der Eignung geltender Vorschriften über die Sicherheit und den zivilrechtlichen Haftungsfragen auseinanderzusetzen. Aufgrund der breit gestreuten Anwendungsbereiche von KI ist die angestrebte Vorgehensweise noch offen und es können sowohl horizontale als auch sektorspezifische Vorschriften genutzt werden. Die Überprüfung von Sicherheitsvorschriften und Haftungsregelungen sei wichtig, um das Vertrauen bei den Nutzern aufzubauen und die soziale Akzeptanz neuer Technologien zu fördern. Berichtet wird, dass die Bewertung von Produkthaftungsrichtlinie, Maschinenrichtlinie und geltenden Haftungsvorschriften in Hinblick auf KI und anderen

555 EU-Kommission, Künstliche Intelligenz für Europa, COM(2018) 237 final, S. 4 ff..

556 EU-Kommission, Künstliche Intelligenz für Europa, COM(2018) 237 final, S. 7 ff., 13 ff., 17 ff..

557 EU-Kommission, Künstliche Intelligenz für Europa, COM(2018) 237 final, S. 19.

Technologien begonnen hat. Angekündigt wird die Etablierung einer Expertengruppe zur Analyse der genannten Herausforderungen.[558]

Davon abgesehen war die Bedeutung des Dokuments für die Haftung für KI jedoch als gering einzustufen. Ein größeres Aufsehen im Schrifttum blieb daher auch aus.[559]

d) Bildung der hochrangigen Expertengruppe für künstliche Intelligenz (HEG-KI)

Um also Europa nach eigener Aussage für das digitale Zeitalter fit zu machen, wurde im Juni 2018 eine Expertengruppe eingesetzt. Diese bestand aus insgesamt 52 Vertretern verschiedener Bereiche, z.B. der Wissenschaft, Verbraucherschutzorganisationen und Industrieverbänden. Es handelte sich um ein unabhängiges Gremium, das damit beauftragt wurde KI-Ethik Leitlinien und KI-Politik- und -Investitionsempfehlungen zu erarbeiten.[560] Zum selben Zeitpunkt wurde eine offene Plattform zur Steuerung der HEG-KI, die sogenannte „European AI-alliance" gegründet. Sie ermöglichte verschiedenen Interessenvertretern einen Austausch durch regelmäßige Veranstaltungen, öffentliche Konsultationen und Online-Foren.[561]

Die verschiedenen, im Folgenden näher vorgestellten, Arbeitsergebnisse der HEG-KI sollen – ausweislich der einleitenden Worte jedes Dokuments der HEG-KI – nicht die offiziellen Standpunkte der Kommission darstellen.

---

558 EU-Kommission, Künstliche Intelligenz für Europa, COM(2018) 237 final, S. 19. f..

559 Vgl. nur *Meyer*, ZRP 2018, 233; *Hennemann*, Interaktion und Partizipation, 2020, S. 309 f..

560 Eine Liste aller Mitglieder ist unter https://ec.europa.eu/futurium/en/european-ai-alliance/ai-hleg-steering-group-european-ai-alliance.html zu finden (Letztes Abrufdatum: 20.3.2024).

561 Abzurufen unter https://digital-strategy.ec.europa.eu/de/policies/european-ai-alliance (Letztes Abrufdatum: 20.3.2024).

e) Mitteilung der Kommission: Koordinierter Plan für künstliche Intelligenz

Die Kommission legte am 7. Dezember 2018 ihre zweite Mitteilung im Bereich KI vor.[562] Es handelt sich um ein Strategiepapier für die Jahre 2019 und 2020. Vorgestellt wurden die Ziele und Initiativen des koordinierten Plans. Diese waren eine europäische öffentlich-private Partnerschaft im Bereich der KI und eine bessere finanzielle Förderung von Startups und innovativen kleinen und mittleren Unternehmen, die Steigerung der Exzellenz auf dem Gebiet vertrauenswürdiger KI-Technik und deren weiterer Verbreitung, die Anpassung der Lern- und Ausbildungsprogramme und systeme, um die Gesellschaft besser auf die KI vorzubereiten. Darüber hinaus waren dies auch die Schaffung des europäischen Datenraums, der für die KI in Europa, auch im öffentlichen Sektor, unverzichtbar ist, die Aufstellung von Ethik-Leitlinien mit globaler Perspektive und Schaffung eines innovationsfreundlichen Rechtsrahmens sowie die sicherheitsbezogenen Aspekte von KI-Anwendungen und -Infrastrukturen und eine internationale Sicherheitsagenda.[563]

Damit Europa zu einem führenden Akteur im Bereich der KI wird, sahen die sodann folgenden Schlussfolgerungen vor, dass der koordinierte Plan vom Europäischen Rat gebilligt werden soll. Weiterhin sollten die Mitgliedstaaten den Plan umsetzen und bis Mitte 2019 eigene KI-Strategien aufstellen sowie die beiden anderen europäischen Gesetzgeber die übrigen Gesetzgebungsinitiativen, die für den Erfolg der europäischen KI-Strategie unverzichtbar sind, annehmen.[564] In diesem Zusammenhang kann darauf

562 EU-Kommission, Koordinierter Plan für künstliche Intelligenz, COM(2018) 795 final, dazu nur *Heinickel/Döveling*, in: Kaulartz/Braegelmann Rechtshandbuch Artificial Intelligence und Machine Learning, 2020, Kapitel 3, Rn. 18 ff..

563 EU-Kommission, Koordinierter Plan für künstliche Intelligenz, COM(2018) 795 final, 2..

564 EU-Kommission, Koordinierter Plan für künstliche Intelligenz, COM(2018) 795 final, 3..

hingewiesen werden, dass Deutschland bereits im November 2018 eine KI-Strategie vorgelegt hat.[565]

f) HEG-KI: Eine Definition der KI: Wichtigste Fähigkeiten und Wissenschaftsgebiete

Am 18. Dezember 2018 veröffentlichte die jüngst gebildete HEG-KI ihre erste Maßnahme. Dabei handelte es sich um eine Definition für KI.[566] Diese baute grundsätzlich auf der bereits von der Kommission im April 2018 vorgeschlagenen Definition auf, wich aber letztlich von ihr ab. Das Dokument enthielt eine einführende Erläuterung und sodann eine aktualisierte Definition der KI. Demnach sollte aus Sicht der HEG-KI folgende Definition der KI verwendet werden:

„Systeme der künstlichen Intelligenz (KI-Systeme) sind vom Menschen entwickelte Softwaresysteme (und gegebenenfalls auch Hardwaresysteme), die in Bezug auf ein komplexes Ziel auf physischer oder digitaler Ebene handeln, indem sie ihre Umgebung durch Datenerfassung wahrnehmen, die gesammelten strukturierten oder unstrukturierten Daten interpretieren, Schlussfolgerungen daraus ziehen oder die aus diesen Daten abgeleiteten Informationen verarbeiten, und über das bestmögliche Handeln zur Erreichung des vorgegebenen Ziels entscheiden. KI-Systeme können entweder symbolische Regeln verwenden oder ein numerisches Modell erlernen, und sind auch in der Lage, die Auswirkungen ihrer früheren Handlungen auf die Umgebung zu analysieren und ihr Verhalten entsprechend anzupassen.

Als wissenschaftliche Disziplin umfasst die KI mehrere Ansätze und Techniken wie z. B. maschinelles Lernen (Beispiele dafür sind „Deep Learning" und bestärkendes Lernen), maschinelles Denken (es umfasst Pla-

[565] Bundesregierung, Strategie Künstliche Intelligenz der Bundesregierung (November 2018), abzurufen unter: https://www.bundesregierung.de/resource/blob/997532/1550276/3f7d3c41c6e05695741273e78b8039f2/2018--11--15-ki-strategie-data.pdf (Letztes Abrufdatum: 21.5.2024).

[566] *HEG-KI*, Eine Definition der KI: Wichtigste Fähigkeiten und Wissenschaftsgebiete, 2018.

nung, Terminierung, Wissensrepräsentation und Schlussfolgerung, Suche und Optimierung) und die Robotik (sie umfasst Steuerung, Wahrnehmung, Sensoren und Aktoren sowie die Einbeziehung aller anderen Techniken in cyber-physische Systeme).“[567]

In der Veröffentlichung waren der Definition zunächst Ausführungen zu KI-Systemen vorangegangen. Unter solchen seien jede Form von KI-gestützter Komponente, Soft- und/oder Hardware zu verstehen. KI-Systeme seien normalerweise keine eigenständigen Systeme, sondern als Komponenten in größeren Systemen eingebettet.[568] Sodann folgt eine vereinfachte Abbildung mit der schematischen Darstellung eines KI-Systems, welches durch Sensoren die Umgebung wahrnimmt, daraus eine Informationsverarbeitung und eine Entscheidungsfindung schlussfolgert und schließlich ausführt. Im zweiten Unterpunkt „KI als wissenschaftliche Disziplin“ wird festgestellt, dass sich die zentralen Fähigkeiten der KI, also Wahrnehmung, Schlussfolgerung/Entscheidungsfindung und Ausführung in zwei an den Fähigkeiten des Schlussfolgerns und des Lernens orientierte Hauptgruppen unterteilen ließen. Als dritte Disziplin nannte die HEG-KI die Robotik und definiert sie als „KI im Einsatz in der physischen Welt“ oder auch als „eingebettete KI“. In einem weiteren Schaubild werden die genannten Teildisziplinen der KI mit ihren Zusammenhängen dargestellt.[569] Schließlich wurden andere weitere Konzepte und Fragestellungen der KI kurz abgehandelt. Dabei wurden zunächst die weitverbreitete Unterscheidung zwischen schwacher und allgemeiner KI genannt, die große Bedeutung an die Datenqualität und damit verbundene Verzerrungen erläutert, die Problematik

[567] *HEG-KI*, Eine Definition der KI: Wichtigste Fähigkeiten und Wissenschaftsgebiete, 2018, S. 6.

[568] *HEG-KI*, Eine Definition der KI: Wichtigste Fähigkeiten und Wissenschaftsgebiete, 2018, S. 1.

[569] *HEG-KI*, Eine Definition der KI: Wichtigste Fähigkeiten und Wissenschaftsgebiete, 2018, S. 5.

einer Black-Box-KI und die Erklärbarkeit skizziert und die zielgerichtete KI beschrieben.[570]

Die Aufnahme des Definitionsvorschlags der HEG-KI im juristischen Schrifttum ist schwach ausgefallen. Sie wurde allenfalls in Handbüchern im Zusammenhang mit der generellen Arbeit der HEG-KI genannt,[571] gelegentlich bei den Merkmalen von KI-Systemen zitiert[572] oder bei der Diskussion in der Literatur zu den neueren, abweichenden Definitionsvorschlägen auf EU-Ebene angeführt.[573] Teilweise fand sich auch Kritik an ihr, da sie nicht stringent sei.[574]

g) Entschließung des Europäischen Parlaments zur umfassenden europäischen Industriepolitik in Bezug auf künstliche Intelligenz und Robotik

Das Parlament legte am 12. Februar 2019 eine weitere Entschließung vor.[575] Diese legte die Ziele zur europäischen Industriepolitik in Bezug auf künstliche Intelligenz und Robotik fest. Sie war gegliedert in die Abschnitte „1. Eine von künstlicher Intelligenz und Robotik unterstützte Gesellschaft", „2. Die technologische Entwicklung hin zu künstlicher Intelligenz und Robotik", „3. Industriepolitik", „4. Rechtsrahmen für künstliche Intelligenz und Robotik", „5. Ethische Aspekte", und „6. Steuerung". Der Abschnitt zum Rechtsrahmen enthielt neben den Themen „4.1. Ein Binnenmarkt für künstliche Intelligenz", „4.2 Personenbezogene Daten und Datenschutz", „4.4 Verbraucherschutz und Stärkung der Verbraucher", „4.5 Rechte des geistigen Eigentums" auch einen eigenen Teil in 4.3. zu Haftungsfragen.

570 *HEG-KI*, Eine Definition der KI: Wichtigste Fähigkeiten und Wissenschaftsgebiete, 2018, S. 5 ff..

571 *Heinickel/Döveling*, in: Kaulartz/Braegelmann Rechtshandbuch Artificial Intelligence und Machine Learning, 2020, Kapitel 3, Rn. 31 ff..

572 So z.B. bei *Borges*, DB 2022, 2650 (2653).

573 So z.B. bei *Spindler*, CR 2021, 361 (363).

574 *Dettling/Krüger*, MMR 2019, 211 (212).

575 Europäisches Parlament 2014–2019, P8_TA(2019)0081, Entschließung des Europäischen Parlaments vom 12. Februar 2019 zur umfassenden europäischen Industriepolitik in Bezug auf künstliche Intelligenz und Robotik (2018/2088(INI)).

Dort wurde zunächst die Initiative der Kommission zur Gründung und zum Einsatz der Sachverständigengruppe für Haftung und neue Technologien begrüßt,[576] jedoch bedauert, dass in dieser Wahlperiode kein Legislativvorschlag vorgelegt wurde, wodurch die Aktualisierung der Haftungsregelungen auf EU-Ebene verzögert und die Rechtssicherheit in der EU auf diesem Gebiet sowohl für Händler als auch für die Verbraucher bedroht würde.[577] Inhaltlich sprach sich das Parlament schließlich dafür aus, dass KI-Entwickler bzw. die Unternehmen, die sie beschäftigen, weiterhin für die möglichen sozialen, ökologischen und gesundheitlichen Auswirkungen der KI-Systeme oder der Robotik auf die heutige Generation und auf künftige Generationen rechenschaftspflichtig bleiben sollten.[578] Somit sollte als Haftungssubjekt lediglich der Hersteller eines KI-Systems infrage kommen und nicht, wie noch in ihrer ersten Entschließung angedacht, die ePerson als eigener Anspruchsgegner für Geschädigte.[579] Darüber hinaus enthielt die Entschließung keine weiteren Neuerungen aus haftungsrechtlicher Perspektive.

h) HEG-KI: Ethik-Leitlinien für eine vertrauenswürdige KI

Am 8. April 2019 legte die KI-EG ihre zweite größere Veröffentlichung vor. Dabei handelte es sich um Ethik-Leitlinien für vertrauenswürdige KI.[580]

---

576 Europäisches Parlament 2014–2019, P8_TA(2019)0081, Entschließung des Europäischen Parlaments vom 12. Februar 2019 zur umfassenden europäischen Industriepolitik in Bezug auf künstliche Intelligenz und Robotik (2018/2088(INI)), 131.

577 Europäisches Parlament 2014–2019, P8_TA(2019)0081, Entschließung des Europäischen Parlaments vom 12. Februar 2019 zur umfassenden europäischen Industriepolitik in Bezug auf künstliche Intelligenz und Robotik (2018/2088(INI)), 132.

578 Europäisches Parlament 2014–2019, P8_TA(2019)0081, Entschließung des Europäischen Parlaments vom 12. Februar 2019 zur umfassenden europäischen Industriepolitik in Bezug auf künstliche Intelligenz und Robotik (2018/2088(INI)), 133.

579 Europäisches Parlament 2014–2019, P8_TA-PROV(2017)0051, Zivilrechtliche Regelungen im Bereich Robotik, Entschließung des Europäischen Parlaments vom 16.2.2017 mit Empfehlungen an die Kommission zu zivilrechtlichen Regelungen im Bereich Robotik (2015/2103[INL]), 59, f).

580 Abzurufen unter: https://demographie-netzwerk.de/site/assets/files/4421/ethik-leitlinien_fur_eine_vertrauenswurdige_ki_1.pdf (Letztes Abrufdatum: 10.11.2023);

Bereits im Dezember 2018 wurde dazu ein Konsultationsentwurf herausgebracht, welcher zu über 500 abgegebenen Stellungnahmen führte.[581]

Nach Ansicht der KI-EG zeichne sich eine vertrauenswürdige KI durch drei Komponenten aus, welche während des gesamten Lebenszyklus des KI-Systems erfüllt sein müssen. Sie soll zum einen rechtmäßig sein und somit alle anwendbaren Gesetze und Bestimmungen einhalten. Zudem sollte sie ethisch sein, also die Einhaltung ethischer Grundätze und Werte garantieren. Schließlich sollte sie auch robust sein, und zwar sowohl in technischer als auch in sozialer Hinsicht. Der Schwerpunkt der Ethik-Leitlinien lag laut eigener Aussage der HEG-KI nicht auf der ersten Komponente, sondern auf einer Orientierung für die Förderung und Sicherung einer ethischen und robusten KI (Komponenten zwei und drei).[582]

Insgesamt sieben Anforderungen nannte das Expertengremium an die Vertrauenswürdigkeit von KI.

aa) Vorrang menschlichen Handelns und menschliche Aufsicht

KI-Systeme sollen die menschliche Autonomie und Entscheidungsfindung unterstützen. Beim Einsatz von KI sollen stets Grundrechte und das menschliche Handeln den Vorrang haben. Damit das KI-System nicht die menschliche Autonomie untergräbt oder sich sonst nachteilig auswirkt, soll eine menschliche Aufsicht eingesetzt werden.[583]

bb) Technische Robustheit und Sicherheit

Aus Sicht der HEG-KI war für eine vertrauenswürdige KI erforderlich, dass sie technisch robust ist. Damit eng verbunden ist der Grundsatz der Schadensverhütung. Zudem sollen KI-Systeme widerstandsfähig gegen Angriffe und Sicherheitsverletzungen gemacht werden. Dazu gehöre auch ein

---

vgl. dazu knapp *Pfeil*, InTeR 2020, 17 (20 f.).

[581] Abzurufen unter: https://ec.europa.eu/futurium/en/ethics-guidelines-trustworthy-ai/stakeholder-consultation-guidelines-first-draft.html (Letztes Abrufdatum: 14.11.2023).

[582] *HEG-KI*, Ethik-Leitlinien für eine vertrauenswürdige KI, 2019, Rn. 15.

[583] *HEG-KI*, Ethik-Leitlinien für eine vertrauenswürdige KI, 2019, Rn. 62 ff..

Auffangplan im Falle einer Sicherheitsverletzung. Für die Vertrauenswürdigkeit von KI müssen die Algorithmen verlässlich, präzise und reproduzierbar sein, um Fehler oder Unstimmigkeiten in sämtlichen Phasen des Lebenszyklus des KI-Systems zu bewältigen.[584]

cc) Schutz der Privatsphäre und Datenqualitätsmanagement

KI-Systeme sollen den Datenschutz und den Schutz der Privatsphäre der Benutzer gewährleisten. Darüber hinaus sollen sie bestimmten Anforderungen an die Qualität und Integrität der Daten genügen. Weiterhin sollen Regelungen und Protokolle angefertigt werden, die Aufschluss über den Datenzugriff in bestimmten Fällen geben.[585]

dd) Transparenz

Als weitere Anforderung an die Vertrauenswürdigkeit von KI wurde Transparenz gesehen. Damit verbunden sind die Rückverfolgbarkeit und die Erklärbarkeit von technischen Prozessen der KI. Aber auch die Kommunikation der KI-Systeme mit Nutzern soll Rahmenbedingungen unterliegen, die die Transparenz fördern.[586]

ee) Vielfalt, Nichtdiskriminierung und Fairness

KI-Systeme sollen so konzipiert werden, dass sie dem gesamten Spektrum menschlicher Fähigkeiten, Fertigkeiten und Anforderungen Rechnung tragen und die Barrierefreiheit gewährleisten. Etwaige unfaire Verzerrungen oder Diskriminierungen sollen vermieden werden.[587]

ff) Gesellschaftliches und ökologisches Wohlergehen

Während des gesamten KI-Lebenszyklus sollen auch die breite Gesellschaft, andere fühlende Wesen und die Umwelt als Akteure berücksichtigt

---

584 *HEG-KI*, Ethik-Leitlinien für eine vertrauenswürdige KI, 2019, Rn. 66 ff..
585 *HEG-KI*, Ethik-Leitlinien für eine vertrauenswürdige KI, 2019, Rn. 71 ff..
586 *HEG-KI*, Ethik-Leitlinien für eine vertrauenswürdige KI, 2019, Rn. 75 ff..
587 *HEG-KI*, Ethik-Leitlinien für eine vertrauenswürdige KI, 2019, Rn. 79 ff..

werden. Ein besonderes Augenmerk soll dabei auf einer nachhaltigen und umweltfreundlichen KI, sowie auf den sozialen Auswirkungen und solche auf Gesellschaft und Demokratie liegen.[588]

gg) Rechenschaftspflicht

Schließlich sollen im Rahmen der Rechenschaftspflicht Maßnahmen ergriffen werden, die die Verantwortlichkeit von KI-Systemen und deren Ergebnisse gewährleisten. Es handelt sich um eine Ergänzung des Grundsatzes der Fairness. Für die Rechenschaftspflicht notwendig sei eine Nachprüfbarkeit, die Minimierung negativer Auswirkungen, die Berichterstattung darüber, die Eingehung von Kompromissen sowie die Ermöglichung von Rechtsschutzmaßnahmen.[589]

hh) Fazit

Zusammen mit den Anforderungen für vertrauenswürdige KI wurde auch eine Bewertungsliste mit Kontrollfragen herausgegeben. Ausgestaltet war es als Pilotprojekt für den Sommer 2019, wodurch die Kommission mit der breiten Beteiligung verschiedener Interessengruppen ermittelte, ob diese Leitlinien in der Praxis umgesetzt werden konnten.[590]

Die haftungsrechtliche Relevanz der Leitlinien war vergleichsweise als gering zu beurteilen. Dies lag vor allem am gesetzten Fokus innerhalb des Dreiklangs der HEG-KI auf Robustheit und Ethik und nicht auf Rechtmäßigkeit. Dieser Eindruck wurde durch die Bedeutung der Veröffentlichung im rechtswissenschaftlichem Schrifttum bestätigt.[591] Dennoch erwähnte die HEG-KI an verschiedenen Stellen die große Relevanz von rechtlichen Vorschriften, etwa der Produkthaftungsrichtlinie.[592] Darüber hinaus betonte sie

---

588 *HEG-KI*, Ethik-Leitlinien für eine vertrauenswürdige KI, 2019, Rn. 83 ff..

589 *HEG-KI*, Ethik-Leitlinien für eine vertrauenswürdige KI, 2019, Rn. 87 ff..

590 *HEG-KI*, Ethik-Leitlinien für eine vertrauenswürdige KI, 2019, Rn. 19, 20.

591 Vgl. nur *Orssich*, EuZW 2022, 254 (255); *Holthausen*, RdA 2021, 19 (26); *Schliesky*, NJW 2019, 3692 (3694 ff.); eine ausführliche Darstellung der Ethik-Leitlinien findet sich bei *Dettling/Krüger*, MMR 2019, 211.

592 *HEG-KI*, Ethik-Leitlinien für eine vertrauenswürdige KI, 2019, Rn. 22, 104,

die Möglichkeit von Haftungsausschlüssen, z.B. bei der Einhaltung von Zertifizierungen oder zur Kenntlichmachung bei der Interaktion von Menschen mit einem KI-System.[593]

i) Mitteilung der Kommission: Schaffung von Vertrauen in eine auf den Menschen ausgerichtete künstliche Intelligenz

Die dritte Mitteilung der Kommission auf dem Gebiet der KI erfolgte am 8. April 2019.[594] Sie enthielt ein Zwischenfazit, in dem die bisherigen Bemühungen resümiert werden sowie einen weiteren Verlaufsplan für die Zukunft. Zunächst wurden die wichtigsten Aussagen der Dokumente von 2018[595] wiederholt. Im Fokus soll eine menschenzentrierte KI stehen und die Investitionen in der nächsten Dekade sollen steigen.[596] Sodann legte die Kommission fest, dass Vertrauen eine Grundvoraussetzung für die menschenzentriete KI ist. In diesem Zusammenhang nannte sie die Achtung der Menschenwürde, Freiheit, Demokratie, Gleichheit, Rechtsstaatlichkeit und die Wahrung der Menschenrechte als Werte der EU und verwies überdies auf die EU-Grundrechtecharta. Die Union verfüge über einen starken Rechtsrahmen, welcher weltweite Standards für eine menschenzentrierte KI setzen wird. Konkret verwiesen wurde lediglich auf die DS-GVO, die ein hohes Maß an Schutz personenbezogener Daten gewährleiste und verbindliche Vorkehrungen vorschreibe, die den Datenschutz durch Technik und datenschutzfreundliche Voreinstellungen einschließen. Zudem beseitige die Verordnung über einen Rahmen für den freien Verkehr nichtpersonenbezogener Daten in der Europäischen Union[597] Hindernisse für die Weitergabe nicht personenbezogener Daten. Die KI würde aufgrund ihrer

[593] *HEG-KI*, Ethik-Leitlinien für eine vertrauenswürdige KI, 2019, Rn. 107, 131.

[594] EU-Kommission, Schaffung von Vertrauen in eine auf den Menschen ausgerichtete künstliche Intelligenz, COM(2019) 168 final.

[595] EU-Kommission, Künstliche Intelligenz für Europa, COM(2018) 237 final; EU-Kommission, Koordinierter Plan für künstliche Intelligenz, COM(2018) 795 final.

[596] EU-Kommission, Schaffung von Vertrauen in eine auf den Menschen ausgerichtete künstliche Intelligenz, COM(2019) 168 final, S. 1 f..

[597] Verordnung (EU) 2018/1807.

eigenständigen Lern- und Entscheidungsfähigkeit, jedoch trotzdem Herausforderungen mit sich bringen. An dieser Stelle wurde jedoch vor allem auf die mögliche fehlende Akzeptanz in der Gesellschaft und das Problem der möglichen Diskriminierung durch KI aufmerksam gemacht. Hinweise zu Haftungsfragen durch KI fanden sich allenfalls bei der Erwähnung von möglichen Cyberangriffen auf KI-Systeme.[598]

Die Kommission begrüßte und unterstützte in der Mitteilung sodann die sieben herausgearbeiteten Kernanforderungen der Expertengruppe.[599] Schließlich legte sie als nächsten Schritt in der Zukunft das Testen und Umsetzen der Ethikleitlinien in der Praxis fest. Zudem sollte im Bereich der KI die Zusammenarbeit auch mit nicht europäischen Staaten, etwa Japan, Kanada oder Singapur erfolgen.[600]

j) HEG-KI: Vorschläge für Politiken und Investitionen für eine vertrauenswürdige KI („Recommendations")

aa) Einleitung

Aufbauend auf ihren Leitlinien veröffentlichte die HEG-KI am 26. Juni 2019 ihre „Vorschläge zu Politiken und Investitionen für eine vertrauenswürdige KI", die sogenannten „Recommendations".[601] Das Paper bestand aus zwei größeren Kapiteln. Der erste Teil enthielt Vorschläge zu vier verschiedenen Bereichen in der Gesellschaft, die aus Sicht der HEG-KI für die KI-Entwicklung besondere Relevanz haben. Dazu zählten „Stärkung und Schutz von Mensch und Gesellschaft",[602] „Transformation des euro-

598 EU-Kommission, Schaffung von Vertrauen in eine auf den Menschen ausgerichtete künstliche Intelligenz, COM(2019) 168 final, S. 2 f..

599 EU-Kommission, Schaffung von Vertrauen in eine auf den Menschen ausgerichtete künstliche Intelligenz, COM(2019) 168 final, S. 4 f..

600 EU-Kommission, Schaffung von Vertrauen in eine auf den Menschen ausgerichtete künstliche Intelligenz, COM(2019) 168 final, S. 8 ff..

601 *HEG-KI*, Policy and Investment Recommendations for Trustworthy AI, 2019, (lediglich in englischer Sprache) abzurufen unter: https://digital-strategy.ec.europa.eu/en/library/policy-and-investment-recommendations-trustworthy-artificial-intelligence (Letztes Abrufdatum: 14.11.2023).

602 *HEG-KI*, Recommendations, S. 10 ff..

päischen Privatsektors",[603] „Der öffentliche Sektor in Europa als Katalysator für nachhaltiges Wachstum und Innovation"[604] und „Sicherstellung erstklassiger Forschungskapazitäten".[605]

Im zweiten Teil fanden sich sodann die aus Sicht der Gruppe relevanten Wegbereiter für eine vertrauenswürdige KI. Diese sind „Verfügbarkeit von Daten und Infrastruktur",[606] „Bildung und Fähigkeiten für KI",[607] „Governance- und Regulierungsrahmen"[608] sowie „Finanzierung und Investitionen".[609]

bb) Regulierungsrahmen

Aus juristischer Sicht war der Governance- und Regulierungsrahmen von Bedeutung. Die Vorschläge der HEG-KI sollten nach eigener Aussage ihre bereits erarbeiteten Leitlinien ergänzen.

(1) Risikobasierter Ansatz

Zunächst regte die HEG-KI einen risikobasierten Ansatz an.[610] Damit war gemeint, dass Art, Intensität und Zeitpunkt von Regulierungsmaßnahmen von der Art des Risikos abhängen, das durch einen auf dem Verhältnismäßigkeits- und Vorsorgeprinzip[611] beruhenden Ansatz geschaffen wird. Es sollte zwischen verschiedenen Risikoklassen unterschieden werden, weil nicht alle Risiken gleich sind. Dabei war der Begriff „Risiko" weit gefasst und umfasste nachteilige Auswirkungen, sowohl individueller als auch gesellschaftlicher Art. Die Expertengruppe schlug als Formel vor, dass je größer die Auswirkungen und/oder die Wahrscheinlichkeit eines durch KI geschaffenen Risikos sind, desto stärker die angemes-

603 *HEG-KI*, Recommendations, S. 15 ff..
604 *HEG-KI*, Recommendations, S. 17 ff..
605 *HEG-KI*, Recommendations, S. 21 ff..
606 *HEG-KI*, Recommendations, S. 27 ff..
607 *HEG-KI*, Recommendations, S. 31 ff..
608 *HEG-KI*, Recommendations, S. 37 ff..
609 *HEG-KI*, Recommendations, S. 43 ff..
610 *HEG-KI*, Recommendations, S. 37 ff..
611 „proportionality and precautionary principle", Recommendations, S. 38.

sene Regulierungsmaßnahme sein soll. Dabei sollte insbesondere der Grad der Autonomie beim KI-System eine entscheidende Rolle spielen. Zudem sollte mit sogenannten „unannehmbaren Risiken“ in KI-Anwendungen präventiv umgegangen werden, d.h. Vorsichtsmaßnahmen von Regulierungsbehörden ergriffen werden, wenn Hinweise auf eine Gefahr für die Umwelt, die Gesundheit oder eine andere ernsthafte Bedrohung vorliegen. Als Beispiel nannte die HEG-KI eine Bedrohung demokratischer Prozesse. Wann solche Gefahren drohen und wann demnach Risiken vorliegen, die als inakzeptabel beurteilt werden, sollte nach der HEG-KI innerhalb größerer öffentlicher Beratungen unter Zugrundelegung des Unionsrechts und der Grundrechte-Charta erörtert und entschieden werden.

(2) Evaluation und Überarbeitung des Unionsrechts

Als weiteres Vorgehen sollten durch die HEG-KI zunächst eine Bestandsaufnahme und Bewertung des KI-relevanten Unionsrecht erfolgen. Die Expertengruppe formulierte dazu verschiedene Fragen, die zukünftig zu erörtern sind. Zunächst sollte der Frage nachgegangen werden, inwieweit und in welcher Weise die politischen und rechtlichen Ziele, die diesen Rechtsvorschriften zugrunde liegen von KI-Systemen betroffenen sind. Sodann sollte beantwortet werden, in welchem Umfang die Maßnahmen zur Überwachung, Informationsbeschaffung und Durchsetzung von Rechtsvorschriften noch in der Lage sind, eine sinnvolle und wirksame Aufsicht zu gewährleisten, um die Erreichung der Ziele sicherzustellen. Schließlich soll erläutert werden, inwieweit das Recht dazu beiträgt, die Grundsätze der Ethik-Leitlinien zu fördern und zu gewährleisten.[612]

Zur zivilrechtlichen Haftung äußerte sich die Gruppe nur knapp. Es sollte zu prüfen sein, ob es für sicherheits- und grundrechtskritische Bereiche notwendig oder wünschenswert ist, Rückverfolgbarkeits- und Meldepflichten für KI-Anwendungen einzuführen. Dies könnte ihre Überprüfbarkeit erleichtern, eine externe Vorabüberwachung vor ihrem Einsatz ermöglichen, zu einer systematischen und kontinuierlichen Überwachung und Kontrolle durch Behörden führen sowie zu einem sinnvollen menschlichen Eingreifen und Überwachen verpflichten können.[613] Die HEG-KI wies jedoch darauf hin, dass die Kommission eine eigene Expertengruppe aufgestellt und ihr aufgetragen hat, den derzeitigen Rechtsrahmen für die Haftung für KI zu evaluieren.[614]

Weiterhin sollten z.B. die verbraucherschützenden Vorschriften hinsichtlich illegaler, unlauterer, irreführender, ausbeuterischer und manipula-

[612] *HEG-KI*, Recommendations, S. 38 f..
[613] *HEG-KI*, Recommendations, S. 39, Nr. 27.2.
[614] *HEG-KI*, Recommendations, S. 39, Fußnote 55.

tiver Praktiken, die durch KI-Anwendungen ermöglicht werden, untersucht werden.[615]

k) EG-LNT: Haftung für Künstliche Intelligenz und andere digitale Technologien

Neben der HEG-KI existierte ein weiteres spezialisiertes Gremium, die Expert Group on Liability and New Technologies (kurz: EG-LNT). Die EG-LNT bestand aus 18 Mitgliedern aus verschiedenen europäischen Staaten. Aus Deutschland waren *Borges*, *Spindler* und aus Österreich *Wendehorst* vertreten. Auch sie beriet die EU-Kommission in Bezug auf Anwendbarkeit der Produkthaftungsrichtlinie auf traditionelle Produkte, neue Technologien und neue gesellschaftliche Herausforderungen und unterstützte sie bei der Ausarbeitung von Grundsätzen und Leitlinien die für eine mögliche Gesetzesanpassung verwendet werden könnten.

aa) Überblick

Am 27. November 2019 veröffentlichte die EG-LNT sodann einen Bericht zur Haftung für Künstliche Intelligenz und andere entstehende digitale Technologien.[616] Auf dem 60-seitigen Paper gab die EG-LNT nach einer längeren Einleitung[617] einen Überblick über die bestehenden Haftungsregime,[618] Beispiele für die Anwendung von bestehenden Haftungsregimen auf entstehende digitale Technologien[619] sowie spezifische Herausforderun-

615 *HEG-KI*, Recommendations, S. 39, Nr. 27.4.

616 *EG-LNT*, Liability for Artificial Intelligence and other emerging digital technologies, 2019, lediglich in englischer Sprache abzurufen unter: https://op.europa.eu/en/publication-detail/-/publication/1c5e30be-1197--11ea-8c1f-01aa75ed71a1/language-en (Letztes Abrufdatum: 21.3.2024).

617 *EG-LNT*, Liability for Artificial Intelligence and other emerging digital technologies, 2019, S. 11 ff..

618 *EG-LNT*, Liability for Artificial Intelligence and other emerging digital technologies, 2019, S. 15 f..

619 *EG-LNT*, Liability for Artificial Intelligence and other emerging digital technologies, 2019, S. 16 ff..

gen für das bestehende Deliktsrecht durch neue digitale Technologien.[620] Sodann folgen Perspektiven der Haftung für neue digitale Technologen.[621] Die Verfasser hoben in ihrem gesamten Bericht keine Rechtsordnung explizit hervor.

bb) Neue Technologien als Herausforderungen für die Haftung

Bei den Herausforderungen von digitalen Technologien für das Haftungsrecht nannte die EG-LNT sieben spezifische Eigenschaften dieser neuen Technologien. Namentlich sind dies Komplexität, Opazität, Offenheit, Autonomie, Vorhersehbarkeit, Datengetriebenheit und Vulnerabilität. Dabei könne zwar jede dieser Veränderungen allmählich erfolgen, aber das Ausmaß und die Häufigkeit der betroffenen Situationen sowie die kombinierte Wirkung könnten zu einer Beeinträchtigung von Rechtsgütern führen.[622]

cc) Einführung neuer Haftungssubjekte und neuer Gefährdungshaftung

Die EG-LNT sprach sich dafür aus, keine neue Rechtspersönlichkeit für autonome Systeme einzuführen[623] und schlug stattdessen eine Gefährdungshaftung vor.[624] Die verschuldensunabhängige Haftung sei eine angemessene Reaktion auf die Risiken, die von neu entstehenden digitalen Technologien ausgehen, wenn diese etwa in privaten Unternehmen eingesetzt würden und in der Regel erhebliche Schäden verursachen können. Die Gruppe war sich uneinig darüber, ob die verschuldensunabhängige Haftung für neue digitale Technologien entweder beim Eigentümer, Halter, Nutzer oder doch beim Hersteller liegen sollte. Am Beispiel des autonomen Fahrzeugs zeigt die

---

620 *EG-LNT*, Liability for Artificial Intelligence and other emerging digital technologies, 2019, S. 19 ff..

621 *EG-LNT*, Liability for Artificial Intelligence and other emerging digital technologies, 2019, S. 32 ff..

622 *EG-LNT*, Liability for Artificial Intelligence and other emerging digital technologies, 2019, S. 32.

623 *EG-LNT*, Liability for Artificial Intelligence and other emerging digital technologies, 2019, S. 37 ff.; genauer zur Geschichte der ePerson unter Zweiter Teil, III..

624 *EG-LNT*, Liability for Artificial Intelligence and other emerging digital technologies, 2019, S. 39.

EG-LNT auf, dass zukünftig die meisten Unfälle durch eine Fehlfunktion der Technologie und nicht durch einen menschlichen Fehler verursacht werden. Aus diesem Grund sei es auf den ersten Blick angemessen, den Hersteller ohne Verschulden haften zu lassen, da er der „cheapest cost avoider" und am besten in der Lage ist, das Unfallrisiko zu kontrollieren. Dagegen spreche jedoch, dass Eigentümer, Halter und Nutzer immer noch entscheiden würden, wann, wo und zu welchen Zwecken die Technologie eingesetzt wird und diejenigen seien, die unmittelbar vom Einsatz profitieren. Zudem würden, selbst wenn die verschuldensunabhängige Haftung für den Betrieb der Technologie (neben der Produkthaftung zusätzlich) beim Hersteller liegen würde, die Kosten für die Versicherung über den Preismechanismus ohnehin auf die Nutzer abgewälzt werden.[625] Die strenge Haftung soll die Person treffen, die das mit dem Einsatz neuer digitaler Technologien verbundene Risiko beherrsche und aus ihrem Einsatz einen Nutzen ziehe. Nach der EG-LNT ist diese Person der sog. Operator, also Betreiber.[626] Als eine Art Kompromiss, insbesondere nach dem zuvor Gesagten, stellte die Expertengruppe jedoch fest, dass es bei neu entstehenden Technologien oft mehr als nur eine Person gebe, die sinnvollerweise als Betreiber angesehen werden kann. Sollte es zwei oder mehr Betreiber geben, könne insbesondere zwischen den neuen Begriffen „frontend operator" und „backend operator" unterschieden werden. Dabei ist der „frontend operator" die Person, die in erster Linie über den Einsatz der betreffenden Technologie entscheidet und daraus Nutzen zieht und der „backend operator" die Person, die die Merkmale der betreffenden Technologie kontinuierlich festlegt und wesentliche und fortlaufende Backend-Unterstützung leistet. Die verschuldensunabhängige Haftung soll bei demjenigen liegen, der mehr Kontrolle über die Risiken des Vorgangs habe. Zudem sollten Einreden und gesetzliche Ausnah-

[625] *EG-LNT*, Liability for Artificial Intelligence and other emerging digital technologies, 2019, S. 40 f..

[626] *EG-LNT*, Liability for Artificial Intelligence and other emerging digital technologies, 2019, S. 39, Nr. 5 Abs. 9, 10.

men von der verschuldensabhängigen Haftung im Lichte der neuen Technologien überdacht werden, insbesondere, wenn diese vor allem auf die traditionelle Vorstellung von der Kontrolle durch den Menschen zugeschnitten sind.[627] Im Kontext von neuen digitalen Technologien seien die traditionellen Konzepte von Eigentümer, Nutzer oder Halter nicht mehr hilfreich. Vielmehr wäre das neutrale und flexible Konzept des Betreibers vorzugswürdig. Neue Technologien würden sich auch dadurch auszeichnen, dass es mehrerer beteiligter Personen für die Nutzung bedürfe, sodass man zwischen Frontend- und Backend-Betreibern differenzieren könne. Meistens bleibe zwar der Frontend-Betreiber in der Position mit der überwiegenden Kontrolle über das Risiko des Systems, es kann jedoch auch Fälle geben, in denen sie beim Backend-Betreiber verbleibt, sodass es überzeugend sei, diesen haftbar zu machen.[628]

Weil der Backend-Betreiber von der EG-LNT so definiert wird, dass er mit dem Herstellerbegriff des Produkthaftungsrechts – zumindest bei autonomen Digitalprodukten – nahezu deckungsgleich ist, wurde im Schrifttum nach Gründen für diese überraschende Entscheidung gesucht. *Wagner* ging davon aus, dass die Gruppe deshalb so handelte, um ihr Mandat und damit ihre eigene Daseinsberechtigung nicht zu verlieren. Hätte sich die Gruppe vor allem auf die Herstellerhaftung festgelegt, wäre der Zweck des Gremiums erledigt gewesen, weil bereits eine andere Expertengruppe zur Reform der Produkthaftungsrichtlinie forschte.[629] So lässt sich die künstliche Einteilung in Frontend- und Backend-Betreiber, die de facto eine zweite Haftungsspur neben der Produkthaftungsrichtlinie bedeute, erklären.

---

[627] *EG-LNT*, Liability for Artificial Intelligence and other emerging digital technologies, 2019, S. 39, Nr. 5 Abs. 11, 12.

[628] *EG-LNT*, Liability for Artificial Intelligence and other emerging digital technologies, 2019, S. 41 f..

[629] *Wagner*, ZEuP 2021, 545 (553).

dd) *Erweiterung der Herstellerhaftung*

Nach Ansicht der EG-LNT sollte die verschuldensunabhängige Haftung des Herstellers eine Schlüsselrolle bei der Entschädigung für Schäden spielen, die durch fehlerhafte Produkte und ihre Bestandteile verursacht werden, unabhängig davon, ob sie in physischer oder digitaler Form vorliegen.[630] Eine beabsichtigte Neuerung ist, dass der Hersteller auch für solche Fehler einer Technologie verschuldensunabhängig einstehen sollte, die erst nach dem Inverkehrbringen des Produkts auftreten, solange er noch die Kontrolle über Updates und Upgrades der Technologie hatte. Dabei sollte die Einrede des Entwicklungsrisikos nicht gelten.[631] Weiterhin sprach sich die EG-LNT im Rahmen der Herstellerhaftung dafür aus, dass im Falle eines Schadens durch eine neue digitale Technologie die Beweislast für den Mangel umgekehrt werden sollte, wenn es unverhältnismäßig umständlich oder kostspielig ist, festzustellen, ob das entsprechende Sicherheitsniveau vom Hersteller eingehalten wurde.[632]

ee) *Anpassung von Verschuldenshaftung und Sorgfaltspflichten*

Das Gremium empfahl für Betreiber und Hersteller eine Erweiterung ihrer Sorgfaltspflichten. So sollten die Pflichten der Betreiber verschärft werden, das richtige System für die richtige Aufgabe und Fähigkeiten auszuwählen, das System zu überwachen und es zu warten.[633] Es sei jedoch nicht interessengerecht, das Risiko vollständig auf die Betreiber zu verlagern. Dies gelte insbesondere bei fortschrittlichen Technologien, bei denen es immer schwieriger werde, das geeignete (KI-)System für die jeweilige Aufgabe und die jeweiligen Fähigkeiten auszuwählen und somit alle Sorgfaltspflich-

---

[630] *EG-LNT*, Liability for Artificial Intelligence and other emerging digital technologies, 2019, S. 42, Nr. 6, Abs. 13.

[631] *EG-LNT*, Liability for Artificial Intelligence and other emerging digital technologies, 2019, S. 42, Nr. 6, Abs. 14.

[632] *EG-LNT*, Liability for Artificial Intelligence and other emerging digital technologies, 2019, S. 42, Nr. 6, Abs. 15.

[633] *EG-LNT*, Liability for Artificial Intelligence and other emerging digital technologies, 2019, S. 44, Nr. 7, Abs. 16.

ten zu erfüllen. Daher sollte es auch für Hersteller eine Verschärfung ihrer Pflichten geben.

Hersteller sollten verpflichtet werden, Produkte so zu gestalten, zu beschreiben und zu vermarkten, dass die Betreiber die o.g. Pflichten tatsächlich erfüllen können. Zudem werden sie zu einer Überwachung des Produkts nach dem Inverkehrbringen verpflichtet.[634] Die EG-LNT wies darauf hin, dass eine solche Produktbeobachtungspflicht bereits in vielen nationalen Deliktsrechtsordnungen der Mitgliedstaaten etabliert ist.[635] Dies trifft auch auf die Produzentenhaftung nach § 823 BGB im deutschen Recht zu.

ff) Stellvertretende Haftung für autonome Systeme

Auch den Bereich der Zurechnung von Handlungen von autonomer Technologie wollte die EG-LNT neu regeln. So schlug sie eine Anlehnung an die Haftung für Verrichtungs- bzw. Erfüllungsgehilfen nach den §§ 831 bzw. 278 BGB vor. Diese sei dann einschlägig, wenn ein Schaden durch eine autonome Technologie verursacht wird, die in der Weise eingesetzt wird, dass sie funktional dem Einsatz menschlicher Hilfskräfte entspricht. In Anspruch genommen werden soll sodann der Betreiber.[636] Als Beurteilungsmaßstab für die Leistung autonomer Technologie gelte in erster Linie dieselbe, die auch für menschliche Hilfspersonen gelte. Sobald jedoch die autonome Technologie so weit fortgeschritten ist, dass sie die Leistung menschlicher Hilfskräfte überschreitet, gelte als Beurteilungsmaßstab die Leistung von vergleichbaren verfügbaren Technologien, deren Einsatz dem Betreiber unter Berücksichtigung seiner Sorgfaltspflichten zugemutet werden könnte.[637]

---

634 *EG-LNT*, Liability for Artificial Intelligence and other emerging digital technologies, 2019, S. 44, Nr. 7, Abs. 17.

635 *EG-LNT*, Liability for Artificial Intelligence and other emerging digital technologies, 2019, S. 45.

636 *EG-LNT*, Liability for Artificial Intelligence and other emerging digital technologies, 2019, S. 45, Nr. 8, Abs. 18.

637 *EG-LNT*, Liability for Artificial Intelligence and other emerging digital technologies, 2019, S. 45, Nr. 8, Abs. 19.

Diese Haftung für Hilfspersonen sollte die Gefährdungshaftung sowie angepasste verschuldensunabhängige Haftung ergänzen. Dabei sollte sie jeweils nach nationalem Recht bestehen und entweder direkt oder im Rahmen einer Analogie angewendet werden.[638]

gg) Protokollierung im Produktdesign

Neben konkreten Vorschlägen zu neuen Haftungstatbeständen beabsichtigte die EG-LNT auch eine zukünftige Änderung der Konstruktion von neuer Technologie zu erreichen. Dies sollte dadurch geschehen, dass Hersteller zukünftig verpflichtet sein sollen, ihre Produkte so zu konstruieren, dass sie mit Mitteln zur Aufzeichnung von Informationen über den Einsatz der Technologie ausgestattet sind (sog. Logging by Design). Die Verpflichtung sollte jedoch nur für Informationen sein, die typischerweise notwendig sind, um festzustellen, ob sich ein Risiko der Technologie verwirklicht hat. Zudem musste die Aufzeichnung angemessen und verhältnismäßig sein. Dabei waren insbesondere ihre technische Durchführbarkeit und ihre Kosten, die Verfügbarkeit alternativer Mittel zur Informationserfassung, die Art und das Ausmaß der von der Technologie ausgehenden Risiken sowie etwaige nachteilige Auswirkungen der Aufzeichnung auf die Rechte anderer zu berücksichtigen.[639] Weiterhin durfte das Logging by Design nur in Einklang mit dem bestehenden Recht, insbesondere dem Datenschutz- und dem Geschäftsgeheimnisrecht erfolgen.[640] Sollten protokollierte Informationen fehlen oder wurde es versäumt, dem Geschädigten einen angemessenen Zugang zu den Informationen zu gewähren, sprach sich die EG-LNT für eine widerlegbare Vermutung aus, dass die Voraussetzungen einer Haftung, die mit den fehlenden Informationen zu beweisen sind, erfüllt

---

[638] *EG-LNT*, Liability for Artificial Intelligence and other emerging digital technologies, 2019, S. 46.

[639] *EG-LNT*, Liability for Artificial Intelligence and other emerging digital technologies, 2019, S. 47, Nr. 9, Abs. 20.

[640] *EG-LNT*, Liability for Artificial Intelligence and other emerging digital technologies, 2019, S. 47, Nr. 9, Abs. 21.

sind.[641] Sofern der Betreiber aufgrund dieser Vermutung verpflichtet wäre, den Schaden zu ersetzen, soll ihm gegen den Hersteller, der es versäumt habe, die Technik mit Erfassungseinrichtungen auszustatten, ein Rückgriffsanspruch zustehen.[642]

Durch die Regelungen zur Protokollierung wollte die EG-LNT der Komplexität und Undurchsichtigkeit neuer Technologien entgegenwirken. Dies sei auch deswegen interessengerecht, weil es neue Technologien gleichzeitig ermöglichen, Ereignisse zuverlässig und detailliert die Ursachen eines Unfalls festzuhalten.

hh) Beweislastverschiebung

Nicht nur im Rahmen der Herstellerhaftung beabsichtigte die EG-LNT Änderungen der Beweislast einzuführen.

(1) Verstoß gegen Regeln der Cybersecurity

Auch unter dem Titel „Safety rules“ schlug sie vor, dass wenn es sich um einen Schaden handelt, der durch Sicherheitsvorschriften vermieden werden sollte, die Nichteinhaltung dieser Sicherheitsvorschriften, einschließlich der Vorschriften über die Cybersicherheit, zu einer Umkehr der Beweislast für Kausalität und/oder Verschulden und/oder das Vorliegen eines Schadens oder Mangels führen sollte.[643] Es war die favorisierte Lösung von zwei möglichen Ansätzen, die die Expertengruppe für die Erfüllung der Cybersicherheit bei digitalen Produkten geäußert hat. Die alternative Lösung war, dass die Einhaltung von Sicherheitsvorschriften zur Vermutung des Nichtvorliegens von Kausalität oder Verschulden führt. Diese konnte aus Sicht der EG-LNT jedoch letztlich nicht überzeugen, weil die Beweislastumkehr besser geeignet sei, den Schwierigkeiten, die Geschädigte beim

---

641 *EG-LNT*, Liability for Artificial Intelligence and other emerging digital technologies, 2019, S. 47, Nr. 9, Abs. 22.

642 *EG-LNT*, Liability for Artificial Intelligence and other emerging digital technologies, 2019, S. 47, Nr. 9, Abs. 23.

643 *EG-LNT*, Liability for Artificial Intelligence and other emerging digital technologies, 2019, S. 48, Nr. 10.

Nachweis von Haftungstatbeständen beim Einsatz neuer digitalen Technologien haben, zu begegnen.[644]

(2) Nachweis des Kausalzusammenhangs

Grundsätzlich soll der Geschädigte weiterhin verpflichtet sein, selbst nachzuweisen, wie es zu dem Schaden gekommen ist.[645] Es soll jedoch neben der Beweislastumkehr bei der fehlenden Protokollierung und einem Verstoß gegen Sicherheitsvorschriften auch dann zu einer Beweislastumkehr kommen, wenn dies angesichts der Herausforderungen neuer digitaler Technologien nach Abwägung bestimmter Faktoren gerechtfertigt ist.[646] Dazu zählen die Wahrscheinlichkeit, dass die Technologie zumindest zum Schaden beigetragen hat, die Wahrscheinlichkeit, dass der Schaden entweder durch die Technologie oder durch eine andere Ursache aus demselben Bereich entstanden ist. Zudem kommt es an auf das Risiko eines bereits bekannten Fehlers innerhalb der Technologie, auch wenn dessen tatsächliche kausale Auswirkung nicht offenkundig ist, auf den Grad der nachträglichen Rückverfolgbarkeit und auf die Verständlichkeit der Prozesse innerhalb der Technologie, die zur Ursache beigetragen haben könnten (Informationsasymmetrie). Von Bedeutung sind weiterhin der Grad der nachträglichen Zugänglichkeit und Verständlichkeit der durch die Technologie gesammelten und generierten Daten sowie Art und Ausmaß des potenziell und tatsächlich verursachten Schadens.[647]

(3) Verschuldensnachweis

Wenn bereits nachgewiesen ist, dass eine neue digitale Technologie einen Schaden verursacht hat und die Haftung dafür von Vorsatz oder Fahrlässig-

644 *EG-LNT*, Liability for Artificial Intelligence and other emerging digital technologies, 2019, S. 49.

645 *EG-LNT*, Liability for Artificial Intelligence and other emerging digital technologies, 2019, S. 49, Nr. 11, Abs. 25.

646 *EG-LNT*, Liability for Artificial Intelligence and other emerging digital technologies, 2019, S. 49, Nr. 11, Abs. 26.

647 *EG-LNT*, Liability for Artificial Intelligence and other emerging digital technologies, 2019, S. 49, Nr. 11, Abs. 26 lit. (a)-(f).

keit einer Person abhängt, so sollte die Beweislast für dieses Verschulden umgekehrt werden, wenn unverhältnismäßige Schwierigkeiten und Kosten bei der Festlegung des einschlägigen Sorgfaltsmaßstabs und bei dem Nachweis der Verletzung des Sorgfaltsmaßstabs dies rechtfertigen. Dies soll unbeschadet der Beweislastumkehrregelungen gelten, die für Verstöße gegen die Protokollierung und gegen Sicherheitsvorschriften gelten.[648]

ii) Minderung des Entschädigungsanspruchs des Opfers

Nach der EG-LNT sollten alle vorgeschlagenen Regelungen und Besonderheiten zur Haftung auch im Rahmen des Mitverschuldens des Geschädigten berücksichtigt werden. Als Beispiel nannte die Gruppe den Fall zweier kollidierender autonomer Fahrzeuge, bei der die Ermittlung beider haftenden Betreiber „spiegelbildlich",[649] also jeweils mittels der genannten Kriterien erfolgen soll.[650] Das was für den Geschädigten haftungsrechtlich von Vorteil ist, muss umgekehrt auch zu seinem Nachteil gelten. Der Anspruch auf Schadenersatz bleibt zwar grundsätzlich bestehen, kann jedoch bei Mitverschulden in seiner Höhe reduziert werden.

jj) Gesamtschuldnerische Haftung innerhalb einer wirtschaftlichen und technischen Einheit

Die EG-LNT schlug weiterhin eine gesamtschuldnerische Haftung vor. Diese sollte diejenigen treffen, die im Rahmen eines Vertrags oder einer ähnlichen Grundlage, bei der Bereitstellung verschiedener Elemente einer wirtschaftlichen und technologischen Einheit zusammenarbeiten. Der Geschädigte muss dafür nachweisen, dass mindestens ein, jedoch nicht wel-

[648] *EG-LNT*, Liability for Artificial Intelligence and other emerging digital technologies, 2019, S. 52, Nr. 12, Abs. 27.

[649] Die EG-LNT verweist auf das „Mirror Principle" des DCFR, Comment 5 on Article VI-5:102 DCFR.

[650] *EG-LNT*, Liability for Artificial Intelligence and other emerging digital technologies, 2019, S. 55, Nr. 13.

ches, Element den Schaden in einer haftungsauslösenden Weise verursacht hat.[651]

Bei der Bestimmung dieser wirtschaftlichen und technologischen Einheit sollen drei Faktoren berücksichtigt werden. Diese sind die gemeinsame oder koordinierte Vermarktung der verschiedenen Elemente, der Grad ihrer technischen Abhängigkeit und ihres Zusammenwirkens sowie der Grad der Spezifität oder Exklusivität ihrer Kombination.[652]

Die Gesamtschuldnerhaftung soll für Geschädigte einen Ausgleich dafür schaffen, dass das Ausfindigmachen der Komponente, welche den konkreten Schaden ausgelöst hat, bei einem komplexen digitalen Ökosystem deutlich erschwert sei, wenn verschiedene Parteien Elemente dafür bereitgestellt haben. Andernfalls könne für Geschädigte das Risiko bestehen, die falsche Partei zu verklagen und somit ohne Ersatz des Schadens, jedoch mit hohen Prozesskosten zu enden. Es sei daher interessengerecht, von einer wirtschaftlichen und technologischen Einheit auszugehen.[653]

In diesem Zusammenhang wurde auch ein Regress im Innenverhältnis der Gesamtschuldner vorgeschlagen. Grundsätzlich soll jeder Schädiger – wie im deutschen Recht – im Innenverhältnis zwischen mehreren Schädigern nur entsprechend seines Beitrags einstehen müssen. Sofern jedoch eine wirtschaftliche und technologische Einheit vorliegt, soll deren gesamtschuldnerische Haftung auch gegenüber anderen Schädigern im Innenverhältnis gelten.[654]

---

[651] *EG-LNT*, Liability for Artificial Intelligence and other emerging digital technologies, 2019, S. 55, Nr. 14, Abs. 29.

[652] *EG-LNT*, Liability for Artificial Intelligence and other emerging digital technologies, 2019, S. 55, Nr. 14, Abs. 30.

[653] *EG-LNT*, Liability for Artificial Intelligence and other emerging digital technologies, 2019, S. 56 f..

[654] *EG-LNT*, Liability for Artificial Intelligence and other emerging digital technologies, 2019, S. 57, Nr. 31.

kk) Schäden an Daten

Die EG-LNT hielt es für angemessen, dass in bestimmten Fällen auch die Schädigung an Daten, etwa durch Löschung, Beeinträchtigung, Verunreinigung, Verschlüsselung, Veränderung oder Unterdrückung eine Haftung auslösen kann. Dies sei gerechtfertigt, da mit der ansteigenden Entwicklung digitaler Technologien auch die Relevanz von Schäden an Daten zunehme. Sie schlug daher vor, dass das Beschädigen von Daten zur Haftung führt, wenn die Haftung aus einem Vertrag resultiert, sich aus einer Eigentumsbeeinträchtigung ergibt, der Schaden durch ein Verstoß gegen Strafrecht oder andere Normen, die der Vermeidung solcher Schäden dienen, verursacht, oder der Schaden vorsätzlich herbeigeführt wurde.[655] Als funktionierendes Beispiel innerhalb der Union für eine Haftung für die Verletzung einer Schutznorm wurde Art. 82 DS-GVO genannt.[656]

ll) Versicherung und Entschädigungsfonds

Schließlich führte das Expertengremium als mögliche Lösungen auch Versicherungen und Entschädigungsfonds an.[657]

Eine Haftpflichtversicherung soll nicht grundsätzlich für jede neue digitale Technologie obligatorisch sein. Je häufiger oder schwerwiegender die potenziellen Schäden sind, die sich aus neuen Technologien ergeben, und je weniger der Betreiber in der Lage ist, die Opfer individuell zu entschädigen, desto geeigneter könne eine Versicherung für solche Schäden sein. Für eine solche Pflichtversicherung für schwer einzuschätzende Technologien bestehen jedoch keine Erfahrungswerte, so die Expertengruppe. Entschädigungsfonds sollen zum Einsatz kommen, wenn Geschädigte durch unerlaubte Handlungen nach geltendem Recht zwar einen Anspruch auf Entschädigung haben, dieser jedoch nicht erfüllt werden kann.

---

655 *EG-LNT*, Liability for Artificial Intelligence and other emerging digital technologies, 2019, S. 59, Nr. 16, Abs. 32.

656 *EG-LNT*, Liability for Artificial Intelligence and other emerging digital technologies, 2019, S. 60.

657 *EG-LNT*, Liability for Artificial Intelligence and other emerging digital technologies, 2019, S. 61, Nr. 17 f..

mm) Verwendung von Beispielen und Rückbezug auf Unionsrecht

Auffällig am Bericht ist, dass die einzelnen Vorschläge wie die Haftung für KI in der Union künftig aussehen soll, mit insgesamt 27 Beispielen zur Illustration untermauert waren. Diese reichen von autonomen Fahrzeugen,[658] Zustelldrohnen,[659] KI-Autopiloten in Flugzeugen,[660] Auslieferungsrobotern,[661] Smart-Home-Systemen,[662] bis hin zu KI-basierten Operationsrobotern.[663]

Zudem nutzte das Sachverständigengremium bereits erarbeitete Konzepte von vergangenen europäischen Projekten wie dem DCFR[664] oder der DS-GVO. Diese Vorgehensweise ist auch bei anderen Gesetzgebungsvorhaben zu erkennen. Beispielhaft findet sich in Art. 13 des europäischen Datengesetzes in seiner finalen Verfassung vom 13.12.2023[665] ein Klauselkontrollregime, welches eine Abschrift aus Kapitel 8 des Vorschlags für ein gemeinsames europäisches Kaufrecht[666] und seinem Vorbild im DCFR ist.[667]

658 *EG-LNT*, Liability for Artificial Intelligence and other emerging digital technologies, 2019, S. 36, Illustration 4.

659 *EG-LNT*, Liability for Artificial Intelligence and other emerging digital technologies, 2019, S. 44, Illustration 9.

660 *EG-LNT*, Liability for Artificial Intelligence and other emerging digital technologies, 2019, S. 45, Illustration 10.

661 *EG-LNT*, Liability for Artificial Intelligence and other emerging digital technologies, 2019, S. 51, Illustration 19.

662 *EG-LNT*, Liability for Artificial Intelligence and other emerging digital technologies, 2019, S. 56, Illustration 20.

663 *EG-LNT*, Liability for Artificial Intelligence and other emerging digital technologies, 2019, S. 57, Illustration 22.

664 *Von Bar/Clive*, Principles, Definitions and Model Rules of European Private Law – Draft Common Frame of Reference (DCFR), 2009.

665 VO (EU) 2923/2854 des Europäischen Parlaments und des Rates vom 13.12.2023 über harmonisierte Vorschriften für einen fairen Datenzugang und eine faire Datennutzung sowie zur Änderung der Verordnung (EU) 2017/2394 und der Richtlinie (EU) 2020/1828.

666 Vorschlag v. 11.10.2011 für eine Verordnung für Gemeinsames Europäisches Kaufrecht, KOM(2011), 635 endg..

667 Zu dieser Thematik *Staudenmayer*, EuZW 2022, 596; *Witzel*, CR 2022, 561; *Schwamberger*, MMR 2024, 96; *Beinke/Daute*, RDi 2024, 69.

nn) Fazit

Das Expertengremium kam insgesamt zu dem Ergebnis, dass die Produktsicherheitsbestimmungen nicht ausreichend für Schäden ausgelegt sind, welche durch digitale Technologien entstehen können. Es liege im vereinheitlichten Unionsprivatrecht lediglich die strikte Herstellerhaftung für fehlerhafte Produkte nach der Produkthaftungsrichtlinie[668] vor, welche jedoch insgesamt nur einen kleinen Teil der Haftungsregeln ausmache. Insgesamt sei zwar ein grundlegender Schutz für Geschädigte beim Einsatz neuer Technologien vorhanden, weitere Regelungen müssen jedoch folgen, so die Expertengruppe. Vor allem die Besonderheiten Künstlicher Intelligenz führe zu einer Erschwerung der Geltendmachung von Ansprüchen auf Entschädigung. Darüber hinaus könne sich das bestehende Haftungssystem als zu ineffizient oder ungerecht darstellen. Die Vorschläge der EG-LNT waren sehr weitreichend und lehnten zwar manche neue Haftungssubjekte ab, führten jedoch auch andere mit ein.

Am Bericht wurde jedoch auch bemängelt, dass wichtige Fragen zur Hersteller- und Betreiberhaftung vom Gremium unbeantwortet bleiben.[669]

Die EG-LNT und ihr ausführlicher Bericht haben verblüffenderweise im weiteren Schrifttum nur sehr wenig Beachtung gefunden, obwohl zu diesem Zeitpunkt bereits einige dem Thema eine große Bedeutung zugemessen hatten. In einem Handbuch zur KI fand sich eine Auseinandersetzung mit dem Bericht,[670] in anderen fehlte sie.[671] Die meisten Autoren nannten die EG-LNT in ihren Aufsätzen allenfalls beiläufig, ohne ihre Ergebnisse

---

[668] Richtlinie 85/374/EWG des Rates zur Angleichung der Rechts- und Verwaltungsvorschriften der Mitgliedstaaten über die Haftung für fehlerhafte Produkte (ABl. L 210 vom 7.8.1985, S. 29).

[669] *Graf Ballestrem*, in: Graf Ballestrem/Bär/Gausling/Hack/von Oelffen, Künstliche Intelligenz, Rechtsgrundlagen und Strategien in der Praxis, 2020, Kapitel 11.1.15.

[670] *Graf Ballestrem*, in: Graf Ballestrem/Bär/Gausling/Hack/von Oelffen, Künstliche Intelligenz, Rechtsgrundlagen und Strategien in der Praxis, 2020, Kapitel 11.

[671] Ebers/Heinze/Krügel/Steinrötter, Rechtshandbuch Künstliche Intelligenz und Robotik, 1. Aufl., 2020; Kaulartz/Braegelmann, Rechtshandbuch Artificial Intelligence und Machine Learning, 2020.

und Anregungen aufzunehmen.[672] Nur vereinzelt erfolgte eine intensivere Beschäftigung mit den Vorschlägen.[673]

Dies erstaunt, da der Bericht fundierte Anregungen für das KI-Haftungsrecht in der EU lieferte. Insbesondere die neu eingeführten frontend- und backend-Betreiber, die Erweiterung der Produzentenhaftung und der Sorgfaltspflichten, Änderungen der Beweislastregelungen hinsichtlich Kausalität und Verschulden sowie eine Versicherungspflicht könnten das gesamte Haftungssystem grundlegend verändern. Die Dynamik in der Rechtswissenschaft, die dieser Bericht mit seinem Potenzial hätte auslösen können, ist jedoch ausgeblieben. Dennoch prägten die Ideen der EG-LNT die weitere Entwicklung im KI-Recht der EU.[674]

l) Weißbuch und Haftungsbericht der EU-Kommission im Rahmen der Digitalagenda am 19. Februar 2020

Gleich drei Dokumente legte die Kommission am 19.2.2020 vor und untermauerte damit ihre Digitalagenda. Veröffentlicht wurden eine Datenstrategie,[675] ein Bericht über die Auswirkungen künstlicher Intelligenz, des Internets der Dinge und der Robotik in Hinblick auf Sicherheit und Haftung[676] und ein Weißbuch zu KI.[677] Dabei entfaltete für die KI-Haftung die Datenstrategie weniger Relevanz als die anderen beiden Materialien. Indes betonte die Kommission hier, wie wichtig die Verfügbarkeit von Daten und die geplante Etablierung von sektorspezifischen Datenräumen für das Trainieren von KI-Systemen sei.[678]

---

672 *Remmers*, EuCML 2020, 37 (38).

673 *Wagner*, ZEuP 2021, 545 (552 f.); nur sehr knapp auf den Backend-Betreiber eingehend *Borges*, DB 2022, 2650 (2654).

674 Dazu genauer in den folgenden gesetzgeberischen Maßnahmen.

675 Europäische Kommission, Eine europäische Datenstrategie, COM(2020) 66 final.

676 Europäische Kommission, Bericht über die Auswirkungen künstlicher Intelligenz, des Internets der Dinge und der Robotik in Hinblick auf Sicherheit und Haftung, COM(2020) 64 final.

677 Europäische Kommission, Weißbuch zur Künstlichen Intelligenz – ein europäisches Konzept für Exzellenz und Vertrauen, COM(2020) 65 final.

678 Europäische Kommission, Eine europäische Datenstrategie, COM(2020) 66 final, S. 3, 7, 11, 19, 21, 23.

aa) Weißbuch zur Künstlichen Intelligenz

Zu den Initiativen der Kommission gehören nicht nur konkrete Rechtsetzungsvorschläge, sondern auch Grünbücher, Weißbücher, Programme und sonstige Stellungnahmen. Grünbücher sind themenbezogene Diskussionsgrundlagen für beteiligte Kreise; Weißbücher hingegen sind legislative Programme.[679] Sie haben, ähnlich wie die ihnen vorausgehenden Grünbücher und Mitteilungen, einen vorbereitenden Charakter. Sie dienen zuvörderst dem politischen Diskurs und sind im Kontext der europäischen Rechtssetzung zu sehen. Teilweise werden sie sogar als „pre-law" bezeichnet.[680]

In ihrem Weißbuch zur KI nannte die Kommission als Problemstellung selbst zwei größere Arten von Risiken in Verbindung mit der Nutzung von KI.[681] Einerseits können Risiken für die Grundrechte, einschließlich des Schutzes personenbezogener Daten und der Privatsphäre und Nichtdiskriminierung entstehen. Andererseits würden Risiken für die Sicherheit und das wirksame Funktionieren der Haftungsregelung bestehen. Zur Veranschaulichung wurde der Fall eines autonomen Fahrzeugs gebildet, welches aufgrund eines Fehlers in der Objekterkennungstechnik einen Gegenstand auf der Straße falsch identifiziert und dadurch einen Unfall mit Verletzungen und Sachschäden verursacht. Dabei könne der Fehler durch die Gestaltung der KI-Technologie bedingt sein oder sich durch Probleme bei der Verfügbarkeit und Qualität der Daten oder anderen Charakteristika des Maschinellen Lernens ergeben. Es wurde darauf hingewiesen, dass nicht alle dieser Probleme auf Produkte und Dienstleistungen mit KI beschränkt sind, der Einsatz von KI jedoch die Risiken erhöhen oder verschärfen könne. Insbesondere die Rückverfolgbarkeit bei problematischen Entscheidungen von KI-Systemen könne es Geschädigten schwer machen, eine Entschädigung nach geltendem Unions- oder mitgliedstaatlichem Recht zu errei-

---

679 *Ruffert*, in: Calliess/Ruffert, EUV/AEUV, 6. Auflage 2022, Art. 17 EUV, Rn. 6.

680 Zum Vorstehenden *Brohm*, Die „Mitteilung" der Kommission im Europäischen Verwaltungs- und Wirtschaftsraum, 2011, S. 29 f..

681 Europäische Kommission, Weißbuch zur Künstlichen Intelligenz – ein europäisches Konzept für Exzellenz und Vertrauen, COM(2020) 65 final, S. 12 ff..

chen. Es könnte sich herausstellen, dass die Durchsetzung der Schadensersatzansprüche daran scheitert, dass geschädigten Personen der Zugang zu Nachweisen zur Beweisführung in Gerichtsverfahren verwehrt bleibt und weniger Rechtsbehelfe zur Verfügung stehen, als in Fällen, in denen der Schaden durch herkömmliche Technologien verursacht wird.[682] Zur Lösung dieser und ähnlicher Haftungsfragen wurde im Weißbuch mehrfach auf den Bericht über die Auswirkungen zur Sicherheit und Haftung bei digitalen Technologien verwiesen.[683] Die Kommission wollte für KI-Investitionen in den nächsten 20 Jahren insgesamt mehr als 20 Mrd. Euro pro Jahr bereitstellen.[684] Genannt wurde auch die mögliche Gefahr einer Fragmentierung des Binnenmarkts, wenn die Mitgliedstaaten die Herausforderungen durch KI in nationalen Rechtsvorschriften selbst angehen möchten.[685] Daraus lässt sich ableiten, dass die erforderliche Rechtssetzungskompetenz auf die Kompetenz zur Realisierung des Binnenmarkts nach Art. 114 Abs. 1 AEUV gestützt werden soll.[686]

bb) Bericht zu Auswirkungen digitaler Technologien auf Sicherheit und Haftung

In ihrem Haftungsbericht kam die Kommission schließlich zu dem Ergebnis, dass neue Technologien, wie KI, das Internet der Dinge und die Robotik von spezifischen Merkmalen, wie etwa Konnektivität, Autonomie, Datenabhängigkeit, Opazität, Komplexität, von einem komplexen Sicherheitsmanagement sowie von komplexen Wertschöpfungsketten geprägt sind und (daher) neue Herausforderungen mit sich bringen. Sie sprach zudem von

---

682 Europäische Kommission, Weißbuch zur Künstlichen Intelligenz – ein europäisches Konzept für Exzellenz und Vertrauen, COM(2020) 65 final, S. 14 f..

683 Europäische Kommission, Weißbuch zur Künstlichen Intelligenz – ein europäisches Konzept für Exzellenz und Vertrauen, COM(2020) 65 final, S. 16, 28 f..

684 Europäische Kommission, Weißbuch zur Künstlichen Intelligenz – ein europäisches Konzept für Exzellenz und Vertrauen, COM(2020) 65 final, S. 6.

685 Europäische Kommission, Weißbuch zur Künstlichen Intelligenz – ein europäisches Konzept für Exzellenz und Vertrauen, COM(2020) 65 final, S. 17.

686 Dazu *Haag/Risthaus*, in: *Hoeren/Pinelli* Künstliche Intelligenz Ethik und Recht, S. 289 (292).

Lücken innerhalb der Produktsicherheitsrichtlinie, der Maschinenrichtlinie und der Funkanlagenrichtlinie die geschlossen werden müssen. Herausforderungen, die mit der Sicherheit in Verbindung stehen, führen gleichzeitig zu Herausforderungen für die Haftung.[687] Die Kommission berief sich auf Ergebnisse der HEG-KI und schlussfolgerte, dass das bestehende Haftungssystem innerhalb der Union und den Mitgliedstaaten grundsätzlich auch für neue Technologien geeignet sie, es jedoch aufgrund des Umfangs und der kombinierten Auswirkungen der Herausforderungen durch KI schwieriger werden könne, mögliche Opfer zu entschädigen. Konkret schlug sie daher Anpassungen der Produkthaftungsrichtlinie sowie der nationalen Haftungsregeln mithilfe eines gezielten, risikobasierten Ansatzes auf EU-Ebene vor.[688] Einen ähnlichen Ansatz, nämlich mit insgesamt fünf Risikogruppen und daran anknüpfenden Maßnahmen, hatte im Oktober 2019 auch die deutsche Datenethikkommission im Rahmen eines Gutachtens verfolgt.[689]

cc) Zwischenergebnis

Mit dem Vorliegen des Weißbuchs waren nunmehr, anders als noch im Zeitraum bis etwa 2018, auch zunehmend Teile des Schrifttums von der Notwendigkeit einer Regulierung überzeugt. Weiterhin war die Diskussion zur digitalen Zukunft weiter bereichert worden. Insbesondere vier Themenfelder seien näher in den Blick zu nehmen. Diese umfassen Dokumentationspflichten, einen Regulierungsrahmen für Trainingsdaten, Regelungen

---

687 Europäische Kommission, Bericht über die Auswirkungen künstlicher Intelligenz, des Internets der Dinge und der Robotik in Hinblick auf Sicherheit und Haftung, COM(2020) 64 final, S. 20.

688 Europäische Kommission, Bericht über die Auswirkungen künstlicher Intelligenz, des Internets der Dinge und der Robotik in Hinblick auf Sicherheit und Haftung, COM(2020) 64 final, S. 20 f..

689 Abzurufen unter: https://www.bmi.bund.de/SharedDocs/downloads/DE/publikationen/themen/it-digitalpolitik/gutachten-datenethikkommission.pdf?__blob=publicationFile&v=4 (Letztes Abrufdatum: 18.3.2024).

zur Produkthaftung und zur Produktsicherheit sowie zur Rechtsdurchsetzung.[690]

Die Kommission nannte in ihren Dokumenten zur Digitalagenda einen Verbesserungsbedarf für KI. Dabei erkannte sie ausdrücklich an, dass es für eine wirksame Anwendung und Durchsetzung von bereits bestehenden Rechtsvorschriften erforderlich sein könnte, diese etwa in Bezug auf Haftungsfragen anzupassen oder zu präzisieren. In den Blick genommen werden sollten das Produkthaftungsrecht und das nationale Haftungsrecht. Zudem sei die Regulierung von KI eng verbunden mit der (Regulierung der) Datenwirtschaft.[691]

m) Studie des Wissenschaftlichen Diensts des Europäischen Parlaments: „Regelung der zivilrechtlichen Haftung beim Einsatz künstlicher Intelligenz: Bewertung des europäischen Mehrwerts"

So wie die Kommission ihre Expertengruppen zur Ausarbeitung von Dokumenten zur KI eingesetzt hat, so hat auch das Parlament seinen Wissenschaftlichen Dienst (EPRS) mit der Ausarbeitung einer Studie beauftragt, die sich mit der Bewertung des europäischen Mehrwerts einer Regelung der zivilrechtlichen Haftung beim Einsatz künstlicher Intelligenz auseinandersetzt. Der EPRS hat die Aufgabe, den Mitgliedern des Europäischen Parlaments und gegebenenfalls den Ausschüssen unabhängige Analysen und Forschungsarbeiten zu politischen Fragen im Zusammenhang mit der EU zur Verfügung zu stellen, um sie bei ihrer parlamentarischen Arbeit zu unterstützen.[692] Die Ergebnisse des sogenannten „Think Tanks" können demnach europäische Gesetzgebungsvorhaben erheblich beeinflussen.

---

690 *Hacker*, NJW 2020, 2142 (2143 ff.).

691 *Jüngling*, MMR 2020, 440 (440).

692 Vgl. dazu https://www.europaregion.info/bruessel/aktuelles/details/european-parliamentary-research-service-eprs-staerkung-der-handlungskompetenz-durch-wissen/ (Letztes Abrufdatum: 10.4.2024).

Die Studie wurde am 25. September 2020 veröffentlicht.[693] Sie kam zu dem Ergebnis, dass sich eine zivilrechtliche Haftungsregelung auf das Tempo, die Richtung und die Verbreitung von KI-Systemen auswirkt. Sie errechnete einen Mehrwert für die EU in Höhe von 54,8 Mrd. Euro bis 2030, wenn die Forschung und Entwicklung im Bereich der KI beschleunigt wird und in der Größenordnung bis 498,3 Mrd. Euro, wenn auch weiterreichende Auswirkungen, wie etwa die geringere Zahl von Unfällen, berücksichtigt wird.

Der EPRS ging davon aus, dass die wichtigsten Funktionen klarer KI-Haftungsregeln darin bestehen, Akteure von riskanten Aktivitäten abzuhalten und so Unfälle zu verhindern und zu verringern, Sicherheitsstandards zu fördern, die korrekte Preisbildung für ein Produkt oder eine Dienstleistung zu erleichtern, Innovationsinvestitionen zu fördern, indem die Unsicherheit in Bezug auf Rechtsstreitigkeiten verringert wird, und die Verbreitung und Übernahme von Technologien durch die Verbraucher zu fördern.

Diese Funktionen bedeuten nach Aussage des EPRS, dass haftungspolitische Maßnahmen erhebliche wirtschaftliche und soziale Auswirkungen haben, wodurch der große Mehrwert der durch ein gemeinsames europäisches KI-Vorgehen geschaffen werden könnte, erklärt wird. Neben den unmittelbaren Auswirkungen hinsichtlich Verringerung von Risiken und Erhöhung der Sicherheit, haben Haftungsregeln dynamische Auswirkungen auf Innovation, Investition in Forschung und Entwicklung sowie die Wettbewerbsfähigkeit von Unternehmen. Schließlich würden Haftungsregeln auch beträchtliche soziale Auswirkungen haben, da Regeln für die Risikoverteilung und Mechanismen für die Entschädigung von Schäden die Akzeptanz von Technologien durch die Verbraucher bestimmen und mit Fairness und Gerechtigkeit verbunden sind.

---

693 EPRS, Civil liability regime for artificial intelligence, 2020, lediglich in englischer Sprache abzurufen unter: https://www.europarl.europa.eu/RegData/etudes/STUD/2020/654178/EPRS_STU(2020)654178_EN.pdf (Letztes Abrufdatum: 9.4.2024).

Der EPRS resümierte, dass die derzeitige zivilrechtliche Haftung der EU auf dem teilweise harmonisierten Produkthaftungssystem durch die Produkthaftungsrichtlinie und nationalen Haftungsregeln basiert. Diese „europäische Produkthaftung" würde grundsätzlich auch für KI gelten, es würde jedoch zu einer Reihe ungeklärter Fragen hinsichtlich des materiellen Anwendungsbereichs, Schadensersatz und Ausnahmen und damit zur Rechtsunsicherheit kommen. Diese könne sich für Hersteller, als auch vor allem für Verbraucher negativ auswirken.

Zudem zeige eine rechtsvergleichende Analyse der nationalen Haftungsregeln von 19 Mitgliedstaaten große Unterschiede hinsichtlich ihrer derzeitigen Vorschriften und ihres Grades an Flexibilität bei der Anpassung an die neuen Herausforderungen der KI. Daraus resultiere, dass ohne ein gemeinsames Vorgehen in der EU, ein Funktionieren des Binnenmarkts behindert werden könnte.

Ein gemeinsames Vorgehen auf Unionsebene hinsichtlich der KI-Haftung sei schließlich notwendig, da es einen zusätzlichen Nutzen bringe, der nicht durch Einzelmaßnahmen der Mitgliedstaaten erreicht werden könne. Sofern eine Anpassung des Haftungssystems rechtzeitig und kohärent erfolge, bestehe das Potenzial einen erheblichen Mehrwert für die europäische Wirtschaft zu schaffen.[694]

n) Entschließung des Europäischen Parlaments zur Regelung der zivilrechtlichen Haftung beim Einsatz von Künstlicher Intelligenz im Oktober 2020

Nachdem sein wissenschaftlicher Dienst in einer Studie den Mehrwert für die Union durch Haftungsregeln für KI beziffert hat, legte das Europäische Parlament nur wenige Wochen später eine Entschließung zur Regelung der zivilrechtlichen Haftung beim Einsatz von Künstlicher Intelligenz vor.[695]

[694] Zum Vorstehenden EPRS, Civil liability regime for artificial intelligence, 2020, S. 1.

[695] Europäisches Parlament 2014–2019, P8_TA(2020)0276, Entschließung des Europäischen Parlaments vom 20. Oktober 2020 mit Empfehlungen an die Kommission

Der Entwurf basiert in vielen Teilen auch auf der Arbeit der EG-LNT.[696] Das Dokument ist aus verschiedenen Gründen bemerkenswert.

aa) Eine Gesetzesinitiative des Parlaments?

Auffällig ist zunächst, dass sich neben der Stellungnahme des Parlaments auch ein angefügter und ausformulierter EU-Verordnungstext über die Haftung für den Betrieb von Systemen mit künstlicher Intelligenz[697] findet.[698] Ein solches Vorgehen ist selten. Schließlich hat die Kommission für unionale Gesetzesvorhaben gemäß Art. 17 Abs. 2 EUV ein Initiativmonopol inne. Das Parlament sowie die übrigen Organe können die Kommission lediglich dazu auffordern, einen Vorschlag abzugeben.[699] Ein ordnungsgemäßes Gesetzgebungsverfahren eröffnen konnte das Parlament trotz seines formal ausformulierten Vorschlags somit nicht.[700]

bb) Abkehr von der selbst eingeführten ePerson

Obwohl das Parlament selbst vor gut drei ein halb Jahren die Kommission aufgefordert hatte, für Roboter einen speziellen rechtlichen Status zu schaffen,[701] sollte nunmehr die potenzielle Haftung des KI-Systems selbst, unter dem ePerson-Konzept, nicht weiter verfolgt werden. Zumindest führte das Parlament dieses Vorhaben nicht mehr an, sondern legte den Fokus auf andere Haftungsadressaten.[702]

---

für eine Regelung der zivilrechtlichen Haftung beim Einsatz künstlicher Intelligenz (2020/2014(INL)).

696 Dazu bereits unter: Dritter Teil, IV., 2., k); so auch *Zech*, Verhandlungen des 73. Deutschen Juristentages, Ergänzungsband 2022. I/A, 114 (117 f.).

697 Im Folgenden auch „ParlamentsVO".

698 Europäisches Parlament 2014–2019, P8_TA(2020)0276, Anlage.

699 *Ruffert*, in: Calliess/Ruffert, EUV/AEUV, 6. Auflage 2022, Art. 17 EUV, Rn. 5.

700 Zur weiteren europapolitischen Einordnung und Bedeutung des Vorhabens *Wagner*, ZEuP 2021, 545 (550).

701 Europäisches Parlament, Zivilrechtliche Regelungen im Bereich Robotik, Entschließung vom 16.02.2017, P8_TA-PROV(2017)0051, Rn. 59, f).

702 Europäisches Parlament 2014–2019, P8_TA(2020)0276, Ziff. 6–13.

cc) Gefährdungshaftung für Betreiber von Hochrisiko-KI-Systemen

Art. 4 Abs. 1 der sog. ParlamentsVO sah eine Gefährdungshaftung für Betreiber von Hochrisiko-KI-Systemen vor. Damit übernahm sie den vorgeschlagenen risikobasierten Ansatz der schon 2017 von der Kommission und später u.a. von der HEG-KI, die sich in ihren Recommendations bereits dafür ausgesprochen hat, dass Einzelheiten einer Regulierung von KI von der Art des Risikos abhängen sollen.[703]

(1) Definition des „Betreibers"

Die strenge Haftung soll Betreiber treffen. Die Begriffsbestimmung dafür umfasst gemäß Art. 3 d) ParlamentsVO sowohl den „Frontend-Betreiber", als auch den „Backend-Betreiber". Diese sind in Art. 3 e) und f) ParlamentsVO definiert und entsprechen den von der EG-LNT aufgestellten Definitionen.

(2) Definition des „KI-Systems mit hohem Risiko"

Während der EPRS in seiner Studie noch davon ausging, dass es keine konsensfähige Definition von KI gibt und auch keine eigene liefert, legte das Parlament in Art. 3 a) ParlamentsVO eine solche für ein „KI-System" vor. Für die Zwecke der Verordnung ist danach ein „KI-System ein softwaregestütztes oder in Hardware-Geräte eingebettetes System, das ein Intelligenz simulierendes Verhalten zeigt, indem es u.a. Daten sammelt und verarbeitet, seine Umgebung analysiert und interpretiert und mit einem gewissen Maß an Autonomie Maßnahmen ergreift, um bestimmte Ziele zu erreichen.". Diese Definition von KI war neu und wich von der Begriffsbestimmung der HEG-KI ab.[704]

„Autonom" ist das System gemäß Art. 3 b) ParlamentsVO, wenn es „durch Interpretation bestimmter Eingaben und durch Verwendung einer

---

703 *HEG-KI*, Recommendations, S. 37 ff..

704 *HEG-KI*, Eine Definition der KI: Wichtigste Fähigkeiten und Wissenschaftsgebiete, 2018, S. 6.

Reihe vorab festgelegter Anweisungen funktioniert, ohne durch solche Anweisungen beschränkt zu sein, wenngleich das Verhalten des Systems durch das ihm vorgegebene Ziel und andere relevante Vorgaben seines Entwicklers eingeschränkt wird bzw. auf die Erfüllung des Ziels ausgerichtet ist.".

Der Verordnungsvorschlag unterscheidet zwischen zwei Arten von KI-Systemen. Es gibt demnach solche mit einem hohen Risiko und sonstige KI-Systeme.

Das „hohe Risiko" bezeichnet gemäß Art. 3 c) ParlamentsVO ein signifikantes Potenzial eines autonom betriebenen KI-Systems, bei einer oder mehreren Personen einen Personen- oder Sachschaden auf eine Weise zuzufügen, das zufällig ist und darüber hinausgeht, was vernünftigerweise erwartet werden kann. Die Bedeutung des Potenzials hängt von der Wechselwirkung zwischen der Schwere des möglichen Schadens, der Frage, inwieweit die Entscheidungsfindung autonom erfolgt, der Wahrscheinlichkeit, dass sich das Risiko verwirklicht, und der Art, in der das KI-System verwendet wird, ab. Nach Art. 4 Abs. 2 ParlamentsVO sollen alle KI-Systeme mit hohem Risiko sowie alle kritischen Infrastrukturen, in denen diese zum Einsatz kommen, im Anhang der Verordnung aufgeführt werden. Dabei handelt es sich um einen flexiblen Anhang, weil die Kommission die Befugnis bekommen sollte, die Liste im Anhang zu aktualisieren und die kritischen Sektoren zu ändern.[705] Der vom Parlament zunächst vorgestellte Anhang hatte allerdings keinen Inhalt. *Wagner* weißt in diesem Zusammenhang daraufhin, dass ein Entwurf des Berichts des Rechtausschusses vom 27.4.2020[706] eine Liste von KI-Systemen mit hohem Risiko aufgeführt hat, die endgültige Fassung des Berichts vom 5.10.2020[707] die Liste jedoch wiederum nicht mehr enthalten hat. Die Begründung liegt in der großen Rechtsunsicherheit die durch die Enumeration bestimmter Systeme entste-

705 Art. 4 Abs. 2 a)-c).

706 Abzurufen unter: https://www.europarl.europa.eu/meetdocs/2014_2019/plmrep/COMMITTEES/JURI/PR/2020/05--12/1203790DE.pdf (Letztes Abrufdatum: 24.4.2024).

707 Abzurufen unter: https://www.europarl.europa.eu/doceo/document/A-9--2020--0178_DE.html (Letztes Abrufdatum: 24.4.2024).

hen würde.[708] Überzeugende Fallgruppen für eine Haftung der Betreiber digitaler autonomer Systeme würden sich auch kaum finden lassen.[709]

Die Berufung auf die Einrede, dass der Schaden durch „autonome Aktivitäten, Geräte oder Prozesse verursacht wurde, die von ihrem KI-System gesteuert wurden“ bleibt den Betreibern gemäß Art. 4 Abs. 3 ParlamentsVO verwehrt.

(3) Versicherungspflicht und Haftungshöchstsumme

Die vorgesehene Gefährdungshaftung ist nach Art. 4 Abs. 4 Satz 1 ParlamentsVO gekoppelt an eine Pflicht der Betreiber, den Betrieb des Hochrisiko-KI-Systems durch eine Haftpflichtversicherung für den Frontend-Betreiber und eine Betriebshaftpflicht- oder Produkthaftpflichtversicherung für den Backend-Betreiber abzuschließen. Diese Versicherungsabdeckung muss gemäß Art. 4 Abs. 4 Satz 2 ParlamentsVO im Verhältnis zu den Beträgen und dem Umfang der Entschädigungsumfang angemessen sein. Der Entschädigungsbetrag ist in Art. 5, der Umfang der Entschädigung in Art. 6 ParlamentsVO geregelt.

dd) Verschuldensabhängige Haftung für Betreiber von anderen KI-Systemen

Art. 8 Abs. 1 ParlamentsVO legt fest, dass auch der schädigende Betrieb von KI-Systemen ohne hohes Risiko im Sinne von Art. 3 c) und Art. 4 Abs. 2 ParlamentsVO einer Haftung unterliegt. Diese ist jedoch verschuldensabhängig und gilt für alle Personen- oder Sachschäden, die durch eine von dem KI-System angetriebene physische oder virtuelle Aktivität, Vorrichtung oder einen entsprechenden Prozess verursacht wurden. Während die Voraussetzungen und Rechtsfolgen der strikten Haftung für Hochrisiko-KI-Systeme in den Art. 4 ff. ParlamentsVO ausführlich beschrieben werden, richten sich die Details der verschuldensabhängigen Haftung weiterhin nach den Vorgaben des nationalen Rechts.

---

[708] *Wagner*, ZEuP 2021, 545 (561).
[709] *Wagner*, ZEuP 2021, 545 (564).

Eine Entlastung des Betreibers ist indes in Art. 8 Abs. 2 ParlamentsVO zu finden. Sofern der Betreiber nachweisen kann, dass der Personen- oder Sachschaden ohne sein Verschulden verursacht wurde und sich dabei auf einen der Gründe in Art. 8 Abs. 2 a) oder b) ParlamentsVO stützt. Diese Entlastungsgründe lauten zum einen „Das KI-System wurde ohne seine Kenntnis aktiviert, während alle angemessenen und erforderlichen Maßnahmen getroffen waren, um eine solche Aktivierung außerhalb der Kontrolle des Betreibers zu verhindern,", zum anderen „Alle folgenden Maßnahmen wurden mit gebührender Sorgfalt getroffen: Auswahl eines geeigneten KI-Systems für die jeweilige Aufgabe und die jeweiligen Fähigkeiten, ordnungsgemäße Inbetriebnahme des KI-Systems, Überwachung der Aktivitäten und Aufrechterhaltung der betrieblichen Zuverlässigkeit durch regelmäßiges Installieren aller verfügbaren Aktualisierungen".

Wie bei der strengen verschuldensunabhängigen Haftung kann sich der Betreiber jedoch auch hier nicht seiner Haftung entziehen, indem er anführt, dass der Personen- oder Sachschaden durch eine von seinem KI-System angetriebene autonome Aktivität, Vorrichtung oder einen entsprechenden Prozess verursacht wurde.[710] Weiterhin ist eine Haftung des Betreibers nach Art. 8 Abs. 2 Satz 3 ParlamentsVO ausgeschlossen, wenn der Personen- oder Sachschaden durch höhere Gewalt verursacht wurde.

Für Geschädigte ist somit die Durchsetzung ihrer Ansprüche erleichtert. Die Haftung ist zwar vom Verschulden abhängig, dieses wird jedoch widerlegbar vermutet und die Entlastung hat der Betreiber zu beweisen. Diese Konstruktion ähnelt der vertraglichen Haftung auf Schadensersatz nach § 280 Abs. 1 Satz 2 BGB.[711] Darüber hinaus wird auch der ursächliche Zusammenhang vermutet. Der Geschädigte muss somit nicht auch den Beweis dafür führen, dass der Schaden kausal auf einer Pflichtverletzung des Betreibers beruht.

---

[710] Art. 5 Abs. 2 Satz 2 ParlamentsVO.

[711] *Wagner*, ZEuP 2021, 545 (558 f.); *Burchardi*, EuZW 2022, 685 (690).

ee) Gesamtschuldnerausgleich

Sofern sowohl Frontend- als auch Backend-Betreiber nach Art. 11 ParlamentsVO nebeneinander haften, sieht Art. 12 ParlamentsVO dafür einen Gesamtschuldnerausgleich durch Regressansprüche vor. Dieser ist derart gestaltet, dass Art. 12 Abs. 2 Satz 2 ParlamentsVO das Haftungsverhältnis nach dem Grad der Kontrolle, die die Betreiber über das mit dem Betrieb und der Funktionsweise des KI-Systems verbundene Risiko hatten.

ff) Aufnahme im Schrifttum

Der Entwurf des Parlaments wurde in der Literatur kritisch aufgenommen. Zwar würde der Verordnungsvorschlag das Risiko der Opazität des KI-Systems den Geschädigten abmildern, nicht jedoch das Risiko der Autonomie. Befürwortet wurde teilweise auch die Konstruktion des Backend-Betreibers, weil sie auch die Anbieter eines KI-Systems erfassen, die es auf den Markt bringen. Hingegen sei die Definition des Frontend-Betreibers misslungen, weil sie auch Nutzer von KI-Systemen miteinschließen und somit einen ungeeigneten Risikoträger in die Haftung nehmen.[712] Darüber hinaus würde der Begriff in der Praxis zu erheblichen Beweisschwierigkeiten führen.[713] Andere hielten die Einführung des Backend-Betreibers für die falsche Entscheidung. Zwar sei es richtig, dass der Hersteller das am besten geeignete Haftungssubjekt ist, jedoch bedürfe es dazu nicht eines weiteren Rechtsakts, sondern lediglich der Anpassung der Herstellerhaftung nach der Produkthaftungsrichtlinie. Die ParlamentsVO würde dies selbst bestätigen, weil einerseits der Hersteller unter dem Namen des Backend-Betreibers in die Haftungsregelung einbezogen wird, andererseits jedoch der Produkthaftungsrichtlinie weiterhin Vorrang eingeräumt wird.[714] Daher sei eine Reform der Produkthaftung die bessere Vorgehensweise.[715] Zudem

712 *Burchardi*, EuZW 2022, 685 (690 f.).
713 *Zech*, in: Peifer/Kubis/Raue/Stieper (Hrsg.), Ius Vivum: Kunst – Internationales – Persönlichkeit, 2022, 378 (390 f.).
714 Art. 11 Satz 4 ParlamentsVO.
715 *Wagner*, ZEuP 2021, 545 (556).

wurde die Verwendung einer Zurechnungsregel in Art. 8 ParlamentsVO als notwendig erachtet, um das Fehlverhalten des Systems dem Betreiber zuzuweisen.[716] Auch die vorgeschlagenen Haftungshöchstgrenzen seien, insbesondere im Vergleich mit denen des StVG, viel zu gering angesetzt.[717] Zudem wurde die ParlamentsVO aus kollisionsrechtlicher Sicht im Vergleich zu den Anknüpfungsregelungen der Rom II-VO als ein „bedauerlicher Rückschritt“ bewertet.[718] Das Urteil über den Entwurf des Parlaments fiel somit teilweise[719] und in der Gesamtschau vernichtend aus.[720] Diese Kritik war offensichtlich so stark, dass die ParlamentsVO keinen Erfolg hatte. Ein weiterer Grund für den Misserfolg war die Einsicht, dass noch gar keine kritischen KI-Anwendungen auf dem Markt existieren, die dann der verschuldensunabhängigen Haftung unterfallen würden. Selbst zum Zeitpunkt des Vorliegen eines KI-Haftungsrichtlinienentwurfs Ende 2022[721] ging die Kommission davon aus, dass solche Produkte erst in der Zukunft verfügbar sind.[722]

716 *Wagner*, ZEuP 2021, 545 (559).

717 *Wagner*, ZEuP 2021, 545 (565 f.).

718 *Von Hein*, in: Peifer/Kubis/Raue/Stieper (Hrsg.), Ius Vivum: Kunst – Internationales – Persönlichkeit, 2022, 428 (438 f.).

719 *Wagner*, ZEuP 2021, 545 (568) nennt die Vorschriften zum Umfang des Schadensersatzes in Art. 6 ParlamentsVO „lückenhaft, wenig durchdacht und von der unreflektierten Sorge geprägt, der Geschädigte könnte zu viel erhalten und damit die Innovationsdynamik am Wirtschaftsstandort Europa beeinträchtigt werden.“ Und die Verschuldenshaftung „weder dem Grunde nach noch in seiner konkreten Ausgestaltung zu überzeugen[d]“.

720 *Wagner*, ZEuP 2021, 545 (571 f.); weniger scharf, aber kritisch gegenüber der Herstellerhaftung *Zech*, Verhandlungen des 73. Deutschen Juristentages, Ergänzungsband 2022. I/A, 114 (132).

721 Dazu unter Dritter Teil, IV, 2, q).

722 COM(2022) 496 final Begründung, S. 17.

o) Verordnungsvorschlag für harmonisierte Vorschriften für KI im April 2021

Nach mehreren Jahrzehnten Vorarbeit und Diskurs veröffentliche die EU-Kommission am 21.4.2021 einen Entwurf für eine KI-Verordnung.[723] Nach Ansicht der Kommission handelte es sich um die Schaffung eines weltweit ersten umfassenden Rechtsrahmens für Entwicklung, Verwendung und Vertrieb von KI-Systemen. Es war auch ein bedeutender Schritt auf dem Weg dahin, auf europäischer Ebene eine Lücke zu schließen, die durch ein Untätigbleiben der nationalen Gesetzgeber entstanden ist. Das Hervorbringen von neuen Regelungen für KI wurde mit dem KI-VO-E von der EU in die Hand genommen. Darüber hinaus lag mit ihm nun sowohl in der Union, als auch weltweit erstmals ein umfassender, harmonisierter Rechtsrahmen für KI vor.[724] In den USA etwa wurde der Algorithmic Accountability Act[725] erst 13 Monate später in den US-Senat und das Repräsentantenhaus eingebracht. Freilich handelte es sich dabei um eines der ersten KI-Gesetze auf Bundesebene. Weiterhin existierte in diesem Zusammenhang seit dem 16.6.2022 ein KI-Regulierungsentwurf in Kanada,[726] seit dem 1.12.2022 ein Entwurf für ein brasilianisches KI-Gesetz[727] und Großbritannien plante ebenfalls ein nationales KI-Gesetz.[728] Dass es tatsächlich zu einem Gesetzentwurf gekommen war, ist nicht selbstverständlich. In einem Positionspapier vom 8.10.2020 appellierten immerhin 14 Mitgliedstaaten für einen

723 COM(2021) 206 final; im Folgenden: „KI-VO-E".

724 *Steege*, MMR 2022, 926 (926).

725 MUR22045 KH9 S.L.C. – Algorithmic Accountability Act of 2022.

726 Abzurufen unter: https://ised-isde.canada.ca/site/innovation-better-canada/en/artificial-intelligence-and-data-act-aida-companion-document (Letztes Abrufdatum: 20.6.2023); dazu und mit punktuellen Vergleichen zum europäischen KI-VO-E *Beardwood*, CRi 2023, 65.

727 RELATÓRIO FINAL COMISSÃO DE JURISTAS RESPONSÁVEL POR SUBSIDIAR ELABORAÇÃO DE SUBSTITUTIVO SOBRE INTELIGÊNCIA ARTIFICIAL NO BRASIL; dazu *Ukrow*, MMR-Aktuell 2022, 454723.

728 Vgl. Pressemitteilung zum KI-Weißbuch unter: https://www.gov.uk/government/news/uk-unveils-world-leading-approach-to-innovation-in-first-artificial-intelligence-white-paper-to-turbocharge-growth (Letztes Abrufdatum: 21.04.2023), vergleichbar mit dem EU-Kommissionsweißbuch COM(2020) 65 final, 2020.

Soft-Law-Ansatz und forderten von der Kommission mehr Anreize für die Entwicklung von KI-Technologien, anstatt neue Barrieren zu errichten.[729]

Reguliert werden sollte mit dem, als Flaggschiff der Gesetzgebung im Bereich der KI-Governance in der EU bezeichneten,[730] KI-VO-E sowohl der Einsatz als auch die Entwicklung von KI.[731] Der Regelungsbereich ist enorm umfassend. Dies zeigt sich sowohl an dem weiten Begriff von KI-Systemen, der Menge an Regulierungsadressaten und an den weitreichenden Pflichten dieser.[732]

Die Vorreiterrolle der EU verdeutlichte die Kommission insbesondere bei der Wahl des Rechtsinstruments für die erste europäische Regulierung von KI. Durch die Entscheidung für eine Verordnung wollte die Kommission vorausschauend agieren und einheitliche Regelungen schaffen, damit eine Rechtsfragmentierung innerhalb des Binnenmarktes vermieden wird.[733] Im Vordergrund standen der Schutz von Grundrechten sowie von wichtigen Rechtsgütern. Die Gefahr von Diskriminierung und Kontrollverlust des Menschen gegenüber der Technik sollte minimiert werden.[734] Fast euphorisch klangen diese begleitenden Worte der Kommission zur Veröffentlichung des Entwurfs.

Im Folgenden wird anstelle einer umfassenden Skizzierung des Entwurfsinhalts auf einige – insbesondere für das Haftungsrecht maßgebliche – Punkte eingegangen.[735] Dabei gilt es zu beachten, dass dem Entwurf, ungeachtet datenschutz- und IT-rechtlicher Elemente, ein etabliertes produktsicherheitsrechtliches Regelungskonzept zugrunde liegt.[736]

---

729 Abzurufen unter: https://em.dk/media/15214/non-paper-innovative-and-trustworthy-ai-two-side-of-the-same-coin.pdf (Letztes Abrufdatum: 12.3.2024).

730 *Halim/Gasser*, RDi 2023, 217 (218).

731 *Waegner*, Redaktion MMR Aktuell 2022, 454723.

732 *Spindler*, CR 2021, 361 (passim).

733 Begründung, KI-VO-E, S. 8.

734 *Steege/Chibanguza*, SVR 2022, 401 (402).

735 Für einen allgemeinen Überblick: *Spindler*, CR 2021, 361; *Straub*, ZdiW 2022, 71; *Roos/Weitz*; MMR 2021, 844; *Bomhard/Merkle*, RDi 2021, 276; *Schallbruch*, DuD 2021, 438.

736 *Wiebe*, BB 2022, 899 (899).

aa) Risikobasierter Regelungsansatz

Die Kommission verfolgte zur Wahrung der Wettbewerbsfähigkeit des europäischen Digitalsektors einen horizontalen risikobasierten Regelungsansatz.[737] Der Verordnungsentwurf unterscheidet dementsprechend zwischen KI-Systemen mit unannehmbaren Risiko,[738] Hochrisiko-KI-Systemen[739] und solchen KI-Systemen die ein geringes oder minimales Risiko bergen. Für letztere bestehen innerhalb der Verordnung keine expliziten Vorgaben, indes können sich die Nutzer und Anbieter auf freiwilliger Basis einem Verhaltenskodex unterwerfen. Die Aufstellung solcher Kodizes wird mit Art. 69 KI-VO-E erleichtert.[740]

Darauf basierend ergeben sich, je nach Risikostufe, für Hersteller, Nutzer und Betreiber dieser Systeme verschiedene Anforderungen. Das Hauptaugenmerk liegt dabei auf ex-ante-Verpflichtungen vor dem Inverkehrbringen des KI-Systems, teilweise entstehen jedoch auch Pflichten zur Produktbeobachtung nach dem Inverkehrbringen des Produkts,[741] wie man sie aus der Produzentenhaftung nach § 823 Abs. 1 BGB kennt.[742] Bemerkenswert sind die Weite des Adressatenkreises[743] sowie die Vielzahl an Pflichten, insbesondere an Betreiber von Hochrisiko-KI-Systemen.[744] Vorgeschrieben sind sowohl organisatorische Pflichten, wie die Einrichtung eines Risikomanagementsystems nach Art. 9 KI-VO-E oder Aufzeichnungspflichten nach Art. 12 KI-VO-E, als auch qualitative Pflichten, wie bestimmte Anforderungen an zu verwendende Daten nach Art. 10 KI-VO-E und die Erfüllung von Genauigkeit, Robustheit und Cybersicherheit nach Art. 15 KI-VO-E.

---

[737] Dazu ausführlich *Rostalski/Weiss*, ZfDR 2021, 329 (335 ff.).
[738] Sogenannte „verbotene Praktiken", Art. 5 KI-VO-E.
[739] Art. 6 KI-VO-E.
[740] *Straub*, ZdiW 2022, 71 (74).
[741] Art. 61 KI-VO-E.
[742] *Förster*, in: *Hau/Poseck* BeckOK BGB 65. Edition, Stand: 01.02.2023, § 823, Rn. 735.
[743] Der persönliche Anwendungsbereich nach Art. 2, 3 KI-VO-E umfasst (Klein-)Anbieter, Nutzer, Bevollmächtigte, Einführer, Händler und Akteure.
[744] Art. 8 ff. KI-VO-E.

bb) Flexibel und zukunftssicher

Die Kommission nahm mit ihrem KI-VO-E für sich selbst in Anspruch, einerseits umfassend, andererseits zukunftsoffen und in der Lage zu sein, neue Entwicklungen der Technologie berücksichtigen zu können.[745] Umgesetzt sei diese Inanspruchnahme durch eine weite KI-Definition sowie einer Offenheit gegenüber Entwicklungen. Weiterhin sollten alle Beteiligten in der KI-Wertschöpfungskette mit dem Entwurf adressiert werden. Sogar eine extraterritoriale Wirkung war geplant, da nach Art. 2 KI-VO-E auch Anbieter und Nutzer von KI erfasst sind, die in einem Drittland niedergelassen sind und die KI innerhalb der Union in Betrieb nehmen oder auf den Markt bringen. Zudem waren auch Anbieter und Nutzer von KI tangiert, die außerhalb der EU niedergelassen oder ansässig sind, aber innerhalb der Union KI-generierte Ergebnisse verwenden.

(1) Die Bestimmung des KI-Begriffs

Eine einheitliche KI-Definition wurde lange vermisst[746] und die Begriffsbestimmung auf europäischer Ebene aufgrund der damit scheinbar einhergehenden Rechtssicherheit war lang ersehnt. Nun aber enthielt der KI-VO-E streng genommen keine Definition von KI, sondern nur die eines „KI-Systems".[747] Art. 3 Abs. 1 KI-VO-E legte fest, dass ein „System der künstlichen Intelligenz" (KI-System) eine Software ist, die mit einer oder mehreren der in Anhang I aufgeführten Techniken und Konzepte entwickelt worden ist und im Hinblick auf eine Reihe von Zielen, die vom Menschen festgelegt werden, Ergebnisse wie Inhalte, Vorhersagen, Empfehlungen oder Entscheidungen hervorbringen kann, die das Umfeld beeinflussen, mit dem sie interagieren. Über den Umweg des Anhang I erfuhr man sodann, welche Techniken und Konzepte im Sinne von Art. 3 KI-

---

745 Begründung, KI-VO-E, S. 3 f.

746 Dazu ausführlich unter Zweiter Teil, 3..

747 Dennoch wird die Bestimmung in Art. 3 Abs. 1 KI-VO-E als KI-Definition gesehen, z.B. von *Steege*, MMR 2022, 926 (927) oder *Spindler*, CR 2021, 361 (362); anders dagegen DAV Stellungnahme Nr.: 71/2022, S. 6.

VO-E umfasst sind. Darunter fielen Konzepte des maschinellen Lernens, mit beaufsichtigtem, unbeaufsichtigtem und bestärkendem Lernen unter Verwendung einer breiten Palette von Methoden, einschließlich des tiefen Lernens (Deep Learning),[748] Logik- und wissensgeschützte Konzepte, einschließlich Wissensrepräsentation, induktiver (logischer) Programmierung, Wissensgrundlagen, Inferenz- und Deduktionsmaschinen, (symbolischer) Schlussfolgerungs- und Expertensysteme,[749] sowie statistische Ansätze, Bayessche Schätz-, Such- und Optimierungsmethoden.[750] Nicht erforderlich für die Einstufung als KI-System im Sinne der KI-VO war eine etwaige Unvorhersehbarkeit (sog. „Black-Box-Phänomen") der Software.[751]

Dies führte dazu, dass auch „herkömmliche" Software, die auf einem deterministischem „Wenn-Dann-Prinzip" beruht, in den Anwendungsbereich des Verordnungsentwurf mitaufgenommen wurde. Abzusehen war diese Weichenstellung nicht. Zum einen war die Opazität von KI in den Beiträgen lange vor dem KI-VO-E ein maßgebliches Argument für den Ruf nach dem Gesetzgeber.[752] Zum anderen fand sich auch in vorherigen KI-Definitionen, insbesondere in der der HEG-KI eine deutlich restriktivere Bestimmung von KI.[753] Gleichwohl betonte die Kommission in der einleitenden Begründung des KI-VO-E, dass die Einholung vom Expertenwissen der AI-Expert Group maßgeblich den Entwurf geformt hat.[754] Doch auch die Kommission selbst ging Anfang 2020 noch von einer sehr weit entwickelten und autonom agierenden KI aus, sodass das Einschlagen dieses Wegs sowohl von keiner gradlinigen Entwicklung zeugte, als auch in

[748] KI-VO-E Anhang I, a).
[749] KI-VO-E Anhang I, b).
[750] KI-VO-E Anhang I, c).
[751] Dazu bereits unter Erster Teil, II., 2..
[752] *Bräutigam/Klindt*, NJW 2015, 1137 (1139); *Riehm*, ITRB 2014, 113 (114); ablehnend: *Grützmacher*, CR 2016, 695 (696).
[753] *HEG-KI*, A definition of AI: Main capabilities and scientific disciplines, 18th December 2018, dazu bereits unter: Dritter Teil, 2. f).
[754] KI-VO-E S. 9.

der Literatur wenig Anklang gefunden hat.[755] Der KI-Begriff weicht auch von der nur wenige Monate vorher veröffentlichten ParlamentsVO ab.[756]

(2) Offen für Entwicklungen

Die Regulierung von Innovationen und (neuen) Technologien stellt den Gesetzgeber regelmäßig vor verschiedene Hürden. Insbesondere wurde in der juristischen Literatur neben dem „pacing problem"[757] vermehrt auf das „Collingridge-Dilemma" hingewiesen.[758] Es tritt bei der Regulierung von Technologien auf und kann in eine Zwickmühle führen. Denn die (schädigenden) Wirkungen einer Technologie können anfangs noch nicht abgeschätzt werden, wenn die Technologie noch nicht ausgereift und verbreitet ist. Dahingegen ist eine nachträgliche Regulierung umso schwieriger, wenn die Technologie wirtschaftlich und sozial fester verwurzelt ist.

Eine Möglichkeit[759] diese drohenden Probleme bei KI zu entkräften, ist die Sicherung der Innovationsförderung durch die Etablierung von Reallaboren. Der KI-VO-E, der überwiegend Verbote enthält, wollte hier einen innovationsfördernden Gegenentwurf einbringen. Diesen Ansatz setzte die EU-Kommission in den Art. 53 ff. um und führte auch schützende Ausnahmen für Kleinanbieter und -nutzer ein.[760] Reallabore werden beschrieben als Testumgebungen, in der durch verwaltungsrechtliche Gestaltungen innovative Produkte und Dienstleistungen unter erhöhter, kooperativer Aufsicht, insbesondere Berichtspflichten, und Schutzmaßnahmen anstelle et-

755 Dazu genauer unter dd).

756 Dazu bereits unter Dritter Teil, IV., 2., k); vgl. dazu auch *Zech*, Verhandlungen des 73. Deutschen Juristentages, Ergänzungsband 2022. I/A, 114 (120 f.).

757 *Hagemann/Huddleston Skees/Thierer*, Colorado Technology Law Journal Vol. 17.1 (2018), S. 37 (59).

758 *Collingridge*, The Social Control of Technology, 1980, S. 13 ff., dazu *Ebers*, in: Ebers/Heinze/Krügel/Steinrötter, Rechtshandbuch Künstliche Intelligenz und Robotik, 1. Aufl., 2020, § 3, Rn. 191; *Steege*, NZV 2022, 257 (259).

759 Weitere Ansätze sind z.B. die technikneutrale – und damit nachhaltige – Formulierung von Gesetzen, eine Mehrebenengesetzgebung oder eine befristete – und damit flexible – Gesetzgebung, vgl. *Ebers*, in: Ebers/Heinze/Krügel/Steinrötter, Rechtshandbuch Künstliche Intelligenz und Robotik, 1. Aufl., 2020, § 3, Rn. 192, m.w.N..

760 Art. 55 KI-VO-E.

wa genereller Tätigkeitsverbote oder engmaschiger Aufsicht erprobt werden können.[761] Der Finanzmarkt diente im Hinblick auf die Regulierung als Vorbild für KI. Bereits seit 2015 bietet eine britische Finanzmarktbehörde eine Regulatory Sandbox an.[762] Auf EU-Ebene bestanden etwa seit 2020 Bestrebungen, Reallabore einzurichten. Zu nennen ist hier etwa die DLT-Pilotregime-Verordnung, welche Einrichtungen reguliert, die Wertpapierhandels- und Wertpapierabwicklungssysteme auf der sogenannten Distributed-Ledger-Technologie aufbauen.[763]

cc) Keine Haftungsregeln?

Trotz der langen Vorgeschichte und des ständigen Rufes nach dem Gesetzgeber fanden sich im KI-VO-E gerade keine expliziten Regelungen zum Haftungsrecht.

Dennoch wäre die vorschnelle Annahme, der KI-VO-E habe keine haftungsrechtliche Dimension, verfehlt.[764] So hat der Pflichten- und Verbotskatalog des KI-VO-E Auswirkungen auf die nationalen Haftungsregime. In Deutschland können die Pflichten und Verbote[765] als Schutzgesetze im Sinne von § 823 Abs. 2 BGB ihre Wirkung entfalten, da der KI-VO-E nach seiner Annahme als europäische Verordnung für den Bürger unmittelbar im Inland gelten würde.[766] Gleichzeitig darf ein Vertragspartner erwarten, dass

---

761 *Spindler/Büning*, JZ 2023, 799 (800) mit dem Verweis auf *Krönke*, JZ 2021, 434 (435).

762 Financial Conduct Authority (FCA), Regulatory Sandbox, 2015, abrufbar unter https://www.fca.org.uk/publication/research/regulatory-sandbox.pdf (Letztes Abrufdatum: 9.10.2023); vgl. dazu auch *Kumpan*, EuZW 2018, 745.

763 VO (EU) 2022/858 des Europäischen Parlaments und des Rates vom 30.05.2022 über eine Pilotregelung für auf Distributed-Ledger-Technologiebasierende Marktinfrastrukturen und zur Änderung der VO (EU) Nr. 600/2014 und (EU) Nr. 909/2014 sowie der RiL 2014/65/EU, ABl. 2022 L 151, S. 1.

764 So auch *Roos/Weitz*; MMR 2021, 844 (844).

765 Etwa die Aufzeichnungspflichten in Art. 12 Abs. 1 KI-VO-E oder die Transparenz- und Informationspflichten in Art. 13 KI-VO-E; dazu *Schallbruch*, DuD 2021, 438 (442); *Steege/Chibanguza*, SVR 2022, 401 (404).

766 *Förster*, in: *Hau/Poseck* BeckOK BGB 65. Edition, Stand: 01.02.2023, § 823, Rn. 269; *Spindler*, in: Vendrell/Gsell/Kindl, Die Schadensersatzhaftung, 1. Auflage, 2022, S. 139 (173 f.).

der Anbieter oder Betreiber eines KI-Systems dem Pflichtenkatalog des KI-VO-E nachkommt.[767] Verstärkt wird dies von der Ansicht des EuGH, dass die Durchsetzungskraft von Unionsrecht durch zivilrechtliche Absicherung erhöht werde.[768] Darüber hinaus wird der vertragliche Pflichtenkatalog des Schuldners durch eine Veränderung der Branchenstandards aufgrund der Vielzahl der unionalen Verhaltensanforderungen für KI nach Annahme des Entwurfs erweitert werden. Die Rechtsprechung wird den Erwartungshorizont des Gläubigers in Bezug auf die Leistungspflicht des Schuldners für seine KI-Systeme dahingehend ändern, als dass diese den vielen Anforderungen des KI-VO-E genügen müssen.[769] Dies gelte allerdings nur dann, wenn Rechtsprechung und Literatur die vielen Vorgaben der Literatur für ausreichend konkret halten.[770]

Weiterhin sollte es insbesondere im Zusammenspiel mit der geplanten europäischen KI-Haftungsrichtlinie[771] zu einer umfassenden Governance von KI-Systemen führen.[772] Etwa wurden einige Definition im KI-VO-E von dem Entwurf der KI-Haftungsrichtlinie ohne Weiteres übernommen.[773] Erreicht werden sollte so ein kohärentes System.[774] Auch wenn es daher auf den ersten Blick nicht so schien, waren die Auswirkungen auf das Haftungsrecht nicht zu unterschätzen. Grund dafür sind die weitgefasste KI-Definition, die Vielzahl an Regulierungsadressaten[775] sowie die auf Vertrags- und Verkehrspflichten ausstrahlenden Anforderungen an die Verwendung von KI-Systemen. Darüber hinaus drohen etwa bei einem Verstoß gegen die verbotenen KI-Praktiken aus Art. 5 KI-VO-E oder Nichteinhal-

---

767 *Theis*, BKR 2024, 414 (417).

768 EuGH v. 20.09.2001 – C-453/99 = EuZW 2001, 715, Rn. 26 ff..

769 *Linardatos*, GPR 2022, 58 (60); *Steege*, NZV 2023, 12 (16).

770 *Grützmacher*, CR 2021, 433 (442).

771 Dazu unter Dritter Teil, IV., 2., q).

772 *Halim/Gasser*, RDi 2023, 217 (223).

773 Verwiesen auf die KI-VO wird in Art. 2 der KI-Haftungsrichtlinie bei Bestimmung des „KI-Systems", des „Hochrisiko-KI-Systems", des „Anbieters" und des „Nutzers".

774 COM(2022) 496 final, S. 14.

775 Art. 3 KI-VO-E definiert „Anbieter", „Kleinanbieter", „Nutzer", „Bevollmächtigter", „Einführer", „Händler" und „Akteur".

tung der Anforderungen an Datensätze für KI-Systeme aus Art. 10 KI-VO-E erhebliche Sanktionen nach Art. 71. KI-VO-E. Insbesondere die Anforderungen an die für die KI-Systeme erforderlichen Daten seien grundsätzlich und im Besonderen für eine potentielle Haftung nicht zu unterschätzen.[776]

Auffällig an dieser Stelle ist zudem, dass die zahlreichen Pflichten, insbesondere die für Hochrisiko-KI-Systeme mit vielen Teilen der Vorarbeit der Kommission zur KI-Regulierung übereinstimmen. Insbesondere wurden viele wünschenswerte Anforderungen aus Sicht der HEG-KI in deren Leitlinien für vertrauenswürdige KI übernommen. Es können schnell einige Beispiele, die durch eine Synopse der Leitlinien und dem KI-VO-E erkennbar sind, genannt werden. Dies sind etwa die Pflicht zur menschlichen Aufsicht aus Art. 14 KI-VO-E,[777] die Anforderungen an Genauigkeit, Robustheit und Cybersicherheit aus Art. 15 KI-VO-E,[778] die Transparenzpflichten nach Art. 52 KI-VO-E[779] oder die verbotenen KI-Praktiken, insbesondere die Zufügung von Schäden oder die Beeinflussung von Personen nach Art. 5 Abs. 1 a) KI-VO-E.[780]

Ebenso wie konkrete Haftungsregeln „fehlten", so fanden sich im KI-VO-E auch keine Vorschriften zu einer Versicherungspflicht für KI-Systeme. Dies war auch deshalb erstaunlich, weil eine solche Lösung sowohl im Schrifttum,[781] als auch von Kommission[782] und Parlament[783] selbst diskutiert und vorgeschlagen wurde. Es bestand lediglich die Pflicht der notifizierenden Stellen eine Haftpflichtversicherung für ihre Konformitätsbewertungstätigkeit abzuschließen.[784]

---

776 *Zech*, NJW 2022, 502 (passim, 507); Explizit zu Art. 10 KI-VO-E: *Müller-Peltzer/Tanczik*, RDi 2023, S. 452 (454 ff.).

777 Dazu Ethik-Leitlinien für eine vertrauenswürdige KI, 2019, Rn. 65.

778 Dazu Ethik-Leitlinien für eine vertrauenswürdige KI, 2019, Rn. 66 ff..

779 Dazu Ethik-Leitlinien für eine vertrauenswürdige KI, 2019, Rn. 75 ff..

780 Dazu Ethik-Leitlinien für eine vertrauenswürdige KI, 2019, Rn. 64, 67, 68, 78, 85.

781 Vgl. *Denga*, CR 2018, 69 (77).

782 COM(2017) 9 final, 4.2.

783 P8_TA-PROV(2017)0051, 59, c), dazu bereits unter: Dritter Teil, IV., 2., b), cc); Art. 4 ff. ParlamentsVO; dazu bereits unter: Dritter Teil, IV., 2., n), cc), (3).

784 Vgl. Art. 33 Abs. 8 KI-VO-E, Art. 33 Abs. 9 KI-VO.

dd) Bewertung des Verordnungsvorschlags in der Literatur

Der KI-VO-E ist in der Literatur verschieden aufgenommen worden. Einigkeit bestand zumindest darüber, dass der Vorschlag die Diskussion weiter anregt und die mit der KI-Regulierung verbundenen Probleme stärker wahrgenommen werden.[785] Manche Autoren haben sich (offenkundig) schwer getan mit einem abschließenden Urteil über den Verordnungsentwurf.[786] Teilweise wurde er als umfassend,[787] teilweise als keineswegs umfassend bezeichnet.[788] Andere urteilten (vor-)schnell, dass mit der KI-VO schnell ein Standard gesetzt und der „Brussels Effect“ ausgelöst werden könnte.[789]

Der KI-VO-E hat viel versprochen, wurde aber mindestens im gleichen Maße kritisiert.[790] Es bestehe erheblicher Verbesserungsbedarf.[791] Bereits mit der Definition eines KI-Systems aus Art. 3 Nr. 1 KI-VO-E würde eine zu weitgehende Fassung vorliegen, weil unter diesen Tatbestand gewöhnliche Experten- und Suchsysteme fallen würden.[792] Favorisiert wurde daher von Stimmen in der Literatur der Vorschlag der Tschechischen Ratspräsidentschaft, welcher die KI-Definition nur auf Machine-Learning fokussiert.[793] Dem wurde indes entgegengehalten, dass der umfassende Regulie-

---

785 *Hoffmann-Riem*, Recht im Sog der digitalen Transformationen 2022, § 17, S. 158; *Spindler*, CR 2021, 361 (374); *Roos/Weitz*; MMR 2021, 844 (851); *Straub*, ZdiW 2022, 71 (74); *Bomhard/Merkle*, RDi 2021, 276 (283); *Hacker/Berz*, ZRP 2023, 226 (227, 229).

786 *Steege/Chibanguza*, SVR 2022, 401 (402); *Spindler*, CR 2021, 361 (373 f.).

787 *Steege*, MMR 2022, 926 (926).

788 *Borges*, CR 2023, 706 (706).

789 *Hoffmann*, K&R 2021, 369 (374); *Schaake*, The European Commission's Artificial Intelligence Act, Juni 2021 (abrufbar unter: https://hai.stanford.edu/sites/default/files/2021--06/HAI,_Issue-Brief_The-European-Commissions-Artificial-Intelligence-Act.pdf; a.A. *Valta/Vasel*, ZRP 2021, 142 (145).

790 *Waegner*, Redaktion MMR Aktuell 2022, 454723.

791 *Hacker/Berz*, ZRP 2023, 226 (227).

792 DAV Stellungnahme Nr.: 71/2022, S. 6 f; *Waegner*, Redaktion MMR Aktuell 2022, 454723; *Steege*, NZV 2022, 257 (261); *Spindler*, CR 2021, 361 (373); *Roos/Weitz*; MMR 2021, 844 (850); *Busche*, JA 2023, 441 (446); *Ebers/Hoch/Rosenkranz/Ruschemeier/Steinrötter*, RDi 2021, 528 (537); *Ströbel/Grau*, ZD 2022, 599 (600 f.).

793 *Steege*, NZV 2023, 12 (14).

rungsvorschlag der EU für sich neu artikulierende Risiken, etwa bei generativer KI, besser geeignet sei, diese in den rechtlichen Rahmen miteinzubeziehen. Dies sei insbesondere bei einer Technologie, die von einer raschen Entwicklung geprägt ist, wie der der KI, ein nicht zu unterschätzender Faktor.[794] Die im Entwurf enthaltenen einschränkenden und ungenauen Tatbestände würden jedoch eher zur innovationshemmenden Rechtsunsicherheit führen.[795] Auch die besonders grundrechtssensiblen Bereiche und Anwendungen seien durch den Entwurf nicht ausreichend berücksichtigt worden. Darüber hinaus wurde auch die generelle Regelungstechnik als nicht konzentriert bemängelt und die völlige Übernahme auf EU-Ebene grundsätzlich kritisiert. Es sollen vielmehr einzelne Bereiche den einzelnen Rechtsordnungen überlassen werden, weil eine „zeitweise Rechtszersplitterung, die Erfahrung generiert, langfristig nutzenstiftender als eine voreilig zentralistische Gesetzgebung“ sei.[796] Prognostiziert wurde (daher) auch, dass mit einer schnellen Verabschiedung der Verordnung, insbesondere in einer unveränderten Fassung, nicht zu rechnen sei und sich das Regelwerk als unzureichend erweise.[797] Die Ablehnung ging sogar so weit, dass „Leitlinien für einen Gegenvorschlag“ formuliert wurden.[798]

Vorgeworfen wurde dem Kommissionsentwurf auch, dass es insbesondere bei den Verboten bestimmter Praktiken im Bereich der KI nach Art. 5 KI-VO-E nur eine Antwort auf die im Daten-, Digitalisierungs- und KI-Diskurs artikulierten Fundamentalkritiken und Dystopien[799] und damit eine „gegenwartsgebundene Symbolpolitik“ und der Entwurf insgesamt nur „das Abbild des in der EU eher sorgendominierten Diskussions-

---

[794] *Halim/Gasser*, RDi 2023, 217 (224).

[795] *Linardatos*, GPR 2022, 58 (69); *Schallbruch*, DuD 2021, 438 (443).

[796] *Linardatos*, GPR 2022, 58 (69).

[797] *Hoffmann-Riem*, Recht im Sog der digitalen Transformationen 2022, § 17, S. 158; ähnlich auch *Valta/Vasel*, ZRP 2021, 142 (144); a.A. *Voigt/Bastians*, MMR 2022, 930 (934).

[798] *Guijarro Santos*, ZfDR 2023, 23 (39).

[799] Vergleichbar mit dem Erzeugen von Angstszenarien als Verzerrung des Diskurses in Dritter Teil, I, 4.

stand" sei.[800] Es handelt sich um eine für die diskursgeschichtliche Einordnung des Entwurfs wichtige These, wenn bereits Diskursteilnehmer diese Erkenntnis geben. Auch seien in den Anhängen des KI-VO-E unscharfe Rechtsbegriffe, die somit zur Rechtsunsicherheit führen würden, verwendet worden.[801] Darüber hinaus würden vor allem die Praxisanwender durch die enorme Strenge der Anforderungen vor große Herausforderungen gestellt.[802] Das Merkmal der Fehlerfreiheit, welches grundsätzlich sowohl der Rechtswissenschaft, als auch der Informationstechnologie fremd ist,[803] sei so absolut, dass die Qualitätsanforderungen von der Praxis unmöglich erfüllt werden können.[804] Unzureichend sei zudem der vorgeschlagene (Self-)Enforcement-Ansatz, welcher überwiegend interne Kontrollen des KI-Anbieters vorsieht und nur selten eine externe Aufsicht.[805]

Weniger scharfe Bewertungen des KI-VO-E sahen im produktsicherheitsrechtlichen Einschlag eine Chance, mit wenigen Anpassungen, die meisten Grundsätze und Praxishandhabungen des allgemeinen Produktsicherheitsrechts auf die produktsicherheitsrechtlichen Ausprägungen des KI-VO-E übertragen zu können. Dadurch würden die Strukturelemente des technischen Verbraucherschutzes (Schutz und Vorsorge, Dynamik und Flexibilität, Kommunikation, Kooperation und Beteiligung, unternehmerische und nutzerseitige Eigenverantwortlichkeit) auch dem KI-VO-E zugrunde liegen.[806] Der risikobasierte Ansatz sei zu begrüßen.[807] Für das Haftungsrecht bedeutsam war vor allem der breite Pflichtenkatalog für Anbieter und Nutzer der KI-Systeme. Weil sie nicht nur dem Schutz der Allgemeinheit, sondern auch dem Schutz des Einzelnen dienen, sind sie als Schutzgesetze

---

800 *Valta/Vasel*, ZRP 2021, 142 (143).

801 *Bomhard/Siglmüller*, RDi 2022, 506 (508); *Müller-Peltzer/Tanczik*, RDi 2023, 452 (458).

802 *Müller-Peltzer/Tanczik*, RDi 2023, 452 (458).

803 *Linardatos*, GPR 2022, 58 (64).

804 *Ebers/Hoch/Rosenkranz/Ruschemeier/Steinrötter*, J MDPI 2021, 589 (596).

805 *Ebers/Hoch/Rosenkranz/Ruschemeier/Steinrötter*, RDi, 2021, 528 (537).

806 So urteilt *Wiebe*, BB 2022, 899 (905).

807 *Krüger/Wagner*, ZfPC 2023, 124 (129).

zu klassifizieren. Viele der aufgeworfenen Fragen im Deliktsrecht würden so bereits gelöst werden.[808]

ee) *Gesetzgebungsprozess*

Seit dem 9.5.2023 existierte auch eine Kompromissfassung vom Europäischen Parlament.[809] Der von der Kommission vorgegebene risikobasierte und menschenzentrierte Ansatz wurde in der Kompromissfassung des Europäischen Parlaments im Grundsatz beibehalten. Indes wurden auch noch einige Änderungen durch die Abgeordneten vorgenommen.[810] Insbesondere die auf einer praktischen Betrachtungsweise beruhende Kritik an der zu weit gefassten KI-Definition führte zu einer Anpassung der Bestimmung an die OECD-Definition. Nach dieser handelt es sich bei einem KI-System um „ein maschinengestütztes System, das so konzipiert ist, dass es mit unterschiedlichen Autonomiegraden arbeitet und das zu expliziten oder impliziten Zwecken Ergebnisse wie Vorhersagen, Empfehlungen oder Entscheidungen erzeugen kann, die physische oder virtuelle Umgebungen beeinflussen".[811] So soll verhindert werden, dass jegliche Software in den Anwendungsbereich des Rechtsakts fällt.[812] Neben dem Merkmal der Umweltbeeinflussung soll insbesondere das der Autonomie dazu führen, dass die Kritik der Allumfänglichkeit der Definition gedämpft wird. Nicht nur

808 *Spindler*, in: Vendrell/Gsell/Kindl, Die Schadensersatzhaftung, 1. Auflage, 2022, S. 139 (173 f.); *Grützmacher*, CR 2021, 433 (437).

809 COM(2021)0206 – C9 0146/2021 – 2021/0106(COD); Dazu Mitteilung der Redaktion beck-aktuell, becklink 2027045.

810 Pressemitteilung Europäisches Parlament vom 11.05.2023 abzurufen unter https://www.europarl.europa.eu/news/de/press-room/20230505IPR84904/ki-gesetz-ein-schritt-naher-an-ersten-regeln-fur-kunstliche-intelligenz (Letztes Abrufdatum 20.06.2023); Redaktion beck-aktuell, becklink 2027045; *Feuerstack/Becker/Hertz*, ZfDR 2023, S. 421 (422).

811 Pressemeldung von *Bertuzzi* https://www.euractiv.de/section/digitale-agenda/news/ki-gesetz-parlament-einigt-sich-auf-oecd-definition/?_ga=2.75719061.1663585905.1682665962--97882181.1682496861 (Letztes Abrufdatum: 14.09.2023).

812 *Denga*, ZfPC 2023, 154 (154).

die Anforderung, dass ein KI-System nun einen Autonomiegrad aufweisen muss, wurde gestellt.[813]

Weiterhin wurde die Liste der verbotenen KI-Praktiken erheblich verlängert, die Hochrisikobereiche sind erweitert und die Rechte von Bürgern zum Schutz vor KI gestärkt worden. Darüber hinaus sind zusätzliche Verpflichtungen für Anbieter von sogenannten (generativen) Basis-Modellen geschaffen worden; eine Folge des enormen medialen Aufsehens und der (rechts-)wissenschaftlichen Debatte über generative KI-Modelle wie etwa ChatGPT.[814] Diese müssen nun weitreichende Transparenzanforderungen erfüllen und etwa offenlegen, dass die Inhalte KI-generiert sind. So sollen eine Unterscheidung zwischen Fake-Fotos und echten Bilder erreicht und weniger illegale Inhalte generiert werden. Darüber hinaus muss eine Zusammenfassung der Informationen über genutzte urheberrechtlich geschützte Daten zu Trainingszwecken herausgegeben werden.[815]

Nach Veröffentlichung des Kompromissentwurfs gab es nur vereinzelt Beiträge zum KI-VO-E, die über kleinere Pressemitteilungen hinausgehen.[816] Der Ministerrat veröffentlichte seine Sicht im Dezember 2022,[817] das Europäische Parlament seine im Juni 2023.[818] Wie bei den meisten europäischen Gesetzgebungsverfahren, wurden Synopsen, in diesem Fall zwischen dem KI-VO-E und den Änderungsvorschlägen von Rat und Parlament, erstellt.[819] Die Trilog-Verhandlungen über die KI-VO begannen nach Positio-

---

813 *Feuerstack/Becker/Hertz*; ZfDR 2023, S. 421 (422 ff.).

814 Dazu bereits unter Zweiter Teil, I, 6. a); Redaktion beck-aktuell, becklink 2027475; so auch *Müller-Peltzer/Tanczik*, RDi 2023, 452 (454); *Hacker/Engel/Mauer*, arXiv:2302.02337, Regulating ChatGPT and other Large Generative AI Models, May 12, 2023; *Borges*, CR 2023, 706 (707).

815 Zum Vorstehenden *Philipp*, EuZW 2023, 635.

816 *Müller-Peltzer/Tanczik*, RDi 2023, 452 skizzieren den Gesetzgebungsprozess anhand von Art. 10 KI-VO-E und nehmen dabei jeweils Bezug auf die Kompromissvorschläge für die KI-VO vom Ministerrat und vom EU-Parlament; vgl. auch *Borges*, CR 2023, 706 (707 ff.); *Feuerstack/Becker/Hertz*; ZfDR 2023, 421.

817 CON SIL:ST 15698/22; „KI-VO-RatsE“.

818 P9_TA(2023)0236), „KI-VO-ParlamentsE“.

819 *Frisch/Kohpreiß*, ZD-Aktuell 2023, 01318.

nierung des EU-Parlament-Plenums am 15.06.2023.[820] Rat und Parlament schlugen in ihren Standpunkten jeweils die Einführung der Kategorie eines KI-Systems mit allgemeinem Verwendungszweck (General Purpose AI System) vor, welche nach Ansicht der beiden EU-Organe für eine Vielzahl von Szenarien eingesetzt werden kann.[821]

Es bestanden demnach (im zukünftigen Gesetzentwurf) vier verschiedene Risikostufen. Voneinander abzugrenzen sind das Verbot bestimmter Anwendungen von KI-Systemen (Art. 5 KI-VO-E), das Risikomanagement für Hochrisiko-KI-Systeme, „KI-Systeme mit allgemeinem Verwendungszweck" und „Basismodelle"[822] inklusive einer behördlichen Aufsicht (Art. 6 ff. KI-VO-E), die Transparenzpflicht für bestimmte KI-Systeme (Art. 52 KI-VO-E) sowie die Rahmenbedingungen für alle KI-Systeme (Art. 53 ff. KI-VO-E).

Eine Einigung über die finale Fassung des KI-VO-E wurde bis Ende des Jahres 2023 erwartet, der dafür erforderliche politische Wille sei vorhanden,[823] auch wenn bei Einzelheiten, wie etwa bei den Reallaboren noch Unstimmigkeiten bestehen.[824] Spannend ist, dass bereits vorher schon der KI-VO-E in größeren Handbüchern thematisiert wurde, also kurz nach dem Erscheinen eine Schrift über veraltetes Recht vorlag.[825]

Es wurde jedoch Ende des Jahres 2023 plötzlich unsicher, ob der KI-VO-E wirklich in Kraft tritt. Viele Staaten forderten nämlich noch einmal einige Änderungen im Gesetzestext. So wollten etwa Frankreich, Deutschland und Italien noch Verschärfungen bei den Foundation Models.[826] Zu-

[820] Redaktion MMR-Aktuell 2023, 458185.

[821] Art. 3 Nr. 1c KI-VO-ParlamentsE; Art. 3 Nr. 1b KI-VO-RatsE.

[822] Vgl. Art. 3 Nr. 1c; 28 b KI-VO-ParlamentsE.

[823] *Hacker/Berz*, ZRP 2023, 226 (226); Redaktion beck-aktuell, becklink 2027475.

[824] *Frisch/Kohpreiß*, ZD-Aktuell 2023, 01318.

[825] Dazu der von *Steege/Chibanguza*, selbst geschriebene Teil zur Regulierung Künstlicher Intelligenz vom Stand August 2023 in: Steege/Chibanguza Metaverse Rechtshandbuch, 1. Auflage 2023, § 8, S. 147 ff..

[826] Vgl. dazu die Pressemeldung von *Bertuzzi* https://www.euractiv.com/section/artificial-intelligence/news/france-germany-italy-push-for-mandatory-self-regulation-for-foundation-models-in-eus-ai-law/ (Letztes Abrufdatum: 4.3.2024).

dem wurde eine fehlende Expertise für die weltweit erste Regulierung von KI bemängelt.[827] Auch die mediale Aufregung zum EU-Gesetz in diesem Zeitraum war groß und wird verglichen mit dem Hype den ChatGPT 2022 ausgelöst hatte.[828] Obwohl das Gesetz auf der Kippe stand, waren nicht alle Stimmen der Literatur in entmutigt, sondern sahen den technisch formulierten Bedenken eine bloße Verzögerung des Beschlusses des Rechtsakts.[829]

Nach einem harten Ringen in den Verhandlungen kam schließlich am 8.12.2013 eine Einigung zustande. Insgesamt 36 Stunden dauerte der Trilog der Vertreter des Europäischen Parlaments, des Rates der Europäischen Union und der Europäischen Kommission zur Erarbeitung eines Kompromisstextes. Formal stimmten die EU-Mitgliedsstaaten am 2. Februar 2024 zu und der KI-VO-E wurde zur KI-VO. Die Trilog-Einigung wurde vom Parlament am 13.2.2024 bestätigt.[830] Die legislative Entschließung und damit die formale Annahme erfolgte durch das Organ am 13.3.2024.[831] Der weitere Prozess sah vor, dass die KI-VO 24 Monate nach Inkrafttreten vollständig anwendbar sein wird. Davon ausgenommen sind zunächst die Verbote verbotener Praktiken, die schon sechs Monate nach Inkrafttreten gel-

---

827 *Schmidt-Kessel/Thiel*, GPR 2024, 48 (49).

828 *Kilian*, EuZW 2024, 145 (146); vgl. dazu auch *Heller*, „Wie mächtig dürfen Maschinen sein?“, FAZ vom 17.2.2024, abzurufen unter: https://www.faz.net/aktuell/wissen/computer-mathematik/europas-ai-act-wie-maechtig-duerfen-maschinen-sein-19525186.html; *Wulfers*, „Europas KI-Regeln stehen auf der Kippe“, FAZ vom 20.11.2023, abzurufen unter: https://www.faz.net/aktuell/wirtschaft/kuenstliche-intelligenz/streit-um-eu-gesetz-was-darf-kuenstliche-intelligenz-tun-19321776.html; *Hahn*, „AI Act am Scheideweg – gutes, schlechtes oder gar kein Gesetz?“, FAZ vom 14.11.2023, abzurufen unter: https://www.faz-biblionet.de/faz-portal/document?uid=FAZN__20231114_9314550&token=540f1d0b-4b82--4b8b-b9a8--43b402489eac&p._scr=faz-archiv&p.q=Europa+auf+dem+Weg+zum+KI-Binnenmarkt&p.source=&p.max=10&p.sort=&p.offset=10&p._ts=1710938697838&p.DT_from=01.11.1949&p.timeFilterType=0 (Letztes Abrufdatum jeweils: 5.3.2024).

829 *Schmidt-Kessel/Thiel*, GPR 2024, 48 (49).

830 Pressemeldung vom Europäischen Parlament https://www.europarl.europa.eu/news/de/press-room/20240212IPR17618/artificial-intelligence-act-committees-confirm-landmark-agreement (Letztes Abrufdatum: 4.3.2024).

831 Der finale Gesetzestext ist abzurufen unter https://www.europarl.europa.eu/doceo/document/TA-9--2024--0138_DE.pdf (Letztes Abrufdatum: 18.3.2024).

ten, Verhaltenskodizes, die bereits neun Monate nach Inkrafttreten gelten und allgemeine KI-Vorschriften einschließlich Governance, die zwölf Monate nach Inkrafttreten gelten. Die (umfangreichen und scharfen) Verpflichtungen für Hochrisikosysteme entfalten erst 36 Monate nach Inkrafttreten ihre Wirkung.[832]

Mit der Gewissheit, dass die KI-VO im Gesetzgebungsverfahren tatsächlich erfolgreich ist, entstanden auch wieder neue Aufsätze zum Rechtsakt. In diesen stellten die Autoren das Gesetz überblicksartig vor,[833] befassten sich mit der Durchsetzung und dem Zusammenspiel mit anderen Gesetzestexten[834] oder den Auswirkungen auf ein ganzes Rechtsgebiet.[835]

p) Entschließung des Europäischen Parlaments zur künstlichen Intelligenz im digitalen Zeitalter im Mai 2022

Am 3. Mai 2022 legte das Europäische Parlament eine Entschließung zur künstlichen Intelligenz im digitalen Zeitalter vor.[836] Auffällig ist, dass zu diesem Zeitpunkt weiterhin eine neue Definition von KI gefordert wurde,[837] obwohl bereits die eines KI-Systems aus dem KI-VO-E vorlag. Das Parlament wies darauf hin, dass die bestehenden Haftungsregeln keine ausreichende Rechtssicherheit bieten würden und begrüßte den bevorstehenden Gesetzgebungsvorschlag zur KI-Haftung.[838] Es betonte aber auch, dass die Produkthaftungsrichtlinie und die nationalen Verschuldenshaftungsvorschriften grundsätzlich das Kernstück der Gesetzgebung zur Bekämpfung

---

832 Vgl. zu den wichtigsten Pflichten der KI-Verordnung *Lachenmann*, MMR-Aktuell 2024, 01359.

833 Vgl. *Ashkar/Schröder*, BB 2024, 771.

834 Vgl. *Daum*, CR 2024, 178.

835 Vgl. *Frank/Heine*, NZA 2024, 433.

836 Entschließung des Europäischen Parlaments vom 3. Mai 2022 zur künstlichen Intelligenz im digitalen Zeitalter (2020/2266(INI)), P9_TA(2022)0140.

837 Entschließung des Europäischen Parlaments vom 3. Mai 2022 zur künstlichen Intelligenz im digitalen Zeitalter (2020/2266(INI)), P9_TA(2022)0140, Nr. 121.

838 Entschließung des Europäischen Parlaments vom 3. Mai 2022 zur künstlichen Intelligenz im digitalen Zeitalter (2020/2266(INI)), P9_TA(2022)0140, Nr. 22, 143.

der meisten durch KI verursachten Schäden bleiben können.[839] Es listete die haftungsrelevanten Merkmale von KI-Systemen, wie ihrer Komplexität, Konnektivität, Opazität, Anfälligkeit, der Fähigkeit, durch Aktualisierungen modifiziert zu werden, der Fähigkeit zum eigenständigen Lernen und der potenziellen Autonomie sowie aufgrund der Vielzahl der Akteure, die an ihrer Entwicklung, ihrem Einsatz und ihrer Nutzung beteiligt sind, auf. In diesem Zusammenhang würden zwar erhebliche Herausforderungen für das Haftungsrecht bestehen, dennoch sei eine vollständige Überarbeitung der gut funktionierenden Haftungsregeln nicht notwendig. Vielmehr seien konkrete und abgestimmte Anpassungen der europäischen und einzelstaatlichen Haftungsvorschriften notwendig.[840]

Neu hingegen war die Forderung des Parlaments nach einer Versicherungspflicht für Hochrisiko-KI-Systeme.[841]

q) Europäische KI-Haftungsrichtlinie im September 2022

Der Entwurf der sogenannten „Richtlinie über KI-Haftung"[842] wurde zusammen mit dem Entwurf einer reformierten Produkthaftungsrichtlinie[843] am 28.09.2022 von der EU-Kommission vorgelegt. Beide Dokumente enthalten eine Abkehr von der einst europäisch favorisierten verschärften Betreiberhaftung,[844] hin zu einer nunmehr bevorzugten Verschärfung der Herstellerhaftung.[845]

---

839 Entschließung des Europäischen Parlaments vom 3. Mai 2022 zur künstlichen Intelligenz im digitalen Zeitalter (2020/2266(INI)), P9_TA(2022)0140, Nr. 143.

840 Entschließung des Europäischen Parlaments vom 3. Mai 2022 zur künstlichen Intelligenz im digitalen Zeitalter (2020/2266(INI)), P9_TA(2022)0140, Nr. 146.

841 Entschließung des Europäischen Parlaments vom 3. Mai 2022 zur künstlichen Intelligenz im digitalen Zeitalter (2020/2266(INI)), P9_TA(2022)0140, Nr. 146.

842 COM(2022) 496 final, im Folgenden „KI-H-RL-E".

843 COM(2022) 495 final, im Folgenden „Prodhaft-RL-E".

844 Noch im Jahr 2020 forderte das Europäische Parlament in seiner Entschließung vom 20.10.2020 (P9_TA-PROV(2020)0276) die Kommission erfolglos dazu auf, Regelungen für eine zivilrechtliche Haftung des Betreibers beim Einsatz von Künstlicher Intelligenz zu schaffen.

845 *Wagner*, JZ 2023, 1 (1).

aa) Keine neuen Haftungsregeln und terminologische Akzessorietät zum KI-VO-E

Zunächst lässt sich festhalten, dass der KI-H-RL-E keine neuen Ansprüche schuf, obwohl sein Titel etwas anderes vermuten ließ. Der Entwurf modifiziert nur bestehende Regelungen. Dadurch soll eine leichtere Integration in die zum Teil sehr divergierenden Haftungsregeln der europäischen Mitgliedstaaten[846] gelingen.[847] Die Richtlinie verfolgt einen Mindestharmonisierungsansatz[848] und gilt nur für außervertragliche verschuldensabhängige zivilrechtliche Schadensersatzansprüche in Bezug auf ein durch ein KI-System verursachte Schäden.[849] Art. 2 des Entwurfs legt Begriffsbestimmungen fest. Dabei wird bei den Ausdrücken „KI-System", „Hochrisiko-KI-System", „Anbieter" sowie „Nutzer" jeweils auf die Definitionen in der KI-VO verwiesen. Dahingegen werden die Begriffe „Kläger", „potenzieller Kläger", „Beklagter" sowie „Sorgfaltspflicht" von der Richtlinie neu festgelegt, jedoch teilweise mit dem Verweis auf nationale Besonderheiten.[850]

Zwar sieht die (Umsetzung der) KI-Haftungsrichtlinie keine neuen Ansprüche für Geschädigte vor, jedoch statuiert Art. 5 Abs. 1 KI-H-RL-E eine Verpflichtung der Kommission zu einer gezielten Überprüfung fünf Jahre nach Ablauf der Umsetzungsfrist. Nach Art. 5 Abs. 2 KI-H-RL-E ist dabei insbesondere auf die Bewertung, „ob Vorschriften über die verschuldensunabhängige Haftung für Ansprüche gegenüber Betreibern bestimmter KI-Systeme angemessen sind, soweit sie nicht bereits durch andere Haftungsvorschriften der Union abgedeckt sind, und ob ein Versicherungsschutz erforderlich ist", einzugehen. Das bedeutet, dass zwar zunächst keine neuen Ansprüche, etwa aufgrund einer neu eingeführten Gefährdungshaftung, bestehen. Jedoch wird die Thematik weiterhin eine große, rechtspolitische

---

846 Vgl. *Schulze*, ZEuP 1993, 442 (452, 470).
847 *Krüger/Wagner*, ZfPC 2023, 124 (128).
848 Erwgg. 14 KI-H-RL-E.
849 Art. 1 Abs. II KI-H-RL-E.
850 Etwa nationale Verhaltensmaßstäbe oder anerkannte Rechtsgüter nach Art. 2 Nr. 9 KI-H-RL-E.

Aufmerksamkeit auf sich ziehen und eine Änderung durch Bewertung und gezielter Überprüfung fünf Jahre nach Inkrafttreten ist keineswegs ausgeschlossen.[851] Dies schließt auch eine mögliche europäische Gefährdungshaftung für KI-Systeme nicht aus.[852]

bb) Zentrale Instrumente: Offenlegungspflichten und Kausalitätsvermutung

Auffallend am Richtlinienentwurf ist seine Kürze. Insgesamt enthält er nur neun Artikel, von denen nur Art. 3 und 4 KI-H-RL-E tatsächliche Regelungen vorsehen. Es handelt sich dabei um die Änderungen der prozessualen Anforderungen für die Geltendmachung von Ansprüchen gegenüber Anbietern oder Nutzern einer Künstlichen Intelligenz nach nationalem Recht. Diese Änderungen gliedern sich zum einen in Offenlegungspflichten von Beweismitteln in Art. 3 KI-H-RL-E und die Vermutung eines Ursachenzusammenhangs im Falle eines Verschuldens in Art. 4 KI-H-RL-E. Es bleibt mithin grundsätzlich bei der nationalen Verschuldenshaftung nach allgemeinem Deliktsrecht, sofern nicht eine Gefährdungshaftung vorliegt, beispielsweise für autonome Fahrzeuge nach den §§ 1a ff., 7 Abs. 1 StVG oder für autonome Drohnen nach den §§ 45 ff. LuftVG.

(1) Offenlegungspflichten nach Art. 3 KI-H-RL-E

Durch Art. 3 Abs. 1 KI-H-RL-E werden nationale Gerichte befugt, Nutzer oder Anbieter zu verpflichten, einschlägige Beweismittel zu einem bestimmten Hochrisiko-KI-System offenzulegen, das im Verdacht steht, einen Schaden verursacht haben. Dies geschieht auf Antrag eines Klägers oder eines potenziellen Klägers, bei letzterem jedoch nur, sofern er die Plausibilität seines Schadensersatzanspruchs durch die Vorlage von Tatsachen und Beweismitteln ausreichend belegen kann. Weiterhin können nach Art. 3 Abs. 3 KI-H-RL-E nationale Gerichte spezifische Maßnahmen zur Sicherung der Beweismittel anordnen. Sollte ein Beklagter im Rahmen eines

---

851 *Bomhard/Siglmüller*, RDi 2022, 506 (507).

852 *Eichelberger*, DB 2022, 2783 (2789); vgl. zum Vorstehenden *Wagner*, JZ 2023, 1 (1 ff.).

Schadensersatzanspruchs einer Anordnung eines nationalen Gerichts, die ihm vorliegenden Beweismittel nach den Art. 3 Abs. 1 oder 2 KI-H-RL-E offenzulegen oder zu sichern, nicht nachkommen, so vermutet das nationale Gericht nach Art. 3 Abs. 5 KI-H-RL-E, dass der Beklagte gegen seine einschlägige Sorgfaltspflicht verstößt. Diese Vermutung kann vom Beklagten jedoch widerlegt werden, Art. 3 Abs. 5 Satz 2 KI-H-RL-E.

(2) Kausalitätsvermutung nach Art. 4 KI-H-RL-E

Darüber hinaus enthält der Entwurf in Art. 4 Abs. 1 eine widerlegliche Vermutung, dass das Handeln oder Unterlassen des Anspruchsgegners ursächlich für das vom KI-System (nicht) hervorgebrachte Ergebnis ist. Art. 4 KI-H-RL-E wird als Hauptmerkmal des neuen europäischen KI-Haftungsrecht gesehen.[853] Anders als die Offenlegungspflicht gilt die Kausalitätsvermutung für alle KI-Systeme und ist nicht beschränkt auf die Hochrisiko-KI-Systeme. Allerdings ist die Kausalitätsvermutung, je nach dem konkreten, durch das System verwirklichten Risiko, an verschiedene Voraussetzungen geknüpft. Grundsätzlich sieht Art. 4 Abs. 1 KI-H-RL-E in lit. a)-c) drei Bedingungen vor, die kumulativ erfüllt sein müssen. Danach muss der Kläger zunächst nachgewiesen haben oder das Gericht nach Art. 3 Abs. 5 KI-H-RL-E vermutet haben, dass ein Verschulden seitens des Beklagten vorliegt, da gegen eine, unionale oder nationale Sorgfaltspflicht, deren unmittelbarer Zweck darin besteht, den eingetretenen Schaden zu verhindern, verstoßen wurde. Hier kommen insbesondere die verschiedenen Pflichten aus der KI-VO in Betracht. Weiterhin muss auf Grundlage der Umstände des Falls nach vernünftigem Ermessen davon ausgegangen werden, dass das Verschulden das vom KI-System (nicht) hervorgebrachte Ergebnis beeinflusst hat. Schließlich hat der Kläger nachzuweisen, dass das vom KI-System (nicht) vorhergebrachte Ergebnis zum Schaden geführt hat.

Sofern der Anspruch gegen den Anbieter eines Hochrisiko-KI-Systems geltend gemacht wird, muss es sich zwingend um eine zentrale Sorgfalts-

[853] *Zech*, in: Lohsse/Schulze/Staudenmayer (Hrsg.), Liability for AI, 2023, 193 (193).

pflicht aus der KI-VO handeln, ansonsten hat der Geschädigte die Kausalität weiterhin selbst zu beweisen, vgl. Art. 4 Abs. 2 KI-H-RL-E. Ähnlich wie bei der Offenlegungspflicht nach Art. 3 KI-H-RL-E hat auch hier der Beklagte das Recht, die Vermutung nach Art. 4 Abs. 1 KI-H-RL-E zu widerlegen.

Von Bedeutung ist weiterhin, dass die hier gegenständliche Kausalität zwischen Sorgfaltspflichtverletzung und KI-Ergebnis im deutschen Recht keine direkte Entsprechung findet.[854] Bekanntermaßen müssen im Rahmen von § 823 Abs. 1 BGB an zwei Stellen Ursachenzusammenhänge geprüft, bzw. vom Kläger bewiesen werden, sogenannter doppelter Kausalzusammenhang.[855] Dies umfasst einerseits die haftungsbegründende Kausalität, also einen Ursachenzusammenhang zwischen Verletzungshandlung und Rechtsgutsverletzung und andererseits die haftungsausfüllende Kausalität, mithin den Zusammenhang zwischen Rechtsgutsverletzung und dem eingetretenen Schaden.[856] Das Ergebnis der KI sei jedoch aufgrund der fehlenden menschlichen Handlung nicht als Sorgfaltspflichtverletzung anzusehen, mit der Folge, dass keine Verletzungshandlung vorläge. Mithin würde ein Zwischenschritt innerhalb der haftungsbegründenden Kausalität zwischen Sorgfaltspflichtverletzung und Rechtsgutverletzung kreiert. Für den Geschädigten führe dies zu der Konsequenz, dass die Kausalität zwischen dem KI-Ergebnis und der Rechtsgutverletzung und die haftungsausfüllende Kausalität weiterhin von ihm bewiesen werden muss und somit lediglich eine Teilerleichterung vorliege.[857]

Der KI-H-RL-E deckte sich weitestgehend mit den Vorstellungen des Europäischen Parlaments, die ein halbes Jahr zuvor moderate Veränderungen der europäischen und einzelstaatlichen Haftungsvorschriften für notwendig hielten. Insbesondere sollte Betroffenen bei verschuldensabhängi-

---

854 *Theis*, BKR 2024, 414 (419); *Krüger/Wagner*, ZfPC 2023, 124 (129); *Bomhard/Siglmüller*, RDi 2022, 506 (512).

855 BGH NJW 2012, 2024, Rn. 10, 12.

856 *Förster*, in: BeckOK BGB, § 823, Rn. 256, 67. Edition, Stand: 01.08.2023.

857 *Krüger/Wagner*, ZfPC 2023, 124 (129).

ger Haftung die Annahme eines Verschuldens seitens des Betreibers zugutekommen, es sei denn, dieser kann nachweisen, dass er seiner Sorgfaltspflicht nachgekommen ist.[858] Dieser Forderung kam die Kommission mit dem KI-H-RL-E nach. Nicht jedoch dem Wunsch des Parlaments nach einer Versicherungspflicht bei Hochrisiko-KI-Systemen.[859]

cc) Kritik und Aufnahme in der Literatur

Zunächst lässt sich erkennen, dass zum zweiten europäischen Rechtsakt der KI-Regulierung schon deutlich weniger Aufsätze als zum KI-VO-E erschienen waren. Dies mag zwar zunächst am Zeitpunkt der Veröffentlichung liegen; namentlich ist der Kommissionsentwurf zur KI-Verordnung bereits am 21.4.2021, der KI-H-RL-E hingegen erst am 28.9.2022 erschienen. Ein weiterer Grund könnte die unterschiedliche Reichweite der Entwürfe sein. Während es sich bei der KI-VO um eine europäische Verordnung handelt, mithin gemäß Art. 288 AEUV unmittelbare Geltung innerhalb der Mitgliedstaaten entfaltet, liegt mit dem KI-H-RL-E „nur" eine umsetzungsbedürftige europäische Richtlinie vor, die den Grad der Mindestharmonisierung aufweist. Darüber hinaus verfügt die Richtlinie in ihren Art. 3 und 4 nur über sehr vorsichtige Instrumente. Während man bei der Verbesserung der Beweislast des Geschädigten grundsätzlich zwischen einer Gefährdungshaftung, einer Beweislastumkehr sowie zwischen unwiderlegbaren und widerlegbaren Vermutungen als mögliches Mittel wählen kann, hat sich die Kommission für die am wenigsten weitreichende Option entschieden.[860] Wie eingangs erwähnt enthält der Richtlinienentwurf gerade keinen neuen Haftungstatbestand. Dies war nicht selbstverständlich, wenn man die jüngste Historie zur europäischen Initiative zu KI betrachtet. So schlug noch 2020 das Europäische Parlament eine verschuldensunabhängi-

---

858 Entschließung des Europäischen Parlaments vom 3. Mai 2022 zur künstlichen Intelligenz im digitalen Zeitalter (2020/2266(INI)), P9_TA(2022)0140, Nr. 146.

859 Entschließung des Europäischen Parlaments vom 3. Mai 2022 zur künstlichen Intelligenz im digitalen Zeitalter (2020/2266(INI)), P9_TA(2022)0140, Nr. 146.

860 *Staudenmayer*, NJW 2023, 894 (897).

ge Haftung für KI-Systeme mit hohem Risiko vor.[861] Kurz davor sprach sich die Expert-Group ebenfalls für die Einführung einer Gefährdungshaftung des Betreibers in bestimmten Fällen aus.[862] Auch soll durch den KI-H-RL-E keine neuen Definitionen auf europäischer Ebene, etwa zu „Verschulden" geschaffen werden; dafür waren offensichtlich die Erfahrungen zur Vereinheitlichung des Vertragsrechts auf unionaler Stufe zu negativ.[863] Lediglich die befürchtete Informationsasymmetrie soll zugunsten der Geschädigten behoben werden.

Weiterhin beeinträchtigt die KI-VO nicht lediglich das Zivilrecht, sondern vielmehr auch das Öffentliche Recht und sogar das Strafrecht. So sollen nach den verpflichtenden Regelungen in der KI-VO etwa eine Reihe von staatlichen Stellen, z.B. notifizierende Behörden geschaffen und mit weitreichenden Aufgaben und Befugnissen nach den Art. 30 ff., 59 ff. KI-VO-E ausgestattet sein. Weiterhin modifiziert der Verordnungsentwurf die Anforderungen an den Einsatz von KI-Systemen zur Strafverfolgung, vgl. Erwgg. 19, 38, Art. 3 Nr. 40, 41, Art. 5 Abs. 4, Art. 52, 54 KI-VO-E. Der KI-H-RL-E richtet sich hingegen ausschließlich an das nationale Deliktsrecht im Hinblick auf seine prozessuale Durchsetzung. Mithin ist die Reaktion in der Literatur verständlicherweise entsprechend kleiner ausgefallen.

Teilweise wurde der KI-H-RL-E als richtiger Schritt angesehen, weil es sich nur um den Beginn einer umfassenderen Regulierung handelt. Es sei ein guter Aufschlag bei der Nutzung des Fortschrittspotenzials von autonom agierender KI sowie der Verringerung der damit verbundenen Risiken, sich zunächst mit dem Deliktsrecht auseinander zu setzen.[864] Andere meinten, dass bereits die grundsätzliche rechtspolitische Prämisse der Europäi-

---

[861] Entschließung des Europäischen Parlaments vom 20.10.2020 mit Empfehlungen an die Kommission für eine Regelung der zivilrechtlichen Haftung beim Einsatz künstlicher Intelligenz (2020/2014(INL)) (ABl. C 404 vom 6.10.2021, S. 107), dort Art. 4 (Verschuldensunabhängige Haftung für KISysteme mit hohem Risiko.).

[862] *Expert Group on Liability and New Technologies*, Liability for Artificial Intelligence and Other Emerging Digital Technologies, 2019, S. 39 ff..

[863] Dazu z.B. *Mayer/Lindemann*, ZEuP 2014, 1.

[864] *Staudenmayer*; NJW 2023, 894 (901).

schen Kommission, die hinter dem Entwurf steht, die falsche sei. Diese ist, dass quasi jeder Einsatz von künstlicher Intelligenz generische Maßnahmen zur Erleichterung der Beweislast erforderlich mache. Diese These sei jedoch empirisch nicht belegt und die von der Kommission aufgeführten Schlagworte „Komplexität, Autonomie und Undurchsichtigkeit" sind Phänomene, die schon immer bei IT-Technologien und rein regelbasierten Algorithmen auftreten können, die ohne KI fungieren.[865]

Obwohl der KI-H-RL-E ausdrücklich nur die Ansprüche aufgrund deliktischen Handelns erfassen wollte – im deutschen Recht kommen damit vor allem § 823 Abs. 1, § 831, § 839 BGB in Verbindung mit Art. 34 GG (Amtshaftung) sowie § 823 Abs. 2 BGB (z.B. mit den Pflichten des KI-VO-E als Schutzgesetze) in Betracht – wurde gewarnt vor einer Übertragung auf das Vertragsrecht. Es sei nämlich möglich, dass zwischen potenziellen Kläger und KI-Nutzer ein Schuldverhältnis besteht und die Wirkungen des KI-H-RL-E auf die vertraglichen Ansprüche ausstrahlen können. Die Kläger würden dann versuchen, die Offenlegung von Beweismitteln nach Art. 3 KI-H-RL-E nicht nur für die Durchsetzung deliktischer Ansprüche zu verwenden, sondern die gewonnen Kenntnisse auch zur besseren Durchsetzung von vertraglichen Schadensersatzansprüchen zu nutzen. So würden sie zusätzlich die Vorzüge der vertraglichen Haftung genießen und es würde zu einer faktischen Vermischung zwischen deliktischen Beweisvorteilen und vertraglicher Anspruchsdurchsetzung führen. Plädiert wurde daher etwa für eine Ergänzung eines Beweisverwertungsverbotes hinsichtlich vertraglicher Ansprüche in Art. 3 KI-H-RL-E.[866] Auch sei ein „erhebliches Streitpotential" bezüglich des erforderlichen und verhältnismäßigen Maßes im Sinne von Art. 3 Abs. 4 UAbs. 1 KI-VO-RL-E „vorprogrammiert"[867], mit dem Entwurf insgesamt eine große Rechtsunsicherheit zu befürchten,[868]

[865] Zum Vorstehenden: *Bomhard/Siglmüller*, RDi 2022, 506 (506).
[866] Zum Vorstehenden: *Bomhard/Siglmüller*, RDi 2022, 506 (507).
[867] *Bomhard/Siglmüller*, RDi 2022, 506 (508 f.).
[868] *Bomhard/Siglmüller*, RDi 2022, 506 (509).

weil es „ein intensiver Eingriff in einen Grundpfeiler des deutschen Zivilprozessrechts“[869] ist.

Prognostiziert wurde einerseits eine erhebliche Auswirkung des Haftungsrechts auf die KI-Technikgestaltung bei einem Inkrafttreten der Richtlinie.[870] Andererseits wurde der Anwendungsbereich der Richtlinie neben der Produkthaftung jedoch insgesamt als gering eingeschätzt.[871] Dies sei auch darauf zurückzuführen, dass sie nur dann zum Tragen kommt, wenn es auf ein Verschulden ankommt. Die Richtlinie beseitige also nicht die materielle Haftungslücke.[872]

dd) Aussichten für den Gesetzeserlass

Zum Zeitpunkt des ersten Quartals 2024 wurde eine Verabschiedung der Richtlinie als ungewiss bezeichnet. Sofern sie nicht mehr in der aktuellen Legislaturperiode komme, scheine ein Erlass vor 2025 als ungewiss.[873] Darüber hinaus wurde sogar bezweifelt, ob der deutsche Gesetzgeber selbst bei Verabschiedung der Richtlinie diese umsetzen müsse.[874]

r) Novellierung der Produkthaftungsrichtlinie im September 2022

Anpassungen des Produkthaftungsrechts wurden aufgrund neuer Technologien wie KI immer wieder in der Literatur gefordert.[875] Neben der Richtlinie über KI-Haftung legte die Kommission nun auch eine überarbeitete Fassung der Produkthaftungsrichtlinie vor, welche die bisherige[876] nach fast

869 *Bomhard/Siglmüller*, RDi 2022, 506 (508 f.).
870 *Steege*, NZV 2023, 12 (18).
871 *Heiderhoff*, Europäisches Privatrecht, 6. Auflage, § 7 Rn. 631; *Wagner*, JZ 2023, 123 (133 f.); *Spindler*, CR 2022, 689 (703 f.); *Borges*, in: Lohsse/Schulze/Staudenmayer (Hrsg.), Liability for AI, 2023, 165 (173); *Linardatos*, ZdiW 2023, 3 (8 ff.); *Eichelberger*, DB 2022, 2783 (2789).
872 *Borges*, in: Lohsse/Schulze/Staudenmayer (Hrsg.), Liability for AI, 2023, 165 (173).
873 *Buchalik/Gehrmann*, CR 2024, 145 (146); *Theis*, BKR 2024, 414 (420).
874 *Linardatos*, ZdiW 2023, 3 (10).
875 So z.B. bei *Seehafer/Kohler*, EuZW 2020, 213.
876 Richtlinie 85/374/EWG des Rates zur Angleichung der Rechts- und Verwaltungsvorschriften der Mitgliedstaaten über die Haftung für fehlerhafte Produkte (ABl. L 210 vom 7.8.1985, S. 29).

40 Jahren ablösen soll. Mit ihr kamen zahlreiche, weitreichende Neuerungen in das europäische Produkthaftungsrecht.[877] In Bezug auf die widerlegbare Vermutung ähneln sich die Entwürfe konzeptionell sehr. Auch im Anwendungsbereich beider Richtlinien ergibt sich eine Überschneidung. Beide Entwürfe sorgen für Schadensersatzansprüche gegen Produzenten für Schäden, die durch mit KI ausgestatteten Produkte hervorgerufen wurden.[878] Der Vorschlag der Produkthaftungsrichtlinie war eine Verschärfung der Haftung, welche sich insbesondere in der Erweiterung des Kreises der erfassten Produkte, der Erweiterung der Liste potenzieller Beklagter und in der Ausweitung des Fehlerbegriffs äußert. Neu war auch das ersatzlose Wegfallen von Haftungshöchstgrenze sowie bisheriger Selbstbehalte. Wie die KI-Haftungsrichtlinie, sieht auch die Produkthaftungsrichtlinie Beweiserleichterungen vor, sodass die Bereiche Produktfehler und Kausalität für Geschädigte vereinfacht werden. Die Richtlinie als Rechtsinstrument für die Produkthaftung ist gleich geblieben, obwohl das Europäische Parlament einen Formwechsel angeregt hatte.[879] Unverändert geblieben war auch die Beschränkung auf fehlerhafte Produkte, trotz der Tatsache, dass neben der Expert Group ebenfalls das Parlament angeregt hat, eine strengere Gefährdungshaftung einzuführen.[880]

aa) Neuerungen für das bisherige Recht

Im direkten Vergleich zum KI-H-RL-E hält der Prodhaft-RL-E deutlich mehr und viel tiefergehende Änderungen für das Recht bereit. Zusätzlich enthält er sehr ähnliche Bestimmungen hinsichtlich der Offenlegungspflicht

---

[877] Dazu ausführlich *Kapoor/Klindt*, BB 2023, 67; *Wagner*, JZ 2023, 1; *Borges*, DB 2022, 2650.

[878] *Staudenmayer*, NJW 2023, 894 (900).

[879] Entschließung des Europäischen Parlaments vom 20.10.2020, P9_TA(2020)0276, Ziff. 8.

[880] *Expert Group on Liability and New Technologies* – New Technologies Formation, Liability for Artificial Intelligence and other emerging digital technologies, 2019, S. 39 ff.; Entschließung des Europäischen Parlaments vom 20.10.2020, P9_TA(2020)0276, Ziff. 14.

und der Kausalitätsvermutung aus dem KI-H-RL-E. Begründet könnte dies u.a. in der jahrelangen Begleitung der umgesetzten Richtlinie im ProdHaftG durch Rechtsprechung und Literatur sein.[881] Denn besonders die Anwendung des Rechts im Laufe der Zeit führt zu Grenzfällen und damit verbundenen Reformüberlegungen, die bei der Kodifizierung noch nicht absehbar waren. So haben es Digitalprodukte und im Besonderen KI-Systeme an sich, dass Darlegungs- und Beweislast von Fehlerhaftigkeit und Kausalität für Geschädigte deutlich schwieriger zu erbringen sind.[882] Zur Vorgeschichte des Prodhaft-RL-E gehören zudem umfangreiche Arbeitsunterlagen der Kommissionsdienststellen etwa zur Evaluation der bisherigen Produkthaftungsrichtlinie[883] sowie ein Folgenabschätzungsbericht zum Prodhaft-RL-E.[884]

(1) Produktbegriff

Der Produktbegriff ist in seiner Neufassung deutlich erweitertet worden. Nach Art. 4 Ziffer 1 Prodhaft-RL-E bezeichnet ein Produkt alle beweglichen Sachen, auch wenn diese in eine andere bewegliche oder unbewegliche Sache integriert sind. Dazu zählen auch Elektrizität, digitale Bauunterlagen und Software. Insbesondere mit der Einbeziehung von Software in den Produktbegriff[885] wurde eine jahrelange Diskussion um diese Frage be-

[881] Beispielsweise das mittlerweile in der 4. Auflage für 2024 angekündigte Produkthaftungshandbuch von Foerste/Graf von Westphalen.

[882] *Spindler*, Verantwortlichkeit von IT-Herstellern, Nutzern und Intermediären, Studie im Auftrag des BSI, 2007, S. 76 f.; *derselbe*, in: Lorenz (Hrsg.) Karlsruher Forum 2010: Haftung und Versicherung im IT-Bereich, S. 39 f..

[883] SWD(2018) 157 final, abrufbar unter: https://eur-lex.europa.eu/legal-content/EN/TXT/PDF/?uri=CELEX:52018SC0157&from=EN (Letztes Abrufdatum: 02.11.2023).

[884] SWD(2022) 316 final, abrufbar unter: https://eur-lex.europa.eu/legal-content/EN/TXT/PDF/?uri=CELEX:52022SC0316&from=EN (Letztes Abrufdatum: 02.11.2023).

[885] Vgl. dazu auch Erwgg. 12 Prodhaft-RL-E, der darauf hinweist, dass Software unabhängig von der Art ihrer Bereitstellung oder Nutzung – also unabhängig davon, ob die Software auf einem Gerät gespeichert oder über Cloud-Technologien abgerufen wird – auch ein Produkt für die Zwecke der verschuldensunabhängigen Haftung ist. Dahingegen ist der Quellcode einer Software nicht als Produkt anzusehen; für diese Regelung haben sich in der Vergangenheit bereits viele Autoren ausgesprochen, z.B. *Wagner*, AcP 217 (2017), 707 (717 f.) oder *Hacker*, NJW 2020, 2142 (2145).

endet.[886] Freilich wird der Aufnahme von Software eher eine klarstellende Funktion, als ein konstitutiver Charakter zugeschrieben.[887] Der Produktbegriff wird implizit auch auf Daten und Dienste erweitert. Art. 4 Ziffer 3, 4 Prodhaft-RL-E definieren die Begriffe „Komponente“ sowie „Verbundener Dienst“. Die Komponenten und Verbundene Dienste müssen mit dem Produkt zumindest in irgendeiner Art und Weise verbunden sein. Beim Verbundenen Dienst kommt zusätzlich hinzu, dass das Produkt ohne ihn eine oder mehrere seiner Funktionen nicht ausführen kann. Dienstleistungen sollen nur dann unter die strenge Haftung fallen, wenn sie essentiell für die Funktion des Produkts sind. Es ist nicht erforderlich, dass der Hersteller selbst die Dienstleistungen erbringt. Vielmehr genügt es, dass er sie empfiehlt oder auf andere Weise ihre Bereitstellung durch einen Dritten beeinflusst.[888] Damit sind künftig auch die praktisch wichtigen Trainingsdaten für KI-Systeme oder Produkte, die zusätzliche KI-gestützte Funktionen haben, erfasst.[889] Bei der Regulierung von KI-Trainingsdaten komme dem Haftungsrecht eine erhebliche Bedeutung zu.[890]

Eine Ausnahme vom Produktbegriff besteht für freie und quelloffene Software, die außerhalb einer gewerblichen Tätigkeit entwickelt oder bereitgestellt wird (sogenannte Open Source Software). Begründet wird dies mit dem Schutz von Innovation und Forschung. Soweit es sich jedoch um Software gegen Entgelt oder mit der Verwendung personenbezogener Daten, die nicht ausschließlich der Verbesserung der Sicherheit, Kompatibilität oder Interoperabilität der Software dient, handelt, gilt die Ausnahme nicht.[891] Erkennbar ist hier der Versuch ähnlich wie bei dem KI-VO-E ge-

---

886 *Müller*, Software als „Gegenstand“ der Produkthaftung, 2019; *Lehmann*, NJW 1992, 1721 (1723 ff.); *Boehme-Neßler*, Unscharfes Recht, 2008, S. 384 f..

887 *Rossek/Link*, ZD-Aktuell 2023, 01105; *Borges*, DB 2022, 2650 (2652).

888 Erwgg. 15 Prodhaft-RL-E.

889 *Spindler*, CR 2022, 689 (691).

890 *Zech*, NJW 2022, 502 (507).

891 Erwgg. 15 Prodhaft-RL-E.

nügend Freiraum für Innovationen zu lassen.[892] Auch die Digitale-Inhalte-Richtlinie sah bereits einen Schutz von Open-Source-Software vor.[893]

(2) Erweiterung der geschützten Rechtsgüter

Mit dem Prodhaft-RL-E wurden nunmehr auch medizinisch anerkannte Beeinträchtigungen der psychischen Gesundheit in den kodifizierten Kreis der geschützten Rechtsgüter aufgenommen.[894] Eine praktische Änderung im deutschen Recht hat dies allerdings nicht zu bedeuten. So sind die Begriffe Leben, Körper und Gesundheit aus § 1 des aktuellen ProdHaftG zwar der autonom auszulegenden Produkthaftungsrichtlinie entnommen, entsprechen jedoch nach unbestrittener Auffassung inhaltlich denen in § 823 Abs. 1 BGB verwendeten.[895] Danach sind grundsätzlich auch psychische Krankheiten und Schäden, die medizinisch feststellbar sind und über das allgemeine Risiko hinaus gehen von der Gesundheitsverletzung umfasst.[896] Künftig werden nach dem ProdHaftG auch Verletzungen an Immobilieneigentum von Verbrauchern zu entschädigen sein, wenn das Eigentum sowohl privaten als auch kommerziellen Zwecken dient.[897]

Für das digitale Zeitalter und damit auch für KI-Anwendungen wichtiger ist die Erweiterung der geschützten Rechtsgüter auf den Verlust oder die Verfälschung von Daten. Gemäß Erwgg. 16 Satz 1 Prodhaft-RL-E sollen auch die Kosten für die Rettung oder Wiederherstellung der Daten vom Ersatzanspruch umfasst sein. Stimmen der Literatur würden den Anwendungsbereich auch auf weitere Speicherorte von Daten beziehen.[898] Damit würden also auch Schadensersatzansprüche für den Verlust von in der Cloud gespeicherten Daten bestehen. Auch hier würde der Entwurf eine lange Dis-

---

892 Dazu unter Dritter Teil, IV. 2. o) bb).

893 Art. 3 Abs. 5 f) Richtlinie (EU) 2019/770 des Europäischen Parlaments und des Rates vom 20. Mai 2019 über bestimmte vertragsrechtliche Aspekte der Bereitstellung digitaler Inhalte und digitaler Dienstleistungen.

894 Art. 4 Ziffer 6 a), Erwgg. 17 Prodhaft-RL-E.

895 *Seibl*, in: BeckOGK BGB, Stand: 01.07.2023, § 1 ProdHaftG, Rn. 27.

896 *Spindler*, in: BeckOGK BGB, Stand: 01.08.2023, § 823 BGB, Rn. 108.

897 Erwgg. 19 Prodhaft-RL-E.

898 *Spindler*, CR 2022, 689 (692); *Wagner*, JZ 2023, 1 (7).

kussion, nämlich die um die Frage nach der Anerkennung von Daten als „sonstige Rechte“ im Sinne von § 823 Abs. 1 BGB beenden, ohne jedoch die umstrittene Position des „Dateneigentums“ anzuerkennen.[899]

(3) Erweiterung des Fehlerbegriffs

Eine weitere Anpassung an die digitale Wirklichkeit findet sich in der Neugestaltung des Fehlerbegriffs. Während er noch im Gesetzestext von 1985 auf den Zeitpunkt des Inverkehrbringens abstellt,[900] ist er nunmehr dynamisch geworden. Nach Art. 6 Abs. 1 lit. c) Prodhaft-RL-E müssen zukünftig bestimmte Sicherheitserwartungen mit in Betracht gezogen werden, wenn Produkte mit der Fähigkeit ausgestattet sind, weiter zu lernen. Dies spielt gerade für KI-Systeme eine übergeordnete Rolle, da diese zum Beispiel mit Hilfe des machine learning eine Möglichkeit zur autonomen Weiterentwicklung auch nach Inverkehrbringen des Herstellers haben. Was unter „Lernen“ verstanden werden soll, bleibt auch in der Literatur unklar. Es wurde sogar die Vermutung geäußert, dass die Vorschrift bewusst unscharf formuliert wurde, damit der Einsatz von KI-Systemen unattraktiv wird.[901]

Der maßgebliche Zeitpunkt auf den bei der Ermittlung der Fehlerhaftigkeit abzustellen ist, ist gemäß Art. 6 Abs. 1 lit. e) Prodhaft-RL-E nun nicht ausschließlich das Inverkehrbringen, sondern darüber hinaus noch der Zeitpunkt, in dem die Kontrolle des Herstellers über das Produkt besteht. Dies ist etwa der Fall, wenn KI-Systeme regelmäßig mit Datensätzen versorgt und überwacht werden (müssen).[902] Die bloße Hardware eines Produkts sei jedoch weiterhin an dem Maßstab zu messen, welcher beim Zeitpunkt des

---

[899] *Hoeren*, MMR 2019, 5; *Spindler*, in: BeckOGK BGB, Stand: 1.8.2023, § 823, Rn. 139; *Adam*, NJW 2020, 2063 (2067).

[900] Art. 6 Abs. 1 lit c) Richtlinie 85/374/EWG des Rates zur Angleichung der Rechts- und Verwaltungsvorschriften der Mitgliedstaaten über die Haftung für fehlerhafte Produkte.

[901] *Kapoor/Klindt*, BB 2023, 67 (68).

[902] Etwa schreibt der KI-VO-E in Art. 11 eine technische Dokumentation sowie in Art. 14 eine menschliche Aufsicht vor.

Inverkehrbringens relevant war.[903] Diese Auslegung von Art. 6 Abs. 1 lit e) Prodhaft-RL-E deckt sich auch mit den Art. 10 Abs. 2 lit a), b) Prodhaft-RL-E. Gemäß Art. 10 Abs. 2 lit b) Prodhaft-RL-E liegt eine Haftungsbefreiung nur dann vor, wenn die Fehlerhaftigkeit des Produkts auf der Software, einschließlich der Software-Updates oder Upgrades zurückzuführen ist. Gleiches gilt für Art. 10 Abs. 2 lit a) Prodhaft-RL-E, bei dem keine Entlastung des Herstellers erfolgt, wenn die Fehlerhaftigkeit auf einer verbundenen Dienstleistung beruht.

Solange ein Produkt unter der Kontrolle des Herstellers steht, sieht Art. 10 Prodhaft-RL-E eine implizite außervertragliche Pflicht für Updates zur Sicherheit vor. Vertraglich gibt es seit Art. 7 lit d), Art. 8 Abs. 2 der Digitale-Inhalte-RL[904] und seiner Umsetzung im deutschen Recht in § 327f BGB eine Pflicht zur Aktualisierung bei digitalen Produkten. Es steht dem Hersteller aber nach wie vor frei, nämlich indem er die Kontrolle über das Produkt abgibt, sich nicht für einen dauerhaften Support bzw. Updates zu entscheiden. Sofern es sich jedoch um Software-Updates und -Upgrades handelt, die zur Aufrechterhaltung der Sicherheit erforderlich sind, besteht indes auch eine produkthaftungsrechtliche Herstellerpflicht zu Updates und Upgrades nach dem Inverkehrbringen des Produkts.[905]

Neu ist auch, dass ein Produkt nach Art. 6 Abs. 1 lit. f) Prodhaft-RL-E dann als fehlerhaft gilt, wenn es den Sicherheitsanforderungen, einschließlich sicherheitsrelevanter Cybersicherheitsanforderungen nicht entspricht. KI-Systeme oder andere Digitalprodukte sind also auch dann fehlerhaft, wenn sie nicht die gebotene Sicherheit gegen Hackerangriffe bieten.[906]

---

903 *Wagner*, JZ 2023, 1 (6).

904 Richtlinie (EU) 2019/770 des Europäischen Parlaments und des Rates vom 20. Mai 2019 über bestimmte vertragsrechtliche Aspekte der Bereitstellung digitaler Inhalte und digitaler Dienstleistungen.

905 *Wagner*, JZ 2023, 1 (7); *Spindler*, CR 2022, 689 (694).

906 *Wagner*, JZ 2023, 1 (6).

(4) Erweiterung des Adressatenkreises der Produkthaftung

Nach der bisherigen Rechtslage werden im Rahmen der Produkthaftung vor allem Endhersteller, untergeordnet auch Teil- und Quasihersteller sowie Importeure in Anspruch genommen.[907] Subsidiär haftet gemäß § 4 Abs. 3 ProdHaftG auch der Händler, wenn der Hersteller nicht festgestellt werden kann, es sei denn, dass der Händler dem Geschädigten innerhalb eines Monats, nachdem ihm dessen diesbezügliche Aufforderung zugegangen ist, den Hersteller oder diejenige Person benennt, die ihm das Produkt geliefert hat.

Zukünftig wird die Anzahl der in Betracht kommenden Haftungssubjekte deutlich vergrößert. Dabei behält der Prodhaft-RL-E die bisherigen Anspruchsgegner bei und fügt weitere hinzu. Art. 7 Abs. 3 Prodhaft-RL-E setzt sogenannte Fulfilment-Dienstleister[908] Importeuren gleich. Das heißt, dass Fulfilment-Dienstleister vorrangig vor dem Händler haften. Diesen trifft ohnehin nur eine Ausfallhaftung. Denn er wird lediglich herangezogen, wenn der Hersteller nicht ermittelt werden kann oder er zwar ermittelt werden kann, aber seinen Sitz außerhalb der EU hat und weder auf einen Bevollmächtigten des Herstellers, einen Importeur oder einen Fulfilment-Dienstleister mit Sitz innerhalb der Union zugegriffen werden kann.[909] Nach Art. 7 Abs. 6 Prodhaft-RL-E gilt dasselbe für den Anbieter einer Online-Plattform, sofern die Voraussetzungen des Art. 6 Abs. 3 des Gesetz über digitale Dienste[910] erfüllt sind.

---

[907] Vgl. § 4 Abs. 1, 2 ProdHaftG.

[908] Ein Fulfilment-Dienstleister ist gemäß Art. 4 Nr. 14 Prodhaft-RL-E jede natürliche oder juristische Person, die im Rahmen einer Geschäftstätigkeit mindestens zwei der folgenden Dienstleistungen anbietet: Lagerhaltung, Verpackung, Adressierung und Versand eines Produkts, an dem sie kein Eigentumsrecht hat. Ausgenommen sind jedoch Post- und Frachtdienste.

[909] Art. 7 Abs. 5 Prodhaft-RL-E.

[910] Verordnung (EU) des Europäischen Parlaments und des Rates vom 19. Oktober 2022 über einen Binnenmarkt für digitale Dienste und zur Änderung der Richtlinie 2000/31/EG (Gesetz über digitale Dienste).

Ausdrücklich im neuen Richtlinienentwurf verankert, aber bereits im alten durch Auslegung festgelegt,[911] ist, dass jede natürliche oder juristische Person, die ein bereits in Verkehr gebrachtes Produkt wesentlich bezüglich der Produktsicherheit ändert, als Hersteller gilt.[912] Dieser Verschärfung kann sich der Verändernde jedoch gemäß Art. 10 Abs. 1 lit. g) Prodhaft-RL-E entziehen, wenn er nachweist, dass die Fehlerhaftigkeit, die den Schaden verursacht hat, nicht mit der Veränderung des Produkts zusammenhängt. Für KI-Systeme ist die Ausdehnung der Haftungssubjekte auf Personen, die Modifikationen an einem Produkt vornehmen bedeutsam, weil es möglich ist, dass ein Dritter das KI-System mit anderen Datensätzen trainiert und dieses somit zu anderen Ergebnissen kommen und Schäden hervorrufen kann. Der Begriff der „wesentlichen Veränderung" stammt aus dem Maschinenrecht. Daher sollen Rechtsanwender nach Stimmen aus dem Schrifttum zur näheren Bestimmung des Begriffs auf ein Interpretationspapier des Bundesarbeitsministeriums[913] oder auf den Blue Guide 2022 von der Kommission[914] zurückgreifen können.[915]

Weiterhin ist es nur konsequent, bei einer Aufnahme von Software in den Tatbestand der Produkte, auch Entwickler oder Produzenten von Software, einschließlich der Betreiber von KI-Systemen als Hersteller im Sinne der Prodhaft-RL-E anzusehen.[916] Insbesondere für KI-Systeme relevant ist die Erweiterung des Produkt- und Komponentenbegriffs.[917] Hier ist es nicht unüblich, dass es externe Datenzulieferer gibt, welche sodann unter den

---

911 BGH NJW 2014, 2106; *Oechsler*, NJW 2014, 2080 (passim).

912 Art. 7 Abs. 4 Prodhaft-RL-E.

913 Bekanntmachung des Bundesministeriums für Arbeit und Soziales vom 9.4.2015, „Wesentliche Veränderung von Maschinen", abzurufen unter https://www.bmas.de/SharedDocs/Downloads/DE/Arbeitsschutz/interpretationspapier-veraenderung-maschinen.pdf;jsessionid=A586FBA605CAAC3A7E29DE88E9CFC1C6.delivery2-replication?__blob=publicationFile&v=1 (Letztes Abrufdatum: 8.11.2023).

914 ABlEU vom 29.6.2022, C 247, 1.

915 *Kapoor/Klindt*, BB 2023, 67 (69).

916 Erwgg. 12 Satz 4 Prodhaft-RL-E.

917 Art. 7 Abs. 1, Satz 2; Erwgg. 26 Prodhaft-RL-E.

Zuliefererbegriff fallen und somit ebenfalls verschuldensunabhängig, wie Hersteller, haften können.

Wie bereits im bisherigen Produkthaftungsrecht geregelt,[918] bleibt es weiterhin gemäß Art. 11 Prodhaft-RL-E bei einer gesamtschuldnerischen Haftung im Sinne von § 421 BGB. Neu und insbesondere für KI-Systeme ist indes Art. 12 Abs. 1 Prodhaft-RL-E. Hier wird statuiert, dass die Haftung des Herstellers und anderen im Prodhaft-RL-E adressierten Wirtschaftsakteuren nicht deshalb entfällt, weil der Schaden auch durch einen Dritten mitverursacht wurde. Insoweit werden Fälle umfasst, in denen etwa der Betreiber, welcher gerade nicht ein Wirtschaftsakteur im Sinne des Prodhaft-RL-E ist, das KI-System fehlerhaft trainiert hat. Darüber hinaus sind so Situationen geregelt, in welchen durch einen Hackerangriff das KI-System einen Schaden herbeiführt, der gerade durch eine vom Hersteller zu vermeidende Sicherheitslücke geschehen konnte.[919]

(5) Einführung von Offenlegungspflichten sowie Darlegungs- und Beweislast

Ähnlich gestaltet wie bereits im KI-H-RL-E, finden sich auch im Prodhaft-RL-E eine Pflicht zur Offenlegung von Beweismitteln, Beweiserleichterungen sowie widerlegbare Vermutungen. Grundsätzlich hat der Geschädigte gemäß Art. 9 Abs. 1 Prodhaft-RL-E weiterhin den Nachweis für die Fehlerhaftigkeit des Produkts, den erlittenen Schaden und den Ursachenzusammenhang zwischen Fehlerhaftigkeit und Schaden zu erbringen. Nach Ansicht der Kommission bestehe auch hier wie beim KI-H-RL-E[920] eine Informationsasymmetrie zwischen Geschädigten und Herstellern. Eine gerechte Risikoverteilung sei so insbesondere in Fällen von technischer und wirtschaftlicher Komplexität gefährdet.[921] Bemerkenswert dabei ist je-

---

[918] Vgl. Art. 5 Richtlinie 85/374/EWG des Rates zur Angleichung der Rechts- und Verwaltungsvorschriften der Mitgliedstaaten über die Haftung für fehlerhafte Produkte (ABl. L 210 vom 7.8.1985, S. 29).

[919] *Spindler*, CR 2022, 689 (698).

[920] Erwgg. 16 ff. KI-H-RL-E.

[921] Erwgg. 30 Satz 3 Prodhaft-RL-E.

doch, dass die Einführung von Offenlegungspflichten und die Modifikation von Darlegungs- und Beweislast für alle Produkte, also auch gewöhnliche Nicht-IT-Produkte und solche ohne KI-Funktion, gelten.

Zukünftig werden die Mitgliedstaaten nach Art. 8 Abs. 1 Prodhaft-RL-E verpflichtet, sicherzustellen, dass die nationalen Gerichte den Beklagten verpflichten können, die in seiner Verfügungsgewalt befindlichen relevanten Beweismittel offen zu legen. Dies geschieht auf Antrag des Geschädigten und nur, wenn dieser Plausibilität des Schadensersatzanspruchs darlegen kann. Gemäß Art. 8 Abs. 2–4 Prodhaft-RL-E unterliegt der Offenlegungsanspruch aus Art. 8 Abs. 1 Prodhaft-RL-E einer Verhältnismäßigkeitskontrolle, insbesondere im Hinblick auf vertrauliche Informationen und Geschäftsgeheimnisse. Es sollen demnach nur die für die Substantiierung einer Klage notwendigen und verhältnismäßigen Tatsachen vom Beklagten preisgegeben werden.

Den Geschädigten kommen verschiedene Beweiserleichterungen, insbesondere widerlegbare Vermutungen aus Art. 9 Prodhaft-RL-E zu Gute. Wie bei dem KI-H-RL-E in Art. 3 Abs. 5 für Hochrisikosysteme sieht auch der Prodhaft-RL-E vor, dass wenn der Beklagte seiner Pflicht zur Offenlegung von relevanten Beweismitteln, die sich in seiner Verfügungsgewalt befinden, nicht nachkommt, von Fehlerhaftigkeit des Produkts ausgegangen wird.[922] Die gleiche Vermutung wird nach Art 9 Abs. 2 b) Prodhaft-RL-E angestellt, wenn der Kläger nachweist, dass das Produkt nicht den nationalen oder unionalen Sicherheitsanforderungen entspricht. Der Verweis auf die verbindlichen Sicherheitsanforderungen des Unionsrechts oder des nationalen Rechts findet sich in Art. 4 Abs. 1 a) KI-H-RL-E wieder. Weiterhin genügt es gemäß Art. 9 Abs. 2 c) Prodhaft-RL-E für die Vermutung, wenn der Kläger nachweist, dass der Schaden durch eine offensichtliche Funktionsstörung des Produkts bei normaler Verwendung oder unter normalen Umständen verursacht wurde. Nicht von der Fehlerhaftigkeit, sondern von

[922] Art. 9 Abs. 2 a) Prodhaft-RL-E.

einem ursächlichen Zusammenhang zwischen der Fehlerhaftigkeit des Produkts und dem Schaden wird nach Art. 9 Abs. 3 Prodhaft-RL-E ausgegangen, wenn festgestellt wurde, dass das Produkt fehlerhaft und der entstandene Schaden von der dem betreffenden Fehler typischerweise entsprechenden Art ist. Auch hier ist der Vergleich mit der Kausalitätsvermutung aus Art. 4 KI-H-RL-E erkennbar. U.a. für KI-Systeme relevant ist Art. 9 Abs. 4 Prodhaft-RL-E. Hiernach kann das Gericht, wenn es nach seiner Auffassung aufgrund der technischen oder wissenschaftlichen Komplexität für den Kläger übermäßig schwierig ist, die Fehlerhaftigkeit des Produkts oder den ursächlichen Zusammenhang zwischen dessen Fehlerhaftigkeit und dem Schaden oder beidem nachzuweisen, die Fehlerhaftigkeit des Produkts oder den ursächlichen Zusammenhang zwischen dessen Fehlerhaftigkeit und dem Schaden oder beidem vermuten. Dafür muss der Kläger gemäß Art. 9 Abs. 4 a), b) Prodhaft-RL-E hinreichend nachweisen, dass das Produkt zum Schaden beigetragen hat und das Produkt wahrscheinlich fehlerhaft war und/oder seine Fehlerhaftigkeit den Schaden wahrscheinlich verursacht hat. Welche Anforderungen an die wissenschaftliche oder technische Komplexität zu stellen sind, wird vom Kommissionsentwurf nur ansatzweise beantwortet und letztlich der Rechtsprechung überlassen. Ein etwaiger Verweis auf bestimmte Artikel oder einen der – teilweise sehr technisch geprägten – Anhänge des KI-VO-E ist gerade nicht gegeben. Lediglich Erwgg. 34 Prodhaft-RL-E führt in Satz 4 dazu aus, dass die technische oder wirtschaftliche Komplexität vom Gericht einzelfallabhängig unter Berücksichtigung verschiedener Faktoren zu erfolgen hat. Diese Faktoren sind nach Satz 5 die Komplexität des Produkts, die Komplexität der verwendeten Technologie, die Komplexität der vom Kläger zu analysierenden Informationen und Daten sowie die Komplexität des Kausalzusammenhangs. Bei der Komplexität der verwendeten wird explizit das maschinelle Lernen als Beispiel genannt. Die Beurteilung der übermäßigen Schwierigkeit soll gemäß Erwgg. 34 Satz 6 von den Gerichten ebenfalls von Fall zu Fall vorgenommen werden. Nach Satz 8 wird aber für das KI-System als Beispiel explizit festgehalten, dass bei einer Klage in Bezug auf das KI-System der Kläger weder verpflichtet wird die spezifischen Merkmale des KI-Systems zu erläutern, noch inwiefern diese Merkmale die Feststellung des Kausalzusammenhangs erschweren, damit das Gericht entscheiden kann, dass übermäßige Schwierigkeiten bestehen.

Der Beklagte kann das Vorliegen übermäßiger Schwierigkeiten oder die genannte Wahrscheinlichkeit anfechten. Darüber hinaus kann er gemäß Art. 9 Abs. 5 Prodhaft-RL-E jede in Art. 9 Abs. 2–4 Prodhaft-RL-E widerlegen.

(6) Verjährung und Wegfall von Haftungshöchstsumme

Die in Art. 14 geregelte Verjährung im Prodhaft-RL-E unterscheidet sich in Abs. 1 zunächst nicht von der bisherigen Regelung von 1985.[923] Es besteht ein, mit den §§ 194 ff. BGB vergleichbares, System mit einer Verjährungsfrist von drei Jahren ab dem Tag der (vernünftigerweise zu erwartenden) Kenntnis von Schaden, Fehlerhaftigkeit und Wirtschaftsakteur der haftbar gemacht werden kann. Bestimmungen der Mitgliedstaaten hinsichtlich Unterbrechung oder Hemmung der Verjährung bleiben gemäß Art. 14 Abs. 1 Satz 2 Prodhaft-RL-E unberührt. Zusätzlich gilt nach Inverkehrgabe des Produkts oder seiner wesentlichen Veränderung eine absolute Verjährungsfrist von zehn Jahren. Sollte ein Geschädigter aufgrund gesundheitlicher Spätschäden nicht in der Lage gewesen sein, innerhalb der Höchstfrist Klage zu erheben, wird die Höchstfrist gemäß Art. 14 Abs. 3 Prodhaft-RL-E auf 15 Jahre verlängert.

Vollständig gestrichen ist eine Beschränkung der Haftungssumme. Während es bisher eine Deckung bis 85 Millionen Euro gab,[924] sieht Art. 13 Prodhaft-RL-E vor, dass die Haftung weder vertraglich noch durch nationales Recht ausgeschlossen oder beschränkt wird.

---

923 Vgl. Art. 10 Abs. 1 Richtlinie 85/374/EWG des Rates zur Angleichung der Rechts- und Verwaltungsvorschriften der Mitgliedstaaten über die Haftung für fehlerhafte Produkte (ABl. L 210 vom 7.8.1985, S. 29).

924 Vgl. § 10 ProdhaftG.

bb) Aufnahme des Richtlinienvorschlags in der Literatur

Die Relevanz des Richtlinienentwurfs wurde im Schrifttum als enorm erachtet. Bei der Anpassung des Rechts, insbesondere das der Produkthaftung, an die digitale Wirklichkeit handele es sich um einen „riesengroßen Schritt".[925] Weitere sprachen von einem „großen Wurf" und „Paukenschlag aus Brüssel", der den „Brussels Effect"[926] auslösen kann.[927]

Kritisch gesehen – im Besonderen bei KI-Systemen – wurde die Abgrenzung zwischen den beiden Haftungssubjekten Hersteller und modifizierenden Personen. Denn in der Praxis führe die richtige Inanspruchnahme zu Schwierigkeiten, weil bei KI-Systemen kaum zwischen originalen und veränderten Teilen des Produkts unterschieden werden könne.[928] Generell wurde die Aufnahme von Nutzern, die das Produkt verändern in den Kreis der Haftungsadressaten nur bedingt begrüßt. Da Nutzer bisher nicht der Produkthaftung unterlagen, wurde in Anlehnung an den KI-VO-E[929] oder den Entwurf für eine Maschinenverordnung,[930] eine Begrenzung auf gewerbliche Nutzer gefordert.[931] Auch die Sonderbehandlung von Open-Source-Software könnte auf praktische Probleme stoßen.[932] Darüber hinaus sei eine Rechtsunsicherheit hinsichtlich der Reichweite der Offenlegungspflicht aus Art. 8 Prodhaft-RL-E zu erwarten, welche wohl erst durch eine klärende Rechtsprechung vom EuGH beendet würde.[933] Die Autoren der Beiträge zum Prodhaft-RL-E betonten an vielen Stellen die zukünftige enorme Verschärfung der Produkthaftung. Dies geschah einerseits bereits mit der Wahl einer reißerischen Überschrift,[934] andererseits mit ent-

---

[925] *Von Westphalen*, IWRZ 2023, 1 (1).
[926] Dazu bereits unter Dritter Teil, IV, 1., c).
[927] *Wagner*, JZ 2023, 1 (1, 10).
[928] *Spindler*, CR 2022, 689 (696).
[929] Dazu unter Zweiter Teil, IV, 2., g).
[930] Vorschlag für eine Verordnung des EU-Parlaments und des Rates über Maschinenprodukte vom 21.04.2021, COM(2021) 202 final.
[931] *Borges*, DB 2022, 2560 (2561).
[932] *Spindler*, CR 2022, 689 (691).
[933] *Spindler*, CR 2022, 689 (697).
[934] *Kapoor/Klindt*, BB 2023, 67.

sprechender Sprache im Text. So verkündeten beispielsweise *Spindler* und *Borges* in ihren Aufsätzen, dass bestimmte Regelungen des Prodhaft-RL-E „Sprengstoff" für IT-Produkte seien.[935] Aus Sicht von Praktikern, die haftende Wirtschaftsakteure beraten, sei der Prodhaft-RL-E zu weit geraten und gehe über das erklärte Ziel der Kommission hinaus, die europäische Produkthaftung an den ökologischen und digitalen Wandel anzupassen. Vielmehr handele es sich um zahlreiche Detail-Änderungen zulasten der Hersteller und Importeure unter dem Deckmantel des Verbraucherschutzes.[936]

Positiv bewertet wurde die Schließung von entstandenen Lücken in der Praxis, etwa durch die Einführung der „Fulfilment-Dienstleister" wenn ein klassischer Importeur in der EU nicht aufzufinden ist, jedoch Dienstleistungen übernimmt, die typischerweise durch den Importeur vorgenommen werden. Darüber hinaus wurde der Verzicht auf eine Ausnahme für KMU mit dem Argument befürwortet, dass es für den Geschädigten irrelevant sei, welche Größe der Schädiger habe.[937] Die Schwächen der Umsetzung der bisherigen Produkthaftungsrichtlinie in Deutschland würden nicht zuletzt auf der Beweislast des Geschädigten für die Fehlerhaftigkeit des Produkts beruhen. Daher seien die Vermutungsregeln aus Art. 9 Prodhaft-RL-E eine geeignete Abhilfe. Generell sei der Entwurf ganz überwiegend gelungen. Dies gelte besonders für die Berücksichtigung neuer Technologien und die grundsätzliche Modernisierung des Produkthaftungsrechts.[938] Begrüßenswert empfunden wurde zudem die Verzahnung von Produkthaftungs- und Produktsicherheitsrecht durch gemeinsame Begrifflichkeiten.[939]

---

[935] *Spindler*, CR 2022, 689 (693) für Art. 6 Abs. 1 d) Prodhaft-RL-E; *Borges*, DB 2022, 2650 (2651) für Art. 9 Abs. 3 Prodhaft-RL-E.

[936] *Kapoor/Klindt*, BB 2023, 67 (71).

[937] *Spindler*, CR 2022, 689 (695).

[938] Zum Vorstehenden *Borges*, DB 2022, 2650 (2654); so bereits *Krüger/Wagner*, ZfPC 2023, 124 (128).

[939] *Kapoor/Klindt*, BB 2023, 67 (67).

Für die KI-Haftung insgesamt sei der Prodhaft-RL-E als weiteres Puzzlestück in der Normierung der Haftung für KI-Systeme zu verstehen, weil neben der Anpassung der verschuldensabhängigen Haftung durch den KI-H-RL-E nun auch eine Modifizierung der verschuldensunabhängigen deliktsrechtlichen Ansprüche vor dem Hintergrund der Besonderheiten von KI-Systemen vorliegt.[940] Auch sei die Kohärenz von Prodhaft-RL-E und KI-H-RL-E gesichert, indem beide Gesetzeswerke dieselben Instrumente, nämlich einen Auskunftsanspruch und widerlegbare Vermutungen, verwenden.[941] Beide Richtlinien zusammen sollen das europäische Haftungsrecht in die digitale Zukunft führen. Dabei wurde jedoch argumentiert, dass vor allem die Produkthaftung die maßgeblich Regelung zur KI-Haftung sei und damit auch der Hersteller das maßgebliche Haftungssubjekt.[942] Hier handele es sich von Anfang an um eine Gefährdungshaftung, die zwar begrenzt auf den Verbraucherschutz ist, jedoch mit den beweisrechtlichen Sonderregeln in Art. 8 und 9 Neuland betrete.[943]

cc) Gesetzgebungsprozess

Ein Meilenstein in der Gesetzgebungsentwicklung der neuen Produkthaftungsrichtlinie war die Annahme des Berichtsentwurfs mit Änderungsanträgen zum Prodhaft-RL-E vom Ausschuss für Binnenmarkt und Verbraucherschutz (IMCO) und der Rechtsausschuss (JURI) des EU-Parlaments am 10.10.2023.[944] Geebnet wurde dadurch der Weg in die Trilogverhandlungen.[945] Am 14.12.2023 haben das EU-Parlament und der Rat eine vorläufige Einigung zur Überarbeitung des Rechtsakts erzielt.[946] Am 18.11.2024

[940] *Rossek/Link*, ZD-Aktuell 2023, 01105.
[941] *Staudenmayer*, NJW 2023, 894 (900).
[942] *Wagner*, JZ 2023, 123 (123); *ders.*, JZ 2023, 1 (11).
[943] *von Westphalen*, IWRZ 2024, 9 (19).
[944] 2022/0302(COD), abzurufen unter: https://www.europarl.europa.eu/meetdocs/2014_2019/plmrep/COMMITTEES/CJ24/PR/2023/10--09/1275911DE.pdf (Letztes Abrufdatum: 6.11.2023).
[945] MMR-Aktuell 2023, 001188.
[946] *Schmidt-Kessel/Thiel*, GPR 2024, 48 (49).

ist die Richtlinie schließlich im Amtsblatt der Europäischen Union veröffentlicht worden.[947]

3. Analyse: Der Diskurs unter dem EU-Gesetzgeber

Im Folgenden werden der Diskurs und die Entwicklungen des KI-Rechts seit der Beteiligung des Unionsgesetzgebers untersucht.

a) Kein Beitrag ohne EU-Recht, Haftungsfragen als Kernproblem

Auffällig bei allen Beiträgen ab Mitte 2021 zur Haftung für KI ist die Tatsache, dass die neuen EU-Rechtsvorschläge von den Autoren stets angesprochen werden (müssen?). Im Besonderen wurde dies bei Vergleichen mit dem Diskurs bis zum Einschreiten des Unionsgesetzgebers sowie dem Diskurs rund um die ePerson deutlich. Freilich entstanden auch weiterhin Beiträge, die sich mit den rechtlichen Herausforderungen rund um KI befassen und dann etwa auf nationales Recht eingehen.[948] Zur Haftung oder generellen Regulierung von KI fanden sich ab diesem Zeitpunkt jedoch keine Veröffentlichungen mehr, die sich nicht mit den neuen legislativen Vorschlägen auf unionaler Ebene auseinandersetzen.

Darüber hinaus fällt dem Beobachter der europäischen Initiativen auf, dass zwar insbesondere mit der KI-VO eine umfassende Regulierung von KI vorlag, die Kernfrage jedoch weiterhin die Haftung für diese Technologie war. Die KI-VO hat keine expliziten Haftungsregeln. Wie dargestellt, sind die Pflichten der KI-VO zwar mit dem Vertrags- und dem Deliktsrecht verzahnt, es handelt sich jedoch letztlich um eine schwerpunktmäßig öffentlich-rechtliche Regulierung.[949] Auf der privatrechtlichen Seite der europäischen KI-Regulierung steht die Haftung dabei im alleinigen Fokus.

[947] Richtlinie (EU) 2024/2853 des Europäischen Parlaments und des Rates vom 23. Oktober 2024 über die Haftung für fehlerhafte Produkte und zur Aufhebung der Richtlinie 85/374/EWG des Rates.

[948] So z.B. *Söbbing*, RDi 2023, 239 zu Entscheidungen von autonomen Fahrzeugen nach dem StVG.

[949] Dazu bereits unter Dritter Teil, IV., 2., o).

Eine große privatrechtliche Thematik in Bezug auf KI sind etwa die urheberrechtlichen Fragen,[950] welche jedoch nicht durch besondere unionale Gesetzgebungsvorhaben geregelt wurden.[951]

Für den Fokus auf Haftung spricht auch, dass die Entschließung des Europäischen Parlaments vom 16. Februar 2017 zwar oberflächlich generelle Regelungen im Bereich der KI und Robotik, oder spezifische Fragen des Grundrechtschutzes, Datenschutzes oder des Urheberrechts beim Einsatz von KI empfiehlt, jedoch zuvörderst als erste Forderung an die Kommission explizit die Schaffung von zivilrechtlichen Regelungen und besonders solche zur Haftung stellt.[952] Zudem war die außervertragliche Haftung der einzige Bereich im KI-Recht, der durch eine Richtlinie verändert wurde.[953] Weiterhin haben KI-Systeme einen größeren Raum und Einfluss bei der Neufassung der Produkthaftungsrichtlinie bekommen.[954] Alle anderen Teilrechtsgebiete müssen mit der (allgemeineren) Regulierung nach der KI-VO auskommen.

b) Die stetige Abschwächung der Haftungsvorschläge

Blickt man auf die Vorschläge und Ideen für die Haftung für KI in den Jahren von 2017 bis 2023 zurück, lässt sich zunächst eine Reduzierung erkennen. Die weitreichenden Vorschläge zur Einführung einer ePerson sind stetig zurückgegangen und fanden keine Mehrheit mehr.[955] Zudem wurde lange über eine strenge Gefährdungshaftung debattiert. Sie wurde unter der Bezeichnung „Betreiberhaftung" mit den Haftungssubjekten Frontendbe-

---

[950] In Betracht kommen hier etwa die Fragen nach der Schutzfähigkeit von KI-Erzeugnissen oder zu den Anforderungen an Inhalte von KI-Trainingsdaten; siehe dazu z.B. *Schack*, NJW 2024, 113; *Pukas*, GRUR 2023, 614; *Bußmann/Glasowski/Niehaus/Stecher*, RDi 2022, 391.

[951] So auch *Heiderhoff*, Europäisches Privatrecht, § 7 Rn. 628.

[952] P8_TA-PROV(2017)0051, Z; dazu bereits unter Dritter Teil, IV., 2., b).

[953] Dazu bereits unter Dritter Teil, IV., 2., q).

[954] Dazu bereits unter Dritter Teil, IV., 2., r).

[955] Vgl. *Wagner/Eidenmüller*, Law by Algorithm, Chapter 6, S. 103 ff.; dazu bereits unter Dritter Teil, II..

treiber und Backendbetreiber von der EG-LNT[956] und dem Parlament[957] favorisiert. Diese strenge Betreiberhaftung konnte sich jedoch ebenfalls nicht durchsetzen.[958] Eine strikte Versicherungspflicht für alle oder nur bestimmte KI-Systeme wurde zwar angeregt,[959] ist aber letztlich auch nicht Teil der KI-Regulierung geworden.[960] Was am Ende des Beobachtungszeitraum vorlag, sind somit die Einordnung in Risikostufen von KI-Systemen und Formulierung von Pflichten beim Nutzen von KI-Systemen. KI-Entwickler, -Betreiber und -Anwender wurden mit mehr oder weniger strengen Sorgfaltspflichten in einem breiten Pflichtenkatalog belegt.[961] Zudem wurde der Anwendungsbereich der Produkthaftung für KI-Systeme geöffnet und die Haftung verschärft.[962] Für außervertragliche Haftungsfälle standen mit dem KI-H-RL-E für Geschädigte nun auch moderate prozessuale Mittel zur vereinfachten Geltendmachung der Ansprüche bereit.[963] Somit fand man 2024 das vor, was bereits 2017 empfohlen wurde: Eine Übertragung der tradierten Haftungskategorien und leichte Modifikationen im Bereich der Kausalität und der Verkehrspflichten.[964] Übergeordnet war auch das geschehen, was schon 2015 prognostiziert wurde: Die Entwicklung von Robotern als technische Revolution führte zu EU-Rechtsakten im privaten Haftungsrecht.[965]

Obwohl (und weil) die weitreichenden Vorschläge sich nicht haben durchsetzen können, gab es weiterhin Kritik an der Regulierung. Die derzeitige europäische Vorgehensweise sei geleitet von der idealtypischen Vor-

---

956 *EG-LNT*, Liability for Artificial Intelligence and other emerging digital technologies, 2019, S. 39.

957 Europäisches Parlament 2014–2019, P8_TA(2020)0276.

958 Vgl. dazu unter: Dritter Teil, IV., 2., n), ff).

959 Dazu bereits unter: Dritter Teil, IV., 2., o), cc).

960 Vgl. dazu ausführlich *Heiss*, in: Lohsse/Schulze/Staudenmayer (Hrsg.); Liability for AI, 2023, 245 (251, passim.).

961 Dazu bereits unter: Dritter Teil, IV., 2., o).

962 Dazu bereits unter: Dritter Teil, IV., 2., r).

963 Dazu bereits unter: Dritter Teil, IV., 2., q).

964 So bereits *Spindler*, ITRB 2017, 87 (87 f.).

965 So schon ausführlich und mit rechtshistorischer Analyse *Schulte-Nölke*, in: Lorenz (Hrsg.), Karlsruher Forum 2015: Europäisierung des Haftungs- und Versicherungsvertragsrechts, 2016, S. 3 (29).

stellung, dass alles was unter KI und Daten subsumiert werden kann, auch zutreffend reguliert werden kann.[966] Sie wird verglichen[967] mit der ehemaligen Vision des preußischen Gesetzgebers, im Preußischen Allgemeinen Landrecht (ALR) vom 1.6.1794 sämtliche Sachverhalte akribisch, bis ins kleinste Detail gesetzlich zu regeln.[968] Das ALR sollte in einem Gesetzbuch alle Rechtsgebiete zusammenfassen. Insgesamt handelt es sich um knapp 20000 Paragraphen, die nicht nur das Zivilrecht, sondern auch Handelsrecht, Gemeinderecht, Beamtenrecht, Kirchenrecht sowie Teile des Staatsrechts, das Lehnrecht und das Strafrecht enthält.[969] Ausdrücklich verboten hingegen hat der Gesetzgeber jegliche Heranziehung früherer Vorentscheidungen und die Einmischung der Wissenschaft zur rechtsfortbildenden Korrekturen.[970] Auch die KI-VO hat, wie herausgearbeitet, Auswirkungen auf andere Rechtsgebiete, weit über das Zivilrecht hinaus. So wie das ALR als der erste gelungene Versuch einer Kodifikation des Privatrechts in einem deutschen Territorialstaat gilt,[971] so war die KI-VO die erste umfassende Kodifizierung zur Regulierung von KI mit weitreichenden Folgen für das europäische Privatrecht.

Vor dem Hintergrund des grundsätzlich technikneutralem Haftungsrechts, der Reform der Produkthaftungsrichtlinie, die durch die Aufnahme von Software KI-Produkte mitregelt und der KI-Haftungsrichtlinie, wurde einer zusätzlichen Regulierung durch die KI-VO nur wenig Verständnis entgegengebracht.[972] Gleichzeitig wurde jedoch einer innovationshemmenden

---

966 So das Urteil von *Hoeren*, MMR 2023, 32 (35 f.).

967 Vgl. *Hoeren*, MMR 2023, 32 (35 f.).

968 So sind die §§ 149–184 ALR I 8 überschrieben mit „Von Zäunen, Hecken und Scheidewänden" und enthalten Regelungen über Planken, gefalzte Bretter und Stacketen; *Dilcher*, ZEuP 1994, 446 (447).

969 *Schwennicke*, JuS 1994, 456 (456).

970 Vgl. §§ 47, 50 Einl. ALR, dazu *Kroppenberg*, JZ 2008, 905 (911 f.); *Schlosser*, Europäische Rechtsgeschichte, 4. Auflage, 10. Kapitel, Rn. 49.

971 *Luig*, AcP 194 (1994), 521 (542); *Hucko*, NJW 1994, 1449 (1449).

972 So das kritische Urteil von *Wagner*, „Künstliche Intelligenz – die EU als globaler Regulierer?", FAZ vom 3.3.2024, abzurufen unter: https://www.faz.net/einspruch/kuenstliche-intelligenz-die-eu-als-globaler-regulierer-19560904.html{#}void (Letztes

Wirkung der KI-VO widersprochen, weil die Risiken und dadurch die konkreten Sicherheitsstandards für die KI-Technologie noch gar nicht absehbar seien und daher von der KI-VO auch nicht formuliert würden.[973]

Weiterhin wurde kritisiert, dass die Abstimmung von mehreren europäischen Rechtsakten aufeinander – etwa durch die Übernahme von Definitionen aus dem KI-VO-E in die KI-Haftungsrichtlinie[974] – nur zu weiteren Unsicherheiten führt, da so dieselben Unklarheiten übertragen werden.[975]

c) Die Rollen von EU-Organen, Expertengruppe und des juristischen Schrifttums

Mit Einschaltung der HEG-KI im Juni 2018 und durch die Veröffentlichung ihrer Arbeitsprodukte wurde sowohl der wissenschaftliche Diskurs als auch und vor allem die Entwicklung des europäischen Rechtsrahmens für KI geprägt. An vielen Stellen der hervorgebrachten und erfolgversprechenden Gesetzesentwürfe, also KI-VO, Produkthaftungsrichtlinie und KI-Haftungsrichtlinie, fanden sich Umsetzungen und Lösungen für die in den Ergebnissen der HEG-KI aufgeführten Probleme beim Einsatz von KI. Die Dokumente der HEG-KI waren demnach prägend für die Diskussion und die Entwicklung der KI-Regulierung. So haben etwa die Ethikleitlinien für vertrauenswürdige KI von 2019 und der damit geforderte Vertrauensschutz maßgeblich das KI-Weißbuch von 2020, die verschiedenen Gesetzentwürfe der KI-Verordnung und letztlich den finalen Gesetzestext beeinflusst.[976] Der

Abrufdatum: 5.3.2024).

973 Vgl. *Wagner*, „Künstliche Intelligenz – die EU als globaler Regulierer?“, FAZ vom 3.3.2024, abzurufen unter: https://www.faz.net/einspruch/kuenstliche-intelligenz-die-eu-als-globaler-regulierer-19560904.html{#}void (Letztes Abrufdatum: 5.3.2024).

974 Die Begriffsbestimmungen aus Art. 2 Nr. 1–4 des KI-HaftRL-E beziehen sich auf Art. 3 Nr. 1, 2, 4 und Art. 6 des KI-VO-E.

975 So der Deutsche Anwaltsverein (DAV) in seiner Stellungnahme Nr.: 71/2022, in der die Schaffung eines einheitlichen Begriffsrahmens aber als grundsätzlich positiv erachtet wird; Redaktion MMR-Aktuell 2022, 454774.

976 Vgl. nur die Erwägungsgründe 1, 3, 7, 27, 89, 165 und Art. 95 der endgültigen KI-VO, abzurufen unter: https://www.europarl.europa.eu/doceo/document/TA-9–2024–

Entwicklung der KI-Regulierung in der EU wird ein progressiver Pfad von strategischer Vision zur gesetzgeberischen Konkretisierung zugeschrieben. Die EU habe stetig auf einen regulativen Rahmen hingearbeitet.[977] Neben der Kommission und ihren Expertengremien spielte auch das Europäische Parlament von Beginn an eine große Rolle. Nachdem die Kommission im Januar 2017 ihre Mitteilung zum Aufbau einer Europäischen Datenwirtschaft vorgelegt hatte, dauerte es nur weniger Wochen, bis das Parlament mit einer Entschließung folgte und neue Haftungsregeln vorschlug.

Weiterhin wurden einzelne rechtliche Konzepte über mehrere Jahre und verschiedene Beteiligte hinweg vorgeschlagen, ausgeweitet, konkretisiert und letztlich erfolgreich verabschiedet. Besonders anschaulich ist der risikobasierte Ansatz. Dieser wurde erstmals im Januar 2017 von der Kommission vage als möglicher Lösungsansatz für die Zukunft formuliert.[978] Kurz danach im Februar 2017 wurde er auch vom Parlament in seiner Entschließung im Rahmen eines Risikomanagements angesprochen[979] und sodann in einer weiteren Entschließung im Februar 2019 näher erläutert.[980] Auch die HEG-KI vertiefte das Prinzip weiter. Sie sprach sich in ihren Leitlinien im Juni 2018 für an das Risiko angepasste und verhältnismäßige Maßnahmen und für einen weitgehenden Risikoausschluss bzw. eine Risikominimierung aus.[981] In ihren Recommendations wurde dem risikobasierten Ansatz ein großer Stellenwert zugemessen.[982] Zwischenzeitlich erklärte auch die Kommission erneut, dass Folgenabschätzungen stets in einem angemes-

---

0138_DE.pdf (Letztes Abrufdatum: 20.3.2024).

977 So das Urteil von *Buchalik/Gehrmann*, CR 2024, 145 (145 f.).

978 COM(2017) 9 final, 4.2.

979 P8_TA-PROV(2017)0051, Haftung, 53, 55.

980 Europäisches Parlament 2014–2019, P8_TA(2019)0081, Entschließung des Europäischen Parlaments vom 12. Februar 2019 zur umfassenden europäischen Industriepolitik in Bezug auf künstliche Intelligenz und Robotik (2018/2088(INI)), C, 23 f., 91, 185.

981 *HEG-KI*, Ethik-Leitlinien für eine vertrauenswürdige KI, 2019, S. 2, 5, Rn. 10, 63, 66, 68, 89, 135.

982 *HEG-KI*, Recommendations, S. 37 ff..

senen Verhältnis zur Höhe der Risiken durch KI-Systeme stehen sollen.[983] Auch die ParlamentsVO wendete den risikobasierten Ansatz an und richtete auch ihre Regelungen zur Haftung nur nach bestimmten Risikostufen aus.[984] Dies hatte zuvor auch der wissenschaftliche Dienst des Parlaments herausgearbeitet[985] und die EG-LNT eine Haftung nach der Kontrolle der Risiken favorisiert.[986] Schließlich folgte 2021 das umfangreiche risikobasierte Konzept im KI-VO-E. Der Fokus auf dieses risikobasierte Konzept kann auch mit dem Erfolg der DS-GVO mit dieser Regulierung zusammenhängen.[987]

Das juristische Schrifttum hat bei den KI-Gesetzgebungsverfahren eine besondere Rolle gespielt. So ist es naheliegend, dass etwa die breite Kritik zur Definition des KI-Systems beim KI-VO-E zu Änderungen in den folgenden Entwürfen geführt hat. Die Literatur kritisierte zudem die ParlamentsVO und die darin enthaltene Gefährdungshaftung für Betreiber von Hochrisikosystem derart, dass sie in Gänze von der Kommission nicht angenommen wurde. Somit kommunizieren die Rechtspraktiker und Rechtswissenschaftler über die verschiedenen Publikationsorte ihrer juristischen Beiträge mit dem Gesetzgeber und beeinflussen ihn in ihrer Entscheidung.[988] Dies wird verstärkt, wenn teilweise Lehrstuhlinhaber aus der Rechtswissenschaft in den vom Gesetzgeber beauftragten Expertengremien sind und zu Gesetzgebungsvorhaben beraten, wie es etwa bei der HEG-KI und der EG-LNT war.[989] Zudem rufen Kommission und Parlament regelmäßig zu Stellungnahmen und formellen Beteiligungen von Stakeholdern auf. Die Aufgabe von Juristen ist es in diesem Zusammenhang auch, die ge-

---

983 EU-Kommission, Künstliche Intelligenz für Europa, COM(2018) 237 final; EU-Kommission, Koordinierter Plan für künstliche Intelligenz, COM(2018) 795 final, S. 7.

984 So z.B. die an Betreiber von Hochrisiko-KI-Systemen adressierte Gefährdungshaftung in Art. 4 ParlamentsVO.

985 Vgl. EPRS, Civil liability regime for artificial intelligence, 2020, S. 38 f..

986 *EG-LNT*, Liability for Artificial Intelligence and other emerging digital technologies, 2019, S. 39 ff..

987 Dazu bereits unter: Dritter Teil, IV., 1., c); vgl. auch *Vogel*, in: Beck/Kusche/Valerius (Hrsg.), Digitalisierung, Automatisierung, KI und Recht, 2020, 645 (652 ff.).

988 In diese Richtung *Metzger/Schrör*, ZfRS 2022, 243 (245, 264).

989 Dazu bereits unter: Dritter Teil, IV., 2., d), k).

sellschaftspolitischen Zielvorstellungen in eine für die Gesetzgebung und spätere praktische Anwendung der Gesetze geeignete Sprache zu übertragen.[990]

d) Begriff des KI-Systems führend

Vor der Intervention des europäischen Gesetzgebers und während seiner anfänglichen Wirkungsphase wurden ganz verschiedene Begrifflichkeiten im Zusammenhang mit KI im Diskurs in der Rechtswissenschaft verwendet.[991] Der Begriff des „KI-Systems“ wurde selten verwendet. Vielmehr genutzt wurden die Begriffe „autonome Systeme“,[992] „intelligenten/autonome (Software-) Agenten“,[993] „Smart Products“,[994] „cyberphysische Systeme“,[995] „Expertensysteme“[996] und „Roboter“.[997] Sie trennscharf voneinander abzugrenzen gelingt nur schwer. Sie wurden zudem vereinzelt synonym verwendet.[998]

Obwohl der Gesetzgeber anfangs selbst begriffliche Schwierigkeiten hatte und sogar in Dokumenten KI-Techniken beschrieb, jedoch nicht den Begriff KI selbst nutzte,[999] hat er es nun geschafft, sich mit dem Begriff des

---

990 *Metzger/Schrör*, ZfRS 2022, 243 (247).

991 Dazu genauer auch unter: Dritter Teil I., 3..

992 *Sommer*, Haftung für autonome Systeme, 2020, S. 34 ff.; *Thöne*, Autonome Systeme und deliktische Haftung, 2020, passim; *Grützmacher*, CR 2016, 695; *Wagner*, VersR 2020, 717 (719); *Grützmacher/Heckmann*, CR 2019, 553; *Pieper*, DSRITB 2016, 971; *Schulz*, Verantwortlichkeit bei autonom agierenden Systemen, 2015; *Nürnberger/Bugiel*, DuD 2016, 506; *Kluge/Müller*, DSRITB 2016, 989; *Borges*, NJW 2018, 977; *Kirn/Müller-Hengstenberg*, MMR 2014, 225; *dies.*, MMR 2014, 307; *Horner/Kaulartz*, CR 2016, 7; *Schaub*, JZ 2017, 342.

993 *Cornelius*, MMR 2002, 353; *Sester/Nitschke*, CR 2004, 548; *Sorge*, Softwareagenten, 2006; *Gless/Seelmann*, in: Gless/Seelmann (Hrsg.) Intelligente Agenten und das Recht, 2016, S. 11; *Wooldridge/Jennings*, The Knowlegde Engineering Review, Vol. 10:2, 1995, S. 115; *Brenner/Zarnekow/Wittig*, Intelligent Software Agents, 1998.

994 *Rempe*, DSRITB 2015, 819.

995 *Günther*, DB 2017, 651.

996 *Spindler*, in: FS Jaeger, 2014, S. 135.

997 *Schirmer*, JZ 2016, 660; *Eidenmüller*, ZEuP 2017, 765; *Keßler*, MMR 2017, 589.

998 So z.B. *Spindler*, CR 2015, 766.

999 Europäische Kommission, Aufbau einer europäischen Datenwirtschaft, COM(2017) 9 final.

„KI-Systems“ durchzusetzen. Dies belegen die Beiträge im Schrifttum, die vor allem nach Veröffentlichung des KI-VO-E und spätestens nach Veröffentlichung der Richtlinienentwürfe im September 2022 erschienen.[1000] Die bisherigen, teilweise schwer voneinander abzugrenzenden Begrifflichkeiten wurden mit kleineren Ausnahmen verdrängt.[1001] Der sehr weite Begriff des KI-Systems im Sinne der neuen europäischen Gesetzesvorschläge wurde im Zusammenhang des Regelungskonzepts der KI-Verordnung, also der verschiedenen Pflichten, die abhängig vom Risiko des konkreten Systems sind, als stimmig angesehen.“.[1002]

e) Die Bedeutung des Verbraucherschutzes in der KI-Regulierung

Verbraucherschutz ist ein wichtiger Baustein in der Binnenmarktförderung[1003] und ein großer Bereich des Unionsprivatrechts.[1004] Auch bei der europäischen Digitalgesetzgebung kommen Konzepte des Verbraucherschutzes zum Einsatz und werden sogar weiterentwickelt.

(1) Durchschnittliche Verbrauchererwartungen

Beim ersten Blick auf die beiden Richtlinienvorschläge aus dem Jahr 2022 zur Produkt- und KI-Haftung fällt auf, dass KI-Systeme unterschiedlich behandelt wurden. Beim KI-H-RL-E wurden von einer Gefährdungshaftung Abstand genommen und lediglich Beweislastregeln für verschuldensunabhängige nicht-vertragliche Haftungstatbestände eingeführt. Dahingegen ist beim Prodhaft-RL-E die strenge Haftung weiter verschärft worden. Hinter-

---

[1000] *Mayrhofer*, RDi 2023, 20; *Müller-Peltzer/Tanczik*, RDi 2023, 452; *Denga*, ZfPC 2023, 154; *Schaub*, NJW 2023, 2145; *Schreitmüller/Schucht*, ARP 2023, 226; *Siems*, Alternativer rechtlicher Schutz für KI-Systeme, 2023.

[1001] Weiterhin auf Autonomie abstellend: *Rieländer*, RabelsZ 87 (2023), 87.

[1002] *Borges*, CR 2023, 706 (716); ausführlich zum Vorstehenden *Borges*, CR 2023, 706 (706 ff.).

[1003] *Heiderhoff*, Europäisches Privatrecht, 6. Auflage, § 5 Rn. 187 f.; *Schmidt-Kessel*, in: Gebauer/Teichmann, Europäisches Privat- und Unternehmensrecht, Bd. 6, 2. Auflage, § 4 Rn. 59.

[1004] *Schmidt-Kessel*, in: Gebauer/Teichmann, Europäisches Privat- und Unternehmensrecht, Bd. 6, 2. Auflage, § 4 passim; *Schulte-Nölke*, EuR 2018, Beiheft 2, 21 (36 f.)

grund könnten die den einzelnen Gesetzgebungsvorhaben zugrundeliegenden Ansätze sein. Diese sind nämlich verschiedenartig. So geht es bei der Überarbeitung der Produkthaftungsrichtlinie vordergründig um die generelle Anpassung an digitale Produkte und Dienstleistungen. Dabei wurden die KI-spezifischen Herausforderungen mitgeregelt.[1005] Bei dem KI-H-RL-E stehen gerade diese Herausforderungen im Vordergrund.

Der Prodhaft-RL-E klammert weiterhin Beeinträchtigungen oder Zerstörungen von Vermögensgegenständen, die für berufliche Zwecke genutzt werden als ersatzfähige Schäden aus der Haftung aus.[1006] Die Ansprüche stehen also insbesondere Verbrauchern zu. Dahingegen lag dem KI-H-RL-E keine Einschränkung auf Verbraucher zugrunde.

Trotzdem enthielten beide Entwürfe dieselbe Argumentationsweise. Die Kommission verwendete hier häufig Verbrauchererwartungen. In der Einleitung zum KI-H-RL-E heißt es beispielsweise, dass „Opfer von durch KI verursachten Schäden den gleichen Schutz erhalten, wie Opfer von Schäden, die durch Produkte im Allgemeinen verursacht wurden“.[1007] Zudem wurde die Stärkung des Verbrauchers und sein Vertrauen in die Einführung von KI als Notwendigkeitsbegründung des Rechtsakts in den Erwägungsgründen erwähnt.[1008]

Gründe für das Nutzen von Verbraucherschutzargumenten bei der KI-Regulierung, obwohl KI-Regulierung und Verbraucherschutz bestenfalls Überschneidungen haben, könnten im Schwerpunkt der bisherigen Tätigkeit des Gesetzgebers zu finden sein. Denn insbesondere die Generaldirektion Justiz der Europäischen Kommission fokussierte sich in der Vergangenheit auf den Verbraucherschutz,[1009] sodass es vermutlich leichter war,

[1005] *Staudenmayer*, NJW 2023, 894 (900).
[1006] Art. 4 Abs. 6 lit. b) Prodhaft-RL-E.
[1007] KI-H-RL-E, COM(2022) 496, S. 2.
[1008] Erwgg. 5, 7 KI-H-RL-E.
[1009] Vgl. dazu *Dauses/Ludwigs*, in: Micklitz/Rott, Handbuch des EU-Wirtschaftsrechts, Bd. 1, H. H.V. Rn. 43–45; *Grupp*, in: Bergmann, Handlexikon der Europäischen Union, 6. Aufl. 2022, Generaldirektionen.

eingebübte Argumentationsstrukturen auch für die KI-Regulierung zu nutzen.

(2) Vom ausreichend informierten hin zum autonomen Verbraucher(-leitbild)

Nicht KI-spezifisch, jedoch übergreifend in der Digitalpolitik auf europäischer Ebene, ist zudem eine Änderung des Verbraucherleitbildes. Das Verbraucherschutzrecht war bisher von der Idee des durchschnittlichen Verbrauchers geprägt, welcher – vorausgesetzt, er ist mit den dafür notwendigen Informationen versorgt – selbstbestimmt und rational anhand seiner Präferenzen entscheiden kann.[1010] Dies entspricht den Vorstellungen der neo-klassischen Ökonomie der Märkte, welche auf dem rational nutzenmaximierenden *homo oeconomicus* basiert.[1011] Diese Figur ist auch als *mündiger Verbraucher* bekannt.[1012] Neue Technologien bringen jedoch mit dem Phänomen „Dark Patterns“ Herausforderungen für dieses Leitbild.[1013] Dark Patterns sind Praktiken, die Nutzer zu Entscheidungen verleiten sollen, die gegen ihre Interessen verstoßen. Darunter fallen z.B. Konzeptionen von Apps, Homepages und Computerspielen, durch die Nutzer in unangemessener Weise beeinflusst werden.[1014]

Menschliche Entscheidungen erfolgen gerade nicht rational und demnach auch nicht dem *homo oeconomicus*. Das bisher zugrunde gelegte Verbraucherleitbild ist also unzureichend für die Realität. In der neueren Digitalgesetzgebung der Union reagierte man sodann auf diesen Befund.[1015]

1010 EuGH, Urteil vom 16.7.1998 – C-210/96, BeckRS 2004, 74997, Rn. 31, 37; *Kaufmann*, in: Grabitz/Hilf/Nettesheim, Das Recht der EU Bd. I, Art. 169 AEUV, Rn. 13 f.; *Heiderhoff*, Europäisches Privatrecht, 6. Auflage, § 5 Rn. 200 ff.; *Achilles*, Vom Homo Oeconomicus zum Differenzierten Verbraucher, 1. Auflage 2020, S. 69 ff..

1011 *Kirchgässner*, Homo Oeconomicus, The Economic Model of Behaviour and Its Applications in Economics and Other Social Sciences, 1. Auflage, 2008; *Engländer*, Diskurs als Rechtsquelle?, 2002, S. 160 ff..

1012 *Knops*, VuR 1998, 363 (363 ff.).

1013 *Weinzierl*, EuZW 2024, 345 (345).

1014 *Dregelies*, MMR 2023, 243 (243 f.); *Bodensiek*, MMR 2022, 722 (722 ff.).

1015 Vgl. zur Situation vor dem Einschreiten des Unionsgesetzgebers *Schulte-Nölke*, Tijdschrift voor Consumentenrecht en handelspraktijken 2020, 52 (52 ff.).

Dies betrifft die neuen Rechtsakte Digital Services Act (DSA), Digital Markets Act (DMA), Data Act und die KI-VO.[1016] In all diesen Teilen der Digitalgesetzgebund finden sich Regeln, welche die Manipulation von Nutzern und Verhaltenslenkungsmethoden verbieten. Die KI-Verordnung stuft diese Praktiken in Art. 5 Abs. I lit. a), Erwgg. 29 als verbotene KI-Systeme mit unannehmbaren Risiko ein. Gemäß Art. 5 Abs. I lit. b) KI-VO dürfen KI-Systeme auch keine Schwäche oder Schutzbedürftigkeit von Personen ausnutzen um das Verhalten einer Person zu beeinflussen.

Die Entscheidungen der Verbraucher müssen also zukünftig autonom getroffen werden können. Dies bedeutet, dass sie frei sein müssen von Täuschung, äußerem Druck, Marktmacht und Informationsasymmetrien. Mit dieser Weichenstellung sende der Unionsgesetzgeber das Signal, dass die bisherige Praxis bei der die Rationalitätserwartung des Verbrauchers zugrunde gelegt wird, beendet werden soll.[1017]

f) Kein Verstummen des Rufs nach dem Gesetzgeber

Obwohl nunmehr durch mehrere Gesetzesentwürfe eine Regulierung von KI und eine Anpassung von spezifischen Haftungsregeln auf den Weg gebracht wurde, wurden die Rufe nach dem Gesetzgeber nicht leiser. So soll es für eine volle Nutzung von durch KI ermöglichten neuen Geschäftsmodellen relevant sein, dass auch das Vertragsrecht angepasst wird, etwa wenn ein Vertrag von einer KI autonom geschlossen wurde. Darüber hinaus ist auch das Thema einer KI-spezifischen Gefährdungshaftung nicht vom Tisch.[1018] Für ausgewählte Bereiche, z.B. die Arzthaftung sei aber eine Rechtsanpassung eher nicht notwendig, weil sich vieles mit dem geltenden Recht erfassen ließe. Gegebenenfalls bieten sich aber moderate Anpassung

[1016] Dazu *Martini/Kramme/Kamke*, MMR 2023, 323; *dieselben*, MMR 2023, 399; *Dregelies*, MMR 2023, 243; ausführlich zur Dark Patterns Regulierung im DSA *Kaesling*, NJW 2024, 1609.

[1017] Dazu ausführlich *Achilles*, Vom Homo Oeconomicus zum Differenzierten Verbraucher, 1. Auflage 2020, S. 89 ff.; *Weinzierl*, EuZW 2024, 345 (346).

[1018] Für die Anpassungen im Vertragsrecht und Einführung einer Gefährdungshaftung *Staudenmayer*, NJW 2023, 894 (901).

im Detail an.[1019] Beim autonomen Fahren etwa bewegt sich der Diskurs zu einer verstärkten Haftung des Herstellers, da diesem die größte Möglichkeit zur Abwendung von Schäden zugeschrieben wird.[1020] Grundsätzlich wird weiterhin gefordert, dass der aus ökonomischer Sicht stets derjenige für Fehler haften sollte, der ein bestimmtes Risiko am günstigsten minimieren und damit internalisieren kann.[1021] Es blieben jedoch viele Fragen offen und es gab immer noch Unstimmigkeiten in der Literatur. So hieß es einerseits, dass die vertragliche Haftung insgesamt geklärt sei, bei der Haftung für deliktisches Handeln jedoch weiterhin rechtspolitischer Änderungsbedarf bestehe.[1022] Andere sind der gegenteiligen Auffassung und meinen, dass es mit den Richtlinienentwürfen vorerst bei der Haftung für deliktisches Handeln ausreichend sei und nun in einem zweiten Schritt das Vertragsrecht ins Auge gefasst werden sollte.[1023] Es gab also gerade kein stimmiges Bild im Schrifttum und wie ein praxistaugliches Haftungsregime für KI aussehen soll, sei noch immer nicht geklärt.[1024]

Ob sich die noch in der Entwurfsfassung befindlichen Richtlinien – mit oder ohne Veränderungen innerhalb des Gesetzgebungsprozesses – durchsetzen können, ob weitere (europäische) Gesetzesvorhaben eingeleitet werden und ob die erlassenen Normen zu einem effizienten Haftungssystem für die Praxis führen wird, ohne dass dies vor allem durch judikative Akte geschieht, kann zu diesem Zeitpunkt nicht sinnvoll beantwortet werden. Vielmehr muss die zukünftige Entwicklung abgewartet werden.[1025] Es muss vor dem Hintergrund der gesamten europäischen Anstrengung auch stets beachtet werden, dass spezielle nationale (Haftungs-)Regelungen weiterhin bestehen bleiben. Somit kann es beim Vergleich verschiedener Mitglied-

[1019] *Eichelberger*, ZfPC 2023, 209 (214).
[1020] *Wagner*, NJW 2023, 1313 (1314).
[1021] *Möller-Klapperich/Rasquin*, NJ 2023, 383 (389); sogenannter „cheapest cost avoider“.
[1022] *Busche*, JA 2023, 441 (445).
[1023] *Staudenmayer*, NJW 2023, 894 (901).
[1024] *Kilian*, EuZW 2024, 145 (146).
[1025] So auch *Heiderhoff*, Europäisches Privatrecht, § 7 Rn. 625.

staaten zu unterschiedlichen Haftungskonstellationen kommen. Die vorsichtigen Änderungen durch den KI-H-RL-E harmonisieren lediglich einzelne Beweislastregeln bei außervertraglichen Haftungsfällen. Dies bedeutet, dass insbesondere bei der vertraglichen Haftung nationale Grundsätze bestehen bleiben. Diese Regulierung muss daher weiterhin durch nationale Vorschriften, bzw. mit der KI-Verordnung und dem Prodhaft-RL-E erfolgen. Durch diese Unterschiede können weiterhin Markteintrittsbarrieren für KI-Anbieter bestehen, weil speziellere Haftungsansprüche in den Mitgliedstaaten nicht gesperrt sind.

Vierter Teil: Fazit und Ausblick

Der Diskurs über die Haftung für KI im deutschen rechtswissenschaftlichen Schrifttum kann durch die folgenden Beobachtungen charakterisiert werden. In den vergangenen 20 Jahren bis Ende 2023 wurde angeregt über die haftungsbezogenen Herausforderungen der rasanten Entwicklung künstlicher Intelligenz diskutiert. Dabei hat es sich von einem Nischenthema für technisch versierte Juristen zu einer der wichtigsten Rechtsfragen entwickelt. Sie war in den Jahren 2021 bis 2023 der bedeutendste Schwerpunkt in der Privatrechtswissenschaft. Dies wurde unter anderem dadurch deutlich, dass das Schrifttum zu dieser Zeit bereits weit fortgeschritten war und schon ausführliche Monographien vorgebracht hat. Weiterhin fand der Deutsche Juristentag 2022 mit dem Kernthema im Zivilrecht „Entscheidungen digitaler autonomer Systeme: Empfehlen sich Regelungen zu Verantwortung und Haftung?" statt. Darüber hinaus war auch die Intensität des Unionsgesetzgebers zu dieser Zeit sehr hoch. Der EU-Gesetzgeber hat auf dem Gebiet der KI eine legislative Lücke geschlossen, die durch das Untätigbleiben der nationalen Gesetzgeber entstanden ist.

Es ist auch zum Ende des Jahres 2023 nicht absehbar gewesen, dass der Diskurs beendet worden ist. Denn erwartbar ist, dass zukünftig weitere und komplexere KI-Systeme auf den Markt kommen und auch Schäden verursachen.

Die Rechtswissenschaft war insbesondere im Zeitraum ohne den Gesetzgeber, also bis etwa 2018 eher vordenkend und präsentierte teilweise sehr exotische Vorschläge für erst noch zu entwickelnde KI-Anwendungen. Gleichzeitig wälzte sie aber auch Scheinprobleme, etwa scheinbare Haftungslücken im Bereich des autonomen Fahrens, obwohl sowohl vor, als auch nach der StVG-Novelle die Halterhaftung des § 7 StVG greift. Trotz der Tatsache, dass die §§ 1a ff. StVG nicht danach differenzieren, ob ein

Fahrzeug zum Zeitpunkt des Verkehrsunfalls von einem Menschen oder einer intelligenten Software gesteuert wurde, entstanden einige Veröffentlichungen zu diesem Thema. Es liegt nahe, dass diese vielen Beiträge auch durch die kuriosen Vorschläge diverser Autohersteller, sie selbst für Unfälle haften zu lassen, ausgelöst wurden.

Die explosionsartig entstanden Beiträge nach dem Zugänglichmachen des LLM „ChatGPT" für die breite Öffentlichkeit im Oktober 2022 haben jedoch auch gezeigt, dass der Diskurs gerade nicht vordenkend war, sondern erst auf ein geschehenes Ereignis reagierte. Auch die im Schrifttum immer wieder aufgegriffenen jüngeren BGH-Entscheidungen aus 2005 und 2013 führten nur scheinbar zur rechtssicheren Haftung für KI.

Den Diskurs haben vor allem vier Hochschullehrer federführend getragen, jedoch beteiligte sich der Großteil der Privatrechtswissenschaft. Die einzelnen Stimmen ließen sich auch in verschiedene Lager, z. B. in das der sog. Traditionalisten einteilen. Anschaulich dafür ist der Diskurs um die ePerson. Dort gab es Gruppen, die verschiedene Lösungsansätze favorisierten und diese wiederum unterschiedlich begründeten. Zunächst kann man zwischen den beiden Gruppen unterteilen, von denen eine Hälfte neue Regeln für KI und Robotik erlassen möchte und sich die andere Hälfte gegen Gesetzesänderungen ausspricht. Erstere lassen sich außerdem unterscheiden, zwischen denjenigen, welche punktuelle, vorsichtige Änderungen im geltenden Recht bevorzugen und denjenigen, die eine vollumfängliche Regulierung von KI als die geeignete Lösung ansehen. Obwohl die Debatte für die Haftung für KI vergleichsweise jung ist, so sind es die Positionen und Argumente teilweise nicht. Sie wurden bereits bei anderen Technologien und ihrer rechtlichen Handhabung vorgebracht.

1. Die Wiederholung des Diskurses: Rechtshistorische Erkenntnisse

Es hat sich herausgestellt, dass der Gesetzgeber bei neuen aufkommenden Technologien, angefangen bei der Eisenbahn, gefolgt vom Automobil, bis hin zum Betrieb von gefährlichen Anlagen gleich gehandelt hat. Er wollte bestimmte Fortschritte der Gesellschaft ermöglichen, damit verbundene bestimmte Risiken in Kauf nehmen, jedoch den Betrieb unter eine Gefährdungshaftung stellen. Teilweise wurden später diese Haftungstatbestände mit Pflichtversicherungen gekoppelt. Die Vorgehensweise hat sich in Anbetracht der langen Geltungsdauer der Regelungen, die teilweise bis heute in Kraft sind, bewährt. Auch die Befürchtungen von Bevölkerung und Rechtswissenschaft waren identisch, wenn man sie mit aktuellen Angstszenarien durch den Einsatz von KI vergleicht.[1]

Ein Einschreiten des Gesetzgebers, nicht zwingend so wie es mit den vielen europäischen Maßnahmen ab 2017 geschehen ist, war jedoch nicht zu vermeiden. Dies ist an dem vorherigen Diskurs ohne Gesetzgeber zu erkennen. Die Diskussion ist unkoordiniert, weil die einzelnen Beiträge in so einem geringen Abstand zueinander erschienen sind und (somit) zu selten den nötigen Bezug aufeinander aufweisen. Darüber hinaus fehlt der Anknüpfungspunkt, da KI nicht, bzw. jeweils unterschiedlich definiert war und die Autoren auch auf andere Begrifflichkeiten, wie „Softwareagenten“ oder „autonomes System“ abstellten.[2]

2. Herausforderungen für Juristen

Juristen müssen zukünftig deutlich mehr Literatur zur KI durchdenken. Denn es ist aus mindestens drei Gründen abzusehen, dass zukünftig weiterhin das ohnehin kaum zu überblickende Schrifttum zu KI-Haftung ausgeweitet wird. Es ist zwar im Hinblick auf die, von Höhen und Tiefen getragene Historie der KI-Entwicklung nicht leicht, eine zutreffende Prognose für die Zukunft abzugeben.[3] Es ist aber zumindest nicht völlig unwahrscheinlich, dass weitere und vor allem komplexere KI-Systeme auf den Markt kommen. Bei zunehmender Vernetzung der KI-Systeme wird

[1] Zum Vorstehenden bereits unter Zweiter Teil, II..

[2] Dazu bereits unter Dritter Teil, III., 7..

[3] Dazu bereits unter Erster Teil, I., 2., e).

es weiterhin Anlass zur juristischen Diskussion über die Haftungsrisiken geben.[4] Diese sollte zudem nicht ausschließlich das Haftungsrecht thematisieren. Vielmehr wird eine gemeinsame Entwicklung zusammen mit dem Immaterialgüterrecht gefordert.[5] Ähnliche Überlegungen teilt auch der Unionsgesetzgeber. So reguliert er mit dem KI-H-RL-E nach eigener Aussage KI-gestützte Produkte und Dienstleistungen, die in dieser Form auf dem Markt noch gar nicht existieren.[6]

Dies ist eng damit verbunden, dass auch weiterhin die verschiedenen Autoren ein unterschiedliches Verständnis der Technik haben werden. Bei zunehmender Nutzung von KI wird es auch zu Haftungsfällen kommen. Dadurch werden zunehmend auch Gerichtsentscheidungen in den Diskurs eingebracht und provozieren weiteres Schrifttum durch zustimmende oder ablehnende Urteilsanmerkungen. In Deutschland spielen etwa die richterrechtlich entwickelten Verkehrssicherungspflichten eine große Rolle.[7] Diese müssen für KI erst noch bestimmt werden. Sowohl Unternehmen als auch Rechtsanwender können sich nicht allein auf die neuere Gesetzgebung verlassen, sondern müssen für Rechtssicherheit auf die Judikative warten. Es wird demnach auch im Bereich des (KI-)Haftungsrechts letztlich die Rechtsprechung aufkommende Fragen klären. Dies ist auch historisch zu begründen: Das Deliktsrecht ist seit 1900 kaum angefasst worden; vielmehr ist die Rechtsprechung „Motor der Rechtsentwicklung".[8]

Nach wie vor können auch die Fragen der KI-Haftung in zwei große Bereiche eingeteilt werden. Wie soll man die Haftung erfassen (Verschuldenshaftung oder Kausalhaftung) und wer soll das Haftungssubjekt sein (Hersteller, Betreiber).[9]

4 *Zech/Hünefeld*, MedR 2023, 1 (8).

5 *Zech*, in: Peifer/Kubis/Raue/Stieper (Hrsg.), Ius Vivum: Kunst – Internationales – Persönlichkeit, 2022, 378 (390 f.).

6 KI-H-RL-E, Begründung S. 17.

7 Vgl. ausführlich zur Geschichte *Jansen*, Die Struktur des Haftungsrechts, S. 395 ff., 401 ff..

8 *Kötz/Wagner*; Deliktsrecht, 12. Auflage, Vorwort.

9 *Borges*, in: Lohsse/Schulze/Staudenmayer (Hrsg.), Liability for AI, 2023, 165 (166).

Es hat sich darüber hinaus erwiesen, dass zukünftig viel höhere Anforderungen an die Adressaten der Rechtstexte zu stellen sind. Von den Juristen werden nicht nur gute juristische Kenntnisse sondern auch zunehmend ein technisches Verständnis erwartet.[10] Dies wurde bereits 2015 prognostiziert[11] und von Experten im KI-Haftungsrecht beiläufig bestätigt, indem sie etwa erwähnen, dass die neuen KI-Regelungen, insbesondere die Richtlinienentwürfe extrem komplex seien.[12]

3. Weitere Diskursuntersuchung

Zukünftig bietet sich eine vertiefte Auseinandersetzung mit den Unterschieden zwischen dem Diskurs über KI-Haftung, wie er in Deutschland geführt wurde, und den Diskursen in anderen Staaten an. Hier könnten etwa aus rechtsvergleichender Sicht die Besonderheiten und Eigenarten des Diskurses der jeweiligen Jurisdiktion herausgearbeitet werden.[13] Dies hätte auch für die verschiedenen nationalen Gesetzgeber den Vorteil, dass sie bei der Erstellung der Gesetzestexte – etwa bei Umsetzung der Richtlinien zur Produkt- und KI-Haftung – Zeit und Ressourcen sparen können, wenn sie auf bereits bestehende Lösungen in anderen Mitgliedstaaten zurückgreifen.[14] Für diese Fragen kann diese Arbeit allenfalls darauf hinweisen, dass über Haftung für KI nicht nur in Deutschland intensiv geschrieben wurde, sondern auch in anderen europäischen Rechtsordnungen eine ähnliche Diskussion zu finden ist.[15] Wertvolle Erkenntnisse könnten zudem mit der Kombination von Rechtsvergleichung und Rechtsgeschichte gewonnen

---

10 *Ensthaler*, ZRP 2022, 55 (56).

11 *Frese*, NJW 2015, 2090 (2090 f.).

12 Vgl. *Borges*, in: Lohsse/Schulze/Staudenmayer (Hrsg.), Liability for AI, 2023, 165 (173).

13 Vgl. für eine Rechtsvergleichung des Deliktsrechts für KI, *Omlor*, InTeR 2020, 221 (225).

14 *Jannsen*, in: Jannsen/Schulte-Nölke (Hrsg.), Researches in European Private Law and Beyond, 2020, 299 (310).

15 Vgl. dazu z.B. *Čerka/Grigiene/Sirbikyte*, Computer Law & Security Review 31 (2015) 376.

werden. So könnten aus einer heutigen Sicht die eisenbahnrechtlichen Probleme in Deutschland mit dem angloamerikanischen Recht und sodann mit dem KI-Haftungsdiskurs verglichen werden.[16]

Darüber hinaus könnte auch auf Grundlage dieser Arbeit eine weitere Untersuchung der Diskussionskultur vor dem Hintergrund der Sozialwissenschaften, Rechtstheorie und auch der Politikwissenschaften angefertigt werden. Dies könnten etwa eine Strukturierung des Diskurses nach *Foucault*,[17] eine rechtslinguistische Analyse des Diskurses[18] oder eine Untersuchung des KI-Haftungsdiskurs nach der Diskurstheorie sein.[19]

4. Auf dem Weg zu einer europäischen KI-Haftung?

Die vielen gesetzgeberischen Maßnahmen auf Unionsebene im vorangegangenen Teil dieser Arbeit erinnern an die intensive Diskussion und die Arbeiten an einem Europäischen Zivilgesetzbuch.[20] Damals war es vor allem die Rechtswissenschaft, in Form von privaten wissenschaftlichen Initiativen, welche europäische Rechtsvereinheitlichung auf „freiem" Weg betrieben hat.[21] Trotz breiter Kritik zeigten jedoch auch die EU-Organe, zumindest das Parlament und zeitweise auch die Kommission, Interesse an einem Europäischen Zivilgesetzbuch.[22]

---

16 So bereits der Vorschlag zur Rechtsvergleichung im Eisenbahnrecht von *Mittermaier*, AcP 41 (1841), 389 (410 ff.); Hinweis darauf von *Ogorek*, Untersuchungen zur Entwicklung der Gefährdungshaftung im 19. Jahrhundert, S. 63.

17 Vgl. *Foucault* , Archäologie des Wissens, 1988, zitiert nach *Kammler*, in: Kammler/Parr/Schneider (Hrsg.), Foucault Handbuch, 2. Auflage, 2020, S. 56 ff..

18 Vgl. dazu die rechtslinguistische Analyse des Sprachverhaltens in der deutschen Rechtsprechung von *Li*, „Recht ist Streit", 2011.

19 Vgl. dazu *Engländer*, Diskurs als Rechtsquelle?, 2002, S. 15 ff.; *Habermas*, Faktizität und Geltung, 2. Auflage, 1992, S. 272 ff.; *Alexy*, Theorie der juristischen Argumentation, 2. Auflage, 1991, S. 261 ff..

20 Vgl. dazu statt vieler *Schulte-Nölke*, EuR, Beiheft 2, 2018, 21 (26); *Martiny/Witzleb* (Hrsg.), Auf dem Wege zu einem Europäischen Zivilgesetzbuch, 1998; *Schulte-Nölke*, JZ 2001, 917; *Mittwoch*, JuS 2010, 767.

21 Eine gute Übersicht u.a. über die Arbeiten von *Lando-Kommission*, *Study Group* und *Acquis Group* bietet *Schulte-Nölke*, EuR, Beiheft 2, 2018, 21 (25 ff.).

22 *Mittwoch*, JuS 2010, 767 (770).

Bei der KI-Haftung hingegen spielt die Rechtswissenschaft zwar eine übergeordnete Rolle, es ist aber vor allem ein Anliegen der EU-Organe, insbesondere von Kommission und Parlament, eine umfassende Regulierung der KI mitsamt der Haftungsfragen zu erreichen. Das Schrifttum hat dabei die Arbeiten stets begleitet und beeinflusst.[23] Das Haftungsrecht war zwar bisher lediglich punktuell europäisiert und eine Kodifikation ist derzeit weit entfernt, doch könnte sich dies durch KI bald ändern. Auch in der Vergangenheit gaben das Internet und sodann selbstfahrende Autos den Anstoß zu einer Europäisierung des Haftungsrechts.[24]

Es ist daher, insbesondere vor dem Hintergrund anderer Technologien in der Geschichte, keineswegs unwahrscheinlich, dass der (europäische) Gesetzgeber bald eine Gefährdungshaftung für KI-Systeme, bzw. den Betrieb von diesen erlässt. Dafür spricht auch, dass dies das Europäische Parlament bereits 2020 versucht hat und wohl nur in den Details der Regelung nicht überzeugend war.[25] Darüber hinaus wurde die Idee schon von vielen Vertretern der deutschen Rechtswissenschaft vorgeschlagen.[26] Der Richtlinienentwurf zur KI-Haftung sieht zudem in Art. 5 Abs. 1 eine Evaluation nach fünf Jahren vor.[27] Damit könnte also auch auf Grundlage der bis dahin gesammelten Erfahrungen eine verschuldensunabhängige Haftung zusammen mit einer Versicherungspflicht erlassen werden.[28]

Es ist insgesamt auch mit einer weiteren „Europäisierung" des KI-Rechts, insbesondere mit dem bisher kaum geregelten Bereich des KI-Vertragsrechts, zu rechnen. Mit dem erfolgreichen Abschluss der Reform der europäischen Produkthaftungsrichtlinie würde zukünftig die Haftung für KI zentral dort geregelt sein. Adressiert wäre sie an den Hersteller und

---

23 Dazu bereits unter Dritter Teil, IV., 3., c).

24 *Schulte-Nölke*, in: Lorenz (Hrsg.), Karlsruher Forum 2015: Europäisierung des Haftungs- und Versicherungsvertragsrechts, 2016, S. 3 (59 f.).

25 Dazu bereits unter Dritter Teil, IV., 2., n).

26 Dazu bereits unter Dritter Teil, I., 4., a).

27 Dazu bereits unter Dritter Teil, IV., 2., q).

28 *Bomhard/Siglmüller*, RDi 2022, 506 (507); *Eichelberger*, DB 2022, 2783 (2789).

umfasst würden weiterhin keine gewerblich genutzten Sachen.[29] Es wird jedoch bereits jetzt prognostiziert, dass die neue Produkthaftung nicht alle Haftungslücken schließen könne.[30]

Mit Spannung kann daher erwartet werden, ob mit der derzeitigen europäischen KI-Gesetzgebung auch eine zufriedenstellende Lösung im Haftungsrecht vorliegt,[31] oder ob noch gesetzgeberischer Nachbesserungsbedarf, z.B. in Form einer Gefährdungshaftung (für Betreiber/Nutzer von KI) besteht. Die Erfahrungen zu den Versuchen, das Privatrecht der Mitgliedstaaten einheitlich europäisch zu kodifizieren, mahnen jedoch zur Vorsicht und zu einer stufenweisen Harmonisierung der KI-Haftung, weil derartige Projekte insbesondere in unsicheren Zeiten mit dem politischen Willen der Mitgliedstaaten stehen und fallen. Die dabei gewonnenen Erkenntnisse können indes die Rechtswissenschaft beeinflussen und vor allem außerordentlich bereichern, was ein Blick auf das moldawische Zivilrecht zeigt.[32]

29 *Wagner*, JZ 2023, 1 (10 f.).

30 Vgl. *Borges*, CRi 2023, 33 (43).

31 Dies wird bereits vor Verabschiedung der beiden Richtlinien verneint, vgl. *von Westphalen*, IWRZ 2024, 9 (20).

32 Vgl. zur Rezeption des DCFR in der neuen moldawischen Zivilrechtskodifikation *von Bar*, OER 65 (2019), 149 (157 ff.); *Pietrunko/Richter*, OER 65 (2019), 173 (190 ff.).

Literaturverzeichnis

Achilles, Natasia Vom Homo Oeconomicus zum Differenzierten Verbraucher, Analyse von Begriff, Entwicklung und neuen Herausforderungen des verbrauchervertragsrechtlichen Leitbildes auf EU-Ebene, 1. Auflage 2020

Adam, Simon „Daten als Rechtsobjekte“, NJW 2020, S. 2063–2068

Albrecht, Frank „Fährt der Fahrer oder das System?“ – Anmerkungen aus rechtlicher Sicht“, SVR 2005, S. 373–376

Alexy, Robert Theorie der juristischen Argumentation, Die Theorie des rationalen Diskurses als Theorie der juristischen Begründung, 2. Auflage, 1991

Allar, Anne „Rechtliche Herausforderungen Künstlicher Intelligenz – Tagungsbericht zu den 63. Bitburger Gesprächen am 9. und 10.1.2020 in Mainz“, ZUM 2020, S. 325–326

Allen, Tom/Widdison, Robin „Can Computers make Contracts?“, Harvard Journal of Law & Technology, Volume 9, Number 1, 1996, S. 25–50

Altenburg, Nadia/Scherr, Julius „Künstliche Intelligenz im Recht im Jahr 2024 – Quo vadis?“, LTZ 2024, S. 34–39

Ammann, Thorsten „KI as a Service – Künstliche Intelligenz aus der Cloud und ihre rechtlichen Eigenheiten“, CR 2020, S. 295–303

Apel, Simon/Kaulartz, Markus „Rechtlicher Schutz von Machine Learning-Modellen“, RDi 2020, S. 24–34

Ashkar, Daniel/Schröder, Christian „Das Gesetz über künstliche Intelligenz der Europäischen Union (KI-Verordnung)“, BB 2024, 771–779

Asimov, Isaac Ich, der Roboter Erzählungen, 1950

Bachmann, Gregor „Das Gesetz zur Modernisierung des Personengesellschaftsrechts“, NJW 2021, S. 3073–3078

Balke, Rüdiger „Automatisiertes Fahren, Begriffsbestimmungen und haftungsrechtliche Fragestellungen im Zusammenhang mit dem automatisierten Fahren“, SVR 2018, S. 5–8

Basedow, Jürgen „Gemeinsames Europäisches Kaufrecht – Das Ende eines Kommissionsvorschlags“, ZEuP 2015, S. 432–435

Beardwood, John „Heads Up: The Companion Document To The Canadian Artificial Intelligence And Data Act“, CRi 2023, S. 65–72

Beck, Susanne „Grundlegende Fragen zum rechtlichen Umgang mit der Robotik“, JR 2009, S. 225–230

Beck, Susanne „Der rechtliche Status autonomer Maschinen“, AJP 2017, S. 183–191

Beck, Susanne (Hrsg.) Jenseits von Mensch und Maschine, Ethische und rechtliche Fragen zum Umgang mit Robotern, Künstlicher Intelligenz und Cyborgs, 1. Auflage 2012

Beck, Susanne/Kusche, Carsten/Valerius, Brian (Hrsg.) Digitalisierung, Automatisierung, KI und Recht, Festgabe zum 10-jährigen Bestehen der Forschungsstelle, RobotRecht, 1. Auflage, 2020

Beinke, Lukas/Daute, Ingvar „Der Fairnesstest des Data Act, Verdrängung der nationalen Klauselkontrolle?“, RDi 2024, S. 69–74

Bergmann, Jan Handbuch der Europäischen Union, 6. Auflage 2022

Bernzen, Anna K. „Roboter als Richter? Zur Automatisierung der Rechtsprechung“, RDi 2023, S. 132–138

Beuthien, Volker „Zur Grundlagenungewissheit des deutschen Gesellschaftsrechts“, NJW 2005, S. 855–860

Beuthien, Volker „Zur Begriffsverwirrung im deutschen Gesellschaftsrecht“, JZ 2003, S. 715–722

Blach, Joshua „IT-Sicherheit: Künstliche Intelligenz und smarte Robotik – Tagungsbericht zur 3. RAILS-Konferenz“, GRUR 2021, S. 1038–1041

Bodensiek, Kai „Dark Patterns oder Game Design Abgrenzung zwischen rechtswidriger Verbraucherlenkung und der zulässigen Ausgestaltung verbrauchergerechter Angebote bei Computerspielen“, MMR 2022, S. 722–724

Boehme-Neßler, Volker „Unscharfes Recht Überlegungen zur Relativierung des Rechts in der digitalisierten Welt“, 1. Auflage 2008

Bomhard, David/Merkle, Marieke „Europäische KI-Verordnung“, RDi 2021, S. 276–283

Bomhard, David/Siglmüller, Jonas „Europäische KI-Haftungsrichtlinie, Der aktuelle Kommissionsentwurf und seine praktischen Auswirkungen“, RDi 2022, S. 506–513

Borges, Georg „Rechtliche Rahmenbedingungen für autonome Systeme“, NJW 2018, S. 977–982

Borges, Georg „Der Entwurf einer neuen Produkthaftungsrichtlinie“, DB 2022, S. 2650–2654

Borges, Georg „Der Begriff des KI-Systems“, CR 2023, S. 706–716

Borges, Georg „Haftung für selbstfahrende Autos Warum eine Kausalhaftung für selbstfahrende Autos gesetzlich geregelt werden sollte“, CR 2016, S. 272–280

Borges, Georg „AI systems and product liability“, Proceedings of the Eighteenth International Conference on Artificial Intelligence and Law, ICAIL 2021, S. 32–39.

Borges, Georg „Haftung für KI-Systeme“, CR 2022, S. 553–561

Borges, Georg „The Manufacturer’s Liability for AI Systems under Current and Future Law“, CRi 2023, S. 33–43

Borges, Georg „Liability for AI Systems under Current and Future Law“, CRi 2023, S. 1–8

Borges, Georg/Sorge, Christoph (Hrsg.) Law and technology in global digital society – challenges and potential solutions, 2022

Borghetti, Jean-Sébastien/Santos Silva, Marta dos/ Fairgrieve, Duncan/García, Pedro/Keirse, Anne/ Machnikowski, Piotr/Rajneri, Eleonora/Schmon, Christoph/ Ulbeck, Vibe/Vallone, Vera/Zech, Herbert „Relevance of Risk-benefit for Assessing Defectiveness of a Product: A Comparative Study of Thirteen European Legal Systems“, European Review of Private Law Vol. 29, Issue 1 (2021) S. 91–132

Bork, Reinhard Allgemeiner Teil des Bürgerlichen Gesetzbuches, 4., neubearbeitete Auflage 2016

Bosman, Timo „Künstliche Intelligenz und die Zukunft des Datenschutzrechts“, ZD-Aktuell 2019, 04365

Botta, Jonas „Die Förderung innovativer KI-Systeme in der EU – Zum Kommissionsvorschlag der KI-Reallabore („AI regulatory sandboxes“)“, ZfDR 2022, S. 391

Bracht, Klaus Der Bau der ersten Eisenbahnen in Preußen Eine Untersuchung der rechtlichen Grundlagen und der bei Gründung und dem Grunderwerb aufgetretenen Rechtsprobleme, 1996

Bradford, Anu The Brussels Effect How the European Union Rules the World, 2020

Brand, Oliver „Haftung und Versicherung beim Einsatz von Robotik in Medizin und Pflege“, MedR 2019, S. 943–950

Braun, Christian „Künstliche Intelligenz im Vergabeverfahren“, NZBau 2023, S. 563–568

Bräutigam, Peter/Klindt, Thomas „Industrie 4.0, das Internet der Dinge und das Recht“, NJW 2015, S. 1137–1142

Brenner, Walter/Zarnekow, Rüdiger/Wittig, Hartmut „Intelligent Software Agents, Foundations and Applications“, 1998

Brohm, Markus U. Die „Mitteilungen“ der Kommission im Europäischen Verwaltungs- und Wirtschaftsraum Typologie, Rechtsnatur und Bindungswirkung für die Behörden der Mitgliedstaaten, 2011

Brox, Hans (Begr.)/Walker, Wolf-Dietrich Allgemeiner Teil des BGB, 46. Auflage 2022

Brunotte, Nico „Virtuelle Assistenten – Digitale Helfer in der Kundenkommunikation“, CR 2017, S. 583–589

Brynjolfsson, Erik/Andrew McAfee The Second Machine Age, 2014

Buchalik, Barbara/Gehrmann, Mareike Christine „Von Nullen und Einsen zu Paragraphen: Der AI Act, ein Rechtscode für Künstliche Intelligenz, Der horizontale und risikobasierte Ansatz für Produktsicherheitsaspekte von KI-Systemen und Allzweck-KI“, CR 2024, S. 145–153

Buck-Heeb, Petra/Dieckmann, Andreas „Die Fahrerhaftung nach § 18 I StVG bei (teil-)automatisiertem Fahren“, NZV 2019, S. 113–119

Bull, Hans-Peter Sinn und Unsinn des Datenschutzes Persönlichkeitsrecht und Kommunikationsfreiheit in der digitalen Gesellschaft, 1. Auflage 2015

Bumke, Christian/Röthel, Anne (Hrsg.) Autonomie im Recht, 1. Auflage 2017

Burchardi, Sophie „Risikotragung für KI-Systeme Zur Zweckmäßigkeit einer europäischen Betreiberhaftung“, EuZW 2022, S. 685–692

Burchardi, Sophie „FinTechs im europäischen Binnenmarkt“, EuZW 2021, S. 1013–1019

Busch, Christoph/Schulte-Nölke, Hans/Wiewiórowska-Domagalska, Aneta/Zoll, Fryderyk „The Rise of the Platform Economy: A New Challenge for EU Consumer Law?“, EuCML 2016, S. 3–10

Busch, Christoph/Dannemann, Gerald/Schulte-Nölke, Hans „Ein neues Vertrags- und Verbraucherrecht für Online-Plattformen im Digitalen Binnenmarkt?“ Diskussionsentwurf für eine mögliche Richtlinie“, MMR 2016, S. 787–792

Busche, Daniel „Einführung in die Rechtsfragen der künstlichen Intelligenz“, JA 2023, S. 441–446

Buschmann, Arno/Knemeyer, Franz Ludwig/Otte, Gerhard/Schubert, Werner (Hrsg.) Festschrift für Rudolf Gmür zum 70. Geburtstag, 1. Auflage 1983

Bußmann, Sarah/Glasowski, Carolin/Niehaus, Michael/Stecher, Sarah „Die Schutzfähigkeit von KI-Trainingsdaten de lege lata, What would Machlup find?“, RDi 2022, S. 391–396

Buxmann, Peter/Schmidt, Holger (Hrsg.) Künstliche Intelligenz Mit Algorithmen zum wirtschaftlichen Erfolg, 2. Auflage 2021

Calabresi, Guido The Costs of Accidents, A Legal and Economic Analysis, 1970

Calliess, Christian/Ruffert, Matthias (Hrsg.) Kommentar EUV/AEUV, Das Verfassungsrecht der Europäischen Union mit Europäischer Grundrechtecharta, 6. Auflage 2022

Cancik, Pascale Verwaltung und Öffentlichkeit in Preußen, Kommunikation durch Publikation und Beteiligungsverfahren im Recht der Reformzeit, 2007

Čerka, Paulius/Grigiene, Jurgita/Sirbikyte, Gintare „Liability for Damages Caused by Artificial Intelligence“, Computer Law & Security Review 31 (2015) S. 376–389

Collingridge, David The social control of technology, 1980

Conrads, Markus/Schweitzer, Sascha „Einsatz Künstlicher Intelligenz im Vertrags- Wirtschafts- und Arbeitsrecht“, NJW 2023, S. 2809–2815

Cornelius, Kai „Vertragsabschluss durch autonome elektronische Agenten“, MMR 2002, S. 353–358

Dahm, Georg Deutsches Recht, Die geschichtlichen und dogmatischen Grundlagen des geltenden Rechts, Eine Einführung, 2. Auflage 1963

Dahm, Georg/Huber, Ernst Rudolf/Larenz, Karl/Michaelis, Karl/Schaffstein, Friedrich/Siebert, Wolfgang Grundfragen der neuen Rechtswissenschaft, 1935

Daum, Andreas „Die Durchsetzung der KI-Verordnung im Rahmen des digitalen Schuldrechts“, CR 2024, S. 178–184

Dauses, Manfred A. (Begr.)/*Ludwigs, Markus* (Hrsg.) Handbuch des EU-Wirtschaftsrechts, Band 1, Stand: September 2024 (61. Ergänzungslieferung)

Daute, Ingvar/Sütthoff, Alicia „Vereinbarkeit von Produktbeobachtungspflicht und Datenschutz beim autonomen Kraftfahrzeug“, EuZW 2023, S. 500–506

Dederer, Hans-Georg/Shin, Yu-Cheol (Hrsg.) Künstliche Intelligenz und juristische Herausforderungen, 2020

Denga, Michael „Konformitätsbewertung von KI-Systemen“, ZfPC 2023, S. 154–159

Denga, Michael „Deliktische Haftung für künstliche Intelligenz, Warum die Verschuldenshaftung des BGB auch künftig die bessere Schadensausgleichsordnung bedeutet“, CR 2018, S. 69–78

Dettling, Heinz-Uwe/Krüger, Stefan „Erste Schritte im Recht der Künstlichen Intelligenz, Entwurf der „Ethik-Leitlinien für eine vertrauenswürdige KI“„, MMR 2019, S. 211–217

Deutsch, Erwin „Das neue System der Gefährdungshaftungen: Gefährdungshaftung, erweiterte Gefährdungshaftung und Kausal-Vermutungshaftung“, NJW 1992, S. 73–77

Dilcher, Gerhard „Die janusköpfige Kodifikation – Das preußische Allgemeine Landrecht (1794) und die europäische Rechtsgeschichte, ZEuP 1994, S. 446–469

Dittrich, Tillmann/Heinelt, Christian „Compliance-Pflichten für Hersteller nach dem Cyber Resilience Act“, RDi 2023, S. 309–316

Döpke, Christian/Jülicher, Tim „Digitale Transformation im Spiegel juristischer Grundlagendisziplinen“, InTeR 2019, S. 16–20

Dregelies, Max „Der Schutz vor Dark Patterns im DSA, Wie Art. 25 DSA die Entscheidungsprozesse von Internetnutzern schützen kann“, MMR 2023, S. 243–248

Ebel, Friedrich/Thielmann, Georg Rechtsgeschichte: Von der Römischen Antike bis zur Neuzeit, 3. Auflage 2003

Ebers, Martin/Heinze, Christian/Krügel, Tina/Steinrötter, Björn (Hrsg.) Künstliche Intelligenz und Robotik, Rechtshandbuch, 1. Auflage, 2020

Ebers, Martin/Hoch, Veronica R. S./Rosenkranz, Frank/Ruschemeier, Hannah/Steinrötter, Björn „The European Commission's Proposal for an Artificial Intelligence Act – A Critical Assessment by Members of the Robotics and AI Law Society (RAILS)“, J MDPI 2021, S. 589–603

Ebers, Martin/Hoch, Veronica R. S./Rosenkranz/Ruschemeier, Hannah/Steinrötter, Björn „Der Entwurf für eine EU-KI-Verordnung: Richtige Richtung mit Optimierungsbedarf, Eine kritische Bewertung durch Mitglieder der Robotics & AI Law Society (RAILS)“, RDi 2021, S. 528–537

Ebers, Martin/Steinrötter, Björn (Hrsg.) Künstliche Intelligenz und smarte Robotik im IT-Sicherheitsrecht, 1. Auflage 2021

Ehring, Philipp/Taeger, Jürgen (Hrsg.) Produkthaftungs- und Produktsicherheitsrecht, BGB, ProdHaftG, ProdSG, MÜ-VO, MüG, ÜAnlG, 1. Auflage 2022

Eichelberger, Jan „Arzthaftung beim Einsatz von KI und Robotik“, ZfPC, S. 209–214

Eichelberger, Jan „Der Vorschlag einer „Richtlinie über KI-Haftung““, DB 2022, S. 2783–2789

Eidenmüller, Horst „The Rise of Robots and the Law of Humans“, ZEuP 2017, S. 765–777

Eidenmüller, Horst/Wagner, Gerhard Law by Algorithm, 1. Auflage 2021

Eidenmüller, Horst „The Rise of Robots and the Law of Humans“, Oxford Legal Studies Research Paper No. 27/2017

Eisenhardt, Ulrich Deutsche Rechtsgeschichte, 5. Auflage 2008

Eisfeld, Jens/Otto, Martin/Pahlow, Louis/Zwanzger, Michael (Hrsg.) Naturrecht und Staat in der Neuzeit : Diethelm Klippel zum 70. Geburtstag, 2013

Enders, Peter „Einsatz künstlicher Intelligenz bei juristischer Entscheidungsfindung“, JA 2018, S. 721–727

Engländer, Armin Diskurs als Rechtsquelle? Zur Kritik der Diskurstheorie des Rechts, 2002

Ensthaler, Jürgen „Zum neuen Verständnis zwischen Rechtswissenschaft und Technik“, ZRP 2022, S. 55–58

Ernst, Stefan „Der Turing-Test im Verbraucherschutz“, VuR 2024, S. 121–123

Ertel, Wolfgang Grundkurs Künstliche Intelligenz, Eine praxisorientierte Einführung, 5. Auflage 2020

Fabricius, Fritz Relativität der Rechtsfähigkeit, 1963

Faust, Florian/Schäfer, Hans-Bernd (Hrsg.) Zivilrechtliche und rechtsökonomische Probleme des Internet und der künstlichen Intelligenz, 1. Auflage 2019

Feuerstack, Daniel/Becker, Daniel/Hertz, Nora „Die Entwürfe des EU-Parlaments und der EU-Kommission für eine KI-Verordnung im Vergleich, Eine Bewertung mit Fokus auf Regeln zu Transparenz, Forschungsfreiheit, Manipulation und Emotionserkennung“, ZfDR 2023, S. 421–444

Fischer, Veronika/Hoppen, Peter J./Wimmers, Jörg (Hrsg.) DGRI Jahrbuch 2018

Fischer-Lescano, Andreas „Natur als Rechtsperson, Konstellationen der Stellvertretung im Recht“, ZUR 2018, S. 205–217

Fleck, Jörg/Thomas, Aline „Automatisierung im Straßenverkehr, Wohin fahren wir?“, NJOZ 2015, S. 1393–1397

Fleischer, Holger „Ein Rundgang durch den Regierungsentwurf eines Gesetzes zur Modernisierung des Personengesellschaftsrechts“, DStR 2021, S. 430–439

Fleischer, Holger „Große Debatten im Gesellschaftsrecht: Eine Forschungsskizze“, JZ 2023, S. 365–375

Fleischer, Holger „Große Debatten im Gesellschaftsrecht: Fiktionstheorie versus Theorie der realen Verbandspersönlichkeit im internationalen Diskurs“, RabelsZ 87 (2023), S. 5–45

Foerste, Ulrich „Zur Haftung deutscher Warenkäufer für unzureichenden Arbeitsschutz bei ausländischen Herstellern“, JZ 2023, S. 587–598

Foot, James A. Consolidated abstracts of the Highway acts, 1862, 1864, the Locomotive acts, 1861, 1865, and the Highways and Locomotives (Amendment) Act, 1878: with the acts in extenso, notes, and copious index, 1879.

Frank, Justus/Heine, Maurice „Arbeitsrechtliche Dimension der KI-Verordnung“, NZA 2024, S. 433–438

Führ, Martin „Der Dieselskandal und das Recht“, NVwZ 2017, S. 265–273

Gaede, Karsten Künstliche Intelligenz – Rechte und Strafen für Roboter? Plädoyer für eine Regulierung künstlicher Intelligenz jenseits ihrer reinen Anwendung, 1. Auflage 2019

Ganseforth, Lina Josephine „Brauchen wir eine E-Person im Deutschen Recht?“, DSRITB 2021, S. 545–556;

Gebauer, Martin/Teichmann, Christoph (Hrsg.) Europäisches Privat- und Unternehmensrecht, Band 6, 2. Auflage 2022

Geber, Frederic „Die Regulierung künstlicher Intelligenz durch die EU – Technologieförderung oder Hemmschuh?“, ZdiW 2021, S. 247–252

Gitter, Rotraud Softwareagenten im elektronischen Geschäftsverkehr, Rechtliche Vorgaben und Gestaltungsvorschläge, 1. Auflage 2007

Gitter, Rotraud/Roßnagel, Alexander „Rechtsfragen mobiler Agentensysteme im E-Commerce“, K&R 2003, S. 64–72

Gless, Sabine/Janal, Ruth „Hochautomatisiertes und autonomes Autofahren – Risiko und rechtliche Verantwortung“, JR 2016, S. 561–575

Gless, Sabine/Seelmann, Kurt (Hrsg.) Intelligente Agenten und das Recht, 1. Auflage, 2016

Gleß, Sabine/Weigend, Thomas „Intelligente Agenten und das Strafrecht“, ZStW 126 (2014), S. 561–591

Gödel, Kurt „Diskussion zur Grundlegung der Mathematik, Erkenntnis 2“, Monatsheft für Mathematik und Physik (1931), Nr. 32, S. 147–148

Gödel, Kurt „Über formal unentscheidbare Sätze der Principia Mathematica und verwandter Systeme I“, Monatsheft für Mathematik und Physik (1931), Nr. 38, S. 173–198

Goebel, Maurice/Wiepen, Moses „3. Bochumer Informationsrechts- und Informationssicherheitstag des IGEDI zum Thema „Rechtsfragen des Einsatzes Künstlicher Intelligenz“, GRUR 2022, S. 52–54

Görz, Günther/Schmid, Ute/Braun, Tanya (Hrsg.) Handbuch der Künstlichen Intelligenz, 6. Auflage 2020

Grabitz, Eberhard (Begr.)/*Hilf, Meinhard* (Begr.)/*Nettesheim, Martin* (Hrsg.) Das Recht der Europäischen Union, Band I, EUV/AUEV, Stand: Januar 2024

Graf Ballestrem, Johannes/Bär, Ulrike/Gausling, Tina/Hack, Sebastian/von Oelffen, Sabine Künstliche Intelligenz, Rechtsgrundlagen und Strategien in der Praxis, 1. Auflage 2020

Graf, Jürgen (Hrsg.) BeckOK OWiG, 35. Edition, Stand: 01.07.2022

Gray, John Chipman/Gray, Roland The nature and sources of law, Second edition, 1921

Greger, Reinhard „Haftungsfragen beim automatisierten Fahren, Zum Arbeitskreis II des Verkehrsgerichtstags 2018“, NZV 2018, S. 1–5

Groß, Nadja/Gressel, Jacqueline „Entpersonalisierte Arbeitsverhältnisse als rechtliche Herausforderung – Wenn Roboter zu Kollegen und Vorgesetzten werden“, NZA 2016, S. 990–996

Gruber, Malte-Christian Rechtsschutz für nichtmenschliches Leben, Der moralische Status des Lebendigen und seine Implementierung in Tierschutz-, Naturschutz- und Umweltrecht, 1. Auflage 2006

Grützmacher, Malte „Die deliktische Haftung für autonome Systeme – Industrie 4.0 als Herausforderung für das bestehende Recht?“, CR 2016, S. 695–698

Grützmacher, Malte „Die zivilrechtliche Haftung für KI nach dem Entwurf der geplanten KI-VO“, CR 2021, S. 433–444

Grützmacher, Malte/Heckmann, Jörn „Autonome Systeme und KI – vom vollautomatisierten zum autonomen Vertragsschluss“, CR 2019, S. 553–561

Gsell, Beate/Krüger, Wolfgang/Lorenz, Stephan/Reymann, Christoph (Hrsg.) Beck-online Großkommentar für das Zivilrecht, Stand: 1.7.2022

Gsell, Beate/Krüger, Wolfgang/Lorenz, Stephan/Reymann, Christoph (Hrsg.) Beck-online Großkommentar für das Zivilrecht, Stand: 1.10.2019

Guggenberger, Leonid „Einsatz künstlicher Intelligenz in der Verwaltung“, NVwZ 2019, S. 844–850

Guijarro Santos, Victoria „Nicht besser als nichts – Ein Kommentar zum KI-Verordnungsentwurf“, ZfDR 2023, S. 23–42

Gumpp, Tobias/Schneider Marc Pierre „Methoden der Künstlichen Intelligenz in der Rechtswissenschaft“, ZfDR, 2021, S. 155–174

Gunther, Jan-Philipp „Europäische Regelungen im Bereich Robotik – alles noch Science Fiction?", DB 2017, S. 651–654

Günther, Jan-Philipp Roboter und rechtliche Verantwortung: Eine Untersuchung der Benutzer- und Herstellerhaftung, 1. Auflage 2016

Haagen, Christian „Verantwortung für Künstliche Intelligenz, Ethische Aspekte und zivilrechtliche Anforderungen bei der Herstellung von KI-Systemen", 1. Auflage, 2021

Haase, Martin „Die elektronische Person mit beschränkter Haftung – Regelungsziele und rechtliche Lösungsansätze im Hinblick auf Künstliche Intelligenz und autonome Systeme aus gesellschaftsrechtlicher Sicht", DSRITB 2021, S. 535–544

Haase, Martin S./Heiss, Jurek „Der Einsatz von künstlicher Intelligenz im Rechtsanwaltsberuf", InTer 2023, S. 162–168

Habermas, Jürgen Faktizität und Geltung, Beiträge zur Diskurstheorie des Rechts und des demokratischen Rechtsstaats, 2. Auflage 1992

Hacker, Philipp „Die Regulierung von ChatGPT et al. – ein europäisches Trauerspiel", GRUR 2022, S. 289–290

Hacker, Philipp „Europäische und nationale Regulierung von Künstlicher Intelligenz", NJW 2020, S. 2142–2147

Hacker, Philipp/Berz, Amelie „Der AI-Act der Europäischen Union – Überblick, Kritik und Ausblick", ZRP 2023, S. 226–229

Hacker, Philipp/Engel, Andreas/Mauer, Marco „Regulating ChatGPT and other Large Generative AI Models", arXiv:2302.02337, May 12, 2023

Hacker, Philipp/Naumann, Felix/ Friedrich, Tobias/Grundmann, Stefan/Lehmann, Anja/Zech, Herbert „AI Compliance – Challenges of Bridging Data Science and Law", Journal of Data and Information Quality Vol. 14, Issue 3, S. 1–4

Hagemann, Ryan/Huddleston Skees, Jennifer/Thierer, Adam „Soft Law for Hard Problems: The Governance of Emerging Technologies in an Uncertain Future“, Colorado Technology Law Journal Vol 17.1 (2018), S. 37–130

Halim, Noha Lea/Gasser, Urs „Vektoren zukünftiger Governance von Künstlicher Intelligenz“, RDi 2023, S. 217–225

Hamann, Hanjo „Nochmals: Juristische Diskurslinguistik am Beispiel der Neuen Juristischen Wochenschrift“, NJW 2022, S. 3124

Hamann, Hanjo „Redaktionsversehen Ein Beitrag zur Legislativlehre und zur Rechtsförmlichkeit“, AöR 2014, S. 446–475

Härtel, Ines „Künstliche Intelligenz in der nachhaltigen Landwirtschaft – Datenrechte und Haftungsregime“, NuR 2020, S. 439–453

Hartung, Markus „Smartlaw, ChatGPT und das RDG“, RDi 2023, S. 209–217

Hau, Wolfgang/Poseck, Roman (Hrsg.) BeckOK BGB, 62. Edition, Stand: 01.05.2022

Heese, Michael „Herstellerhaftung für manipulierte Diesel-Kraftfahrzeuge“, NJW 2019, S. 257–263

Heiderhoff, Bettina Europäisches Privatrecht, 6. Auflage 2023

Heldt, Amélie „Algorithmen und künstliche Intelligenz in der Verwaltung, Tagungsbericht zur wissenschaftlichen Tagung in Hamburg“, NVwZ 2019, S. 862–863

Hennemann, Moritz Interaktion und Partizipation, Dimensionen systemischer Bindung im Vertragsrecht, 1. Auflage, 2020

Hensiek, Joerg „Mensch-Roboter-Kollaboration: Gefährdungen, Schutzmaßnahmen und Rechtsrisiken“, ARP 2022, S. 236–240

Herberger, Maximilian „Künstliche Intelligenz“ und Recht – Ein Orientierungsversuch“, NJW 2018, S. 2825–2829

Hermanns, Marc „Gesetz zur Modernisierung des Personengesellschaftsrechts (MoPeG) – Entstehung und Überblick“, DNotZ 2022, S. 3–9

Hetmank, Sven/Lauber-Rönsberg „Künstliche Intelligenz – Herausforderungen für das Immaterialgüterrecht“, GRUR 2018, S. 574–582

Heuer-James, Jens-Uwe/Chibanguza, Kuuya J./Stücker, Benedikt „Industrie 4.0 – vertrags- und haftungsrechtliche Fragestellungen“, BB 2018, S. 2818–2832

Hilgendorf, Eric (Hrsg.) Robotik im Kontext von Recht und Moral, 1. Auflage 2013

Hilgendorf, Eric/Günther, Jan-Philipp (Hrsg.) Robotik und Gesetzgebung – Beiträge der Tagung vom 7. bis 9. Mai 2012 in Bielefeld, 1. Auflage 2013

Hinze, Jonathan „Haftungsrisiken des automatisierten und autonomen Fahrens“, 1. Auflage, 2021

Hoeren, Thomas „Alibaba und das Dateneigentum – 25 Jahre später“, MMR 2023, S. 32–36

Hoeren, Thomas „Geistiges Eigentum“ ist tot – lang lebe ChatGPT“, MMR 2023, S. 81

Hoeren, Thomas „Datenbesitz statt Dateneigentum, Erste Ansätze zur Neuausrichtung der Diskussion um die Zuordnung von Daten“, MMR 2019, S. 5–8

Hoeren, Thomas/Pinelli, Stefan Künstliche Intelligenz – Ethik und Recht, 2022

Hoffmann, Hanna „Regulierung der Künstlichen Intelligenz, Fundamentalkritik am Verordnungsentwurf zur Regulierung der Künstlichen Intelligenz der EU-Kommission vom 21.4.2021“, K&R 2021, S. 369–374

Hoffmann-Riem, Wolfgang Recht im Sog der digitalen Transformation, 2022

Hoffmann-Riem, Wolfgang „Die digitale Transformation als rechtliche Herausforderung“, JuS 2023, S. 617–627

Holthausen, Joachim „Big Data, People Analytics, KI und Gestaltung von Betriebsvereinbarungen – Grund-, arbeits- und datenschutzrechtliche An- und Herausforderungen“, RdA 2021, S. 19–32

Hopperdietzel, Holger „BGH: Keine Online-Flugbuchung für Passagier „noch unbekannt“, NJW 2013, S. 598–601

Horn, Jakob „Automatische Informationsbeschaffung durch Zivilgerichte, RDi 2022, S. 469–477

Horner, Susanne/Kaulartz, Markus „Haftung 4.0 Verschiebung des Sorgfaltsmaßstabs bei Herstellung und Nutzung autonomer Systeme“, CR 2016, S. 7–14

Hötzendorfer, Walter/Tschohl, Christof/Kummer, Franz International Trends in Legal Informatics: Festschrift für Erich Schweighofer (Liber amicorum), 2020

Hötzendorfer, Walter/Tschohl, Christof/Kummer, Franz International Trends in Legal Informatics: Festschrift for Erich Schweighofer (Liber amicorum), 1. Auflage 2020

Huber, Christian/Jaeger, Dominique/Luckey, Jan (Hrsg.) „Festschrift für Lothar Jaeger zum 75. Geburtstag“, 2014

Hübner, Leonhard Unternehmenshaftung für Menschenrechtsverletzungen, 2022

Hucko, Elmar „Zum 200. Geburtstag des Allgemeinen Landrechts für die Preußischen Staaten“, NJW 1994, S. 1449–1453

Husserl, Gerhard „Rechtssubjekt und Rechtsperson“, AcP 127 (1927), S. 129–209

Ingold, Albert „Grundrechtsschutz sozialer Emergenz“, Der Staat, Vol. 53 (2014), Iss. 2, S. 193–226

Jannsen, André/Schulte-Nölke, Hans Researches in European Private Law and Beyond, Contributions in Honour of Reiner Schulze’s Seventieth Birthday, 1. Auflage 2020

Jansen, Nils Die Struktur des Haftungsrechts, Geschichte, Theorie und Dogmatik außervertraglicher Ansprüche auf Schadensersatz, 1. Auflage, 2003

Japanisch-Deutsches Zentrum Berlin (Hrsg.) Tagungsband 62: Symposium „Mensch-Roboter-Interaktionen aus interkultureller Perspektive“, 2011

Joerden, Jan C./Hilgendorf, Eric/Thiele, Felix (Hrsg.) Menschenwürde und Medizin, Ein interdisziplinäres Handbuch, 1. Auflage 2013

Johannisbauer, Christoph „ChatGPT im Rechtsbereich – erste Erfahrungen und rechtliche Herausforderungen bei der Verwendung künstlich generierter Texte“, MMR-Aktuell 2023, 455537

Jüngling, Alexander „Die Digitalstrategie der EU-Kommission: Regulierung von Künstlicher Intelligenz Schaffung einer Grundlage für Rechts-, Ethik- und Compliance-Fragen“, MMR 2020, S. 440–445

Jürgens, Ulrich Automatisierung und Arbeit in der Automobilindustrie Von Henry Ford zur Industrie 4.0, 2023

Kaesling, Katharina „Regulierung von Dark Patterns im Digital Services Act“, NJW 2024, S. 1609–1615

Kainer, Friedemann/Förster, Lydia Autonome Systeme im Kontext des Vertragsrechts, ZfPW 2020, S. 275–305

Kaiser, Anna-Bettina Die Kommunikation der Verwaltung, Diskurse zu den Kommunikationsbeziehungen zwischen staatlicher Verwaltung und Privaten in der Verwaltungsrechtswissenschaft der Bundesrepublik Deutschland, 2007

Kammler, Clemens/Parr, Rolf/Schneider, Ulrich Johannes (Hrsg.) Foucault Handbuch Leben – Werk – Wirkung, 2. Auflage, 2020

Kapoor, Arun/Klindt, Thomas „Verschärfung der Produkthaftung in Europa: Der Vorschlag der neuen Produkthaftungsrichtlinie“, BB 2023, S. 67–71

Karnow, Curtis E.A. „Liability for Distributed Artificial Intelligences“, Berkeley Technology Law Journal, 1996, S. 147–202

Kaser, Max/Knütel, Rolf (Begr.)/*Lohsse, Sebastian* Römisches Privatrecht, 22. Auflage, 2021

Kaulartz, Markus/Braegelmann, Tom (Hrsg.) Rechtshandbuch Artificial Intelligence und Machine Learning, 1. Auflage, 2020

Keber, Tobias/Schwartmann, Rolf „ChatGPT – Wie reguliert man eine Weltmaschine?“, MMR-Aktuell 2023, 457196.

Kerr, Ian R. Providing for Autonomous Electronic Devices in the Uniform Electronic Commerce Act, 1999

Kersten, Jens „Menschen und Maschinen, Rechtliche Konturen instrumenteller, symbiotischer und autonomer Konstellationen“, JZ 2015, S. 1–8

Keßler, Oliver „Intelligente Roboter – neue Technologien im Einsatz, Voraussetzungen und Rechtsfolgen des Handels informationstechnischer Systeme“, MMR 2017, S. 589–594

Kiela, Douwe (Hrsg.) „Dynabench: Rethinking Benchmarking in NLP“, Proceedings of the 2021 Conference of the North American Chapter of the Association for Computational Linguistics: Human Language Technologies, 2021, S. 4110–4124

Kilian, Matthias „Weißer Rauch in Brüssel“, EuZW 2024, S. 145–146

Kirchgässner, Gebhard Homo Oeconomicus, The Economic Model of Behaviour and Its Applications in Economics and Other Social Sciences, 1. Auflage, 2008.

Kirn, Stefan/Müller-Hengstenberg, Claus „Intelligente (Software-)Agenten: Von der Automatisierung zur Autonomie? Verselbstständigung technischer Systeme“, MMR 2014, S. 225–232

Kirn, Stefan/Müller-Hengstenberg, Claus „Intelligente (Software-)Agenten: Eine Herausforderung unseres Rechtssystems, Rechtliche

Konsequenzen der „Verselbstständigung“ technischer Systeme“, MMR 2014, S. 225–232

Kirn, Stefan/Müller-Hengstenberg, Claus „Rechtliche Risiken autonomer und vernetzter Systeme, Eine Herausforderung“, 1. Auflage, 2016

Kirn, Stefan/Müller-Hengstenberg, Claus D. Rechtliche Risiken autonomer und vernetzter Systeme, Eine Herausforderung, 2016

Klaas, Arne „Demokratieprinzip im Spannungsfeld mit künstlicher Intelligenz, Demokratische Entscheidungsfindung durch und mithilfe von selbstlernenden Algorithmen“, MMR 2019, S. 84–90

Klein, Susanne „DSRI-Herbstakademie 2015: Internet der Dinge – igitalisierung von Wirtschaft und Gesellschaft“, MMR-Aktuell 2016, 376036

Kleiner, Cornelius Die elektronische Person, Entwurf eines Zurechnungs- und Haftungssubjekts für den Einsatz autonomer Systeme im Rechtsverkehr, 1. Auflage 2021

Klever, Lukas/Schiestl, Melanie/Aigner, Thomas/Ecker, Daniela/Eder, Susanna/Schickmair, Martina/Spendel, Fabian/Weilguny, Tanja/Wolkenstein, Maximilian C./Ziegler, Helena (Hrsg.) Nachhaltigkeit im Privatrecht: Jahrbuch Junge Zivilrechtswissenschaft, 2022

Klingbeil, Stefan „Schuldnerhaftung für Roboterversagen, Zum Problem der Substitution von Erfüllungsgehilfen durch Maschinen“, JZ 2019, S. 718–725.

Kloepfer, Michael Technik und Recht im wechselseitigen Werden, Kommunikationsrecht in der Technikrechtsgeschichte, 1. Auflage 2001

Kluge, Vanessa/Müller, Anne-Kathrin „Autonome Systeme – Überlegungen zur Forderung nach einer „Roboterhaftung“, DSRITB 2016, S. 989–1005

Knauff, Matthias „Rechtsprechung und Künstliche Intelligenz“, ThürVBl 2024, S. 29–34

Knetsch, Jonas Haftungsrecht und Entschädigungsfonds, Eine Untersuchung zum deutschen und französischen Recht, 1. Auflage 2012

Knops, Kai-Oliver „Verbraucherleitbild und situationsbezogene Unterlegenheit“, VuR 1998, S. 363–365

Köbler, Gerhard Lexikon der europäischen Rechtsgeschichte, 1. Auflage 1997

Köhler, Helmut „Die Problematik automatisierter Rechtsvorgänge, insbesondere von Willenserklärungen“, AcP 182 (1982), S. 126–171

Kohler, Josef Lehrbuch des Bürgerlichen Rechts, 1906

König, Carsten „Die gesetzlichen Neuregelungen zum automatisierten Fahren“, NZV 2017, S. 123–128

König, Carsten „Gesetzgeber ebnet Weg für automatisiertes Fahren – weitgehend gelungen“, NZV 2017, S. 249–253

Krausen, Jean-Marcel Künstliche Intelligenz als Erfindung und Erfinder, 1. Auflage 2023

Kroeschell, Karl Deutsche Rechtsgeschichte, Band 3: Seit 1650, 5. Auflage 2008

Krone, Felix „Urheberrechtlicher Schutz von ChatGPT-Texten?“, RDi 2023, S. 117–124

Krönke, Christoph „Sandkastenspiele – „Regulatory Sandboxes“ aus der Perspektive des Allgemeinen Verwaltungsrechts“, JZ 2021, S. 434–443

Kroppenberg, Inge „Mythos Kodifikation – Ein rechtshistorischer Streifzug“, JZ 2008, S. 905–912

Krüger, Daniel/Wagner, Susan „Das Phänomen „Künstliche Intelligenz“ aus regulatorischer und haftungsrechtlicher Sicht“, ZfPC 2023, S. 124–129

Kumpan, Christoph „Kapitalanlage durch Roboter – Regulierungsfragen“, EuZW 2018, S. 745–746

Lachenmann, Matthias „EU-Rat stimmt KI-Verordnung zu – neue Pflichten für Unternehmen“, MMR-Aktuell 2024, 01359

Lamadé, Annegret/von Poser, Till „AI-Act im Datenraum“ – Tagungsbericht, MMR-Aktuell 2023, 457618

Landwehr, Achim Historische Diskursanalyse, 2. Auflage, 2018

Lehmann, Michael „Produkt- und Produzentenhaftung für Software“, NJW 1992, S. 1721–1725

Li, Jing „Recht ist Streit“ Eine rechtslinguistische Analyse des Sprachverhaltens in der deutschen Rechtsprechung, 2011

Lieberknecht, Markus „Rezension zu Das Lieferkettensorgfaltspflichtengesetz in der Unternehmenspraxis. Handbuch. Hrsg. von Eric Wagner, Marc Ruttloff, Simon Wagner. – München: Beck 2022. XLVI, 623 S“, RabelsZ 87, S. 836–839

Lieser, Manfred „Die zivilrechtliche Haftung im automatisierten Geschäftsverkehr“, JZ 1971, S. 759–765

Linardatos, Dimitrios „Auf dem Weg zu einer europäischen KI-Verordnung – ein (kritischer) Blick auf den aktuellen Kommissionsentwurf“, GPR 2022, S. 58–70

Linardatos, Dimitrios „Künstliche Intelligenz in der zivilrechtlichen Fallbearbeitung“, JURA 2023, S. 1121–1133

Linardatos, Dimitrios Autonome und vernetzte Aktanten im Zivilrecht, Grundlinien zivilrechtlicher Zurechnung und Strukturelemente einer elektronischen Person, 1. Auflage 2021

Linardatos, Dimitrios „Konformitätsbewertung und Korrekturmaßnahmen in der avisierten KI-Regulatorik“, ZdiW 2023, S. 3–10

Linke, Christian „Die elektronische Person Erforderlichkeit einer Rechtspersönlichkeit für autonome Systeme?“, MMR 2021, S. 200–204

Lippold, Matthias/Nölscher, Patrick „Tagungsbericht Künstliche Intelligenz – Herausforderungen und Chancen“, JZ 2023, S. 513–514

Lohmann, Melinda „Ein europäisches Roboterrecht – überfällig oder überflüssig?“, ZRP 2017, S. 168–171

Lohsse, Sebastian/Schulze, Reiner/Staudenmayer, Dirk (Hrsg.) Liability for Artificial Intelligence and the Internet of Things, Münster Colloquia on EU Law and the Digital Economy IV, 2019

Lohsse, Sebastian/Schulze, Reiner/Staudenmayer, Dirk (Hrsg.) Liability for AI Münster Colloquia on EU Law and the Digital Economy VII, 2023

Lorenz, Egon (Hrsg.) Karlsruher Forum 2010: Haftung und Versicherung im IT-Bereich: Mit Vorträgen von Gerald Spindler und Robert Koch

Lorenz, Egon (Hrsg.) Karlsruher Forum 2015: Europäisierung des Haftungs- und des Versicherungsvertragsrechts, Mit Vorträgen von Hans Schulte-Nölke und Jürgen Basedow und Dokumentation der Diskussion, 2016

Lorenz, Wolfgang Die Gefährdungshaftung des Tierhalters nach § 833 Satz 1 BGB, Die funktionale Struktur der Gefährdungshaftung als Auslegungshintergrund für die Risikoverteilung im Tierschadensrecht, 1992

Lorse, Jürgen „Entscheidungsfindung durch Künstliche Intelligenz, Zukunft der öffentlichen Verwaltung?“, NVwZ 2021, S. 1657–1622

Luig, Klaus „Das Privatrecht im „Allgemeinen Landrecht für die preußischen Staaten“ von 1794“, AcP 194 (1994), S. 521–542

Lutz, Lennart „Autonome Fahrzeuge als rechtliche Herausforderung“, NJW 2015, S. 119–124

Maatz, Jann „Rechtssubjektivität im digitalen Zeitalter Privatrechtstheoretische Reflexionen zu unsichtbaren Maschinen“, CR 2024, S. 323–331

Maier-Siegert, Ernst „ChatGPT – Prüfung auf Herz und Nieren“, BC 2023, S. 149

Malorny, Friederike „Auswahlentscheidungen durch künstlich intelligente Systeme“, JuS 2022, S. 289–296

Malorny, Friederike „Datenschutz als Grenze KI-basierter Auswahlentscheidungen im Arbeitsrecht“, RdA 2022, S. 170–178

Martini, Mario „Algorithmen als Herausforderung für die Rechtsordnung“, JZ 2017, S. 1017–1025

Martini, Mario/Kramme, Inken/Kamke, Anton „Dark Patterns im Scheinwerferlicht des Digital Services Act Sind Art. 25, 27 und 31 DSA der erhoffte Lichtblick oder nur heller Schein?“, MMR 2023, S. 323–328

Martini, Mario/Kramme, Inken/Kamke, Anton „KI-VO, DMA und DA als Missing Links im Kampf gegen dunkle Designmuster? Das Digitalpaket der Union und seine vielschichtigen Regelungsansätze gegen Dark Patterns“, MMR 2023, S. 399–403

Martiny, Dieter/Witzleb, Normann (Hrsg.) Auf dem Wege zu einem Europäischen Zivilgesetzbuch, 1998

Matthias, Andreas Automaten als Träger von Rechten. Plädoyer für eine Gesetzesänderung, 2008

Matusche-Beckmann, Annemarie/Sato, Takuma Rechtsprobleme der Informationsgesellschaft – Japanisch-Deutscher Rechtsdialog, 2018

Mayer, Hans-Peter/Lindemann, Julia „Zu den aktuellen Entwicklungen um das Gemeinsame Europäische Kaufrecht auf EU-Ebene“, ZEuP 2014, S. 1–7

Mayinger, Samantha Maria Die künstliche Person, Untersuchung rechtlicher Veränderungen durch die Installation von Softwareagenten im Rahmen von Industrie 4.0, unter besonderer Berücksichtigung des Datenschutzrechts, 1. Auflage 2016

Mayrhofer, Ann-Kristin „Produkthaftungsrechtliche Verantwortlichkeit des „Trainer-Nutzers“ von KI-Systemen“, RDi 2023, S. 20–26

Mayrhofer, Ann-Kristin Außervertragliche Haftung für fremde Autonomie, Eine vergleichende Betrachtung menschlicher, tierischer und technischer Agenten unter besonderer Berücksichtigung von Durchsetzungsrisiken, 1. Auflage, 2023

McCulloch, Warren S./Pitts, Walter A logical Calculus of the Ideas Immanent in Nervous Activity, Bulletin of Mathematical Biophysics, Volume 5 (1943), S. 115–133

McDermott, John „R1: A Rule-Based Configurer of Computer Systems", Artificial Intelligence, Volume 19, Issue 1, 1982, S. 39–88

Meder, Stephan „Die Zukunft der juristischen Methode: Rehabilitierung durch ChatGPT?", JZ 2023, S. 1041–1051

Mehlan, Amelie „ChatGPT: Eine KI geht viral", MMR-Aktuell 2022, 454722

Metzger, Axel/Schrör, Simon „Zwischen Wissenschaft, Praxis und Politik: Wie Juristen Gesetzgebungsverfahren in Fachzeitschriften begleiten", ZfRS 2022, S. 243–269

Meyer, Stephan „Künstliche Intelligenz und die Rolle des Rechts für Innovation, Rechtliche Rationalitätsanforderungen an zukünftige Regulierung", ZRP 2018, S. 233–238

Minsky, Marvin Semantic Information Processing, The MIT Press, 1968

Mitchell, Tom M. Machine Learning, 1997, McGraw-Hill

Mittermaier, Carl J. A. „Die Beschlagnahme der Forderungen eines Schuldners als Mittel der Vollstreckung im Civilprozesse", AcP 41 (1841), S. 389–423

Mittwoch, Anne-Christin „Die Vereinheitlichung des Privatrechts in Europa – auf dem Weg zu einem Europäischen Zivilgesetzbuch?", JuS 2010, S. 767–771

Mohn, Matthias „Dürfen Arbeitnehmer ChatGPT zur Erledigung ihrer Aufgaben einsetzen?", NZA 2023, S. 538–542

Möller-Klapperich, Julia/Rasquin, Christian „Regulatorische Herausforderungen in KI-Wertschöpfungsketten", NJ 2023, S. 383–389

Moore, Gordon E. „Cramming more components onto integrated circuits", Electronics, Volume 38, Number 8, April 19, 1965

Möschel, Wernhard „Dogmatische Strukturen des bargeldlosen Zahlungsverkehrs", AcP 186 (1986), S. 187–236

Möslein, Florian „Die normative Kraft des Ethischen, Ein Fallbeispiel zur Effektivität von Leitlinien für Künstliche Intelligenz", RDi 2020, S. 34–41

Müller, Anne-Kathrin „Software als „Gegenstand" der Produkthaftung, Zugleich eine Betrachtung des Verhältnisses von § 823 Abs. 1 BGB zum Produkthaftungsgesetz", 1. Auflage 2019

Müller-Peltzer, Philipp/Tanczik, Valentin „Künstliche Intelligenz und Daten, Data-Governance nach der geplanten KI-Verordnung", RDi 2023, S. 452–458

Nickl, Afra „ChatGPT als Rechtsdienstleister?", MMR 2023, S. 328–333

Noack, Max „Von Maurach in die Welt – Der Gesetzentwurf der Expertenkommission zur Modernisierung des Personengesellschaftsrechts im Überblick", NZG 2020, S. 581–585

Nürnberger, Stefan/Bugiel, Sven „Autonome Systeme Autonome Probleme", DuD 2016, S. 503–506

Oechsler, Jürgen „Rückabwicklung des Kaufvertrags gegenüber Fahrzeugherstellern im Abgasskandal", NJW 2017, S. 2865–2869

Oechsler, Jürgen „Die Haftung des Niederspannungsnetzbetreibers nach dem Produkthaftungsgesetz", NJW 2014, S. 2080–2083

Ogorek, Regina Untersuchungen zur Entwicklung der Gefährdungshaftung im 19. Jahrhundert, 1975

Ollig, Christian „Tagungsbericht: Opazität oder Transparenz? Zweite Konferenz des Forschungsnetzwerks Junges Digitales Recht, Hamburg", ZfDR 2022, S. 413–420

Omlor, Sebastian „Methodik 4.0 für ein KI-Deliktsrecht“, InTeR 2020, S. 221–225

Omlor, Sebastian/Meister, Elisabeth „(Digital-)Reform der juristischen Ausbildung“, ZRP 2021, S. 59–63

Orssich, Irina „Das europäische Konzept für vertrauenswürdige Künstliche Intelligenz“, EuZW 2022, S. 254–261

Paal, Boris/Kumkar, Lea Katharina „Die digitale Zukunft Europas, Europäische Strategien für den digitalen Binnenmarkt“, ZfDR 2021, S. 97–129

Pagallo, Ugo „Apples, oranges, robots: four misunderstandings in today’s debate on the legal status of AI systems“, Philosophical Transactions A 376, S. 1–16

Paulus, David „Die automatisierte Willenserklärung“, JuS 2019, S. 960–965

Paulus, David/Matzke, Robin „Smart Contracts und das BGB – Viel Lärm um nichts?“, ZfPW 2018, S. 431–465

Peifer, Karl-Nikolaus/Kubis, Sebastian/Raue, Benjamin/Stieper, Malte (Hrsg.) Ius Vivum: Kunst – Internationales – Persönlichkeit, Festschrift für Haimo Schack zum 70. Geburtstag, 2022

Peters, Anne „Introduction to Symposium on Global Animal Law (Part I): Animals Matter in International Law and International Law Matters for Animals“, AJIL Unbound 111 (2017), S. 252–256

Pfeil, Werner „Der Mensch steht höher als Technik und Maschine“ – Benötigen wir ein Grundrecht zum Schutz vor Künstlicher Intelligenz? Die Corona-Krise und die Entwicklung von Gesichts- und Emotionserkennung sowie einer Tracing-App“, InTeR 2020, S. 82–89

Philipp, Otmar „Digitales: Gesetz über Künstliche Intelligenz“, EuZW 2023, S. 635

Pieper, Fritz-Ulli „Vertrags- und haftungsrechtliche Fragen der Vernetzung autonomer Systeme“, DSRITB 2016, S. 971–988

Pietrunko, Stephanie/Richter, Gesa „The Draft Common Frame of Reference (DCFR) as a Basis for a Modern Codification – The Revised Moldovan Civil Code“, OER 65 (2019), S. 173–206

Pukas, Jonathan „KI-Trainingsdaten und erweiterte kollektive Lizenzen“, GRUR 2023, S. 614–621

Puppe, Ingeborg Kleine Schule des juristischen Denkens, 5. Auflage 2023

Reck, Vivian „Tagungsbericht: Autorecht 2018“, NZV 2018, S. 517–520

Reichwald, Julian/Pfisterer, Dennis „Autonomie und Intelligenz im Internet der Dinge, Möglichkeiten und Grenzen autonomer Handlungen“, CR 2016, S. 208–212

Remmers, Julius „The 2nd RAILS-Conference: „Governance of AI and Robotics: A European Approach?““, EuCML 2020, S. 37–39

Rempe, Christoph „Smart Products in Haftung und Regress“, DSRITB 2015, S. 819–832

Rennert, Justin „Mehr Cybersicherheit für vernetzte Produkte: Der Vorschlag der EU-Kommission für einen „Cyber Resilience Act“ Eine Analyse vor dem Hintergrund jüngster Bedrohungen für die Cybersicherheit“, ZfDR 2023, S. 206–217

Revill, George Railway, Reaktion Books 2012

Riehm, Thomas „Von Drohnen, Google-Cars und Software-Agenten Rechtliche Herausforderungen autonomer Systeme“, ITRB 2014, S. 113–115

Riehm, Thomas „Nein zur ePerson! Gegen die Anerkennung einer digitalen Rechtspersönlichkeit“, RDi 2020, S. 42–48

Rieländer, Frederick „Die Anknüpfung der Produkthaftung für autonome Systeme“, RabelsZ 87 (2023), S. 264–305

Ringlage, Philipp „Haftungskonzepte für autonomes Fahren – „ePerson“ und „RmbH“?, 1. Auflage, 2021

Rohe, Mathias Gründe und Grenzen deliktischer Haftung – die Ordnungsaufgaben des Deliktsrechts (einschließlich des Haftung ohne Verschulden) in rechtsvergleichender Betrachtung, AcP 201 (2001), S. 117–164

Rollberg, Christoph Algorithmen in der Justiz, Rechtsfragen zum Einsatz von Legal Tech im Zivilprozess, 1. Auflage 2020

Roos, Philipp/Weitz, Caspar Alexander „Hochrisiko-KI-Systeme im Kommissionsentwurf für eine KI-Verordnung“, MMR 2021, S. 844–851

Rosenberger, Miriam „Die außervertragliche Haftung für automatisierte Fahrzeuge, Auf Grundlage des Achten Gesetzes zur Änderung des StVG“, 1. Auflage, 2022

Rossek, Corvin/Link, Hendrik „EU-Kommission: Entwurf einer überarbeiteten Produkthaftungs-RL – Relevanz hinsichtlich der Haftung für KI“, ZD-Aktuell 2023, 01105

Rostalski, Frauke/Weiss, Erik „Der KI-Verordnungsentwurf der Europäischen Kommission“, ZfDR 2021, S. 329–357

Russel, Stuart Human Compatible Künstliche Intelligenz und wie der Mensch die Kontrolle über superintelligente Maschinen behält, 1. Auflage, 2020

Russel, Stuart/Norvig, Peter Künstliche Intelligenz Ein moderner Ansatz, 3. Auflage 2012

Säcker, Franz Jürgen/ Rixecker, Roland/Oetker, Hartmut/Limperg (Hrsg.) Münchener Kommentar zum Bürgerlichen Gesetzbuch, Band 1, 9. Auflage 2021, §§ 1–240 BGB, AllgPersönlR, ProstG, AGG

Säcker, Franz Jürgen/ Rixecker, Roland/Oetker, Hartmut/Limperg (Hrsg.) Münchener Kommentar zum Bürgerlichen Gesetzbuch, Band 1, 8. Auflage 2018, §§ 1–240 BGB, AllgPersönlR, ProstG, AGG

Säcker, Franz Jürgen/Rixecker, Roland/Oetker, Hartmut/Limperg, Bettina Münchener Kommentar zum Bürgerlichen Gesetzbuch, Band 7:

Schuldrecht – Besonderer Teil IV §§ 705–853 Partnerschaftsgesellschaftsgesetz Produkthaftungsgesetz, 8. Auflage 2020

Säcker, Franz Jürgen/Rixecker, Roland/Oetker, Hartmut/Limperg, Bettina Münchener Kommentar zum Bürgerlichen Gesetzbuch, Band 7: Schuldrecht – Besonderer Teil IV §§ 705–853 Partnerschaftsgesellschaftsgesetz, Produkthaftungsgesetz, 9. Auflage 2024

Säcker, Franz Jürgen/Rixecker, Roland/Oetker, Hartmut/Limperg, Bettina Münchener Kommentar zum Bürgerlichen Gesetzbuch, Band 2, 8. Auflage 2019, §§ 241–292 BGB

Säcker, Franz Jürgen/Rixecker, Roland/Oetker, Hartmut/Limperg, Bettina Münchener Kommentar zum Bürgerlichen Gesetzbuch, Band 2, 7. Auflage 2016, §§ 241–292 BGB

Säcker, Franz Jürgen/Rixecker, Roland/Oetker, Hartmut/Limperg, Bettina Münchener Kommentar zum Bürgerlichen Gesetzbuch, Band 2, 6. Auflage 2012, §§ 241–292 BGB

Schaake, Marietje „The European Commission's Artificial Intelligence Act“, Juni 2021

Schack, Haimo „Auslesen von Webseiten zu KI-Trainingszwecken als Urheberrechtsverletzung de lege lata et ferenda“, NJW 2024, S. 113–117

Schaeffer, Jonathan „Kasparov versus Deep Blue: The Re-match“, ICAA Journal, Vol. 20 No. 2 (1997), S. 95–102

Schäferling, Stefan „63. Bitburger Gespräche – Rechtliche Herausforderungen Künstlicher Intelligenz“, MMR-Aktuell 2020, 428272

Schallbruch, Martin „EU-Regulierung der Künstlichen Intelligenz“, DuD 2021, S. 438–443

Schaub, Renate „Interaktion von Mensch und Maschine, Haftungs- und immaterialgüterrechtliche Fragen bei eigenständigen Weiterentwicklungen autonomer Systeme“, JZ 2017, S. 342–349

Schaub, Renate „Nutzung von Künstlicher Intelligenz als Pflichtverletzung? Sorgfaltspflichten beim Einsatz generativer Künstlicher Intelligenz“, NJW 2023, S. 2145–2150

Scheffler, Wolfram „Veränderung des Steueraufkommens durch den Einsatz von Robotern – eine Analyse am Beispiel von Pflegedienstleistungen“, DStR 2017, S. 2565–2571

Schindler, Stephan „Künstliche Intelligenz und (Datenschutz-)Recht“, ZD-Aktuell 2019, 06647

Schirmer, Jan-Erik „Rechtsfähige Roboter?“, JZ 2016, S. 660–666

Schirmer, Jan-Erik „Von Mäusen, Menschen und Maschinen – Autonome Systeme in der Architektur der Rechtsfähigkeit“, JZ 2019, S. 711–718

Schliesky, Utz „Digitale Ethik und Recht“, NJW 2019, S. 3692–3697

Schlosser, Hans Europäische Rechtsgeschichte, 4. Auflage, 2021

Schmidt, Mareike/Trute, Hans-Heinrich (Hrsg.) Lehre der Digitalisierung der Rechtswissenschaft, 1. Auflage 2023

Schmidt-Kessel, Martin/Thiel, Isabelle „Neues aus Brüssel: Stand 4.1.2024“, GPR 2024, S. 48–49

Schmitz, Barbara „Digitale-Gesetze-Strategie – Agilität oder „Act“ionismus?“, ZD 2022, S. 189–190

Schreitmüller, Zeynep/Schucht, Carsten „Künstliche Intelligenz im Arbeitsschutz – Das künftige EU-Haftungsregime für Anbieter, Nutzer und Wirtschaftsakteure“, ARP 2023, S. 226–232

Schubert, Werner/Schmid, Werner/Regge, Jürgen Akademie für deutsches Recht 1933 – 1945 Protokolle der Ausschüsse, Band III, 1 Volksgesetzbuch, Teilentwürfe, Arbeitsberichte und sonstige Materialien, 1988

Schulte-Nölke, Hans „Privatrecht und Europarecht“, EuR 2018, Beiheft 2, S. 21–41

Schulte-Nölke, Hans „Ein Vertragsgesetzbuch für Europa?“, JZ 2001, S. 917–920

Schulte-Nölke, Hans „Artificial intelligence and consumer protection", Tijdschrift voor Consumentenrecht en handelspraktijken 2020–2, S. 52–56

Schulz, Thomas „Verantwortlichkeit bei autonom agierenden Systemen, Fortentwicklung des Rechts und Gestaltung der Technik", 1. Auflage 2015

Schulze, Reiner „Allgemeine Rechtsgrundsätze und europäisches Privatrecht", ZEuP 1993, S. 442–474

Schürmann, Kathrin „Datenschutz-Folgenabschätzung beim Einsatz Künstlicher Intelligenz, Bewertung und Minimierung der Risiken", ZD 2022, S. 316–321

Schwamberger, Sebastian „Die Klauselkontrolle in Art. 13 Data Act, Erste Analyse zum Anwendungsbereich, Missbräuchlichkeit und Durchsetzung", MMR 2024, S. 96–101

Schwartmann, Rolf „ChatGPT: Chancen und Risiken einer „Weltmaschine"", MMR-Aktuell 2023, 455536

Schweighofer, Erich/Kummer, Franz/Hötzendorfer, Walter/Borges, Georg (Hrsg.) Tagungsband des 19. Internationalen Rechtsinformatik Symposiums IRIS 2016

Schweighofer, Erich/Menzel, Thomas/Kreuzbauer, Hanna Maria Auf dem Weg zur ePerson: aktuelle Fragestellungen der Rechtsinformatik, 1. Auflage 2001

Schwennicke, Andreas „Zwischen Tradition und Fortschritt – Zum zweihundertsten Geburtstag des Preußischen Allgemeinen Landrechts von 1794", JuS 1994, S. 456–460

Schwintowski, Hans-Peter „Wird Recht durch Robotik und künstliche Intelligenz überflüssig?", S. 1601–1609

Seehafer, Astrid/Kohler, Joel „Künstliche Intelligenz: Updates für das Produkthaftungsrecht? Mögliche Anpassungen der europäischen Produkthaftungsrichtlinie für neue Technologien“, EuZW 2020, S. 213–218

Sejnowski, Terrence J./Rosenberg, Charles R. „NETtalk: a parallel network that learns to read aloud“, The Johns Hopkins University Electrical Engineering and Computer Science Technical Report 1986, S. 663–672

Senckpiehl, Richard Die Haftung von Eisenbahn, Post und Speditören, 1923

Sester, Peter/Nitschke, Tanja „Software-Agent mit Lizenz zum ... ? Vertragsschluss und Verbraucherschutz beim Einsatz von Softwareagenten“, CR 2004, S. 548–554

Shannon, Claude E. „Programming a computer for playing chess“, The London, Edinburgh and Dublin Philosophical Magazine and Journal of Science, Vol. 41 Series 7 (1950), S. 256–275

Sieber, Ulrich „Informationsrecht und Recht der Informationstechnik – Die Konstituierung eines Rechtsgebietes in Gegenstand, Grundfragen und Zielen“, NJW 1989, S. 2569–2580

Siems, Jasper „Alternativer rechtlicher Schutz für KI-Systeme, Eine Untersuchung des Gesetzes zum Schutz von Geschäftsgeheimnissen und des ergänzenden Leistungsschutzes als Schutzinstrument für KI-Systeme“, 1. Auflage, 2023

Silver, David (Hrsg.) „Mastering the game Go without human knowledge“, Nature 550/7676 (2017), S. 354–359

Simitis, Spiros/Hornung, Gerrit/Spiecker, Indra genannt Döhmann (Hrsg.) Nomos Kommentar Datenschutzrecht DSGVO mit BDSG, 1. Auflage 2019

Skupin, Florian „Die Entwicklung der Legal-Tech-Rechtsprechung im Jahr 2021“, RDi 2022, S. 63–68

Söbbing, Thomas „Rechtliche Grenzen für KI-Entscheidungen im Rahmen des autonomen Fahrens“, RDi 2023, S. 239–243

Solum, Lawrence B. „Legal Personhood for Artificial Intelligences“, North Carolina Law Review, Volume 70, Number 4, 1992, S. 1231–1287

Sommer, Martin „Haftung für autonome Systeme, Verteilung der Risiken selbstlernender und vernetzter Algorithmen im Vertrags- und Deliktsrecht“, 1. Auflage, 2020

Sorge, Christoph Softwareagenten, Vertragsschluss, Vertragsstrafe, Reugeld, 2006

Sosnitza, Olaf „Das Internet der Dinge – Herausforderung oder gewohntes Terrain für das Zivilrecht?“, CR 2016, S. 764–772

Specht, Louisa „Zum Verhältnis von (Urheber-)Recht und Technik, Erfordernis eines Dualismus von techniksensitivem Recht und rechtssensitiven technischen Durchsetzungsbefugnissen“, GRUR 2019, S. 253–259

Specht, Louisa/Herold, Sophie „Roboter als Vertragspartner? Gedanken zu Vertragsabschlüssen unter Einbeziehung automatisiert und autonom agierender Systeme“, MMR 2018, S. 40–44

Spindler, Gerald „Der Vorschlag der EU-Kommission für eine Verordnung zur Regulierung der Künstlichen Intelligenz (KI-VO-E) – Ansatz, Instrumente, Qualität und Kontext“, CR 2021, S. 361–374

Spindler, Gerald „Die Vorschläge der EU-Kommission zu einer neuen Produkthaftung und zur Haftung von Herstellern und Betreibern Künstlicher Intelligenz, Die haftungsrechtliche Einordnung von Software als Produkt nach Unionsrecht – endlich“, CR 2022, S. 689–704

Spindler, Gerald Verantwortlichkeit von IT-Herstellern, Nutzern und Intermediären, Studie im Auftrag des BSI, 2007

Spindler, Gerald „Roboter, Automation, künstliche Intelligenz, selbststeuernde Kfz – Braucht das Recht neue Haftungskategorien? Eine kritische Analyse möglicher Haftungsgrundlagen für autonome Steuerungen", CR 2015, S. 766–776

Spindler, Gerald „Neue Haftungsregelungen für autonome Systeme?", JZ 2022, S. 793–852

Spindler, Gerald „Haftungsfragen bei Nutzung von Robotern und selbststeuernden Kfz", ITRB 2017, S. 87–88

Spindler, Gerald „Digitale Wirtschaft – analoges Recht: Braucht das BGB ein Update?", JZ 2016, S. 805–817

Spindler, Gerald „IT-Sicherheit – Rechtliche Defizite und rechtspolitische Alternativen", MMR 2008, S. 7–13

Spindler, Gerald/Büning, Felix „Einsatz von Reallaboren (Regulatory Sandboxes) – insbesondere im Recht der Künstlichen Intelligenz und der Finanzmärkte", JZ 2023, S. 799–808

Stadler, Astrid „BGH: Keine Online-Flugbuchung für Passagier „noch unbekannt"", NJW 2017, S. 3092–3093

Staehelin, Alesch „Begriff und Wesen der Künstlichen Intelligenz", GRUR 2022, S. 1569–1571

Ständige Deputation des Deutschen Juristentages (Hrsg.) Verhandlungen des 73. Deutschen Juristentages, Hamburg 2020, Bonn 2022, Band I, Gutachten

Ständige Deputation des Deutschen Juristentages (Hrsg.) Verhandlungen des 73. Deutschen Juristentages, Bonn 2022, Band I, Ergänzungsband zu den Gutachten

Staudenmayer, Dirk „Haftung für Künstliche Intelligenz, Die deliktische Anpassung des europäischen Privatrechts an die Digitalisierung", NJW 2023, S. 894–901

Staudenmayer, Dirk „Der Verordnungsvorschlag der Europäischen Kommission zum Datengesetz, Auf dem Weg zum Privatrecht der Datenwirtschaft", EuZW 2022, S. 596–602

Staudenmayer, Dirk „Der Data Act im Gefüge des europäischen digitalen Privatrechts", NJW 2024, S. 1377–1382

Steege, Hans „Künstliche Intelligenz und Mobilität", SVR 2021, S. 1–6

Steege, Hans „Definition von Künstlicher Intelligenz in Art. 3 Abs. 1 KI-VO-E – Ein Meilenstein auf dem Weg zu einem harmonisierten Rechtsrahmen?", MMR 2022, S. 926–930

Steege, Hans „Technikregulierung – der Umgang mit Risiken im Recht", NZV 2022, S. 257–263

Steege, Hans „Technikgestaltung – Der Einfluss des Rechts auf Technik", NZV 2023, S. 12–18

Steege, Hans „Automatisierte Rechtsanwendung und ihre Grenzen, Am Beispiel des automatisierten und autonomen Fahrens unter besonderer Berücksichtigung von StVG/StVO", 1. Auflage 2022

Steege, Hans/Chibanguza, Kuuya „Der Anwendungsbereich (Art. 2) des EU-Verordnungsentwurfs zur Regulierung von KI", SVR 2022, S. 401–409

Steege, Hans/Chibanguza, Kuuya J. Metaverse Rechtshandbuch, 1. Auflage 2023

Stiemerling, Oliver „„„Künstliche Intelligenz" – Automatisierung geistiger Arbeit, Big Data und das Internet der Dinge, Eine technische Perspektive", CR 2016, S. 762–765

Stiftung Gesellschaft für Rechtspolitik Trier/Institut für Rechtspolitik an der Universität Trier, Bitburger Gespräche Jahrbuch 2020, 2021

Stone, Christopher D. „Should trees have standing? – Towards legal rights for natural objects", Southern California Law Review 45 (1972), S. 450–501

Straub, Sebastian „Der neue Rechtsrahmen für Künstliche Intelligenz – Ein Überblick zur geplanten EU-Regulierung von KI", ZdiW 2022, S. 71–75

Ströbel, Lukas/Grau, Robert „KI-gestützte Medizin-Apps, Rechtliche Herausforderungen eines interdisziplinären Produkts“, ZD 2022, S. 599–605

Stürner, Rolf (Hrsg.) Jauernig Bürgerliches Gesetzbuch Kommentar, 18. Auflage 2021

Taeger, Jürgen „Künstliche Intelligenz und smarte Robotik im IT-Sicherheitsrecht“, ZfPC 2022, S. 93–96

Taeger, Jürgen „Produkt- und Produzentenhaftung bei Schäden durch fehlerhafte Computerprogramme“, CR 1996, S. 257–271

Teubner, Gunther „Digitale Rechtssubjekte? Zum privatrechtlichen Status autonomer Softwareagenten“, AcP 218 (2018), S. 155–204

Theis, Ricarda „Auswirkungen der KI-Verordnung und der KI-Haftungsrichtlinie auf die Haftung beim KI-Einsatz in der Finanzbranche“, BKR 2024, S. 414–420

Thibaut, Anton Friedrich Justus System des Pandekten-Rechts Erster Band, 1803

Thiermann, Arne/Böck, Nicole „Künstliche Intelligenz in Medizinprodukten, Regulatorisches Regelwerk und Haftungsvorgaben“, RDi 2022, S. 333–339

Thöne, Meik „Autonome Systeme und deliktische Haftung, Verschulden als Instrument adäquater Haftungsallokation?“, 1. Auflage, 2020

Turing, Alan M. „Computing Machinery and Intelligence“, Mind Volume LIX, Issue 236, 1950, S. 433–460

Turing, Alan M. „On computable numbers, with an application to the Entscheidungsproblem“, Proceedings of the London Mathemat. Society 42 (1937), Nr. 2, S. 230–265

Ukrow, Jörg „Brasilien: Entwurf eines KI-Gesetzes“, MMR-Aktuell 2022, 454723

Valta, Matthias/Vasel, Johann Justus „Kommissionsvorschlag für eine Verordnung über Künstliche Intelligenz, Mit viel Bürokratie und wenig Risiko zum KI-Standort?“, ZRP 2021, S. 142–145

Vasel, Johann Justus „Künstliche Intelligenz in der Justiz“, LTZ 2023, S. 179–186

Vasel, Johann Justus „Künstliche Intelligenz und die Notwendigkeit agiler Regulierung“, NVwZ 2023, S. 1298–1303

Vendrell ,Tatiana Arroyo/Gsell, Beate/Kindl, Johann (Hrsg.) Die Schadensersatzhaftung, La Responsabilidad Civil, 1. Auflage 2022

Vietor, Nils „Künstliche Intelligenz: Herausforderungen für das Medienrecht“, ZUM 2023, S. 594–596

Voigt, Paul/Bastians, Hannes „Pflicht zur Benennung von EU-Vertretern im europäischen Digitalrecht“, MMR 2022, S. 930–935

Voigt, Paul/Falk, Lucas „Der Cyber Resilience Act, Neue Cybersicherheitspflichten für „Produkte mit digitalen Elementen“, MMR 2023, S. 88–93

von Bar, Christian Gemeineuropäisches Privatrecht der natürlichen Person, 1. Auflage 2023

von Bar, Christian „Tort Law in the Revised Moldovan Civil Code and the Draft Common Frame of Reference (DCFR)“, OER 65 (2019), S. 149–172

von Bar, Christian Gemeineuropäisches Deliktsrecht, Band I, Die Kernbereiche des Deliktsrechts, seine Angleichung in Europa und seine Einbettung in die Gesamtrechtsordnungen, 1996

von Bar, Christian Gemeineuropäisches Deliktsrecht, Band II, Schaden und Schadensersatz, Haftung für und ohne eigenes Fehlverhalten, Kausalität und Verteidigungsgründe, 1999

von Bodungen, Benjamin/Hoffmann, Martin „Autonomes Fahren – Haftungsverschiebung entlang der Supply Chain? (2. Teil)“, NZV 2016, S. 503–509 *von Welser, Marcus* „ChatGPT und Urheberrecht“, GRUR-Prax 2023, S. 57–59

von Westphalen, Friedrich „Der Sprung ins digitale Zeitalter“, IWRZ 2023, S. 1–2

von Westphalen, Friedrich Graf „Neue beweistechnische und beweisrechtliche Herausforderungen des EU-Rechts, Geeignet zum Selbststudium mit Lernerfolgskontrolle (§ 15 FAO)“, IWRZ 2024, S. 9–20

Vormizeele, Philipp Voet van „Die digitale Infrastruktur des europäischen Binnenmarktes“, EuR 2023, S. 325–336

Waegner, Hannah „Ministerrat der EU: Kritik am Kommissionsentwurf einer KI-Verordnung“, Redaktion MMR-Aktuell 2022, 454723

Wagner, Gerhard „Produkthaftung für das digitale Zeitalter – ein Paukenschlag aus Brüssel“, JZ 2023, S. 1–11

Wagner, Gerhard „Haftung für Künstliche Intelligenz – Eine Gesetzesinitiative des Europäischen Parlaments“, ZEuP 2021, S. 545–572

Wagner, Gerhard „Die Richtlinie über KI-Haftung: Viel Rauch, wenig Feuer“, JZ 2023, S. 123–134

Wagner, Gerhard „Produkthaftung für autonome Systeme“, AcP 217 (2017), S. 707–765

Wagner, Gerhard „Verantwortlichkeit im Zeichen digitaler Techniken“, VersR 2020, S. 717–741

Wagner, Gerhard „Robot, Inc.: Personhood for Autonomous Systems?“, 88 Fordham Law Review (2019), S. 591–612

Wagner, Gerhard „Haftung und Versicherung als Instrumente der Techniksteuerung“, VersR 1999, S. 1441–1453

Wagner, Manuela Das neue Mobilitätsrecht, Der Rechtsrahmen zum automatisierten und vernetzten Fahren, 1. Auflage, 2021

Wagner, Manuela „Gesetz zum autonomen Fahren – Streitpunkte im Gesetzgebungsverfahren“, SVR 2021, S. 287–292

Weber, Klaus (Hrsg.) Rechtslexikon, 32. Edition, Stand: 01.03.2024

Wehde, Alexander „Regulierung von Large Language Models in DAS und AIA-E“, MMR-Aktuell 2023, 455171

Weibel, Beat „3 Fragen – 3 Antworten zur Europäischen KI-Strategie“, ZdiW 2021, S. 3–4

Wein, Leon E. „The responsibility of Intelligent Artifacts: Toward an Automation Jurisprudence“, Harvard Journal of Law and Technology, Vol. 6 (1992), S. 103–154

Weingart, Rowena Angelika „Vertragliche und außervertragliche Haftung für den Einsatz von Softwareagenten Unter Berücksichtigung der technischen Möglichkeiten und des gesamtwirtschaftlichen Nutzen“, 1. Auflage 2022

Weinzierl, Quirin „Neue Dark-Patterns-Verbote als Abschied vom homo oeconomicus im EU-Recht“, EuZW 2024, S. 345–346

Weisser, Ralf/Färber, Claus „Rechtliche Rahmenbedingungen bei Connected Car, Überblick über die Rechtsprobleme der automobilen Zukunft“, MMR 2015, S. 506–512

Weitzenboeck, Emily M. „Electronic Agents and the Formation of Contracts“, International Journal of Law and Information Technology 2001, Vol. 9 No. 3, S. 204–234

Weller, Marc-Philippe/Schwemmer, Sophia „Das MoPeG: Eine Jahrhundertreform im Personengesellschaftsrecht?“, BB 2021, I-I

Wendehorst, Christiane „Die Digitalisierung und das BGB“, NJW 2016, S. 2609–2613

Wettig, Stefan/Zehendner, Eberhard Proceedings of the Workshop on the Law of Electronic Agents (LEA 2002), 2003

Wettig, Steffen Vertragsschluss mittels elektronischer Agenten, Eine interdisziplinäre Untersuchung mit juristischem Schwerpunkt unter Einbeziehung internationaler, technischer und philosophischer Aspekte, 1. Auflage 2010

Winkelmann, Rikmor Elsa „Entscheidungsfindung durch künstliche Intelligenz in der Justiz“, LTZ 2022, S. 163–170

Wittbrodt, Saskia „Industrie 4.0 und die Haftung für Maschinensoftware“, InTeR 2020, S. 74–81

Witzel, Michaela „Der Entwurf des Data Act und seine Vorgaben an die Vertragsgestaltung Missbräuchliche Klauseln – Fairness-Standards – Schwarze und Graue Klauseln“, CR 2022, S. 561–566

Woerlein, Andreas H. „ChatGPT – „Fortschritt“ durch Künstliche Intelligenz auf Kosten des Datenschutz- und Urheberrechts“, ZD-Aktuell 2023, 01205

Wolf, Manfred „Schuldnerhaftung bei Automatenversagen“, JuS 1989, S. 899–902

Wooldridge, Michael/Jennings, Nicholas R. „Intelligent agents: theory and practice“, The Knowledge Engineering Review, Vol. 10:2, 1995, S. 115–152

Wulf, Hans Markus/Burgenmeister, Clemens „Industrie 4.0 in der Logistik – Rechtliche Hürden beim Einsatz neuer Vernetzungs-Technologien, Anwendungsbeispiele und Lösungswege zu sechs zentralen Bereichen der Logistik, CR 2015, S. 404–412

Zech, Herbert „Haftung für Trainingsdaten Künstlicher Intelligenz“, NJW 2022, S. 502–507

Zech, Herbert „Empfehlen sich Regelungen zu Verantwortung und Haftung beim Einsatz Künstlicher Intelligenz?“, NJW Beilage 2/2022, S. 33–38

Zech, Herbert „Künstliche Intelligenz und Haftungsfragen“, ZfPW 2019, S. 198–219

Zech, Herbert „Liability for AI: public policy considerations“, ERA Forum 22 (2021), S. 147–158

Zech, Herbert Risiken digitaler Systeme: Robotik, Lernfähigkeit und Vernetzung als aktuelle Herausforderungen für das Recht, Weizenbaum Series #2, 2020

Zech, Herbert Einführung in das Technikrecht, 2021

Zech, Herbert/Hünefeld, Isabelle Celine „Einsatz von KI in der Medizin: Haftung und Versicherung", MedR 2023, S. 1–8

Zimmermann, Evan J. „Machine Minds: Frontiers in Legal Personhood", SSRN Electronic Journal, 12.02.2015

Zirnstein, Yannick „Der Entwurf des Cyber Resilience Act, Überblick und Analyse relevanter Regelungsinhalte", CR 2022, S. 707–714